Introduction to
Hotel Management

호텔경영론

본서의 전(前)판인 2판을 출판할 때 다음 판에서는 전면적인 개정을 하겠다고 독자들과 약속을 하였는데, 그 약속이 일부만 지켜져 약간 찝찝한 마음이 남아 있다. 이 일부 개정을 위해 많은 시간을 투자해 주신 본서의 공동저자 중의 한 분이신 황성혜 교수께 심심한 감사의 말씀을 전하고 싶다.

모든 교재가 그러하듯이, 시간이 흘러갈수록 교재의 일부 내용이 진부화 될 수 있다. 본서의 2판이 출간된 지 시간이 지남에 따라서 일부 내용이 진부화되어 3판을 출간하면서 개정을 하였다. 독자들에게 많은 도움이 되었으면 하는 바람이다.

본서는 총 22 Chapter로 구성되는데, Chapter 1 「호텔산업의 역사」에서 Chapter 3 「호텔기업의 특성 및 경영형태, 조직」까지는 호텔경영의 공통적인 현상인 발전을, Chapter 4 「객실부」에서 Chapter 8 「하우스키핑」까지는 호텔의 객실 관리 부분을, Chapter 9 「식음료부문의 기능」에서 Chapter 13 「식음료 원가관리」까지는 호텔의 식음료 관리 부분을, Chapter 14 「호텔의 충원화: 인사부서」에서 Chapter 18 「호텔경영정보시스템」를, Chapter 19 「재무제표: 구조와 분석」에서 Chapter 20 「손익분기점 분석」까지는 호텔의 재무적인 측면을 반영하기 위하여, 마지막인 호텔산업의 미래인 Chapter 21 「프랜차이징」과 Chapter 22 「호텔산업의 미래와 추세」가 소개되었다.

본서를 접하는 독자들은 대학 및 대학교에서의 한 학기가 16주로 구성되는 만큼 이것을 감안하여 각 Chapter에 대해서 강의를 수행하면 될 것이다. 일반적으로 제1부인 호텔의 발전은 2주 정도, 제2부인 객실 관리는 3주 정도, 제3부인 식음료 관리는 3주 정도, 제4부인 일반 경영관리는 3주 정도, 제5부인 재무제표와 손익분기점은 2주 정도, 제6부인 호텔산업의 미래는 2주 정도 배분하면 적절할 것으로 사료된다.

본서를 만드는데 여러분들이 도움을 주셨다. 이 지면을 빌려 감사를 드린다. 특히 약 15년 전으로 올라가는 본서의 초창기부터 관여를 해 오신 임순재 사장님과 휘하 임직원 여러분께 깊은 감사를 드린다.

마지막으로 본서를 만드는데 있어 저자들은 최선을 다하였으나, 부족한 것이 많을 것으로 사료된다. 그러한 부분에 대해서 기탄없는 조언을 부탁드린다.

저자 일동

Part 1
호텔의 발전

Part 2
객실 관리

Part 3
식음료 관리

Part 4
일반 경영관리

Part 5
재무제표와 손익분기점

Part
1
호텔의 발전

Chapter 1

호텔산업의 역사

호텔산업은 독립된 산업으로 보아서는 안 되며 더 넓은 환대산업(hospitality industry)의 일부분으로 보아야 한다. 호텔발전의 역사는 이러한 범위 내에서 검토되어야 한다.

01 외국의 호텔

1. 고대 역사

숙박시설은 여행을 하고자 하는 인간욕구의 부산물이다. 수천 년 전 인간이 대륙과 바다를 통해 여행을 했다는 증거가 남아 있다. 중세까지 도로는 유럽을 통과하는 교통수단으로 사용되었으며 오늘날까지도 남아 있는 것은 고대 여행 안내인이나 상인들이 사용하였던 작은 도로이다. 그러한 작은 도로에 호텔이나 기타 숙박시설에 관련하여 알려진 것은 없다 하더라도 휴게소로 사용되었던 장소는 있었을 것이다. 아마도 물과 가까운 장소는 수세대 동안 숙박 혹은 휴식 목적으로 사용되었을 것이며 후에 여행객들을 수용하기 위한 건물이 세워졌을 것이다.

환대(hospitality)라는 개념은 아주 오래되었으며 고대 그리스, 고대 로마 및 성서에 기록된 시대의 문헌에서도 찾아볼 수가 있다. 예를 들어, 호메로스의 일리아드와 오디세이(Homer's Odyssey and Iliad)에서도 그러한 증거가 나온다. 이러한 문헌들은 고대 사람들이 왜 환대의 필요성을 느꼈는가에 대해 두 가지의 논리적인 가능한 설명을 제시하고 있다.

첫째
고대 사람들이 이방인에 대한 환대는 종교적 복리를 위해 필요하다고 느낀 것이고

둘째
미신적인 두려움 때문에 이방인에게 호의적이었다는 것이다.

이러한 두 가지 견해는 이방인이 신이거나 악마의 상징 또는 악마일 수도 있다는 믿음에서 나왔다고 볼 수도 있다. 따라서 이러한 두 경우에서, 환대 개념에서의 주요한 동기요인으로 종교나 초자연적인 것을 발견할 수 있다.

우리의 사고방식으로 받아들이기 쉽고 좀 더 논리적인 해설을 덧붙이자면, 환대의 제공은 '당신이 이방인에게 숙식을 제공하면 그도 언젠가 당신에게 보답을 한다.'는 '주고받는(give and take) 철학'의 결과라는 것이다. 그러나 고대 그리스의 환대에 이러한 여건이 주어졌다 해도 종교적 요소가 이 철학과 결합되었다는 것은 이해할 만하다. 즉, 선교사, 사제단 및 순례자들이 여행객의 대부분을 차지했는데,

그들은 종종 탁선소(託宣所, oracle) 및 사원 등, 그들의 종교에 지배적 위치를 가지고 있었던 성스러운 장소로 여행을 하였다. 그 결과 이러한 장소 주변에 여행객을 위한 많은 숙박시설이 세워졌다.

이러한 시설은 단순히 숙박과 음식을 제공하는 형편없는 것이었다. 고대에 이러한 숙박시설들은 사원 등에 예속된 노예들에 의해 운영되었으나 점차 자유인들로 대체되었으나 자유인들도 사회의 하류층에 소속되어 있었다. 그러나 고대 인도의 문헌에서는 방문객을 위해 숙식을 마련하는 것은 사제단이나 사원의 성인들(holy men)의 의무라는 것을 발견할 수 있다.

고대에 종교적인 이유외에 여행하는 자들은 일반적으로 군사적, 외교적 및 정치적 임무를 띠고 있었다. 이것은 특히 로마제국이 이탈리아 국경을 지나 세력 확장을 할 때인 로마시대에 그러하였다. 즉, 집정관, 지방총독 및 장군들은 로마제국의 일부였던 동 지중해 내의 여러 나라와 로마 사이를 자주 여행하였다.

많은 군사목적 여행자들은 그들의 여로(旅路)에 있는 숙박시설을 이용하는 것을 불명예로 여겼다. 도시 내의 여관들은 평판이 좋지 못했고 여행객들에게 유해하였으며 도시 밖에서의 여관들은 접근상의 불편함 때문에 숙박할 가치도 없었다. 따라서 군사목적 여행자들은 자신들이 가지고 다니는 텐트에서의 숙박을 선호했다.

고대 대상(隊商)들은 페르시아 여행 때 여로를 따라 사용할 목적으로 정교한 텐트를 가지고 다녔다. 그러나 이러한 여로의 어떤 지점에서 대상들을 위한 숙소로 칸(Khan)이라고 알려진 숙박시설이 만들어졌다. 이러한 칸은 사막의 모래 폭풍뿐만 아니라 주로 야간에 공격하는 약탈꾼들로부터 보호하기 위해 단순하게 4개의 벽으로 이루어져 있었으며 벽 안쪽에는 여행객이 잘 수 있는 단(platform)이 설치되었다.

후기 로마제국에서는 선술집(tavern)과 여인숙(inn)이 여행하는 상인, 배우 및 학자들에게 안식처를 제공하였다. 그 때만 해도 숙박시설이라는 것은 아주 원시적인 것이었으며 방은 있으나 말을 위한 마구간은 없는 경우 또는 마구간만 있고 방은 없는 경우도 있었다.

환대에 관해 이 시대의 가장 큰 특징은 페르시아인들이 대상들의 여로에 역마를 갖춘 역사(posthouse)를 개발했다는 것이었다. 이러한 시설은 후에 대상들을 위한 숙소인 칸으로 발전되었으며 군인과 여행안내원들에게 숙식을 제공했다. 마르코 폴로(Marco Polo)는 그의 저서에서 얌(yam)이라고 알려져 있던 이러한 역사를 왕에게 적합한 방이라고 기술했다. 이러한 역사들은 하루 여행거리와 맞먹는 약 25마일마다 위치했으며 육로를 통과하면서 소식을 전하는 여행객들에게 새로운 말을 제공했다. 마르코 폴로의 추측으로 볼 때 그가 극동으로 여행할 당시에는 약 1,000개나 되는 역사가 있었던 것으로 사료된다.

2. 중세의 역사

중세에서도 종교와 환대와의 결합을 찾아볼 수 있다. 당시 여행자나 순례자들에게 환대를 제공하는 것은 기독교인의 의무라고 여겨졌다. 그러한 예로 수도원은 지친 여행자들에게 숙식을 제공하는 여인숙의 기능을 수행했다. 몇몇 수도원과 교회는 개인적인 명상이 침해받는 것을 두려워하여 여행객을 위한 별도의 건물들을 세웠다. 이러한 건물은 그리스어로 여인숙 또는 휴게소를 뜻하는 제노도체이온(Xenodocheions)으로 알려졌다.

서 로마황제 샤를마뉴(Charlmagne)는 그의 재위기간에 여행자에게 무료 휴식처를 제공하는 기독교인의 의무를 담은 법률을 제정했다. 그러나 이 법률은 여행객이 너무 오래 머무를 수 있다는 가능성과 여러 날 동안 무료로 음식을 제공해야 하는 부담을 고려해서, 여행객이 한 곳에서 머물 수 있는 기간을 3일로 제한했다.

지금까지는 여행객의 숙식에 대한 대가가 언급되지 않았다. 사실 환대의 제공은 기업이라기보다 종교적 신념에서 우러나오는 자선의 성격을 띤 기부로 여겨졌다.

그러나 이러한 성격은 1282년 이탈리아의 플로렌스에서 바뀌어졌다. 이 도시의 큰 여인숙 경영자가 이러한 환대를 사업으로 전환할 목적으로 길드(guild, 협회조직)를 창설했다. 여인숙은 허가제로 되었고, 포도주의 판매가 허용되었다. 여인숙은 운영자 소유가 아닌 도시 소유였고 경매를 통하여 3년 임대권으로 운영되었다. 그럼에도 불구하고 이러한 여인숙은 순이익이 남는 사업이었으며 1290년에 플로렌스에서는 86개 여인숙이 길드의 구성원으로 되었다.

이러한 현상은 얼마 안 있어 로마와 이탈리아의 다른 도시로 확산되었다. 그 당시 여인숙 경영자들이 이탈리아인보다 독일인이었다는 것은 흥미로운 일이다. 그 이유는 여행자들 중 대다수가 독일인이었기 때문이다. 즉, 자신들과 말이 통하고 입맛에 익숙한 식사를 할 수 있는 숙박시설을 찾으려 했기 때문이었다.

3. 16~18세기

   이 기간 동안에는 특히 영국의 숙박시설에서 질적으로 상당히 발전을 했다. 당시 일반적인 교통형태는 역마차였는데, 장거리 여행은 여러 날이 소요되었다. 이러한 여정에서 말의 먹이와 휴식뿐만 아니라 승객들을 위한 숙식이 필요하였다. 따라서 역마차의 여로를 따라 적절한 장소에 여인숙과 선술집이 세워졌다. 역마차 승객의 대부분은 부자였고 호화로운 것에 익숙했기 때문에 여인숙 숫자의 증가뿐만 아니라 질적으로 개선되었다.

   여인숙과 선술집은 지방귀족, 정치가, 사제들의 만남의 장소로서 인기가 높았다. 여인숙의 허가는 그 지방 영토 내에 있는 지방 군주나 기사(knight)에 의해 승인되었다. 그러한 승인은 어떤 형태의 대가 없이 되는 것은 아니었다. 이러한 여인숙들은 비교적 표준설계에 의해 지어졌는데 [그림 1 – 1]에 그 형태가 나타나 있다. [그림 1 – 1]에서 보는 바와 같이 여인숙의 설계는 역마차나 사람이 통과하는, 아치형(vaulted) 출입문이 있는 직사각형 형태였다. 이 사각형 내의 마당은 결혼식이나 박람회, 때로는 노천극장 등 다용도로 쓰여졌다.

   사각형 형태의 외부 벽은 적으로부터 보호기능을 수행했으며 입구가 하나이기 때문에 내부를 통제하고 보호하기가 쉬웠다. 여인숙 내의 여러 다른 건물이나 시설을 살펴보면, 여행자들을 위한 숙박시설, 식음료가 제공되는 시설, 역마차 기사나 말을 위한 휴식처 등이 있었다. 18세기에 들어서 커피하우스(coffeehouse)의 인기

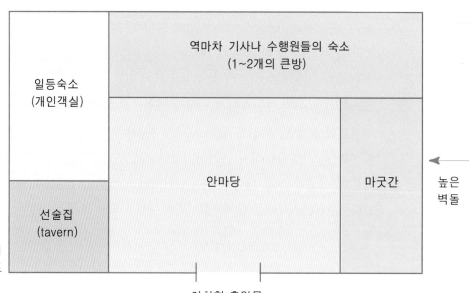

그림 1–1
17세기 여인숙 설계도

가 아주 높아졌으며 여러 여인숙이 커피하우스를 가지고 있었다.

최초의 유럽 호텔들 중 하나인 헨리 4세 호텔(Hotel de Henri Ⅳ)은 1788년 당시로는 엄청난 액수인 17,500파운드를 들여 낭트(Nantes)에 세워졌다. 그 호텔에는 60개의 객실이 있었으며 당시 유럽에서 가장 좋은 호텔로 간주되었다.

4. 미국-호텔의 발전

16~18세기에 이르는 동안 영국에서의 유행만큼 초기의 여인숙들이 북미지역에 세워졌다. 영국의 여인숙이 역마차 여로를 따라 세워진 것인 반면, 미국의 여인숙은 주로 항구도시에 세워졌다.

미국 독립전쟁에서 뉴욕시의 한 여인숙은 아주 중요한 역할을 수행했다. 이것은 여인숙이 되기 이전에 랜시(De Lancey) 가문의 대저택이었는데 1762년 서인도제도의 사람인 사무엘 프란시스(Samuel Fraunces)가 사들여서 여인숙으로 개조하고 퀸즈헤드터번(Queens Head Tavern)이라는 이름을 붙였다. 퀸즈헤드터번은 독립전쟁 당시의 "자유의 아들(Sons of Liberty)" 등과 같은 조직들의 주요 만남의 장소였으며 또한 뉴욕을 점령한 영국군 장교들의 주요 만남의 장소이기도 했다. 그곳은 만찬회와 파티의 주요무대가 되었으며 1783년 워싱턴 장군은 퀸즈헤드터번에서 부하 장교들에게 고별인사를 했다. 이 건물 자체로서는 역사적인 지표였고 지금은 프란시스터번(Fraunces Tavern)으로 알려진 유명한 식당으로서 기능을 수행하고 있다. 또한 1975년에는 폭발사고로 많은 사람이 죽는 바람에 특별한 주의를 끌었다. 퀸즈헤드는 특별히 호텔 건물로 지어진 것은 아니었다.

이러한 관점에서
최초의 호텔은 1794년 객실 70개로 개관한 시티호텔(City Hotel)이었다.
최초의 특급(first – class)호텔은 1829년 170개의 객실을 가지고 보스톤에서 개관한 트레몬트 하우스(Tremont House)였다. 이 호텔은 자물쇠가 설치된 개인 객실, 각 객실에 물과 비누의 공급, 벨 보이와 프랑스 요리라는 면에서 일대 혁신을 일으켰다.

호텔산업은 19세기와 20세기 초기에는 호텔의 숫자뿐 아니라 고객에게 보다 최신의 편안함을 제공하기 위해 기능적인 면에서 혁신적인 발전이 이루어져 왔다. 이

러한 성장에서 주시할 만한 사항을 보면 다음과 같다.

- **1834년** 아스토(Astor)에 의해 호텔산업에 객실내부배관이 도입되었다.
- **1853년** 호텔에서 증기 엘리베이터가 처음으로 사용되었다.
- **1875년** 팰리스(Palace) 호텔이 5백만불을 들여 샌프란시스코에 세워졌다. 당시로서는 800개의 객실을 갖춘 가장 크고 좋은 호텔이었으며 오스카 와일드(Oscar Wilde)나 사라 베르나르(Sarah Bernhardt)와 같은 유명인사들이 즐겨 찾는 만남의 장소였다. 1906년 지진으로 인해 파괴되었으나 얼마 안 있어 웅장한 모습으로 재건되었다.
- **1894년** 뉴욕시의 네덜란드(Netherland) 호텔이 최초로 객실에 전화를 설치하였다.
- **1896년** 왈도프 아스토리아(Waldorf Astoria) 호텔이 뉴욕시에 세워졌다.

향후 20년 동안 왈도프 호텔은 번영을 누렸으나 1929년 엠파이어 스테이트 빌딩을 만들기 위해 완전히 파괴되었다. 그후 새로운 왈도프 아스토리아 호텔은 1931년 현재의 파크 에비뉴(Park Auenue)에 세워졌다.

19세기 후반, 많은 호화판 호텔이 세워지고 있는 동안에 미국 전역에서는 사업 여행자들을 위해 철도역 근처에 소규모 호텔이 광범위하게 건설되었다. 사업 여행자들의 숫자가 증가함에 따라 서비스와 안락함에 대한 요구도 증가했다.

그 당시 현대 상용호텔산업의 아버지라 할 수 있는 스타틀러(Elsworth M. Statler)는 "사업 여행자 숫자의 증가가 호텔산업이 성공할 수 있었던 좋은 기회를 제공했다."는 견해를 가지고 있었다. 그는 1907년 각 객실에 개인 욕실을 설치한 것뿐만 아니라 여러 가지 혁신 기능을 가지고 있었던 버팔로 스타틀러(Buffalo Statler) 호텔을 세웠다. 스타틀러는 후에 힐튼, 쉐라톤 등이 시행한 호텔 체인개념의 창시자로 보아야 할 것이다.

1910년에서 1930년 사이에 신축 호텔이 많이 세워졌으나(1927~1930 약 100개가 세워졌음) 이들 대부분이 대공황 때 문을 닫았다. 즉, 1930~1935년 사이에 미국 호텔의 약 85%가 파산했다. 그러나 이러한 파산은 체인본부에게 저가로 양질의 호텔을 구입하는 행운을 안겨주었다.

5. 현대의 호텔

미국의 호텔산업에서 1920년대 후기에 발생했던 급격하게 증가한 건설 붐은

우리는 아마 두 번 다시 경험하지 못할 것이다. 그러나 최근 여행객의 변화하는 선호도와 새로운 특성에 맞추어 호텔 설계에 새로운 개념이 개발되어 왔다. 표준적이고 사각형의 중규모 도심호텔들은 새롭고 혁신적인 건축양식을 갖춘 호텔들로 대체되어 왔다. 지붕이 높은 로비, 외부 경치가 보이는 엘리베이터, 기타 새로운 혁신적인 기능들은 로스앤젤레스시의 Century Plaza호텔이나 애틀란타시(市)의 Regency Hyatt호텔과 같은 현대호텔이 가지는 표준건축양식이 되었다. 또한 계속 성장하는 단체 고객의 욕구에 부응하기 위해 넓은 공공장소, 여러 가지의 기능공간, 그리고 컨벤션(convention) 시설을 갖춘 대규모의 컨벤션 호텔이 지어졌다. 뉴욕시의 힐튼호텔은 성공적인 컨벤션 호텔의 좋은 예이다.

호텔의 위치에도 큰 변화가 있었다. 1900년대 초기에 대부분의 여행은 기차에 의해 이루어졌으므로 호텔은 대부분 기차역 근처에 위치해야 했다. 폭발적인 자동차의 증가와 항공기의 대두, 그에 따른 철도이용의 감소로 예전에는 호텔건축에는 적당치 않다고 여겨지던 새로운 지역들이 각광을 받기 시작했다. 그 결과 도시교외, 공항 및 고속도로에 새로운 호텔들이 많이 등장했다. 특히 자동차 여행의 증가는 환대산업 분야에서 모텔산업이라는 새로운 숙박산업을 만들었다.

모텔은 자동차 사업여행자들의 필요성 때문에 생겨났다. 초기에는 여행하는 세일즈맨이 민가 혹은 고속도로 주변 농가에서 숙박할 수 있었으나 곧 여행자들의 숫자는 수용한계를 넘어섰다. 모텔은 이러한 여행자들에게 싼 가격으로 숙박을 제공하는 하나의 사업방식이 되었다. 기록에 의하면 최초의 모텔은 1901년 아리조나 주(州)의 더글라스(Douglas)에 세워진 아스킨 커티지 캠프(Askins Cottage Camp)였다고 한다.

02 한국의 호텔

1. 숙박업의 태동

옛날부터 우리나라에서는 장터를 왕래하는 장사꾼이나 나들이를 하는 서민을 위하여 길가나 동네 어귀에서 술과 음식을 팔고 나그네를 유숙시키는 주막이라는 것이 있었다. 이러한 원시적인 숙박시설은 그 기능은 달리하지만 신라시대에는 역(驛)이라는 형태로, 고려시대에는 객사(客舍)라는 형태로, 조선시대에는 역(驛), 원(院), 여각(旅閣) 또는 객주(客主)라고 불리면서 발전하여 왔다.

1) 신라시대

삼국시대 신라 문무왕 때에 車得公이 지방을 여행하면서 지방이속(地方吏屬)의 집에서 유숙하였다는 기록이 「삼국유사」 문무왕조에 수록된 사실로 보아 그 당시에 민박과 같은 형태의 숙박시설이 있었음을 알 수가 있다.

숙박시설 제도에 대한 최초의 기록으로는 「삼국사기」 3권 신라본기에 【炤知麻立干】 9년(487) 3월, "서방에 우역(郵驛)을 두고 소사(所司)에 명하여 관도(官道)를 수리케 했다."는 기록으로 알 수 있다.

그 후 신라 문무왕 8년(668) 당나라와 연합으로 고구려를 정벌할 때 "왕이 욕돌역(褥突驛)에 이르렀다."라는 기록이 「삼국사기」 제6권에 수록되어 있으며, 「삼국사기」 제37권에 문무왕 9년(669) 당의 영국공 이적(李勣)이 고구려의 고토에 도독부와 주, 현을 설치한 기록에 국내성의 위치를 평양으로부터 17역의 거리에 있는 것으로 표기한 것 등에 의하면 삼국시대 말기에 있어서는 역제가 일반화되고 널리 보급되어 있음을 알 수 있다.

통일신라시대에는 우역사무의 전담기관으로 경도역(京都驛)을 설치한 바 있으며 그뒤 궁예의 태봉에 계승되어 다시 고려에 전래되었다.

또한 당나라와의 교역이 활발해지면서 신라인이 당나라에서 머무를 수 있는 신라방이라는 신라인들의 자취적인 촌락과 신라로부터 당나라로 가는 교통로에 신라의 사신이나 상인, 또는 유학생 등의 여행자를 위하여 신라관이나 신라원이 설치되어 그들의 숙박과 접대를 하고 있었으며 지금까지 알려진 것으로는 등주로부터

장안 간에 이르는 간선도로에 이러한 시설들이 있었던 것으로 밝혀지고 있다.[1]

2) 고려시대

고려시대에 와서 역참제(驛站制)가 발달되었으며 역참은 전국에 설치되어 있었고, 역에는 역장, 역사, 역졸, 역정 등을 두고 역마를 두어 공문서의 전달, 관물의 수달 및 공무로 왕래하는 관리에게 교통 및 숙식의 제공 등을 맡게 하였다.

이 역참의 실태를 살펴보면 전국에 걸쳐 역로의 간선인 22개 역도에 역참의 수가 525개소에 달했다.

고려시대의 숙박시설은 일종의 관사로서 궐패를 모시어 두고 봉명하여 벼슬한 사람들을 맞아들이는 집으로 각 고을마다 있었다. 성종 11년에는 역관강포(驛關江浦)라 하여 일반 여행자나 상인들에게는 숙소를 제공하여 주기도 했으며 공무를 수행하는 관리들에게 숙식을 제공하기도 했었다.

공용여행자의 숙식을 위해서 각 요로에 설치한 원(院)은 반관반민의 성격으로 관용의 역에서보다 발전된 숙박시설인 것이었다. 이러한 원은 대개 역과 동일한 장소에 설치되어 관사도 역원이라고까지 불려왔다.

3) 조선 초기

조선 초기에도 고려시대의 역참제도가 지속되어 교통과 통신 및 숙박시설의 수단으로서 역이 있었으며 「경국대전」에 의하면 전국에 약 525개의 역을 41개도에 편제시켜 놓고 있었고 각 도에는 찰방(종6품) 또는 역(종9품)이 이를 관장하고 역에는 역졸들을 두어 역의 관리와 공무를 담당하게 하였으며 공무여행자의 숙식과 고관이나 유족의 접대를 위하여 관위로 설치된 관과 원이라는 일종의 관영숙박시설이 있었으며, 사용으로 여행하는 일반인들을 위해서 사설여숙인 점(店 : 주막)이 있었다.[2]

조선시대의 역제는 역에 대한 호칭의 혼용이 발견되고 있다. 조선시대의 역의 명칭은 관, 참, 합배 등이 문헌에 나타나고 있다. 그 명칭이 다른 것은 명칭에 따라 역의 기능이나 구성이 역과 상이한 것이 아니고 그것이 위치하는 지역에 따라 관례에 의하여 사용된 것으로 보인다.

---

1) 『한국사 대계』, 통일신라편 1974, p.30, 한국관광발전사, 한국관광협회, 1984, p.142에서 재인용
2) 『한국사 대계』, 조선전기편, 1974, p.87, 한국관광발전사, 한국관광협회, 1984, pp.142~143에서 재인용

이는 조선 초기에 역을 재정비하는 과정에서 중부이남은 고려시대의 것을 답습하고 평안, 함경도의 산간지대에는 역의 시설이 거의 없었고 찰방도 적었기 때문에 이 지역에 대한 역을 정비하면서 정차장(停車場) 정도의 의미를 가진 역과 민박의 의미를 강조한 것으로 구분하여 기록한 것으로 추정하고 있다.

역의 수에 있어서는 고려시대에는 525개소, 이조에서는 「세종실록지리지」에 480개소, 「경국대전」에 537개소로 별 차이가 없는 것으로 나타나고 있다.

이러한 역제가 선조 30년(1597)에는 명나라의 제도를 모방하여 파발제도를 사용하고 변방서신을 전했으며 이 제도는 기발매 25리에 일첨을 두고 보발은 매 30리에 일첨을 두었다는 기록이 있으나 「경국대전」에 의하면 외방도로는 매 10리에 소후(小候)를 세우고 30리에 대후(大候)를 세워 역을 두었다는 기록이 있다.

4) 조선 말기

조선 말기에는 임진왜란과 병자호란을 겪어 오면서 상거래에도 큰 변화를 가져오게 되었다. 즉, 관장제수공업의 붕괴와 농민층의 분화로 소상품 생산층의 시장생산이 활발해지고 서울을 비롯한 도시들은 점차 상업도시로서의 양상을 갖추어 갔다.

이와 같은 여건하에서 사상인층(私商人層)의 성장이 현저해지고 보부상의 활동도 활발해졌다. 그러한 보부상과 더불어 부산항이 개항되고 1880년 초에는 원산 및 인천이 개항되자 다수의 객주가 개항장을 비롯한 도시에 집결되고 이들은 객주조합을 결성하여 활동을 활발히 하였다. 특히 서울의 한강, 노들강, 용산강, 마포강, 서강 등의 연안을 중심으로 발전하여 이조 말기에는 숙박업으로 발돋움을 하였던 것이다.

객주라는 말은 일반적으로 객주상인의 뜻으로 주인이 여객에게 매물의 상대방을 알선하여 주고 매물의 편의을 보아준 것으로 객상은 이에 대하여 수수료를 지급하였던 것이다. 지방에서 내집(來集)하는 이러한 객상을 위해 수탁판매, 대부, 예금 등과 때로는 여숙업을 겸하기도 하였다.

1876년 병자수호조약의 체결 후 객주들은 객주회, 혹은 박물회 등을 조직하여 동업조합의 기능을 발휘했으며 1890년에는 인천 및 부산항에 객주가 25개소가 설치되어 화물을 취급하는 도매업, 운송업, 및 창고업 등을 맡아 오면서 숙박업을 겸하였다.

여각 또한 객주와 본질적으로 같은 성질의 것이나 자금이 객주보다 조금 많았다. 연안의 여각은 당초 각 포구에 내박하는 선객주(船客主)가 발전한 것으로 풍부한 자금을 보유하며 상품을 거래하는 대상급(大商級)에 속했었다.

이와 같은 객주와 여각, 혹은 주막 등은 우리나라의 숙박업 형태의 시초이며, 오늘날과 같은 발전의 계기를 가져다 준 것이다.

고려시대로부터 조선에 이르기까지 각 고을의 객사로서 현존하는 것으로는 이조시대의 것으로 강원의 객사인문, 안변의 객사. 가학루, 고령의 가야관, 강산루, 통영의 객사, 여수의 객사 등이 남아 있는데 이는 조선시대의 목조건축 양식으로서 국보로 지정되어 보존되어 있는 것이 많다.

그리고 조선시대에 중국사신을 맞아 숙소로 제공되었던 벽제관(경기도 고양군 벽제에 소재)은 성종 7년(1476)에 세워진 것으로 지금은 정문만 남아 있다.

2. 숙박업의 발전

1) 근대 여관업

1883년에서 1890년 사이에 한국 진출을 꾀하는 열강들로부터 들어온 업종을 보면 금융업을 비롯하여 운수업, 무역업, 미곡상, 잡화상, 여관업, 요리업 등이 있었다. 우리나라의 근대적인 여관업의 시작은 이 무렵부터라고 볼 수 있다.

그리하여 1907년 9월경 서울에는 1등급 여관은 9개소, 2등급 여관은 13개소, 3등급 여관은 10개소로 총 32개소의 여러 여관들이 산재하였다.

2) 관광호텔업

근대적 여관의 발달과 함께 외국인을 대상으로 탄생된 호텔은 인천의 대불호텔이라 전해지고 있다. 3층으로 양식시설을 갖춘 이 건물은 일본인 호류 로꾸다르오씨가 1887년에 착공하여 1888년에 완성시킨 것으로 외국인의 손에 의해 우리나라 최초의 호텔이 건립되었다. 그 당시 영업이 번창하는 것을 본 청국인 이태(怡泰)라는 사람이 대불호텔 바로 길건너에 2층으로 된 건물의 아래층에 양잡화상을 하면서 2층에 Steward Hotel을 개업했다. 당시 두 양식 호텔의 숙박료를 비교하여 보면 〈표 1-1〉과 같다.

1903년 제임스 존스톤(James Johnston)의 별장으로 건축하여 1905년에 완공한 인천각이 있었으나 인천상륙작전 때 포화로 소멸되었다.

표 1-1 대불호텔 Steward호텔의 비교

명칭	실수	숙박료			비고
		상등	중등	하등	
대불호텔	11	2.50원	2.00원	1.50원	한국여관은 일박
Steward호텔	8	2.00원	?	?	20~30전 정도로 추정

또한 우리나라 최초의 서양식 호텔은 1902년에 프랑스계 독일여성인 손탁(Sontag)이 정동(지금의 이화여고 정문 앞)에 세운 손탁호텔을 들 수 있다. 1902년 10월에 개업한 손탁호텔은 윗층에는 귀빈들의 객실로 사용하였고 아래층은 보통 객실과 식당으로 사용되었다. 하지만 1909년 손탁이 조선을 떠남으로써 개관 8년 만에 문을 닫았다.

이상과 같이 한국의 초기 근대여관과 호텔들은 대부분이 외국인에 의해서 세워졌던 것이다.

서구식 숙박시설로서 등장한 「반도호텔」의 탄생은 우리나라 호텔산업의 전환기를 가져왔다고 볼 수 있다. 1936년에 미국의 스타틀러(Statler)호텔이 최초로 시도한 상용호텔양식을 도입한 한국 최대의 시설규모를 갖춘 반도호텔은 서구식 숙박시설로서 조선호텔이 디럭스(Deluxe)호텔의 상징이라고 한다면, 반도호텔은 상용호텔의 대표적인 숙박시설이었다고 할 수 있다.

1950년대 후반에 가서 온양호텔, 서귀포호텔, 무등산호텔, 불국사호텔, 해운대호텔, 대구호텔, 설악산호텔, 화진포호텔, 서울의 반도, 조선호텔 등이 국제관광사업의 일환으로 철도호텔에서 관광호텔로 개칭되어 오다가 1962년에 설립한 국제관광공사로 이관하게 되었다.

1962년에는 우리나라 최초의 민영관광호텔로서 메트로호텔, 아스토리아호텔, 뉴코리아호텔, 사보이호텔, 그랜드호텔 등이 정부에 등록되어 전국에 호텔객실수가 300여실이 확보되었다. 특히 동년 6월 26일에는 국제관광공사(현 한국관광공사)가 설립되고 1963년 9월에 교통부 관광과를 관광국으로 승격하였고, 동년 국제관광공사가 지방의 7개 호텔(온양, 해운대, 불국사, 서귀포, 설악산, 무등산, 대구)과 반도

호텔, 조선호텔의 운영권을 인수하였다.

1963년 4월 8일에 개관한 워커힐호텔은 한국 호텔산업에 있어서 현대적 감각을 살린 최초라 하겠다. 이 호텔은 대지 197,000평에 연건평 2만여 평에 달하는 37동의 개별건물로서 471명을 수용할 수 있는 254개의 객실을 보유한 당시 동양최대의 휴양지호텔로서 그 면모를 자랑할 수 있었다. 이러한 워커힐호텔도 앞서 말한 조선호텔, 반도호텔, 온양호텔, 해운대호텔, 불국사호텔, 대구호텔, 무등산호텔, 서귀포호텔, 설악산호텔 등과 같이 그 운영권이 관광공사로 넘어간 뒤 1965년에서 1968년 사이에 대부분이 민영화되기에 이르렀다. 1965년 3월 국무총리실 직속으로 관광정책심의위원회가 구성되고 4월에는 제14차 PATA 총 회를 서울에서 개최하여 호텔업의 역할을 재평가하게 되었다.

1970년 3월 한국관광공사와 미국의 아메리칸 항공사(America Airlines)가 합작 투자한 조 선호텔이 개관되어 국내에서는 처음으로 자본과 경영이 분리되어 운영되는 호텔이 등장하게 되었다. 동년 5월에는 관광호텔 등급화 제도(특급, 1급,2급, 3급)와 관광호텔 지배인 자격시 험제도를 실시하여 호텔의 질적 수준과 경영의 전문성을 도모하였고 호텔 서비스를 국제적 수 준으로 향상하는데 큰 공헌을 하게 되었다. 또한 정부에서는 관광호텔의 적극적인 개·보수를 촉진하기 위하여 개·보수에 소요되는 일부 자재에 대한 특별소비세를 면제해주는 세제상의 지 원과 관광진흥개발 기금으로 소요자금의 일부를 융자해주어 업자들의 투자 부담을 덜어 주었다. 이러한 정부의 적극적인 지원정책으로 관광호텔의 질적 및 양적 수준이 향상됨에 따라 관 광객이 증가하였고 1973년에는 국내 관광 사상 유례가 없는 679,311명의 외래 관광객이 입국 하여 269,434 달러의 외화 수입을 기록하게 되었다.

1972년 하반기부터 국내 기업의 경제활동 무대가 급속히 국제화되어 가는 가운데 외국인 관광객이 급격히 증가하게 되었다. 정부는 미국 보잉(Boeing)사에 용역을 의뢰하여 "한국 관광종합개발 기본계획"을 수립하여 한국 관광의 미래상을 제시하였고 국제 관광공사가 운영하던 워커힐호텔, 반도호텔, 대한항공사 등을 민영화하였다. [3]

---

3) 자료: https://blog.naver.com/mnmnm_7/221584008675

2 Chapter

호텔의 분류

제1장에서 볼 때, 호텔경영은 역사를 통하여 여행과 밀접히 연관되어 왔고, 항상 여행객의 욕구 변화에 순응해왔다. 현대에는 속도에 중점을 둔다. 증기선, 철도, 자동차, 비행기 그리고 마침내 제트비행기는 호텔의 넓이, 유형 및 위치에 영향을 주었다. 또한 세계 인구의 엄청난 증가와 큰 대도시 지역에의 인구 집중은 호텔산업에 상당한 영향을 미쳤다.

호텔의 어원은 라틴어의 'hospitale'로 순례 또는 참배자를 위한 숙소의 의미에서 유래되었다.

여기에는 두 가지 의미가 함축되어 있다.

첫째는 여행자들의 심신을 휴식할 수 있는 휴식, 숙박의 장소-오늘날 hotel,

둘째는 병자 또는 노약자의 간호시설-오늘날 hospital 로 발전되었다.

01 관광법규에 의한 분류

관광진흥법에 따른 관광숙박업은 호텔업과 휴양콘도미니엄업으로 구분되며, 호텔업은 관광호텔업, 수상관광호텔업, 한국전통호텔업, 가족호텔업, 호스텔업, 소형호텔업, 의료관광호텔업으로 구성되어 있다.

1. 관광호텔업

관광호텔업(2020. 4. 28. 개정)이라 함은 관광객의 숙박에 적합한 시설을 갖추어 관광객에게 이용하게 하고 숙박에 딸린 음식, 운동, 오락, 휴양, 공연 또는 연수에 적합한 시설 등(이하 부대시설) 등을 함께 갖추어 이를 관광객에게 이용하게 하는 업이다.

현재 우리나라 호텔 등급 기준은 호텔서비스의 선진화 도모를 위해 글로벌 스탠다드의 호텔등급 표시제로 운영(관광진흥법(2014년 9월) 하고 있다. 또한 호텔등급 결정의 공정성과 호텔산업의 질적 성장의 토대 마련 및 국내외 호텔등급관련 홍보 강화를 위해 공공기관(한국관광공사)에서 진행 되고 있다.

2014년에는 등급제도 신뢰성 강화를 위하여 호텔업 등급제도 의무화(관광진흥법 개정, 2014. 3. 11), 등급구분을 성(星)급으로 변경(관광진흥법 시행령 개정, 2014. 11. 28) 하였다. 등급은 다음과 같은 도안으로 이루어져 있다.

고궁 갈색

전통 감청색

전통 감청색   전통 감청색   전통 감청색

이러한 호텔등급 결정에 관련된 새로운 제도는 기존의 등급 평가와 달리 현장평가 및 암행/불시 평가가 추가되어졌다.

2. 수상관광호텔업

수상관광호텔업은 수상에 구조물 또는 선박을 고정하거나 계류시켜 놓고 관광객의 숙박에 적합한 시설을 갖추거나 부대시설을 함께 갖추어 이를 관광객에게 이용하게 하는 업으로서, 수려한 해상 경관을 볼 수 있도록 해상에 구조물 또는 선박을 개조하여 설치한 숙박시설을 말한다. 2000년 7월 20일 최초로 부산 해운대구에 객실수 53실의 수상관광호텔이 등록되었으나 태풍으로 인해 멸실되어 현재는 존재하지 않고 있다.

3. 가족호텔업

가족호텔업은 가족단위 관광객의 숙박에 적합하도록 숙박시설 및 취사도구를 갖추어 이를 관광객에게 이용하게 하거나 숙박에 부수되는 음식, 운동, 오락, 휴양, 공연 또는 연수에 적합한 시설 등을 함께 갖추어 이를 관광객에게 이용하게 하는 업을 말한다.

경제성장으로 인한 국민소득수준의 향상은 다수 국민으로 하여금 여가활동을 향유케 함으로써 가족단위 관광의 증가를 가져왔는데, 이에 따라 가족호텔도 급격히 증가하게 되었다. 이에 정부는 증가된 가족단위의 관광수요에 부응하여 국민복지 차원에서 저렴한 비용으로 건전한 가족관광을 영위할 수 있게 하기 위하여 가족호텔 내에 취사장, 운동·오락시설 및 위생설비를 겸비토록 하고 있다. 2018년 12월 31일 기준으로 전국 159개소에 14,078실이 운영되고 있다.

4. 한국전통호텔업

한국전통호텔업은 한국전통의 건축물에 관광객의 숙박에 적합한 시설을 갖추거나 부대시설을 함께 갖추어 이를 관광객에게 이용하게 하는 업을 말한다.

2003년 10월 전남 구례에 지리산가족호텔(124실), 2004년 5월에는 인천에 을왕관광호텔(44실)이 등록되었고, 2010년 7월 5일에는 경북 경주시에 (주)신라밀레니엄

라궁 16실, 2011년 10월에는 전남 영광에 한옥호텔 영산재 21실이 들록된 바 있어, 2018년 12월 말 현재 전국 9개소에 283실이 운영되고 있다.

5. 호스텔업

호스텔업은 배낭여행객 등 개별 관광객의 숙박에 적합한 시설로서 샤워장, 취사장 등의 편의시설과 외국인 및 내국인 관광객을 위한 문화 · 정보 교류시설 등을 함께 갖추어 이용하게 하는 업을 말한다. 이는 2009년 10월 7일 관광진흥법 시행령 개정 때 호텔업의 한 종류로 신설되었는데, 2010년 12월 21일 최초로 제주도에 객실수 36실의 호스텔이 등록되었으며, 2011년도에는 제주도 4개소 81실, 인천광역시 1개소 15실이 등록되는 등 2018년 12월 말 기준으로 전국 638개소에 11,875실이 운영되고 있다.

6. 의료관광호텔업 및

의료관광객의 숙박에 적합한 시설 및 취사도구를 갖추거나 숙박에 딸린 음식 · 운동 또는 휴양에 적합한 시설을 함께 갖추어 관광객에게 이용하게 하는 업을 말한다. 이는 외국인관광객 1,200만명 시대를 맞이하여 관광숙박서비스의 다양성을 제고하고 부가가치가 높은 고품격의 융 · 복합형 관광산업을 집중적으로 육성하기 위해 2013년 11월 관광진흥법 시행령 개정 때 호텔업의 한 종류로 신설된 것으로, 의료관광객의 편의가 증진되어 의료관광 활성화에 기여할 것으로 기대되고 있다.

7. 소형호텔업

관광객의 숙박에 적합한 시설을 소규모로 갖추고 숙박에 딸린 음식 · 운동 · 휴양 또는 연수에 적합한 시설을 함께 갖추어 관광객에게 이용하게 하는 업을 말한다. 이는 외국인관광객 1,200만명 시대를 맞이하여 관광숙박서비스의 다양성을 제고하고 부가가치가 높은 고품격의 융 · 복합형 관광산업을 집중적으로 육성하기 위하여 2013년 11월 관광진흥법 시행령 개정 때 호텔업의 한 종류로 신설된 것으로, 소형호텔업에 대한 투자를 활성화시켜 관광숙박서비스의 다양성을 제고하고 관광숙박시설을 확충하는데 기여할 것으로 기대되고 있다. 소형호텔업은 2018년 12월 31일 기준으로 전국 33개소에 850실이 운영되고 있다.

02 숙박기간에 따른 분류

숙박기간에 따른 분류에는 단기(transient)와 장기(residential)체재호텔의 두 가지 유형으로 분류할 수 있다.

1. 단기체재호텔

웹스터의 신 대학생용 사전(Webster's New Collegiate Dictionary)은 단기라는 용어를 "지금 있는 곳으로부터 빨리 지나치고, 순간의 단거주의 짧은 시간만 지속하거나 머무르는 것"으로 정의내리고 있다. 따라서 단기체재호텔은 사업이나 관광을 위해 일시적으로(하루, 한 주나 한 달이든지 간에) 집을 떠나 있는 사람들에게 숙박과 식음료를 제공한다.

2. 장기체재호텔

가장 쉽게 이해되는 이 형태의 가장 좋은 정의는 완전한 호텔 서비스를 제공하는 아파트 주택이다. 이것은 "집을 떠나는 것"이라기보다는 고객의 공식적인 거주지라는 측면에서 단기호텔과 다르다. 더구나 장기체재호텔은 고객으로부터 임대계약을 요구한다.

어떤 호텔은 한 계층의 고객에게만 서비스를 제공하지만 대부분의 호텔이 단기체재호텔과 장기체재호텔로 동시에 명명될 수 있다. 대부분의 단기체재호텔은 객실 점유율 향상과 이에 따른 수익 증대를 위해, 임대계약을 하거나 하지 않더라도 장기적으로 객실을 제공한다. 또한 장기체재호텔은 수익을 보충하기 위해, 단기간의 숙박을 원하는 단기체재고객에게 하루나 단기로 객실을 제공한다.

03 숙박목적에 따른 분류

1. CONVENTION HOTEL

각종 회의를 유치하기 위하여 대회의장 및 주차장 설비 완비, 통역시설, 연회실, 전시실 등을 갖추고 있는 호텔 등을 말한다. 이러한 호텔들은 회의 참가객들을 충분히 수용할 수 있는 객실을 보유해야 할 뿐만 아니라 많은 인원을 수용할 수 있는 식음료 시설 등을 갖추어야 한다.

2. COMMERCIAL HOTEL

상용호텔로 비즈니스 호텔이라고도 한다. 주로 도심지에 위치하면서 비즈니스 업무를 원활히 할 수 있도록 여러 사무기기를 갖춘 비즈니스 센터를 운영하고 있다.

3. RESORT HOTEL

주로 휴양지에 위치한 호텔로서 관광이나 휴양을 즐기기 위한 여행객들의 휴식을 위해 설계된 호텔이다.

4. CASINO HOTEL

겜블러들이 주로 이용하는 호텔로서 도박장과 대규모 객실을 가지고 있다. 대표적인 카지노 호텔들이 있는 도시로 라스베이거스가 있다.

5. APARTMENT HOTEL

장기체재 이용객들을 위한 호텔로서 일반호텔과 가장 큰 차이점은 주방시설이 여느 아파트처럼 설계되어 있다는 점이다. 선진국에서 정년퇴직한 노년층을 주로 수용하고 있으며 retirement hotel이라고도 한다.

04 숙박요금 지불방식에 의한 분류

객실료에 식대의 포함 유무에 따라 미국식과 유럽식으로 나눈다.

1. AMERICAN PLAN

객실요금에 식대가 포함되어 있는 요금형태로 1실에 3식이 기본이다. 근래에는 1실에 조식과 석식만을 포함시켜 계산하는 요금형태인 수정식(modified) 아메리칸 플랜을 많이 사용하고 있다.

2. CONTINENTAL PLAN

객실요금에 조식만 포함되어 있는 요금형태이다.

3. EUROPEAN PLAN

객실요금과 식대를 따로 분리하는 방법으로 유럽쪽 호텔에서 주로 사용되어지고 있는 요금형태이다. 현재 전세계에서 가장 많이 보급된 형태이다.

3 Chapter 호텔기업의 특성 및 경영형태, 조직

01 호텔기업의 특성

1. 서비스상의 특성

첫째, 인적 서비스에의 의존성

다른 기업의 상품은 주로 유형적인 상품으로 우선 상품의 제조과정에서 고도의 기술과 품질 좋은 재료로 구성되어 만들어진다. 그러나 호텔상품은 무형의 서비스와 유형의 서비스가 복합이 되어 판매되는 것으로서 환대산업의 독특한 성질을 가지고 있다.

호텔상품이란 환경과 시설, 식음료, 서비스 등을 뜻하며 유형적인 것에 무형적인 것이 추가되며, 상품을 이동 저장하여 판매할 수가 없으며 이 상품은 공익성과 수익성이 동시에 창조되어야 한다. 이와 같이 호텔상품은 유형, 무형의 것이 창조되어 하나의 가치를 이루게 된다.

객실의 분위기와 음식이 아무리 좋다 하여도 이에 종사하는 종사자의 정성 어린 서비스가 함께 동반하지 않으면 호텔상품은 판매가 불가능한 것이다.

호텔이 갖는 최대의 의의가 집을 떠난 여행자나 고객에게 정성 어린 서비스로 맞이함으로써 그 지역사회 발전과 같은 운명으로 평가되는 것으로 볼 수 있다. 불쾌한 서비스는 차라리 고객으로 하여금 찾아들지 아니한 것만 못하게 깊이 마음에 나쁜 인상을 심어 주게 되고, 그 날의 대외적 활동에까지 곁들여 영향을 주게 마련인 것이다.

둘째, 호텔 서비스의 다양성

호텔의 현대적 기능은 숙박과 음식을 제공하는 핵심적 서비스 기능 이외에 점차로 관광객의 욕구가 다양해짐에 따라 '제2의 가정'(home away home)의 역할로서 부족함이 없도록 청결, 위생과 안락을 위한 최상의 시설을 제공함과 동시에 비숙박 객에게도 개방되는 준공공장소(quasi public area)로서 레저와 문화의 중심 기능이 추가되어진다.

특히 호텔 서비스 중에서 매출액의 90% 이상을 차지하는 객실과 식음료 서비스의 소비자 유형을 보면 특급호텔 객실의 경우 70% 이상이 외국인인 데 반하여, 식음료산업은 반대의 현상이 나타나므로 호텔 마케팅 수행은 서비스의 유형에 따라 각기 다른 접근을 필요로 한다.

셋째, 짧은 서비스 접촉시간

교육 서비스, 투자자문 서비스 및 은행 서비스 등은 소비자와 수주, 수개월 혹 수년에 걸친 기간 동안 소비자에게 제공된다. 그러나 호텔 서비스는 객실 서비스의 경우 우리나라를 방문한 외래관광객의 90% 이상이 3박4일 이하이며 식음료 서비스의 경우는 수 시간에 지나지 않는다.

2. 마케팅상의 특성

첫째, 호텔산업은 독점적 경쟁(monopolistic competition) 상황을 가지고 있다.

힐튼, 롯데, 조선, 플라자와 같은 체인들은 그 좋은 예이다. 이들 호텔들은 각자의 상호에 의하여 상품을 생산하고 제품을 차별화하고 있다.

둘째, 호텔의 공급곡선은 수직이다.

일반 제조업이나 호텔산업에 있어 제품생산의 장·단기 계획은 수립되고 있다. 그러나 24시간 연중무휴의 영업을 하고 있는 호텔산업에서는 수요가 갑자가 늘어난다고 하여 공급물량을 충족시키지 못하는 단점이 있다. 호텔을 하나 건립하는데 동업계의 지표에 의하면 약 3년 이상 기간이 소요되므로 호텔의 공급곡선은 수직이다. 이런 상황에서는 공급범위 내에서 수요곡선만 상하로 이동된다는 원리이다.

셋째, 호텔의 가격곡선은 부분적으로 이미지 가격정책을 쓴다.

예를 들면 호텔의 헬스클럽, 키(key)클럽과 같은 업장은 고객의 수요를 제한시켜 놓고 회원제운영을 하는데, 이러한 예는 수요가 늘어난다고 하여 무한정 고객을 받는 것이 아니기 때문에 높은 가격을 책정한다.

3. 제품상의 특성

호텔기업은 주로 무형의 서비스를 판매한다는 점에서 볼 때 일반 제조기업에서 통용되고 있는 제품이라는 용어는 적절한 표현이라고 볼 수는 없지만 객실, 식음료, 인적 서비스, 기타 부대시설 서비스 등을 통칭하여 제품이라 부르고 있다. 이러한 무형재의 제품이 갖는 특성을 살펴보면 다음과 같다.

첫째, 무형성이라는 점이다.

호텔의 인적 서비스는 그 자체는 무형재로서 일반제품과 같이 윤곽이 뚜렷하지 않기 때문에, 경영자의 주관이나 서비스 제공자의 융통성이 개입될 가능성이 많다. 호텔의 인적 서비스에 대한 고객의 평가는 종사자가 고객을 영접할 때부터 환송할 때까지의 전체 과정에서 이루어지므로 서비스 제공자나 서비스 기관의 명성이 고객의 서비스 지각에 큰 영향을 미칠 수 있다. 그러나 무형성을 지닌 인적 서비스는 상품의 가치를 결정짓는 데 가장 중요한 역할을 하는 반면에, 일반 생산 서비스와는 달리 기계화 내지 자동화가 곤란하다는 점이 경영의 효과성을 증대시키는데 한계점을 가지고 있다.

둘째, 비저장성이다.

고객의 주문에 의하여 생산이 되고 판매기간 및 공간이 제한되고 무형성이라는 본질적인 특성 때문에 당일에 판매되지 못한 상품은 일반상품과 같은 재고상품으로서의 저장이 불가능하다.

셋째, 서비스의 생산과 소비과정에 고객의 참여를 필요로 한다.

호텔 서비스는 생산과 소비의 동시발생으로 서비스 제공자와 고객이 함께 서비스과정에 참여하는 상호작용에 의하여 서비스 생산과 소비가 이루어진다. 따라서 고객이 서비스 과정에 참여하여 만족을 갖도록 하기 위해서는 서비스 제공자, 상품, 시설, 시간, 공간 내의 다른 고객 등과 같은 제반 환경이 고객지향적 관점에서 관리되고 운영되어야 한다.

넷째, 노동집약적이다.

이러한 성격은 호텔의 식음료부서에 해당되는데, 호텔 서비스는 인적 서비스 의존도가 높은 노동집약적인 서비스산업의 하나로 서비스 품질은 서비스 제공자에 의하여 크게 좌우되며 생산과정의 잠재적 변동성이 많아 서비스 생산의 일관성 유지가 어려우며 동일한 서비스 품질의 유지가 곤란하다. 즉, 호텔 서비스는 호텔의

입지조건, 등급, 시설, 경영형태와 성격, 소유형태, 서비스 제공자의 서비스 제공능력 등에 따라 각기 다른 형태로 고객에게 지각될 수 있기 때문에 호텔 서비스는 일반 제품생산과 같이 규격화, 표준화, 단순화하는 데에 한계가 있다는 점이다.

다섯째, 품질에 대한 측정이 곤란하다.

호텔 서비스는 서비스 제공자로부터 서비스를 제공받기에는 유형적 재화보다 상대적으로 그 품질을 측정하기가 매우 곤란하다. 또한 동일한 서비스 제공자에 의해 생산되는 서비스 내용도 품질표준의 일관성이 유지되기 어렵고 동일한 고객에게 똑같은 내용의 서비스가 제공된다고 할지라도 제공시점에 따라 고객은 자신의 주관적인 기준에 따라 서비스를 지각하기 때문에 서비스의 평가는 다르게 나타날 수 있다. 따라서 호텔 서비스를 계량적으로 측정한다는 것은 매우 어려운 일이다.

여섯째, 비이동성이다.

호텔이 제공하는 주된 상품인 객실, 식음료, 그 밖에 시설을 통한 서비스는 고객이 반드시 호텔이 있는 곳으로 이동해 올 때만이 거래가 성립된다.

일곱째, 생산과 소비가 동시에 이루어진다.

호텔 서비스는 고객이 생산현장인 호텔에 와서 직접 주문을 하면 그 주문에 의해 생산이 되고 생산현장에서 즉시 소비가 이루어지는 상품이다. 따라서 호텔 서비스는 주문상품이 제공될 때까지의 소요시간이 적절하고 일관성 있게 유지·관리되어야 한다. 만약 고객 자신이 정서적, 주관적 판단의 기준에 따라 지각하는 시간 이상을 경과하여 서비스가 제공되면 호텔 서비스는 불만족스러운 것으로 인식될 수 있다.

마지막으로, 계절별로 수요의 변동이 크다는 점이다.

한국은 사계절이 뚜렷하게 구별되는 특성으로 인하여 호텔산업의 판매성향은 성수기와 비수기가 명확하게 구분된다. 즉, 호텔서비스는 계절, 요일, 하루 중의 시간에 따라 수요의 변화가 크기 때문에 성수기와 비수기에 따라 수요를 평준화하고 촉진시키는 방법으로 차등 요금을 적용시키거나 동시에 마케팅을 적용해야 한다.

4. 재무비용상의 특성

호텔기업은 하나의 독립된 건물 안에 일반사회의 축소판과 같은 제반시설을 갖추어 놓고 종사자들의 인적 서비스를 통하여 고객의 욕구를 충족시켜 주고 있다.

이러한 역할은 일반 제조기업과는 다른 것으로 그에 따른 재무, 회계 측면에서 관찰할 수 있는 재무비용상의 특성을 살펴보면 다음과 같다.

첫째, 고정자산의 비율이 높음에 따라 기본회전율이 낮다.

이러한 특성은 호텔의 객실부서에 해당되는데, 일반적으로 기업은 건물이나 시설과 고정자산보다는 상품이나 현금과 같은 유동자산의 비중이 크지만 호텔은 건물이나 시설의 비중이 총투자액의 70~80%가 되므로 유동자산의 활용도가 낮아 자본의 회전속도에 대한 이익률이 낮다.

둘째, 높은 고정비의 지출로 손익분기점이 높다.

이러한 특성은 호텔의 객실부서에 해당되는데, 고정자산의 구성비가 높고 호텔상품의 특성상 수백 개의 객실에 단 한 사람의 고객이 투숙해도 전기, 수도, 난방을 가동시켜야 하며 서비스요원, 안전관리요원 등이 모두 근무해야 한다. 따라서 감가상각비, 수도광열비, 노무비 등 고정비적 성격의 비용지출이 일반기업에 비하여 상대적으로 높아 수익과 비용이 일치하는 손익분기점이 높다.

셋째, 종사자에 대한 의존도가 높아 노무비의 비중이 크다.

이러한 특성은 호텔의 식음료부서에 해당되는데, 호텔은 인적 서비스의 역할을 기계화할 수 없는 어려움으로, 다른 일반 생산시설에서는 기계화 및 자동화로 원가절감을 통한 수익향상이 가능하지만 호텔은 고객이 질적인 만족을 원할수록 고급인력을 증원하여야 하기 때문에 노무비의 부담은 계속 증가할 것으로 판단된다. 이를 해결하기 위해서는 조직의 성력화(man power-maximization)를 통한 노무비 절감이 가장 효과적일 것으로 사료된다.

넷째, 시설의 조기 진부화 및 노후화에 따라 필요 이상의 개·보수비용이 지출된다.

호텔의 시설은 고객의 이용 여부에 상관없이 계속 훼손 마모됨으로써 결과적으로 경제적 가치 내지 상품으로서의 효용가치의 상실에 따른 수익성 저하를 예방하기 위한 주기적인 개·보수가 요구되고 있다. 따라서 시설 개·보수비용 적립금의 규모와 개·보수를 위한 필요 기간의 산정이 수익성에 영향을 줄 수 있다.

다섯째, 비생산적인 공공장소의 필연성으로 수익창출면적이 줄어들어 간접비용이 증가하고 수익성이 감소한다.

수익창출면에서 비생산적 공간인 로비나 조경 등은 비싼 지대 및 건축설비를 감안했을 때 만들 필요가 없으나 호텔시설 자체가 상품의 역할을 하는 특성을 갖고 있으므로 더 좋은 상품으로 포장하기 위해 필수 불가결한 것으로 그만큼 수익창출 면적이 줄어들게 되어 수익성을 감소시키는 요인이 되고 있다.

여섯째, 객실부문은 매출원가를 수반하지 않기 때문에 객실매출액의 수익성 공헌도가 높다.

숙박 서비스를 제공할 때에 가장 큰 지출을 필요로 하는 객실상품이 이미 만들어져 있기 때문에 고객을 숙박시킬 때마다 들어가는 비용은 거의 없다. 따라서 객실매출은 손익분기점을 초과했을 때 그 초과분은 대부분 순수익으로 고려할 수 있다.

마지막으로, 일시적 초기 투자가 높아 금융비용의 지출이 크다.

호텔의 기본적인 상품은 곧 시설이다. 다른 일반 산업시설은 연차적으로 확장·재투자할 수 있으나 호텔시설은 그 시설 자체가 제품으로서 판매되어야 하기 때문에 부분적, 연차적인 투자는 사실상 불가능하다. 따라서 자기자본율이 낮은 한국의 기업 환경에서 장기, 저리의 양호한 자금조달이 금융비용의 부담을 감소시킬 수 있기 때문에 레버리지분석[1]의 중요성이 강조된다고 할 수 있다.

5. 경영상의 특성

첫째, 호텔기업은 1일 24시간 및 연중무휴의 운영을 한다.

호텔은 시설 및 인적 서비스를 복합한 상품을 연중무휴로 찾아오는 고객에게 판매하는 기업이다. 호텔의 이용객은 자기 집을 떠나거나 즐기고자 하는 사람들로서 낮에는 고객에게 그 시간에 따라 각자 취미를 만족하게 즐길 수 있도록 서비스를 제공하여야 하며, 밤에는 고객의 생명과 재물을 보호하는 등 하루 24시간 무휴의 영업을 한다. 이러한 고객의 특성으로 말미암아 남이 놀 때는 한층 더 바빠지고 남이 잠을 잘 때에도 계속 근무를 하며 단 한순간도 쉴 수 없는 연중무휴의 운영을 계속하는 특성을 가지고 있다. 따라서 종사자의 서비스에 대한 의존도가 큰 기업이다.

둘째, 호텔기업은 기계화의 한계성이 있다.

호텔기업은 인적 서비스의 판매가 커다란 하나의 제품으로 간주되고 있는 특수성을 가지고 있다. 오늘날 고액의 인건비 지출을 억제하고 많은 분야의 업무과학화

---

1) 레버리지는 기업의 '타인자본의존도' 혹은 '고정비용을 수반하는 자산이나 자금의 사용'을 의미한다. 따라서 레버리지 분석은 고정자산의 사용으로 인한 고정영업비용이나 타인자본의 사용으로 인한 고정금융비용이 기업의 영업이익이나 기업소유주(주주)의 이익에 미치는 영향을 분석하는 것을 의미한다(박정식, 1994).

를 위하여 호텔 기능을 기계화한다. 그러나 인간의 정성스러운 서비스 분야나 세심한 고객 관리는 기계화가 불가능한 것이다.

셋째, 호텔상품은 이동이 불가능한 비전매성 상품이다.

호텔사업은 호텔이라고 하는 가치재(인적 · 물적 서비스)를 고객이 직접 호텔에 가서 상품을 생산하는 장소에서 직접 구매하여야 한다. 아무리 타 장소가 시장성이 좋다 하여도 이동하면서 전매할 수가 없다. 따라서 입지와 환경에 근거하여 판매하지 않을 수가 없으며 이를 식물성형 상품이라 한다.

이와 같은 호텔상품은 인적 서비스, 물적 서비스, 시스템적 서비스, 정보적 서비스, 금융적 서비스 등 다양한 요인과 결합되어 판매되므로 이를 다요인성 상품이라 한다. 또한 호텔은 부동산의 가격 상승의 비영업적인 특별이익을 감안하면 거액의 초기 투자된 자본을 장기간에 걸쳐 서서히 회수하는 사업인 것이다.

넷째, 비신축성 상품이다.

호텔제품은 양적 · 시간적 제약을 많이 받는데, 객실 수에 의해서 투숙객을 수용하여야만 한다. 그러나 식음료 판매량에는 약간의 신축성이 있으나 시간과 장소의 제약을 많이 받아 다른 기업과는 달리 매출확대의 제약을 받는다. 일반상품은 수요공급의 원칙에 따라 수요가 증가하면 대량생산으로 수요 · 공급의 균형을 유지할 수 있다. 그러나 호텔상품은 초과예약(overbooking)의 범위도 과거의 경험에 따라 5~10%에 지나지 않고 완전히 한정된 객실에 고객을 유지하여야만 한다. 따라서 최근에는 객실의 효과적인 판매의 방법으로 분할판매(day use sale or part time sale)를 활용하고 있다. 또한 일반상품은 오늘 팔지 못하면 다음에 판매할 기회를 보며 상품을 저장한다. 그러나 호텔의 객실은 오늘 팔지 못하면 그 객실을 영원히 팔 수가 없다. 즉, 호텔객실상품은 재고가 없는 상품인 것이다.

다섯째, 계절적 요인이 강하게 작용한다.

계절적 제약으로 휴양지 호텔에서는 관광성수기와 관광비수기의 격차가 심하여 호텔상품의 수요와 공급이 조화를 이루지 못하고 있다. 우리나라의 경우 도심지의 상용호텔(commercial hotel)의 운영은 어느 정도 합리적으로 운영되고 있는 실정이나 일부 휴양지호텔은 그 경영 상태가 적자를 면치 못하고 있는 상태이다.

이러한 심한 계절적 특수성을 타개하기 위해서는 관광계절의 확대와 비수기 할인요금(off-season rate)제도의 확충, 관광자원의 개발, 외국인 관광루트의 다양화, 및 비수기 관광상품의 개발 등이 요망된다.

02 호텔의 경영형태

1. 독립경영호텔(Independent hotel)

소유자가 독립적으로 직접 경영하는 소규모 호텔의 경영형태를 말한다.

자주성이 보장된다는 장점을 가지나, 규모의 한계성을 극복하기 힘들다는 단점 또한 있다.

이러한 단점을 보완하고자 독립경영호텔들이 소유권 및 경영의 독립성을 유지하면서 체인방식의 장점을 도입한 형태를 REFERRAL SYSTEM(리퍼럴 시스템)이라고 한다. 즉, 공동기금을 마련하여 상호 협의하에 공동선전. 공동예약을 취할 수 있다.

2. 체인경영호텔

프랜차이즈 방식과 위탁경영방식으로 또다시 나눈다.

● 프랜차이즈 방식

프랜차이저와 프랜차이지로 구성되어 있으며 프랜차이저는 브랜드 가치가 널리 알려진 상품사용권, 경영 노하우, 공동구매에 대한 구매원가 절감 등의 혜택을 주고 프랜차이지에게 로열티와 가맹비를 지불받게 되는 형태이다.

대부분 경영은 프랜차이지의 책임하에 이루어지고 있다.

장점으로는 브랜드 가치가 높은 상표를 사용함으로써 지명도가 높으며 광고와 판촉활동에 대한 부담도 적은 편이다.

하지만 단점으로는 과도한 가맹비 및 로열티의 지불, 지역특성에 맞는 상품개발에 제약을 받는다.

● 위탁경영 방식

전문 경영회사가 경영계약에 따라 손실에 대해 책임을 지지 않고 경영을 책임지는 방식을 말한다. 경영에 전혀 노하우가 없는 기업에 적절하다. 이 방식은 경영에 소유자가 전혀 관여할 수 없다.

장점으로는 전문경영인이 직접 파견되기 때문에 경영 노하우가 없는 소유자도 호텔을 운영할 수 있으며 체인호텔의 상호를 사용하기 때문에 고객에게 신뢰를 줄 수 있다.

하지만 단점으로는 소유자는 경영수수료와 마케팅 비용을 지불해야 하며, 경영에 전혀 참여할 수 없다는 것이다.

03 호텔 구조

호텔이 간단한 숙박시설이든 혹은 4개 벽안에 작은 도시의 모든 시설을 포함하는 것이든 간에 그것은 실제로 "사람"사업이다. 즉, 호텔은 사람(고객)에게 봉사하기 위하여 존재할 뿐만 아니라, 존재하기 위해서 사람(종사자)의 봉사가 필요한 곳이다. 자동화가 도움이 될지는 모르지만 인간만이 고객들의 복지를 위해 필요한 서비스를 제공할 수 있다.

모든 호텔들은 객실을 임대하며, 대부분의 호텔들은 음식과 음료를 판매한다. 성공적인 호텔은 추가적인 구성요소인, 좋은 서비스를 제공한다. 고급스러운 가구, 맛있는 음식, 빈티지 와인(vintage wine)들은 여러 호텔에서 제공되지만 이것의 제공에 필요한 서비스는 전적으로 사람에게 의존한다. 자유사회에서 사람의 행동은 표준화될 수 없다. 그것은 단지 지도되고 끊임없는 감독, 주의, 훈련을 요구한다.

이러한 인적 자원 의존이 높은 호텔을 이루는 부문은 크게 두 부문으로 구성되어진다.

1. 영업부

- 객실 부문
- 식음료 부문
- 기타 부문

2. 관리부

현대 호텔들은 각 호텔의 실정에 맞춰 탄력적인 부서형태를 보이므로 복잡한 조직도는 이 책에서 배제하고 크게 나눈 두 부문의 세부 직무를 자세히 다음 장에서 공부하고자 한다.

이 책에서는 특히 인적 서비스의 대표적 영업부서인 객실 부문과 식음료 부문의 업무와 기능을 자세히 살펴보도록 하겠다.

Part

2

객실 관리

4 Chapter 객실의 이해

01 객실의 종류

1. 객실의 양식

1) 온돌(KOREAN STYLE : ONDOL)

온돌방으로 이루어진 한실이다. 침대 대신 보료, 요, 이불이 있으며 전통적인 가구로 구성되어져 있다.

2) 양실(WESTERN STYLE)

침대로 구성되어진 객실이다.

2. 객실의 형태

1) 스위트(SUITE)

거실과 침실이 분리된 형태로 양실과 한실 스위트가 있다.
규모는 일반실의 2배 가량이다.

2) 싱글 룸(SINGLE ROOM)

1인용 침대가 1개 있는 방을 말하며 보통 침대의 크기는 90×195cm로 규정하고 있다.

3) 더블 룸(DOUBLE ROOM)

2인용 침대가 1개 있는 방으로 보통 침대의 크기는 138×195cm로 규정하고 있다.

4) 트윈 룸(TWIN ROOM)

1인용 침대가 2개 있는 방 또는 1인용 침대 1개와 2인용 침대 1개로 구성되기도 한다.

5) 트리플 룸(TRIPLE ROOM)

1인용 침대가 3개 있는 방으로 3인의 투숙이 가능하다.

6) 스튜디오 룸(STUDIO ROOM)

다른 말로 SOFA BED ROOM 또는 FAMILY ROOM이라고도 한다.

낮에는 소파로 밤에는 침대로 이용할 수 있는 접이식 베드를 4개 갖추고 있는 방으로 비즈니스맨들뿐만 아니라 4인 가족들이 주로 사용한다.

7) 커넥팅 룸(CONNECTING ROOM)

객실과 객실이 나란히 인접하여 있으면서 내부에 통용문이 설치되어 있는 객실을 말하며, 주로 가족들이 많이 이용한다.

8) 어드조이닝 룸(ADJOINING ROOM)

커넥팅룸과 마찬가지로 나란히 이웃하여 있는 객실이나 내부에 통용문이 없어
출입문을 통해서만 다른 객실을 갈 수 있다. 단체 일행들이 선호한다.

9) 아웃사이드 룸(OUTSIDE ROOM)

객실의 방향이 호텔 외부의 좋은 경치를 볼 수 있도록 설계한 객실이며 그 반대
로 외부의 경치를 잘 볼 수 없거나 전망이 좋지 않은 객실방향을 인사이드 룸
(INSIDE ROOM)이라고 한다.

02 객실 이용시 알아야 될 용어

1. 공표요금(TARIFF)

호텔에서 공식적으로 팸플릿, 브로슈어에 공표한 요금으로 프런트 데스크에도
공표요금표가 비치되어 있다.

ROOM TARIFF

	BASIC	GRATUITY	V.A.T	TOTAL
ROYAL SUITE	₩925,000	₩92,500	₩101,750	₩1,119,250
PRINCESS SUITE	₩800,000	₩80,000	₩88,000	₩968,000
INTERNATIONAL SUITE	₩286,000	₩28,600	₩31,460	₩346,060
KOREAN ONDOL SUITE	₩220,000	₩22,000	₩24,200	₩266,200
SUITE	₩180,000	₩18,000	₩19,800	₩217,800
DELUXE TWIN	₩162,000	₩16,200	₩17,820	₩196,020
DELUXE DOUBLE	₩157,000	₩15,700	₩17,270	₩189,970
JUNIOR DELUXE	₩153,000	₩15,300	₩16,830	₩185,130
SUPERIOR TWIN	₩135,000	₩13,500	₩14,850	₩163,350
SUPERIOR DOUBLE	₩135,000	₩13,500	₩14,850	₩163,350
SUPERIOR ONDOL	₩135,000	₩13,500	₩14,850	₩163,350

2. 무료요금(COMPLIMENTARY)

종사자들은 COMP라고 말하는 이 요금은 무료요금을 뜻한다.

무료 숙박요금으로 때에 따라서는 식사요금까지 무료로 제공되는 경우도 있다.

일반적으로 여행사, 단체의 인솔자 및 기사, 호텔에서 초청한 고객 등이 이 요금제를 적용받는다.

비슷한 것으로 HOUSE USE가 있다. 이것은 호텔직원이 공무로 사용하는 경우를 지칭하는 것으로 무료이다.

3. D.N.D CARD

'DO NOT DISTURB'로 '깨우지 마세요. 방해하지 마세요'란 뜻을 지니며 늦은 투숙으로 잠을 방해받고 싶지 않은 고객이나 객실 투숙객들이 룸 메이드의 청소작업이나 기타의 일로 객실 문을 노크하며 자신의 일을 방해받고 싶지 않은 고객들은 객실문 입구 문고리에 이 카드를 걸어두면 된다.

이 카드의 반대편에는 MAKE UP CARD가 있다.

룸 메이드에게 우선적으로 청소를 부탁한다는 카드로 이 카드 역시 객실 문에 걸어놓으면 된다.

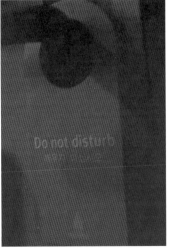

4. O.O.O(OUT OF ORDER)

고장 또는 수리 중인 객실로 판매가 불가능한 객실상태를 의미한다.

5. 초과 예약(OVER BOOKING)

실제 보유한 객실 수보다 초과 예약을 말한다. 호텔의 특성 중 '저장이 불가능한 상품이다.'라는 말이 있다. 저장을 할 수 없는 상품이기 때문에 최대 판매를 위하여 실제 예약가능한 객실보다 10% 정도 초과하여 객실 예약을 받는다. 초과 예약의 원인이 되는 것 중에는 NO-SHOW 와 CANCEL이 있다.

NO-SHOW 예약한 고객이 사전 통보 없이 나타나지 않는 경우를 말한다.

CXL(CANCEL) 갑자기 예약을 취소하는 고객을 의미한다.

6. 모닝콜(MORNING CALL)

WAKE- UP CALL이라고도 하며 투숙객의 요청에 따라 요청한 시간에 깨워주는 것을 말한다.

7. TURN DOWN SERVICE

이미 투숙한 객실에 대하여 고객의 취침 직전에 제공하는 서비스로서 잠자리를 돌보아 주는 작업을 말한다.

8. TURN AWAY SERVICE

초과 예약 또는 만실로 인하여 객실이 부족할 경우 객실이 있는 동급이나 그 이상 등급의 인근호텔로 고객을 안내하는 서비스를 말한다.

9. UP GRADING

예약한 객실보다 등급이 더 높거나 비싼 객실로 업그레이드하여 투숙시키는 것을 말한다. 사정상 예약한 객실의 갑작스러운 문제로 인하여 예약 객실이 없는 경우 등이 이유가 될 수 있다.

10. SLEEP OUT

ROOM에 투숙하기 위하여 고객이 등록을 마치고 객실 KEY를 가지고 갔으나 객실을 사용한 흔적이 없는 상태를 말한다.

11. SKIPPER

건너뛴 사람, 즉 고의든 자의든 요금 지불과정을 거치지 않고 떠난 고객을 의미한다.

12. WALK IN GUEST

사전 예약 없이 당일날 직접 호텔로 와 투숙하는 고객을 의미한다.

13. ROOMING LIST

단체고객이 도착하기 전 사전에 미리 객실을 배정할 수 있도록 인적사항을 확인하는 명단을 받아 객실을 배정하는 것을 의미한다.

---

03 예약관련시 필요한 용어

- **미니멈 레이트(Minimum rate)**
  모든 예약을 받음

- **스탠다드 레이트(Standard rate)**
  단지 스탠다드 레이트(standard rate)와 그 이상에서 예약을 받음

- **슈피리어 레이트(Superior rate)**
  단지 슈피리어(superior)와 그 이상에서 예약을 받음

- **스위트 온리(Suite only)**
  스위트(suite) 객실에 대한 요청만 접수

- **온 리퀘스트(On request)**
  예약접수자는 예약을 거절 또는 수락하기 전에 호텔의 객실 공급 상태를 점검할 것을 필요로 함

- **노 어라이블즈(No arrivals)**

특정한 날에 도착되는 예약을 더 이상 받지 않음

노 어라이블즈(No arrivals)는 상당히 많은 예약이 접수되었기 때문에 호텔은 비록 여전히 특정한 날의 전과 그 날 다음의 여러 일 동안 체재하는 예약을 받을 준비는 되어 있지만, 특정한 날에 도착되는 예약을 더 이상 받지 않는 경우이다.

- **노 스루 부킹즈(No through bookings)**

특정한 날을 포함하여 고객이 계속해서 머무르는 예약을 받지 않음

노 스루 부킹즈(No through bookings)에서는 특정한 날에 이미 예약이 많이 이루어졌기 때문에 특별한 날을 통과하는 어떤 예약도 받지 않는 경우이다.

다음은 호텔을 이용하는 고객이 알아두면 유익한 사항들이다.

일반적으로 호텔에서는 불특정 다수의 질서와 안녕, 안전을 유지하기 위해 다음과 같은 몇가지 규칙이 있다.

1. 호텔로비나 공공장소에서는 잠옷차림으로 실내화를 신고 다니는 것을 삼간다.
2. 외부음식 반입은 금지되어 있다.
3. 방문객의 면회는 로비나 커피숍을 이용하는 것이 좋다.
4. 귀중품 또는 여권은 프런트 데스크나 객실 내에 있는 귀중품보관함을 이용한다.
5. 외출시에는 프런트 데스크에 객실 key를 맡기고 외출한다.
6. 호텔 객실을 특정상품 판매나 도박의 장소로 이용해서는 안 된다.
7. 객실 내에는 흉기 같은 위협적인 물품의 반입을 금한다.

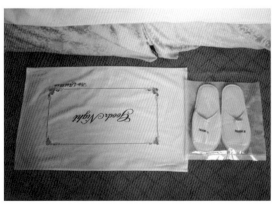

다음 장에서는 이 장에서 이해한 내용을 바탕으로 예약실, 프런트 데스크, 하우스키핑으로 나누어서 세부적으로 설명한다.

04 객실을 이용할 때 적용되는 요금

1. 객실이용과 적용되는 요금

스위트룸은 호텔마다, 그리고 같은 호텔의 스위트룸마다 상당한 차이가 있다. 때로는 라운지와 침실 직원들이 고객의 숙박을 돕기도 하고 그것은 더 많은 기업이나 회사들이 호텔을 이용하도록 유인하기 위해 일반적인 객실 공표 요금에 10 내지 20퍼센트의 할인을 제공하기도 한다.

또는 단체예약의 경우, 관광호텔은 요금을 인용할 때 일반적인 객실 공표 요금의 20 내지 25퍼센트를 할인해 줄 수 있다. 만약 호텔이 제한된 고객시장 부문, 즉 제한된 유형의 고객들을 유지하고 있다면, 그것은 두 가지 및 세 가지 요금을 제공할 수 있다. 그러나 대부분의 규모가 큰 호텔들은 손님들에게 건전하고 정확한 조언을 해줄 수 있도록, 무엇을 받을 자격이 있는 많은 다른 객실 요금에 대해 많은 다양한 요금을 제공한다. 프론트 오피스 직원들도 객실 요금에 포함된 금액과 추가 요금이 얼마인지 알아야 한다. 그리고 호텔은 점유율와 수익율을 극대화하기 위해 '일드 매니지먼트' 또는 revenue management 기법을 사용해야 할 것이다.

〈표 4-1〉은 객실부의 조직도를 나타내고 있다. 이 조직도는 객실수 약 300개의 호텔을 기준으로 작성되었다.

표 4-1 객실을 이용할 때 적용되는 가격 종류

Standard room rack rate	객실가격에 식사가 포함되어 있지 않은 할인 되지 않은 객실 표준 가격
Corporate rate	일반 투숙객인 기업 및 산업체 임원에게 부과되는 정액 가격
Commercial rate	모든 개별 객실 예약에 대해 회사와 호텔이 합의한 가격
Airline rate	개별 항공사와 호텔 간에 협상된 가격(호텔이 항공사로부터 제공받는 사업 규모 기준)
Children's rate	무료로, 또는 부모와 같이 객실을 쓰는 경우의 표준 가격으로써 각 호텔에는 이 가격이 적용되는 어린이의 연령 제한이 합의되어 있다.

Flat or group rate	호텔과 단체가 사전에 합의한 단체별 객실 요금
Series rate: back to back	회사 또는 여행사가 여러 개의 객실을 예약하는 경우 하나의 단체가 객실을 체크아웃하면, 다른 단체는 호텔객실에서 청소가 끝난 후 체크인을 할 수 있다.

2. 호텔 브로셔와 가격

객실 요금, 제공되는 시설 및 서비스에 대한 정보는 대체적으로 호텔의 브로셔와 가격에서 찾을 수 있다. 호텔 브로슈어와 가격은 호텔의 시설과 서비스, 음식과 연관된 정보로써 판매와 매출 극대화에 도움이 되는 마케팅 도구라고 할 수 있다. 객실 사진이 있는 브로셔는 프론트 오피스 직원이 객실을 판매할 때 유용하게 사용될 수 있다. 가격은 일반적으로 삽입물로 따로 인쇄하여 변동된 가격이 브로셔를 최신 상태로 만들지 않도록 한다. 호텔 가격에 따라 인용되는 요금은 다양한 가격 옵션을 보여주고 있다〈표 4-2〉.

표 4-2 가격옵션

가격 (영국용어)	가격 (미국용어)	가격 (프랑스 용어)	설명
Room only	European plan		인용된 요금은 객실 전용 가격이다. 이것은 룸 단위로 적용될 수 있다.
Room and breakfast	Continental plan		이 가격은 객실료뿐만 아니라 아침식사도 포함된다.
Half board	Modified american plan	Demi-pension	이 요금은 객실, 아침식사, 그리고 저녁식사를 포함한 가격이다.
Full board	American plan	En pension	모든 식사는 숙박시설과 함께 제공된다. 예를 들어, 아침, 점심, 저녁식사 뿐만 아니라 종종 오후의 티타임까지도 포함된다.

그림 4-1 객실부 조직도

[그림 4-1]을 살펴보면 객실부는 좌측으로 부터 하우스키핑, 유니폴 서비스, 프런트 데스크로 나누어 짐을 알수 있다. 각 직무에 대한 설명은 후속되는 해당 chapter에서 이루어진다.

5 Chapter 예약실

예약업무는 프런트 데스크 서비스에서 첫 번째로 이루어지는 업무이다. 이 서비스는 많은 설명이 필요한 관계로 별도의 장을 할애하였다.

예약 클럭 CRESERVATION CLERK)은 객실 예약업무를 맡고 있는데, 이 업무는 예약의 접수 및 예약 슬립 작성, 예약확인 업무 등을 포함한다. 이러한 예약업부를 원활히 수행하기 위해서는 호텔의 전반적인 사항을 잘 숙지하고 룸 클럭(ROOM CLERK)과의 업무협력이 절실히 필요하다. 최근에는 룸 클럭이 예약 클럭의 업무를 포함하여 수행하는 관계로 예약클럭의 직종이 없어지고 있다.

한편 컴퓨터화된 예약시스템에서 상당한 발전이 있어 왔는데 이것에 대해 이 장에서 논의될 것이다. 비록 컴퓨터화가 예약시스템에 어떤 장점을 제공할지라도 예약시스템이 운영되는 원리는 변하지 않는다. 예약시스템의 주요 기능은 이것이 제공되는 호텔에 최소의 비용으로 최대수의 예약을 제공하는 것이다.

독립적인 집단이 개인 호텔을 대상으로 예약시스템을 개발하기 위해 여러 시도를 했으나 그 시스템의 진정한 개발은 체인에 의하여 이루어졌다. 홀리데이 인과 쉐라톤과 같은 회사는 예약시스템을 개발시켰을 뿐만 아니라 체인, 특히 프랜차이징의 영역과 규모를 더욱 더 확장시키는 판매도구로서 이것을 이용해 왔다. 직접적인 통제와 프랜차이즈 계약 구조라는 두 가지 사항을 통해서 체인은 예약시스템의 참가자들에게 적절한 통제를 가할 수 있었다. 동시에 체인들은, 독립호텔이 직면하는 문제인 청구서 발행과 대금회수에서 건전한 재무 상태로 운영할 수 있었다.

참가호텔의 소유자와 경영진이 다양하고 광범위하기 때문에 당연히 호텔에서 채택되는 운영절차가 다양하다. 예약시스템은 시스템 내에서 모든 호텔이 서로 의사소통을 하고, 동일한 방식으로 시스템을 사용한다는 명제하에 운영된다. 많은 수의 다양한 절차가 있다면 예약시스템은 목적한 바를 성취하거나 통제하기가 대단히 어렵다.

청구서 발행과 대금회수 과정은 예약시스템을 개발하는 데 아주 커다란 장애물임이 증명되어 왔다. 특정 시스템을 사용하고 있는 해당 호텔에의 수수료 부과는 대부분 그 특정 호텔을 위해 취해진 예약에 의해 발생된다. 그러나 대부분의 호텔들은 예약한 고객이 사실상 호텔에 나타나지 않을 때 예약에 대한 수수료를 지급하기를 꺼려한다. 따라서 참가호텔은 no-show 고객의 경우가 발생했을 때 수수료를 지급하지 않아도 되었다. 그러한 비부과에 대한 확실성은 호텔 기록의 점검이나 혹은 예약에 관한 정보원천과의 직접 의사소통에 의해서만이 증명될 수 있다. 그러나 대부분의 예약시스템은 이러한 방법에 의해 no-show 고객이 있었다는 것을 입증하기가 어려웠다. 그 결과로 그러한 수수료 비부과 문제는 호텔에 의하여 합법적으로 이루어졌으며 혹은 예약시스템을 운영하는 쪽의 이의 없이 이루어졌다. 그러한 비부과가 의문시되거나 조사되었을 때 호텔은 예약 수수료 청구에 반대하거나 혹은 그것의 정산을 연기시키는 것에 대한 정당성을 가지고 있었다. 따라서 독립적인 시스템을 구축하려는 여러 번의 시도는 적절한 현금흐름을 파생시키거나 혹은 적절한 재무관리를 시행하는 능력상의 부족 때문에 좌초되었다.

그러나 성공적인 독립 예약시스템은 구축될 수 없는 것이 아니라, 시스템 소유자에게 보호기능을 제공하는 획일적이고 재무적으로 건전한 예약계약에 의하여 획득될 수 있으며, 이러한 목적을 달성하기 위해서는 참가호텔들이 계약시에 미리 지급가능한 보증수수료에 대한 조항을 포함해야 한다.

결과적으로 서너 개의 체인기업이 만든 예약시스템이 성공적으로 독립 예약시스템(Independent Reservation System)으로 확대되었다. 즉, 체인의 존재는 독립 예약시스템이 성립하기 위해 필요한 조직 및 관리적 힘을 제공했을 뿐만 아니라 체인 내의 호텔은 예약시스템의 확대를 가능하게 한 건전한 재무적 근거를 형성해왔다.

이제 그러한 운영기법과 특징에 대해 살펴보자.

01 중앙 예약사무소

일반적으로 CRO로 알려진 중앙 예약사무소(Central Reservation Office)는 예약시스템의 중심이고 더 중요한 것은 대중이 시스템에 접근하는 방식에 있다. 우선, 하나의 CRO가 전국적인 범위로 적용되느냐, 혹은 서너 개의 예약사무소를 설립하느냐에 관한 의사결정이 이루어져야 한다. 각각의 선택안에는 장점과 단점이 있다.

하나의 큰 사무소를 사용하는 것은 시간과 급여 측면에서 다음과 같은 장점을 가져다준다.

임금 수준이 낮은 지역에 위치될 수 있다.

예를 들어, 쉐라톤의 800-325-3535 같은 하나의 특정번호 시스템(one-number system)을 사용함에 따라서 큰 집단의 예약접수자가 근무하는 사무소에서 그 나라의 모든 지역에서 오는 예약전화를 처리할 수 있다.

모든 예약전화가 집중되는 위치에 모든 예약접수자를 배치함으로써, 적은 수의 직원이 특정한 지역에 근무하고 있는 여러 개의 지역 예약사무소(regional reservation office)에서 불가능한 유연성과 충원 계획화가 가능하게 된다.

하나의 특정번호 시스템의 다른 장점은 이것이 체인의 광고 캠페인에서 할 수 있는 역할이다. 이 시스템은 모든 체인의 광고를 위한 주제 혹은 초점으로서 사용할 수 있는 전화번호를 제공한다. 반면에 모든 예약전화를 한 장소에 모이게 하는 것은 전체 시스템을 그 장소의 전화시스템 효율성에 의존하게 만든다.

만약에 회선이 지나치게 과부하되든가 혹은 어떤 이유에서 전화시스템이 작동되지 않으면 전체 예약시스템 과정은 간단하게 중단되어 버린다.

지역 예약사무소는 여러 개의 마케팅상의 장점을 제공하는데, 예약시스템이 고객이나 관련자에게 예약처리를 하는 것 외에 판매지원을 하고 이 판매지원은 지역의 사무소를 통해서 수행될 때 더욱 효과적이다. 지역 예약사무소의 직원들은 일반적으로 한 명의 관리자와 한 명 이상의 예약접수자로 구성된다. 관리자와 예약접수자는 성수기에 예약과정에 협조하고 다른 편리한 시간에 그 지역의 여행사와 기타 잠재적인 고객들에게 판매전화를 하는 두 가지 기능을 수행한다. 따라서 여행사는 예약시스템과 개인적인 접촉을 맺고 이것은 종종 예약시스템이 여행사로부터 많은 실적을 얻는 결과를 가져온다. 하나의 중앙 예약사무소가 활동 중인 곳에서는 예약처리가 상당히 비개인적(non-personal)으로 되는 경향이 있다.

1. 예약의 수락

예약의 취급에서 가장 중요한 요소는 시간이다. 예약의 수락은 전화상에서 최소한의 시간이 소요되어야 하며, 따라서 더욱 더 많은 예약전화를 취급하도록 해야 한다. 이러한 이유 때문에 예약취급 기술은 상당히 중요하다.

전화는 목소리만으로 상대방을 평가하기에 밝은 목소리('솔'톤)를 항상 유지한다. VIP호텔이란 가정하에서 기본적인 사항만을 가지고 한번 전화 예약을 해 볼까요?

예약실 직원	친절히 모시겠습니다. VIP호텔 예약실 김영영입니다 무엇을 도와드릴까요?
고　　객	저 객실을 하나 예약하고 싶습니다만...
예약실 직원	머무시고자 하시는 날짜는 언제이십니까? ① 숙박기간(몇일부터 몇일까지)
고　　객	올해 7월 23일~25일 (2박 3일)
예약실 직원	잠시만 기다려주시겠습니까? (객실 상황을 확인하고) 네 원하시는 날짜 7월 23일 목요일에 도착하셔서 25일 토요일에 출발하시는 2박 객실 예약이 가능합니다. 어떤 객실로 몇 개를 원하십니까? ② 원하는 객실 종류와 객실수
고　　객	트윈 룸으로 2개 필요합니다.
예약실 직원	네. 고객님께서 원하시는 트윈 룸으로 2개 준비해 드리겠습니다. 예약자 성함은 어떻게 되십니까? ③ 이름
고　　객	빛 나 리입니다.

예약실 직원은 순차적으로

④ 투숙인원

⑤ 비행기 편명이나 도착예정시간

⑥ 예약자의 전화번호

⑦ 객실요금 등을 공지한 후 더 필요하신 사항이 없는가를 확인하고

다시 한번 예약 상황을 복창한 후,

자신의 이름과 예약번호를 말씀드린 후 감사의 인사를 남기고 고객이 전화를 끊었음을 확인한 후 수화기를 조심스럽게 내려 놓는다

다시 한번 예약슬립 작성을 해 보도록 하겠다. [그림 5 – 1]은 중앙 및 지역 예약 시스템 모두에 주로 사용되고 있는 예약슬립(reservation slip)을 나타내고 있다. 예약슬립상의 영문 알파벳으로 기록된 항은 다음의 정보가 기록되어야 할 장소를 나타내고 있다.

| Hotel ㅁㅁㅁ ⓐ | | No. NIghts _____ ⓝ | | | | | ABC RESERVATION CORP. | |

Arrival	Last Name	First	N.R	Departure	Dep	$	Option Date
ⓑ	ⓖ	ⓗ	ⓔ	ⓒ	Yes or No	ⓚ	ⓛ

Sun · Mon · Tues · Wed · Th · Fri · Sat	Rate	T.A	Arrival Time	Via
ⓣ	ⓕ	ⓞ	ⓓ	ⓙ

Date ⓟ Twx ⓠ Office ⓡ By ⓢ

Address

ⓘ   ⓜ

그림 5-1
예약슬립

ⓐ 호텔의 이름
ⓑ 도착일자(日字)
ⓒ 출발일자(日字)
ⓓ 도착시간
ⓔ 객실의 수
ⓕ 요금
ⓖ 고객의 성
ⓗ 고객의 이름
ⓘ 고객의 주소
    (혹은 만약 고객이 직접 예약하지 않았다면 예약확인서가 보내지는 주소)
ⓙ 교통수단
ⓚ 요구되는 예약보증금
ⓛ 예약보증금이 요구되는 日字
ⓜ 특별한 지시사항

예를 들어, VIP, 아기침대 필요, 바다를 접하는 객실(ocean front) 등의 정도 수준에서 고객에 관한 모든 정보는 획득되어졌고 전화는 종료될 수 있다.
그러나 예약슬립은 다음의 정보도 가지고 있어야 한다.

ⓝ 숙박일수
ⓞ 예약이 여행사를 통해 이루어졌다면 표시
ⓟ 예약이 이루어진 日字
ⓠ 예약이 호텔에 텔렉스나 팩스를 통해 이루어졌다면 표시

ⓡ 예약을 수락한 예약사무소
ⓢ 예약을 수락한 사람
ⓣ 도착일을 이중으로 점검하기 위하여 요일 표시

따라서 전체적인 예약정보가 예약슬립에 요약되어진다. 예약접수자는 예약을 담당할 뿐만 아니라 실제적으로 판매의 기능을 수행해왔다. 따라서 예약시 이루어지는 예절이 중요하다. 다음은 예약전화를 취급하는 중요한 대화기법들이다.

① "나"라는 말 대신에 "우리"라는 말이 항상 사용되어야 한다.
② 예약보증금을 요구하는데 "귀하는 …를 해야 한다"라는 말을 결코 사용하지 말아야 한다. 즉, 예약접수자는 예약금을 요구하는데 "반드시 예약금을 내셔야 합니다"라는 말을 사용하지 말고 그 대신 "예약금이 필요합니다"라고 말해야 한다.
③ 만약 '왜 객실이 없느냐'고 물으면, 예약접수자는 호텔이 컨벤션이나 혹은 단체 때문에 전부 예약이 되었다는 느낌을 결코 주어서는 안 된다. 호텔이 일반고객을 위해 객실을 확보하지 않고 이러한 형태의 사업에 주로 전념한다는 인상을 예상고객에게 주는 것은 바람직하지 않다.

그 대신에 예약접수자는 단지 수요의 과다로 인해 빈 객실이 없다고 말해야 한다.
만약 고객이 특정 객실 요금을 먼저 정하지 않는 한, 모든 예약과정이 객실 요금이 정해지기 전에 수락되어 끝나야 한다. 이러한 절차는 객실 요금에 대한 저항 때문에 판매기회를 상실하는 수를 줄인다. 최소의 등급에 관한 객실 요금이 결코 제시되어져서 안 되고 예약접수자는 단지 하나의 객실 요금을 인용해서도 안 된다. 스탠다드(standard)와 슈피리어(superior)의 객실요금이 언급되어져야 하며 만약 고객이 더 낮은 등급의 객실 요금을 요구하지 않는 한, 보다 높은 등급의 객실 요금에서 예약이 이루어져야 한다. 객실 요금, 정책 및 절차에 관한 설명들은 분명하고 간략해야 한다. 이러한 기법들은 질서정연하게 예약을 접수시킬 뿐만 아니라 예약시스템의 판매기법을 개선하는 결과를 가져온다.
컴퓨터화되지 않은 시스템에서 예약종사자들은 직접 예약업무를 취급해야 하는 반면에, 컴퓨터화된 시스템에서 두 가지 대안이 이용될 수 있다. 첫 번째, 컴퓨터화된 시스템에서 기록된 예약정보를 계속해서 보유하여 컴퓨터에 입력한다. 이러한 방법은 명백한 오류를 파악해내는 장점을 가진다. 그러나 가장 효과적인 방법은 예약접수자들이 전화를 통해 받는 그대로, 콘솔형 CRT(cathode-ray tube)에 정보를 입

력시키는 것이다. 작은 TV 스크린을 닮은 CRT는 타자기처럼 생긴 키보드가 부착되어 있다.

2. 예약상태

예약요청이 CRO(Central Reservation Office)로부터 받아졌을 때, 예약종사원은 예약의 확인 여부를 CRO에게 조언을 할 수 있어야 한다. 이러한 이유로 CRO는 항상 예약을 수락하는 각 호텔의 상태를 알아야 한다.

호텔의 객실요금 구조는 대개 5등급으로 구성되는데 이것은 숙박시설의 질 (quality)에 관련된다. 매일 호텔은 현재 및 예측된 예약의 수를 분석하고 어떤 수준의 객실요금에서 예약을 종료시킬 것인가에 관한 의사결정을 해야 한다. 높은 점유율이 예상될 때, 호텔은 하나 혹은 더 이상의 낮은 객실요금 범주에서 어떠한 예약도 수락하지 않을 수 있다. 다른 상황에서는 수락할 만한 객실요금 수준의 의사결정이 예약수의 규모에 따라 이루어진다. 따라서 특정한 날에 대한 예약이 누적됨에 따라 호텔은 미니멈에서 시작해서 스탠다드, 그 다음 슈피리어 예약을 더 이상 받지 않고, 혹은 스위트 예약만을 받을 수 있다.

컴퓨터화된 예약시스템이 운영되지 않는 경우에, 호텔이 성수기에 있을 때 필요한 만큼 예약 상태의 변경을 CRO에 조언할 것이다. 우선 이러한 절차는 해당 예약시스템에 가입하고 있는 모든 호텔에 대해 매일 행해져야 한다. 그러나 전화 및 팩스(fax) 비용 등을 절약하기 위해 대부분의 호텔은 그렇게 하는 것이 필요할 때만 예약 상태에의 변경을 조언한다.

컴퓨터화된 예약시스템이 운영되는 곳에서는 호텔 내의 터미널을 통해 중앙컴퓨터에 직접 접근이 가능한 호텔은 예약 상태의 변경과 갱신을 계속적으로 할 수 있다. 직접적인 접근이 이용될 수 없는 곳에서는 호텔은 다른 방식으로 커뮤니케이션해야 한다.

현재의 기반 위에서 예약사무소가 예약 상태 변경을 계속 조언받는다는 것은 아주 중요하다. 그렇지 않으면 혼란, 불확실성, 그리고 궁극적으로 초과예약 (overbooking) 또는 미달예약(underbooking)이 발생할 것이다.

초과예약의 잘못에 대해서는 많이 쓰여져 왔으나, 미달예약은 호텔의 입장에서 더욱 심각한 범죄일 수 있다. 계속적인 초과예약은 호텔의 평판과 궁극적으로 재무상태에 영향을 미치며, 미달예약은 등록할 수 없었던 고객들의 불편을 초래할 뿐만 아니라, 상실한 판매의 관점에서 호텔의 수익성에 즉각적인 영향을 미친다. 계속적인 미달예약은 종종 상당한 기간 동안 모르고 지나칠 수가 있어 호텔의 점유율, 매출 및 수익성에 중대한 영향을 준다.

3. 예약 확인

예약사무실에 의해 예약이 확인되었을 때 객실요금, 도착일, 체재기간 및 어떤 특별한 고객의 요청사항을 포함한 예약의 상세한 것을 고객에게 알려주는 예약확인서([그림 5-2])가 보통 고객에게 보내어진다.

WE ARE PLEASE TO CONFIRM YOUR RESERVATION AT THE								Loews Representation International	
								REMIT TO:	
ARRIVAL	LAST NAME	FIRST	NO. RMS	DEPARTURE	DEPOSIT	AMOUNT	REC'D. BY*	HOTEL	

ARR. TIME

ACCOMMODATION AND DAILY RATE:

HOTEL ADDRESS

*OR SUBJECT TO CANCELLATION

DATE   OFFICE   BY

CANCELLATION NOTICE MUST BE RECEIVED AT HOTEL _____ DAYS PRIOR TO ARRIVAL.

IF THERE IS A CHANGE IN YOUR PLANS, PLEASE NOTIFY HOTEL IN ADVANCE.

PLEASE PRESENT THIS CONFIRMATION TO REGISTRATION DESK ON ARRIVAL

그림 5-2
예약확인서

이외에 예약확인서는 고객이 예약을 했다는 것을 확인해주며 고객은 도착시 이 서류를 프런트 오피스에 제시한다. 그러나 만약 예약수락과 고객의 도착일 사이의 시간 간격이 너무 짧아 예약확인서가 고객의 호텔 도착일 전에 고객에게 도착되지 않을 것 같으면 고객이 분명히 요청하지 않는 한, 예약확인서는 보내어지지 않는다. 근래에는 예약확인서 통보보다 전화예약확인을 많이 하는 편이다. 또한 최근 인터넷의 발전으로 예약확인서를 전자우편으로 송부하며, 예약자는 예약과 동시에 예약확인서를 받는다.

예약 확인서는 항상 4~5부로 인쇄된다. 원본은 고객에게, 두 번째와 세 번째는 호텔로, 네 번째는 예약사무소의 서류철 속에 보관된다. 여행사가 포함되면 다섯 번째 사본은 그곳으로 보내어진다.

컴퓨터화된 예약시스템은 이미 입력된 정보의 산출물로서 자동적으로 예약 확인서를 만들어 낼 수 있다. 컴퓨터 운영시간에 있어서 균형을 맞추기 위해 예약 확인서는 컴퓨터의 예약활동이 매우 낮은 때인 하루의 마지막인 밤에 항상 인쇄된다. 컴퓨터화되지 않은 시스템에서는 소정양식의 확인서에 이미 받아들여진 예약정보를 타이핑함으로써 완료된다.

02 호텔 예약사무소

지금까지 CRO의 운영을 살펴보았다. 지금부터는 호텔 자체 내에 있는 예약부서의 운영을 살펴본다.

컴퓨터화된 예약시스템을 사용하고 있는 체인은 개개 호텔의 예약사무실에 터미널을 설치해 왔다. 이것은 호텔로 하여금 컴퓨터화된 시스템을 사용하여, 시스템을 통해 발생하는 이러한 예약들의 취급뿐만 아니라 호텔의 완전한 예약 상태의 저장 및 통제가 가능하도록 하였다. 호텔에서 접수된 예약들은 직접 호텔 예약접수자에 의해 컴퓨터에 입력된다. 이것은 언제든지 호텔이 컴퓨터로부터 모든 예약들을 얻을 수 있다는 것을 의미한다. 유사하게 판매가능한 객실들이 컴퓨터에 입력되고 예약이 접수되어 입력되면 컴퓨터는 초과예약을 방지하면서 객실재고와 맞추며 요청할 때마다 어떤 특별한 기간 동안의 예약 상태 보고서를 산출할 수 있다. 동시에 예약 확인이 중앙 예약사무실에서 접수될 뿐만 아니라 모든 예약들에 대해 출력될 수 있다.

그러나 호텔 내부에 터미널이 없는 컴퓨터화된 예약시스템을 사용하는 호텔과 컴퓨터화된 시스템의 구성원이 아닌 호텔에서는 호텔의 전반적인 예약 상태의 통제는 호텔 예약부서가 담당하고 있다.

전화를 통해 예약을 접수할 때, 그 과정은 중앙 예약사무소의 그것과 매우 유사하다. 예약의 자세한 사항은 예약슬립에 기록되는데 이것은 다시 예약확인서를 준비하는 데 사용된다. 예약이 우편을 통하여 접수될 때, 정상적으로 예약슬립은 필요하지 않고, 예약확인서는 직접 우편을 통해 송달된다.

한편, 접수되는 모든 예약에 대해 매일 매일의 통제가 이루어져야 한다. 이것은 몇 가지 방법에 의해 행해질 수 있는데 다음의 것들이 가장 흔하게 사용된다.

1. 예약방식과 통제

1) 예약부

예약부(reservation book)는 한 달 동안의 예약을 나타내는 각 쪽(page)으로 구성된다. [그림 5 − 3]은 예약부의 한 쪽이 어떻게 나타나는지를 보여주고 있다. 31개의 수직 란은 날 수를 나타낸다. 수평의 열은 접수된 객실의 계층 혹은 등급을 나타낸다. 각 란의 밑에는 그 날 접수된 총 예약수가 나타나 있다. 예약부에 있는 수치는 연필로 기록되어야 하며, 추가 예약 혹은 취소가 발생함에 따라 매일 매일 변경되어야 한다. 또한 단체예약을 표시하기 위하여 별도의 표시가 사용되어야 한다.

2) 이동 슬라이딩 블랙보드

호텔은 예약부를 보유하는 것 외에 미래의 3~4개월 예약까지 나타내는 이동 슬라이딩 블랙보드(sliding blackboard)를 예약사무소의 벽에 걸어놓을 수 있다. 색깔 있는 기나 상징표의 사용에 의하여 칠판은 주어진 日字의 예약 상태, 즉 오픈(open), 스탠다드 레이트 이상(standard rate and up), 슈피리어 온리(superior only) 및 기타 등을 보여줄 수 있다. 이동 슬라이딩 블랙보드의 가치는 예약접수자가 전화를 통해 문의하는 예약을 접수받을 것인지를 결정하기 위하여 한눈에 볼 수 있게 하는 데 있다. 만약에 두 권 이상의 예약부가 쓰여지고 있다면 예약상의 변경이 각 권마다 기록이 되어야 하는 반면에, 블랙보드상의 변경은 예약접수원이 한눈에 파악할 수 있다는 점에서 시간을 절약한다.

3) 랙 슬립

예약을 접수하고 예약확인서를 발행하는 과정에서 많은 호텔들은 각각의 예약에 대해 고객의 이름, 객실 요금, 도착일, 체재 일수를 나타내는 랙 슬립(rack slip)을 준비한다.

랙 슬립은 확인서를 준비함과 동시에 여러 장 형식(multipart form)을 사용하여 만들어질 수 있다. 이러한 랙 슬립은 도착일 순서에 근거하여 경사진 큰 랙에 삽입된다. 랙에 있는 날짜 꼬리표(tag)는 주어진 날짜에 접수된 예약의 수에 따라 그 달의 다른 날짜를 위해 확보된 공간을 확대시키거나 축소시키면서 다른 곳에 삽입되어질 수 있다.

랙 슬립은 고객 도착 날짜에 프런트 데스크로 옮겨지고, 등록시에 예약들을 확인하고 통제하기 위해 사용되어진다. 컴퓨터화된 예약시스템에서는 프런트 데스크로 랙 슬립의 물리적 이동이 필요하지 않다. 대신에 랙 슬립과 원장이 자동적으로 도착 날짜의 아침에 프런트 데스크에서 컴퓨터에 의해 인쇄되어진다. 또 다른 경우에 예약과 관련되어진 모든 교신 또한 도착 날짜의 아침에 프런트 데스크에서 이용 가능해야 한다.

그림 5-3
예약부

Year ___	Month of ___																															Total Rooms Booked for Month
Date of Month	1	2	3	4	5	6	7	8	9	10	11	12	13	14	15	16	17	18	19	20	21	22	23	24	25	26	27	28	29	30	31	
Minimum—Groups																																Minimum ___
Standard—Individuals																																Standard ___
Standard—Groups																																Superior ___
Superior—Individuals																																Suites ___
Superior—Groups																																Total ___
Suites																																
Total Room Count																																

4) 호텔관리시스템

호텔관리시스템(PMS ; Property Management System)은 호텔의 전·후방(front and back office) 시스템을 관리하는 많은 개별적인 프로그램으로 구성된 소프트웨어이다. PMS의 기능은 〈표 5-1〉에 나타나 있다. PMS는 프런트 오피스와 백 오피스를 자동화하기 의한 소프트웨어와 하드웨어의 양 측면을 필요로 한다.

Douglas Engel과 Joseph Marko는 수많은 호텔들이 PMS 시스템을 채택한 이유를 다음과 같이 서술하고 있다.[1]

표 5-1 PMS의 기능

프런트 오피스 기능 핵심기능	선택기능(option)
고객 회계 및 서비스 • 입숙 및 퇴숙 • 원장회계 • 전화안내 • 영업 • 예약 • 나이트 오디트(night audit) • 단체등록 및 원장회계 • 하우스키핑 : 객실상태	고객이력 여행사 회계 예산통제 워드 프로세싱(word processing)
백 오피스 기능 핵심기능	**선택기능(option)**
외상매입금 급여 총계정원장	재고 구매 예산 예측
기타 서비스 기능	
판매 및 마케팅 분석 패키지 및 식사계획(package and meal plan) 기능실 스케줄링(function-room scheduling) 연회 및 케이터링 판매(banquet and catering sale) 워드 프로세싱(word processing) 촉진 우편물(promotional mailing) 시설유지 스케줄링(maintenance scheduling) 예측 그래픽스 : 메뉴(graphics : menu)	

---

1) Douglas Engel and Joseph Marko, "Property Management Systems", Lodging, February 1986 pp.17~20.

① 반복과업을 제거하고 정보를 현재 즉시 이용가능하도록 함으로써 영업효율성을 증가시킨다.

② 정확하고 더욱 빠른 정보의 배분과 고객이 선호하고 싫어하는 것을 추적하는 새로운 기회를 통하여 고객서비스를 강화시킨다.

③ 수작업시스템(manual system)에서 수립하고 유지하기 힘드는 표준화의 수준을 부가함으로써 내부영업통제를 개선시킨다.

④ 급여비용을 감소시키고 외부 서비스 이용비용을 제거함으로써 효율성을 증가시켜 경비를 절약한다.

그러나 300개의 객실 이하로 갖춘 호텔에서는 컴퓨터의 설치와 관련용품에 드는 추가적인 비용 때문에 실제적인 운영비용 절감이 이루어질 수 없다.[2]

그러나 대부분의 호텔업계에서는 경쟁업체가 PMS를 도입하여 고객에게 편리함을 제공함으로써 PMS 도입은 경쟁적인 필수품이 되었다. 운영상의 효율성과 통제성을 화폐가치로 나타낸다는 것은 어렵지만 이 효율성과 통제성 측면에 대한 자동화가 증가하고 있다.

PMS는 메뉴지향식(menu-driven)으로 구성되어 있다. 많은 경우 이 시스템의 메뉴는 [그림 5 - 4]에서처럼 CRT 스크린에 나타난다. 그러나 어떤 시스템에서는 메뉴가 스크린에 나타나지 않는다. 메뉴가 스크린에 나타나는 여부는 호텔이 선택하기에 달렸지만 이것을 취급하는 호텔직원은 운영방식을 알 필요가 있다. 메뉴가 스크린에 나타나는 선택안은 작동자에게 흥미를 유발시키고 교육·훈련과 운영을 더욱 쉽게 만든다.

PMS를 작동하려는 호텔직원이 첫 번째로 하여야 할 조치는 [그림 5 - 4]와 같이 시스템을 작동시키는 것이다.

```
                    Front-Desk Menu

        1. Walkin                5. Reservaton check-in update
        2. Posting               6. Advance deposits
        3. Guest checkout        7. Availability statistics
        4. Reservation status    8. Groups
```

그림 5-4
PMS 메뉴의 예

---

2) Ibid., p.17.

비예약고객(walk-in guest)이 있는 경우 키보드상의 1을 누른다. 그러면 스크린은 [그림 5-5]의 경우와 같이 비예약고객 메뉴(guest walk-in menu)로 바뀌게 된다 (guest walk-in menu는 기술적인 용어로 guest walk-in routine이라고 한다). 이번에는 메뉴가 스크린상의 밑에 나타난 것에 주의할 필요가 있다.

메뉴들이 스크린상의 밑 부분에 나타난 이유는 작동직원이 메뉴 위의 공간에서 고객기록을 다루어야 하기 때문이다. 작동직원은 계속하여 고객정보를 알기 위해 1을 누르고 엔터(Enter)키를 누른다. 이 시점에서 화면은 등록을 위한 고객정보 형식을 나타내는 [그림 5-6]으로 바뀌게 된다.

```
Guest walk-in
1. Guest info        2. Room info
3. Follo             4. Check in
5. Retrieve room     6. Change room
7. Post cash         8. Update room
9. Comment
```

그림 5-5 화면상에 나타난 비예약 고객 메뉴

```
Name _____
Address _____
Phone _____
Number of Nigths _____
Number of Persons _____
Extras _____
Special Request _____

DETAILS
```

그림 5-6 고객정보 형식

여기에서 서브메뉴(submenu : 기술적인 용어로 subroutine) 프롬프트(prompt)는 작동직원이 컴퓨터에 자세한 사항을 입력하고 있다는 것을 나타낸다. 이러한 과정은 스크린의 밑 부분의 선택안(options)에 의해 지시되면서 계속된다. 컴퓨터는 작동직원을 위해서 이용가능한 다양한 종류의 객실과 객실요금을 나타내고 객실유형이 주어졌을 때 작동직원으로 하여금 객실번호를 부여하며 고객원장을 만들게 한다. 비슷한 일련의 운영절차가 작동직원으로 하여금 예약을 한 고객을 입숙시키고 요금을 기장하며 고객을 퇴숙시키고 고객기록을 갱신화하며 다양한 사항을 행하는 데 적용된다.

또한 이 시스템은 특별한 시점의 영업 상태에 대한 개요를 제공하는 보고서를 산출한다. 예를 들어, 컴퓨터는 오늘 혹은 미래 특정일의 예약상태에 대한 보고서와 점유 객실수에 대한 보고서, 변경되거나 임대할 준비가 된 객실에 대한 보고서 등을 산출할 수 있다.

여기에서 이 시스템에 대해 완전히 설명한다는 것은 지면상 불가능하다. 이 부분에서 언급한 예들은 단지 메뉴지향식 시스템이 어떠한 것인가에 대해 그리고 컴퓨터

작동상에서의 작동직원의 조치를 서술하여, 어떻게 프런트 데스크의 과업을 수행하는 과정을 빨리 처리하여 고객서비스를 개선시키는가에 대한 대략적인 정보제공을 위해서 서술되었다.

5) 초과예약과 미달예약

앞에서 언급된 모든 시스템의 목적은 예약의 수에 대한 적절한 통제를 위한 것이다. 예약 통제는 거절함이 없이 가능한 가장 높은 객실요금으로 매일 호텔이 점유되도록 하는 시도로서 정의될 수 있다. 이것을 성취하기 위해 어느 정도의 초과예약이 필요하다. 그것이 없다면, 그 호텔은 계속적으로 미달예약이 될 것이고 결과적으로 낮은 수익과 이익을 초래한다. 중요한 것은 적당한 수준의 초과예약을 유지하는 것이 필요하다. 모든 호텔은 예약을 하고 나타나지 않는 사람(no show)과 예약 취소의 일정한 구성비를 가지고 있다. 예약을 하고 나타나지 않는 사람과 예약 취소에 관한 역사적 자료로부터 개발된 경험적 요인이 적절한 수준의 초과예약을 정하기 위해 사용되어야 한다.

미달예약은 예약 없이 투숙하는 사람인 "walk-in" 사업이 호텔의 객실을 채울 수 있다는 가정하에서 예약부서가 전화 예약을 접수하지 않는 것에 의하여 종종 발생한다. 그러나 이것은 부정적인 생각이다. 전화 예약은 만약 거절된다면 미래에 다시 전화하지 않을 수 있는 단골고객으로부터 이루어진다. 즉, 예약 없이 투숙하는 고객은 그들이 투숙하는 곳에 대해 신경을 쓰지 않는다. 따라서 전화 예약은 만약 그것들이 약간의 초과예약을 초래할지라도 가능한 한 언제든지 접수되어야 한다.

● 단체예약

비록 개인예약을 다루는 것이 호텔 예약부서의 주요기능이지만, 단체예약 역시 중요하고 특별한 절차를 요구한다. 단체예약은 도착예정 날짜보다 훨씬 전에 이루어진다. 결과적으로 최초의 예약은 예비적이고 추정된 성격을 지니고 그것은 실제의 도착 날짜가 가까워짐에 따라 몇단계로 구체화되어져야 한다. 최초의 예약은 도착 날짜와 출발 날짜, 예상 인원수와 예상객실수를 제공할 것이다. 이러한 정보에 근거해서 호텔은 그 기간 동안 어느 정도의 객실을 예약해 놓을 것이다. 즉, 임시적으로 단체를 위해 객실을 예약한다. 동시에 단체예약서류가 예약이 보다 구체화되어져야 할 날짜를 정하기 위해 만들어진다.

비록 최초의 예약서류를 준비하여 단체의 인솔자로부터 서류계약을 얻어내는 것은 단체판매부서의 책임이지만, 예약부서는 여전히 다양한 단계를 구체화하는데 책임을 지고 있다. 특히, 이러한 절차는 단체의 도착과 출발 형태에 대한 결정을 포함한다. 판매부서는 주요 입숙일자들에 대한 정보를 얻을 것이지만 단체의 몇몇 구성원들은 좀 더 일찍 도착할 것이고 다른 사람들보다 더 일찍 호텔을 떠날 것이다. 이러한 변동사항을 구체화함에 의해서만 이 단체가 적절하게 호텔의 전체 예약상황에 맞추어질 수 있다.

단체와의 계약은 그 계약과 일치하여 지불되어야 할 필요한 객실의 수와 관련된 선불보증금을 요구할 것이다. 각 선불보증금이 접수됨에 따라 단체에 의해 요구된 객실의 수는 자연스럽게 보다 더 확고한 숫자가 된다. 만약 이러한 요구사항에 변동이 있다면 아마도 선불보증금이 지불될 때에 호텔에 보고되어질 것이다. 결과적으로 선불보증금이 예정된 일자에 지불되고 단체의 규모에 변화된 사항이 보고되어져서 예약된 객실의 수가 수정될 수 있도록 하는 것이 중요하다.

단체는 객실의 사전배정을 요구하기 때문에 호텔이 각 구성원의 이름, 주소 그리고 정확한 숙박 요구를 기록한 숙박명부(rooming list)를 도착일 전에 받는 것이 필요하다. 그러므로 단체예약을 취급하는 직원은 이 명부가 받아졌는지를 확실히 하기 위해 그 단체와 직접 의사소통을 해야 한다. 이 직원은 대개 그 단체의 각 구성원에게 해당 객실들을 배정하는 책임을 맡을 것이다.

다른 부서와의 관계

호텔 예약부서의 모든 업무와 활동들은 다른 부서와 친밀하게 협력이 이루어질 것을 요구한다. 이것은 이 부서가 판매와 관련되어 있기 때문에 특히 중요하다.

미래 단체업무와 관련하여 판매부서와 예약부서의 기록이 일치한다는 것을 확실시하기 위해 판매와 예약부서 사이의 계속적이고 친밀한 의사소통이 있어야 한다. 그러한 의사소통이 없다면 단체가 판매는 되지만, 예약기록에 기록되지 않을 수 있는 위험이 항상 존재한다. 물론 이것은 판매부서가 단체와 계약을 하였으나 호텔이 필요한 숙박시설을 제공할 수 없다면 아마도 호텔에게 큰 비용부담을 안겨주는 극단적으로 곤혹스러운 상황을 초래하게 될 것이다.

예약부서는 또한 다른 부서에게 기대 점유율에 대한 예상치를 제공해야 한다. 이 예상치는 단체에 관하여 판매부서와의 협조하에 준비되어지지만 개인예약과 관련되는 경우는 거의 전적으로 예약부서의 책임이다. 예상치는 하우스키핑, 식음료 및 다른 부서에게 예상된 점유율에 관한 계속적인 정보를 제공하기 때문에 아주 중요하다. 따라서 예상치는 각 부서장들이 그들 직원의 요구사항을 계획하고 급료비용을 통제하는 것을 가능하게 한다. 결과적으로 예약부서에 의한 적절한 예측은 운영의 전체적 효율성과 예측에 의해 영향을 받는 부서의 수익성에 큰 영향을 미칠 수 있다. 따라서 예측과 계획은 호텔 예약부서의 성공적인 운영을 위한 기초라고 말할 수 있다.

6 Chapter 프런트 오피스

객실부는 실제적으로 객실 판매 영업을 하는 프런트 오피스와 객실의 정비 및 관리업무를 하는 하우스키핑으로 이루어진다. 이 장에서는 프런트 오피스의 업무를 살펴보도록 하겠다.

프런트 오피스(front office)는 호텔의 신경중추 부분이다. 프런트 오피스 직원의 구성원들은 고객들을 환영하고 수하물을 운반하며 등록하는 것을 돕고 열쇠와 우편물을 건네주며 호텔과 주변 지역에서 발생하는 활동에 대한 질문에 대답하고 마지막으로 고객들을 퇴숙시키는 일을 한다. 사실 대부분의 고객이 레스토랑을 제외하고 호텔 종사자와 유일하게 접촉하는 곳은 프런트 오피스이다.

모든 호텔의 객실은 안락하고 잘 정비되어 있으며 깨끗하다. 따라서 고객들은 호텔과 호텔의 서비스를, 호텔 종사자의 예절과 효율성으로 평가하여야 한다. 좋은 고객관계를 촉진하는 데 프런트 오피스 직원이 하는 역할의 중요성은 자명하고 과장되어질 수 없다.

5장에서 예약실 직원에 의해 예약을 했다면 본장에서는 본격적으로 호텔에 도착해서 등록, 퇴실에 이르기까지 여러분이 만나게 될 직원들의 업무 절차를 알아본다.

1. 유니폼 서비스

1) 도어맨(Doorman)

자가용이나 택시로 도착하는 고객들이 처음으로 만나는 호텔 종사자가 도어맨(door man)이다. 도어맨은 고객을 영접하고, 그들의 짐이 호텔로 들어오는

것을 살핀다. 도어맨의 고객을 환영하는 웃음과 밝은 인사는 아주 중요하고 호의적인 첫인상을 창조하면서 룸 클럭이 고객들을 만족시키는 것을 돕는 데 매우 효력이 있다. 고객이 머무르는 동안 도어맨은 여러 가지 방법으로 고객을 돕는다. 즉, 택시를 잡아주고 차에서 손님이 타고 내리는 것을 돕고, 식당, 극장 혹은 관심 지역 그리고 기타 지역의 방향을 가리켜 준다. 마지막으로 퇴숙을 할 때 승용차나 택시를 타고 떠나는 고객의 경우 도어맨은 고객이 짐을 싣는 것을 돕고, 따라서 고객들이 직접적으로 접촉하는 마지막 직원이 되는 것이다. 이러한 것들이 경영진으로 하여금 고객들에게 도어맨이 유쾌한 도움을 주도록 요구하는 충분한 이유가 된다.

2) 벨맨(Bellman)

일단 고객이 현관을 들어서는 순간 밝은 표정으로 인사를 한다.

짐을 들고 등록을 원하는 고객이 있다면 짐을 대신 들어주고 고객의 2~3보 왼쪽 앞에서 앞장서서 프런트 데스크로 안내한다.

등록을 하고 객실을 배정받으면, 고객들은 벨맨(bellman)의 책임 영역으로 넘어간다. 벨맨의 기능은 고객의 짐을 운반하고 고객들을 객실에 안내하는 것이다. 그러나 만약 그것이 벨맨이 하는 일의 전부라면, 벨맨은 고객에게 호텔과 호텔의 시설을 판

매하는 '친절의 대사(ambassador of goodwill)'가 되는 기회를 잃어 버리게 된다. 잘 훈련된 경험 많은 벨맨은 고객의 마음을 눈치 챌 수 있다. 즉, 그는 객실로 가는 도중에 대화를 하거나 호텔에서 이용할 수 있는 시설을 간단하게 말하기도 한다. 즉, 호텔 내의 레스토랑(특히 서비스와 제공되는 전문음식), 바, 칵테일 라운지와 제공되는 음악 또는 오락 등을 언급한다. 일단 입실하면, 벨맨은 적어도 온도조절 장치가 어디 있으며 어떻게 작동하는지 고객에게 보여주어야 한다. 만약 객실에 텔레비전이 있다면, 시험해 보고 이용가능한 채널을 말해 주어야 한다.

어떤 호텔에서는 벨맨은 욕실(린넨의 완전한 보충과 함께 모든 것이 정돈되어 있는가를 확실시 함), 재떨이, 휴지통, 옷장, 객실 내의 모든 전기시설, 조명시설, 램프, 스위치 등을 점검하기도 한다. 객실이 정돈되어 있지 않거나 장비가 제대로 작동하

지 않는 경우 하우스키퍼나 기술자에게 통보가 되어야 한다.

벨맨은 고객이 체재 중에 여러 면으로 도와야 한다. 벨맨은 메시지와 짐을 전달하고, 심지어 경영진에 의해 수립된 정책에 따라 고객의 심부름까지 해야 한다. 룸서비스가 끝나면 어떤 호텔에서는 주방에 의무적으로 샌드위치 요리사를 남겨둔다. 따라서 벨맨은 고객으로부터 주문을 받으면 바에서 샌드위치, 칵테일, 스넥, 음료를 객실로 배달한다. 마지막으로 벨맨은 고객이 퇴숙할 때 고객의 짐을 들어 내림(baggage down service)으로써 고객을 돕는다.

3) 컨시어지(CONCIERGE)

사전적 정의는 문지기를 말한다. 최근들어 호텔에서 그 기능이 벨맨에서 완전 분리하여 고객들의 어떠한 요청이나 도움을 해결하고자 현관 가까이 위치하여 밀착 서비스를 보여주고 있다. 예를 들어 구하기 힘든 비행기표, 영화표, 콘서트 티켓 등의 사소한 업무까지 주변지역의 인맥관계를 이용하여 고객의 필요에 따라 그 능력을 발휘한다.

4) 클로크룸(CLOAK-ROOM) 접객원

투숙객 이외의 고객이나 연회장 참석고객 등의 휴대물품 및 옷 등을 맡아주는 종사자를 말한다. 기록대장을 갖추어 물품의 기록 및 시간을 정확히 기록하여 물품 전달 과정에 착오가 없도록 각별히 신경을 써야 한다.

2. 프런트 데스크 서비스

1) 룸 클럭(Room clerk)

대다수 고객이 접수하는 곳은 프런트 데스크이다. 여기에서 고객은 룸 클럭(room clerk)의 인사를 받으면서 호텔, 호텔직원 및 호텔 서비스에 관한 첫인상을 받는다. 많은 사람들은 이 첫인상에 아주 의존하고 첫인상이 나빴다면 체재기간 동안 과대 비판적이 되는 반면, 첫인상이 좋았다면 더욱 관용적이 된다.

고객과 관련하여 룸 클럭은 고객 등록을 도와주고 고객에게 객실을 배정해 주는 종사자이다. 접수 업무는 비교적 단순하나 제일 먼저 발생하는 일 및 준비과정을

가지는 중요기능이다. 이 업무는 등록 데스크에서 삼교대 중(경우에 따라서는 2교대가 시행되는 호텔도 있다) 첫 번째 교대 근무를 담당하는 종사자가 근무를 하는 아침 일찍 시작된다. 규모가 작은 호텔을 제외하고 대다수의 호텔들이 이 기능을 수행할 자동화시스템을 가지고 있다.

룸 랙

룸 클럭에 의해 수행되는 과업의 많은 것들이 직·간접적으로 룸 랙(room rack)과 관계가 있다. 랙(rack)은 보통 가로 1과 ½인치, 세로 4인치인 슬립을 고정시키기 위해 가늘고 긴 슬롯(slot)이 있는 일련의 금속상자로 구성되어 있다. 각 슬롯(slot)의 왼쪽에는 객실번호가 영구적으로 고정된 조그마한 공간이 있다. 랙을 점검하는 사람은 누구나 호텔 내 모든 객실의 유형과 조건을 파악할 수 있어야 한다.

객실을 판매하거나 배정하기 위해서, 룸 클럭은 책정된 객실요금, 각 객실에 대한 자세한 정보, 즉 침대의 유형(싱글, 더블, 트윈, 스튜디오)과 위치, 노출 정도, 심지어 규모까지 알고 있어야 한다. 만일 객실에 욕실이 없거나 욕조와 샤워기가 구비되어 있지 않다면, 이러한 정보도 고객에게 제공해 주어야 한다.

각 객실 시설에 대한 완전한 서술은 각 유형에 대한 코드(code)나 색깔로 조정되어 스톡 카드(stock card)에 기록된다. 스톡 카드의 크기는 랙 슬립과 동일하며 객실번호도 기입되어 있고 랙의 각 슬롯에 제거할 수도 있으며 항구적으로 부착시킬 수도 있다. 그 중 제거될 수 있는 것이 선호되는데, 이유로 항상 랙에 존재하거나 객실이 비면 떼어내서 유형, 객실번호 순서 혹은 층별로 정리가 되는 두 가지 방식 중의 하나로 사용될 수 있기 때문이다. 제거 방식은 요청된 객실 유형을 배치하기 위해 랙을 점검하는 필요성과 얼마나 많은 구체적인 유형의 객실이 어느 순간에 이용되는가 하는 것을 결정할 필요성을 제거할 수 있는 추가적인 장점을 제공한다. 이러한 방식은 객실을 판매하거나 배정할 때 룸 클럭에게 많은 도움이 된다.

랙은 다음과 같은 세 가지 객실 상태를 나타낸다.

1. 점유된 방의 랙 슬립
2. 이용할 수 없는 객실은 O.O.O가 표시된 랙 카드와 슬립
3. 빈 객실에는 아무것도 없거나 혹은 단지 랙 카드만 있는 경우를 나타내야 한다.

빈 객실들이 반드시 판매가 가능한 것은 아니다. 고객이 퇴숙한 후에, 그 객실은 청소가 필요하고, 침대가 꾸며져야 하며 재점유되어지기 전에 완전하게 정돈되어져야 한다. 객실 점유율이 높은 시기에는, 객실이 바로 판매가 되지 않고 빈 객실들이 종종 예약되는데 이것들은 선불적립금으로 예약을 확인한 고객과 예약보증금을 지불한 고객을 위해서이다. 이러한 것들은 랙이 반영하여야 할 사항들이다.

각 객실의 상태를 부정확하게 나타내는 랙은 값비싼 대가를 치른다. 많은 오류가 발생할 수 있는 성수기인 객실의 점유율이 높을 때에는 고객이 퇴숙할 때 랙 슬립이 제거되지 않으면 결과적으로 금전 손실이 초래될 수 있다. 그 객실은 점유된 것으로 나타나고 따라서 판매할 수가 없다. 아마 확인 예약이 되어 있더라도 고객들은 등록이 거절되거나 다른 호텔을 이용할 것을 권유받는다. 따라서 즉각적인 금전 손실이 확실히 발생할 수 있다. 그러나 호텔 명성의 손상에 의하여 야기되어지는 재정적 손실이나 거절당한 고객에 대해 예약을 수락했던 호텔에 돌아가는 반복사업의 손실을 결정하는 방법은 없다. 즉, 거절 당한 고객은 다시 해당 호텔을 이용하지 않을 것이다.

반대 상황인, 랙에 빈 것으로 나타난 점유된 객실 또한 심각한 문제, 특히, 고객관계 문제를 야기시킨다. 즉, 고객전화가 거절되고 메시지도 접수되지 않으며 전화를 걸면 고객이 입실했다고 말한다. 만약에 룸 클럭이 새로운 도착객에게 그러한 객실들을 배정했을 경우 그 객실의 점유자는 당황하게 된다. 이러한 오류는 고객들을 불만족하게 만드는데, 고객들은 직원들의 효율성에 심하게 비평한다.

● 룸 클럭의 업무

룸 클럭은 호텔에 일찍 도착하는 고객들이 드물기 때문에 매일 아침 근무에 들어갈 때 랙을 점검하고 하루의 일을 준비하는 데 충분한 시간을 가지고 있다.

다음은 룸 클럭의 정규적인 일상생활의 일과를 나타내고 있는데, 이것들은 반드시 적힌 순서대로 발생하는 것은 아니다.

① 룸 클럭은 전 날의 객실 점유 정도와 만약에 빈 객실이 있다면 새로운 도착객이 이용하게 할 수 있는 빈 객실의 수에 관한 상황을 파악하기 위하여 나이트 클럭(night clerk)의 보고서를 검토한다.

② 그 날의 예상된 퇴숙 고객수와 객실이 점검된다.

③ 룸 클럭은 그 날 고객의 대략적인 도착시간, 특별한 요구사항, 지시사항, 예약 보증금 및 기타의 사실에 주의하면서 그 날의 예약 상황을 점검하여야 하며, 필요하다면, 예상되어지는 도착객에 대한 객실을 확보하여야 한다.

④ 프런트 데스크 용품이 점검되어야 한다. 이것은 고객이 등록하는 것을 돕는 과정에서 등록카드, 청구서, 펜 및 기타의 것이 모자란다면 당황스럽기 때문이다 (이 과정은 객실부서의 자동화에 의해 없어졌다).

⑤ 타임 스탬프(time stamp)가 현재의 날짜로 되어 있는지 점검하여야 한다(이 과정은 객실부서의 자동화에 의해 없어졌다).

⑥ 룸 랙은 전날 밤의 점유된 및 빈 객실에 관한 하우스키퍼의 모닝리포트 (morning report)와 비교하여 점검하여야 한다. 점검시 불일치는, 만약 이른 도착이 아니라면 즉시 조사되어야 하며, 필요하다면 벨맨 또는 하우스맨과 함께 객실 조사가 행해져야 한다.

● CHECK IN

예외적인 사건이 없다면, 퇴숙 고객의 대부분은 오전 12시 이전에 나가고 도착객의 대부분은 그 후 얼마 안 있어 도착하고, 고객에 대한 룸 클럭의 가장 중요한 기능인 등록과정이 시작된다.

등록카드 작성

객실 배정

객실 key 불출

이 과정의 더 나은 이해를 위해 고객을 3개의 범주, 즉 단체고객, 개인고객으로 예약고객과 비예약고객(walk-in)으로 나누어 서술하고자 한다.

1) 단체고객

이 범주는 같은 시간대에 도착할 가능성이 있는 상당한 숫자의 고객을 포함한다. 그들을 개인적으로 등록시키는 것은, 시간과 필요한 룸 클럭의 수가 부족하여 고객들이 호텔 등록 데스크에서 긴 시간 동안 대기하는 문제를 야기시킬 것이다. 이러한 혼잡을 방지하기 위해 대부분의 호텔들은 그 단체를 책임지고 있는 사람들로부터 미리 제공받은 구성원의 이름과 집주소가 기재된 목록을 이용하여 고객들을 미리 등록시킨다. 이 목록표는 요구되는 객실 형태, 예를 들어, 싱글, 혹은 이중 점유(double occupancy)를, 그리고 한 객실을 함께 점유하는 고객들의 이름이 기록되어져야 한다. 사전등록(preregistering)은 배정된 객실번호를 포함하여 등록카드, 고객계산서(랙 카드)에 요구되는 모든 정보를 기입하는 것을 포함한다.

이러한 고객을 미리 등록시키는 또 다른 이유는 많은 경우에 있어서 후원자(sponsor)들이 그들의 여정에서 회합, 연회 또는 그 밖의 행사에 관계된 소책자 또는 다른 자료들을, 도착하는 각각의 구성원들에게 제공하기를 원하기 때문이다. 대부분의 호텔들은 고객들이 등록할 때 고객에게 호텔선전물을 덧붙이고 객실 열쇠를 포함한 패키지를 제공한다. 이 과정을 더욱 빠르게 하기 위해 종종 별개의 데스크(group desk)가 알파벳 혹은 가나다 순으로 집단화되도록 만들어진다. 고객이 도착했을 때 그들은 해당되는 데스크에 보내어지고 등록카드상의 이름과 주소를 점검하고 사인하도록 요구된다. 그 다음 고객들은 호텔 선전물과 객실 열쇠가 들어있는 봉투를 받고 벨맨이 그들을 객실로 안내한다.

2) F·I·T(Frequency Individual Traveller : 개인고객)

(1) 예약고객

고객이 룸 클럭에게 다가가면 클럭은 즐겁게 인사하고 예약 여부를 묻는다. 예약을 했다면 룸 클럭은 예약 여부를 확인하고 기재사항을 기입하도록 등록카드를 고객에게 주어야 한다. 일반적으로 예약고객인 경우 예약정보가 등록카드에 그대로 기록되기 때문에 고객은 단순히 등록카드에 서명만 하면 된다. 예약 여부가 확인이 되지 않는다면 클럭은 어떻게 및 언제 예약했는지를 문의해야 한다. 종종 예약은 아마도 같은 날 전화로 이루어질 수도 있다. 만약 예약담당 지배인 혹은 관계자가 예약전화기록을 가지고 있지 않으면 그 고객은 "예약을 주장한 사람"으로 간주하고 비예약고객(walk-in)으로 간주되어야 한다. 등록카드가 완성되면 룸 클럭은 객실번호를 기입하고 모든 필요한 정보가 정확하고 읽기 쉽게 기록되었는지를 확인해야 한다. 대부분의 등록카드에는 고객의 출발일과 지불방식을 기재하는 란이 있다. 지불방식이 신용카드로 이루어지면 룸 클럭은 신용카드를 받아 그 신용카드 회사 공란이 있는 계산서에 신용카드를 찍고 계산서를 등록카드에 철해야 한다.

첫째 날에는 언급된 객실요금 이상으로 지불하도록 요구해서는 안 된다. 지나치게 열성적인 룸 클럭에 의한 그러한 행위는 단지 유감을 초래하며, 고객이 불평을 하는 주요 원인 중의 하나가 된다. 고객이 등록할 때 그 요금에 동의했더라도 많은 고객들은 집에 돌아갔을 때 요금인상에 대해 불평할 것이다.

만약 요구되는 객실 형태가 준비되지 않았다면 한 등급 높은 객실이 같은 요금으로 배당되어야 하며 이 사실을 고객에게 알려주어야 한다. 체재기간이 하룻밤 이상일 때에는 대부분의 룸 클럭은 요구된 객실 형태가 일반적으로 다음날에 이용가능하면 곧 객실을 변경해 줄 것을 고객에게 권하도록 해야 한다. 다만 고객이 이 객실 변경에 반대하는 경우에 있어서는 룸 클럭은 높은 요금을 언급해 주어야 한다. 그 때 고객은 객실을 변경할 것인가 혹은 새 요금에 응할 것인가를 선택하는데, 그 선택은 그 다음날부터 체재 마지막 날짜까지 효력이 있다.

(2) 비예약고객

비예약고객(walk-in)은 예약 없이 호텔에 와서 객실을 요구하는 사람들을 말한다. 이 경우에 룸 클럭은 어느 정도의 판단, 재치, 세일즈맨십 등을 발휘해야 된다. 룸 클럭은 경영자가 제공한 일반 지침을 사용하여 특히 성수기의 경우 어떤 형태의 고객을 거절할 것인지를 판단해야 하며, 문제를 일으킬 것 같은 사람이 데스크에 나타나는 경우에 그를 재치있게 입숙하지 못하게 해야 한다. 다행히 이러한 경우의 대부분은 대화 내용을 옆에서 듣는 사람들이 거의 없는 밤에 발생한다. 특히 등록을 하려고 기다리는 다른 사람들이 있다면 클럭이 이용할 수 있는 방법은 객실이 필요한 날짜를 확인하고 그 사람에게 그 날짜에는 객실 이용이 가능하지 않다는 것을 알리는 것이다. 다른 방법으로는 클럭들이 가장 높은 요금을 요구하고 체재기간 동안의 모든 요금을 선불해야 한다고 알린다. 만약 이러한 제안이 수락되면 일지에 기록한다.

객실을 임대하는 것은 객실요금을 알려주는 이상을 요구한다. 좋은 룸 클럭이라면 우선 잠재고객의 손실이나 반감 없이 더욱 높은 가격으로 객실을 판매하려고 노력할 것이다. 많은 룸 클럭들이 최고의 객실요금을 통보하고 만약 가벼운 항감을 표시하면 마지 못하는 표정으로 최저의 요금으로 즉시 바꾼다. 많은 사람들은 객실요금이 그들의 지불능력을 반영한다고 느끼기 때문에 이러한 전술을 불쾌하게 여긴다. 어떤 사람들은 낮은 요금의 객실이 그들의 기준에 부합되지 않을 것을 두려워해서 그 객실을 받아들이려 하지 않을 수도 있다.

룸 클럭은 첫째 요구되는 숙박의 형태와 위치를 확실히 알고서 요금을 통보해 주어야 한다. 구체적인 요금보다는 한정된 범위의 요금을 통보하는 것이 바람직하다. 룸 클럭은 잠재고객의 반응에 따라 그 고객에게 더 높은 가격의 객실을 판매할 수 있는 가능성을 결정할 수 있다.

등록일과 같은 날짜에 전화 예약을 하는 사람과 비예약고객들은 등록하기 전에 어떤 형태의 확인이 필요하다. 대부분의 룸 클럭은 확인표시로써 널리 사용되는 신용카드를 요구하고 미리 정산하도록 해야 한다. 이러한 것이 없다면 고객은 일반적으로 선불을 요구받는다.

객실 열쇠

과거에 주로 사용되었던 열쇠는 잃어버리거나 도난당할 수 있는데 그러한 경우 쉽게 복제되었다. 주요 대도시 지역에 위치한 호텔들은 그들의 객실 열쇠 및 심지어 마스터 키(master key)가 도둑들에게 판매되는 위험성을 가지고 있었다. 대부분 알려지지 않은 상당히 많은 수의 호텔 객실 도난사건이 그러한 사실을 나타내고 있다. 호텔 중역진들은 항상 안전에 신경을 쓰나 이 문제를 해결하려고 그렇게 많은 노력을 기울이지 않는다. 대부분의 호텔에서는 안전요원의 수를 증가시켰고, 일부 호텔들은 대형 통제실이 있는 안전부서에 연결된 각 층에 정교한 TV 통제소(TV monitoring station)를 설치하였다. 그러나 도둑의 수는 계속 증가하여 왔다.

현대호텔들은 객실에 대한 기존의 열쇠시스템을 대부분 포기하고 있다. 왜냐하면 고객들이 사생활 보호와 그들 자신과 재산에 대해 높은 안전기준을 요구하고 있을 뿐만 아니라 안전은 호텔산업에 아주 중요한 이미지의 큰 부분을 차지하고 있기 때문이다.

　두 가지 형태의 열쇠 없는 록 시스템(lock system)이 있는데 그것들은 전자식과 기계식이다. 이 두 가지 시스템은 전문가들에 의하여 훌륭한 것으로 평가되고 있으며 많은 호텔에서 성공적으로 설치되었고, 특히 호텔이 신축될 때 그러하였다. 그러나 비록 열쇠시스템에서 열쇠 없는 시스템으로 전환하는 비용은 열쇠 없는 시스템이 도입된 이래로 많이 감소되었으나 아직까지 오래된 호텔에서는 열쇠시스템을 사용하고 있다.

　기계시스템은 전자시스템보다 설치하기에 더욱 쉽고 값이 싸다. 이 시스템은 숫자맞춤 자물쇠(combination lock)와 같은 기본적 원리로 작동한다. 고객은 등록할 때 이 시스템 작동에 대한 지시가 기록되어 있는 카드를 발급받으며 이 시스템에 적용되는 숫자맞춤(combination)은 단지 해당 체재기간 동안 해당 객실에만 적용된다. 고객이 퇴숙할 때 숫자맞춤은 호텔의 자물쇠 담당직원이나 혹은 책임을 부여받은 직원에 의하여 변경된다. 이 자물쇠 자체는 매력적인 전면판(face plate)에 많은 버튼(button)을 가지고 있다. 고객이 해야 할 것은 그 카드에서 요구하는 그대로 단추들을 누르면 된다. 대부분의 제조업자들에 의하면 그러한 작동은 너무나 간편해서 어둠 속에서도 자물쇠가 촉감에 의해서 열릴 수 있다고 한다.

　전자시스템은 단순한 문잠금장치에서부터, 고객들을 자동으로 깨워 주고 메시지를 전달해 주는 서비스는 물론, 거주확인시스템(residence verification system)에 이르기까지 각 객실상태에 관한 다양한 정보를 제공하는 기능들을 수행할 수 있도록 프로그램된 세련된 설비를 포함한다. 심지어 어떤 것은 연기, 화재, 물 넘침 감지시스템(smoke, fire, and flood-detection system)까지 갖추고 있다. 고객은, 캐셔들이 레스토랑, 바, 매점 등의 각각에 있는 터미널에 삽입시키는 것과 같은 카드를 받게 된다. 고객의 현재 점유 상태가 주계기장치(master console)에 있는 상응카드(matching card)를 통하여 전자적으로 점검된다.

2) 프런트 캐셔(Front cashier)

캐셔는 사실상 프런트 오피스 직원은 아니다. 그들의 의무는 일차적으로 회계기능이다. 그러나 그들은 룸 클럭들과 매우 가깝게 근무해야 하고 그들과 마찬가지로 고객들과의 관계에 직접 관여하게 된다. 캐셔는 고객들이 머무르고 있는 동안 어떤 범위에서 고객과 빈번하게 직접적인 접촉을 하게 된다. 많은 경우에 있어서 그들은 고객들에게 잔돈을 내주고, 외국환을 바꾸어 주며, 고객들의 여행자 수표나 승인이 된다면 개인 수표를 현금으로 교환해 주면서 은행의 금전 출납 직원과 동일한 서비스를 담당한다.

캐셔가 근무하는 위치는 고객들이 퇴숙하기 위해 들르는, 계산서를 정산하는 곳이다. 따라서 캐셔는 프런트 오피스 직원 중에서 마지막으로 손님들과 직접적인 접촉을 하게 되는 사람이 되는 것이다. 등록할 때의 첫인상은 종종 고객들이 머무르는 동안의 태도에 영향을 미친다. 캐셔 데스크와의 마지막 인상은 그것보다 아마도 훨씬 더 중요할 것이다. 그것은 고객이 집으로 가져가고 가장 기억하기 쉬운 인상일 것이다. 그것은 아마도 그들의 친구나 사업상의 교분이 있는 사람들과 그 호텔의 시설과 서비스에 대하여 이야기할 때의 태도에 영향을 미치게 될 것이다. 고객들이 계산서를 정산하러 올 때의 상쾌한 인사, 퇴숙을 처리함에 있어서 빠르고 효율적인 서비스, 마음에서 우러나오는 배웅 등 이러한 모든 것이 고객에게 미치는 영향은 분명히 클 것이다.

● CHECK OUT 절차

고객이 사용하던 객실을 비우고 객실 열쇠를 반납하고 요금을 정산하는 것을 check-out이라고 한다.

① 고객은 잊은 물건이 없나 확인하고 객실 열쇠를 가지고 프런트 데스크로 내려와서 정산을 한다.

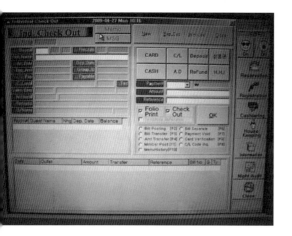

② 짐이 많을 시에는 벨 데스크로 baggage down service를 요청한다.

③ 프런트 캐셔는 밝은 미소와 인사로 고객을 맞이한다.

④ 객실 열쇠를 회수하면서 고객의 정보를 확인하며 성함을 부른다.

⑤ 등록카드와 각 업장에서 사용한 고객의 계산서를 확인한다.

(미니바, 각 업장의 bill을 확인한다)

⑥ 고객에게 명세서를 보여드린다.

⑦ 고객의 확인이 끝나면 정산하고 영수증을 봉투에 넣어 고객께 드린다.

⑧ 고객과 접촉하는 마지막 종사자라는 마음가짐으로 정중한 인사말과 함께 환한 미소로 배웅한다.

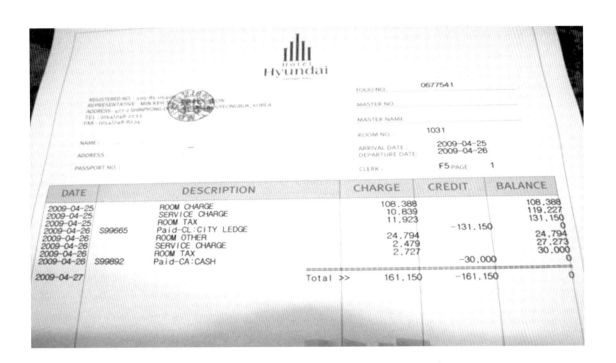

3) 나이트 오디터(NIGHT AUDITOR)

나이트 오디터는 호텔 전업장의 업무를 마친 야간에 매상을 총결산 및 감사하는 역할을 한다. 요즘은 야간에 근무하는 룸 클럭(다시 말하여 나이트 클럭)의 업무를 병행하는 호텔이 늘어나고 있다.

나이트 클럭의 업무로는

- late C/I
- no-show 처리 및 객실 판매
- 일일보고서 작성
- 익일 도착예정고객 명단 확인 및 객실 배정
- 익일 VIP 명단 확인

3. 호텔 고객의 유형

호텔 객실을 이용하는 고객들의 필요와 욕구를 이해하는 것은 항상 유익하다. 호텔이 고객들에 대해 더 많은 정보를 얻을수록, 그들이 원하는 것을 더 잘 예측할 수 있고, 따라서 양질의 서비스를 제공할 수 있다. 또한 이러한 정보는 고객의 분석 및 고객의 요구사항 충족 시도, 예상되는 시설 및 서비스 결정, 호텔의 가격 정책 평가 시 특별한 가치가 있다. 일반적으로 호텔 투숙객은 방문 목적(관광목적의 여행객 또는 비즈니스 목적의 여행객), 투숙객의 규모(개별 또는 단체 여행객), 출발지(해외에서 온 현지 여행객 또는 국내 여행객)에 따라 분류할 수 있다.

1) 호텔 투숙객의 방문목적

관광목적의 여행객(기타 관광객으로 알려져 있음)은 관광을 위해 여행하는 사람들(예 관광 또는 오락)이다. 그들은 매우 계절적이고 특별한 축제, 스포츠 또는 다른 문화 행사들에 의해 여행을 하는 자들이다. 관광 목적 여행객들은 일반적으로 가격에 민감하다. 그들의 개인 소득수준은 그들의 특정한 요구를 결정하는데 중요한 요소라고 할 수 있다. 관광 목적의 여행객들은 다음과 같다.

- 국내 관광객(주말 · 특수기능 · 활동 등을 위해 호텔에 머무는 현지인)
- (외국인) 개별 여행객(FITs) : 그들만의 여행 준비를 하고 그들의 호텔 객실을 개별적으로 이용하는 국제 관광객이다. 그러한 여행객의 일반적인 유형은 숙박 패키지(즉, 전체 보드 또는 하프 보드)를 찾는 것이 아니라, 숙박만을 요구하는 여행객이라 할 수 있다.
- GIT(Group Inclusive Tours) : 패키지여행으로 함께 여행하는 관광객 그룹이고, 그들의 지출은 종종 그들의 지출 수당을 예산하는 경향이 있기 때문에 매우 낮다.
- Special Interest Tours(SITs) : 보통 특별한 관심을 염두에 두고 한 번 장소를 방문하는 사람들의 그룹들(예 유럽의 성, 아프리카의 게임 공원)이다.

비즈니스 여행객들은 사업을 수행하는 유일한 목적을 위해 여행하는 사람들이다. 비즈니스 여행객들은 숙박을 위한 가장 큰 불만의 원천이기도 하다. 이러한 수요는 공휴일을 제외하고 연중 존재하지만, 여름휴가 기간에는 수요가 감소할 수 있다.

비즈니스 여행객들은 종종 짧은 시간에 호텔 객실을 필요로 하고, 이러한 이유로, 그들은 정기적으로 숙박 서비스를 이용할 수 있고 오랜 예약 절차로 인해 불편을 겪지 않도록 특정 호텔과 긴밀한 관계구축을 선호한다.

다음은 비즈니스 여행객의 유형이다.

- 혼자 여행하는 개인 출장객.
- 회사가 자주 예약하는 기업 출장객(일반적으로 객실 요금 할인을 적용 받는 기업 출장객)
- 기업체 임원 및 직원
- 회사나 회의 주최자가 도착하기 전에 숙소를 예약한 회의 참가자
- 무역대표부(블록 예약으로 인해 객실 요금을 낮출 수 있음)

2) 투숙객의 규모(크기)

개별 여행객은 사업이나 관광을 위해 혼자 여행하는 사람들이다. 목적이 무엇이든, 고객은 개별적으로 여행하며, 이러한 이유로 단체 관광객과는 달리 정해진 시간표는 보통 지켜지지 않는다. 단체 예약은 5명 이상이 함께 여행하거나 10명 이상이 객실을 사전 예약할 때 단체 예약으로 간주되는 경향이 있다. 예약은 보통 여행사를 통해 이루어지며, 단체 관광이 시작되기 전 여행사에 객실가격의 전액이 지불된다. 여행사는 관광객들의 대표 역할을 하며 보통 호텔 숙박비의 10% 정도의 수수료를 받는다.

3) 호텔선택

높은 수준의 서비스를 제공하기 위해, 프론트 오피스 직원들은 고객들의 욕구와 요구를 이해해야 한다. 이것을 보는 한 가지 방법은 고객이 호텔을 선택하는 방법을 알아보는 것이다. 일반적으로 고객이 이전에 도시에 머문 적이 있고, 서비스에 만족했다면, 그들은 다시 같은 호텔을 선택하여 머물 가능성이 높을 것이다. 다만 고객이 이전에 시내를 방문하지 않았다면 유명하거나 찾기 쉬운 호텔을 골라 체크인할 가능성이 높다. 대형 국제 체인 호텔이 고객들을 유도할 수 있는 것은 이러한 점을 활용할 수 있기 때문일 것이다. 투숙객이 이전에 다른 호텔에 투숙하여 서

비스에 만족했다면 호텔 체인의 중앙예약실을 통해 손쉽게 객실을 예약할 수 있을 것이다. 투숙객의 호텔 숙박에 영향을 미칠 수 있는 다른 요인으로는 광고, 개인 추천, 호텔의 위치, 가격, 호텔 이름 및 호텔에 대한 선입견을 들 수 있다.

7 Chapter 하우스키핑

01 책임영역

하우스키퍼(housekeeper)의 사전적 정의는 '집을 유지하는 일을 하는 혹은 감독하는 사람'이다. 이 간단한 설명은 한 가지 작은 예외만 제외하고 원룸(one room)식의 아파트에 대해 책임을 가지든 혹은 1,000개의 객실을 가진 호텔에 대해 책임을 가지든 간에 하우스키퍼의 주요 기능을 언급하고 있다. 개인 가정에서의 '가정관리(keeping house)'는 주방을 관리하는 것을 포함한다. 그러나 호텔에서 하우스키퍼의 책임에는 주방, 식료품실, 냉장고, 채소류 저장실, 주방 청소 및 관계 용품의 저장실, 접시와 그릇을 씻는 구역을 포함하는 경우는 거의 없다. 이러한 것들의 유지, 청소 및 매일의 운영은 요리사와 치프 스튜어드(chief steward)의 감독 아래에 있다.

하우스키퍼 부서장(executive housekeeper)은 일반적으로 다음의 8가지 영역에서 직접적인 감독을 한다.
① 객실
② 홀과 복도
③ 로비
④ 공공장소와 레스토랑
⑤ 사무실(호텔 직원용)
⑥ 계단

⑦ 창문

⑧ 매점(store), 임대업장(concession), 기타 임대된 장소

[그림 7 – 1]은 대규모 호텔에서의 전형적인 하우스키핑 부서의 조직도를 나타내고 있다.

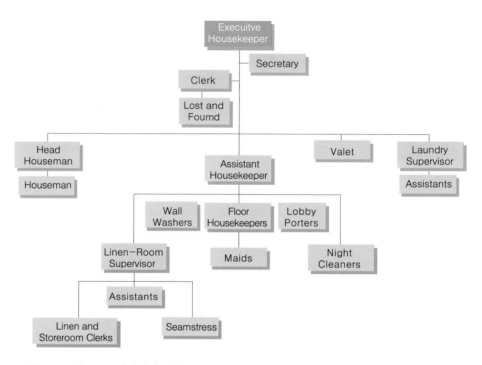

그림 7-1 대규모 호텔에서의 전형적인 하우스키핑 부서의 조직도

02 하우스키핑

객실 판매를 적극적으로 도와주는 부서로서 객실상품의 생산 및 유지, 습득물의 보관 및 처리뿐만 아니라 호텔 전역의 청결을 관리, 보수를 담당한다.

하우스 키핑 구성원과 직무

룸 메이드(ROOM MAID)
하우스맨(HOUSEMAN)
룸청소 감독자[SUPERVISOR(INSPECTOR)]
오더 테이커(HOUSEKEEPING ORDER TAKER)
세탁원(LAUNDRY CLERK)

1. 룸 메이드(ROOM MAID)

청소가 요구되는 객실 배정이 이루어짐과 동시에 열쇠(PASS KEY)를 받아 지정된 객실의 청소를 한다.

객실에 필요한 용품들을 비치하며 수리·보수가 필요한 부분을 INSPECTOR에게 알린다.

2. 하우스맨(HOUSEMAN)

복도, 로비, 계단, 엘리베이터 등 호텔의 전반적인 영역의 청소를 담당한다.
룸 메이드의 힘든 업무를 보조하며 객실 정비를 담당한다.

3. 룸청소 감독자[SUPERVISOR(INSPECTOR)]

룸 메이드와 하우스맨을 관리·감독하며 청소시 필요한 사항을 발빠르게 조치하는 업무를 한다.

4. 오더 테이커(HOUSEKEEPING ORDER TAKER)

하우스키핑 내의 KEY 불출과 관리
고객의 요구사항 응답(세탁물 의뢰 등)
습득물 접수 및 반환업무 등을 하고 있다.

5. 세탁원(LAUNDRY CLERK)

호텔 종사자의 유니폼 및 호텔 전반에 사용되어지고 있는 린넨류의 세탁 및 관리, 또한 고객들의 세탁물 서비스 업무도 한다.

03 하우스키핑 부서의 기능

호텔 하우스키핑 부서의 주요 기능은 다음과 같다.
① 청소와 유지
② 이 부서 종사자의 교육 · 훈련
③ 부서의 필요한 용품 및 설비 획득과 통제
④ 근무일정계획서(schedule) 및 보고서와 같은 서류업무
이 네 가지 주요 기능들은 상당한 부분이 중복되며 상호 관련되어 있다.

1. 청소와 유지보수

하우스키핑 부서의 주요 기능은 감독하에 있는 구역의 청소와 그 장소에 관한 일상의 유지 · 보수이다. 그러나 많은 호텔들은 로비, 공공장소와 레스토랑, 호텔직원용 사무실과 창문의 청소와 유지보수가 호텔 자체 직원보다 오히려 외부 용역계약자에 의해 수행되는 것이 적합하다는 것을 알게 되었다. 이러한 경우 비용은 호텔의 포괄손익계산서에서 외주계약청소(contract cleaning) 계정하에 기록된다.

외주계약청소는 최고경영진의 결정항목인데 최고경영진의 결정은 다음과 같은 몇가지 이유로 인해 이루어질 수 있다.

가장 우선적이고 중요한 이유는 비용이다.

회계기업 및 호텔 회계담당부서장에 의한 연구에 따르면 호텔에 직원을 고용하여 이 기능을 수행하게 하는 것보다 외부 용역에 맡기는 것이 훨씬 비용을 절감한다고 한다.

다른 이유로는 창문 청소를 제외한 모든 지역의 청소는 야간이나 혹은 아침 일찍 행해져야 하는데 그 때는 레스토랑이 문을 닫고 로비와 공공장소에는 고객이 거의 없으며, 그리고 호텔 직원의 대다수가 일을 시작하기 전이라는 점을 들 수 있다.

야간 시간대를 위해 직원을 채용하는 것은 매우 어려울 뿐만 아니라 그들을 적절히 감독한다는 것은 거의 불가능하다. 하우스키퍼, 그 밑에 있는 부하직원 및 감독자들 모두가 낮에 일을 하기 때문에 야간직원에 대해 점검할 수 없다. 한 명의 야간 감독자의 고용은 불충분하며 만족스럽게 일을 수행할 수 없다. 그렇다고 하여 3~4명의 직원고용은 비용이 너무 많이 든다. 그러나 그러한 계약경험이 있는 외부 용역회사들은 계약한 호텔들을 순회하면서 감독하는 사람을 쉽게 확보하여 그들의 직원을 적절히 점검하고 통제할 수 있다.

창문 청소는 다른 문제를 야기한다. 이것은 매우 위험한 직업이다. 사고는 비용적으로 상당히 큰 손해이고 보험료도 비싸다. 이것은 호텔 직원에게 임시직업(part-time job)으로 위임될 수가 없다. 이것은 분명히 하우스키퍼의 다른 청소직원보다 더 많은 임금을 요구하는 상시(full-time)의 전문 창문 청소원의 기술과 지식을 필요로 한다. 외부 용역회사는 그러한 사람을 고용할 경우, 호텔에서 그들의 직원을 고용함으로써 발생되는 비용보다 더 낮은 비용으로 서비스를 제공할 수 있다. 또한 그러한 외부 용역계약은 사고의 위험과 호텔 직원의 심각한 부상의 결과로써 보상 보험에 지급되는 보험료의 증가를 방지한다.

이러한 영역이 외부 용역회사에 의해 제공된다는 사실이 직원들을 감독하고 결과를 조사하고 승인하는 하우스키퍼 부서장의 책임을 면하지는 않는다. 창문은 호텔에서 매우 눈에 띄는 부분이며 창문의 유지·보수, 청결함, 일반적인 외형은 고객들의 편안함과 복지에 지극히 중요하다.

매점, 임대업장 그리고 임대사무실은 청소하고 유지·보수하는 것이 호텔 책임이 아니라는 점에서 다르다. 대부분의 계약서와 임대차계약은 이러한 기능이 임대업장 운영자 또는 임차인에 의해 수행되는 것을 요구한다. 그럼에도 불구하고 그것들은 고객들이 관련되는 한 호텔의 일부분이고 그래서 외형상 모양은 로비나 다른 공공장소와 마찬가지로 호텔의 이미지에 중요하다.

하우스키퍼 혹은 지정된 대표자는 정기적으로 호텔을 점검해야 하며 문제가 발생하면 레지던트 매니저(resident manager)에게 이 문제를 언급해야 한다. 몇몇 경우에 있어서는 이러한 문제들이 총지배인의 수준에서 다루어진다.

비록 임대업장 운영자와 임차인이 호텔 종사자가 아닐지라도 그들과 그들의 종사자들은 고객과 직접적 접촉을 가지며 그들이 지불하는 수수료와 임차료는 호텔의 수익성에 매우 중요하다. 많은 경영자들은 고객 비난을 줄이고 그 임대업장 운영자와 조화를 유지하기 위해 모든 불평을 하우스키퍼에게 언급하도록 지시하고, 필요하다고 간주되는 행동을 취할 것을 지시한다. 이러한 접근방법은 대개 두 당사자, 즉, 호텔과 임차인들 사이의 협력과 선의를 촉진한다.

1) 객 실

객실은 하우스키퍼의 책임이 존재하는, 호텔에서의 또 다른 영역이다. 그러나 이 영역에 관한 책임은 가끔 대중에게 가장 단순하게 보여진다. 왜냐하면 객실에서 수행되는 일은 객실청소, 린넨 교환 및 침대를 꾸미는 것이 모두인 것처럼 보이기 때문이다. 일반대중들은 그러한 일들이 매우 쉽다고 믿으므로 고객들은 불완전하게 정돈된 객실에 대해 보다 더 언짢아 하고 불평을 노골적으로 나타낸다. 그러한 태도로 인해 이 기능은 호텔에서 가장 어려운 것 중의 하나가 된다. 그리고 이것은 메이드(maid)에 의해 실시되어진다.

역사적으로 세 가지 범주의 메이드가 있는데 그들은 데이 메이드(day maid), 배스 메이드(bath maid), 나이트 메이드(night maid)이다. 데이 메이드는 객실을 서비스하고 청소하는 반면, 배스 메이드는 욕실 벽의 타일과 고착물(fixture)을 철저하게 청소한다. 늦은 퇴숙의 경우에 나이트 메이드는 그 객실에 대해 서비스하고 고객에 의한 추가용품 요청이나 기타 요구사항에 응하며 고급 호텔에서는 침대 정리 서비스를 제공한다.

급료와 기타 운영비용에서의 계속적인 증가 때문에 배스 메이드는 없어지고 있고 그들의 일은 데이 메이드와 하우스맨이 맡고 있다. 메이드는 욕실에 대해 매일 가벼운 청소, 특히 욕조, 벽, 고착물을 청소한다. 하우스맨은 정기적인 전체 청소(general cleaning)를 담당하면서 이 과정에서 철저한 청소가 이루어진다. 따라서 객실에 대한 매일의 서비스는 데이 메이드에게 주어진다.

먼저 각 메이드에게는 용품들을 운반하기 위해 린넨 카트(linen cart)가 주어진다.

메이드는 이 카트를 객실 문앞의 복도에 놓고 문 뒤에서 혹은 메이드 카드를 문 손잡이 위에 걸어 놓고 일을 한다. 매일 아침, 메이드는 객실을 청소하고 린넨과 다른 용품을 공급하여야 한다. 대부분의 고층 호텔에서는 하우스맨이 카트와 용품을 각 층의 메이드 벽장(maid's closet)에 보관하고 매일 저녁 교체한다. 대부분의 고객들은 시트, 베갯잇, 목욕 타월, 세수수건, 배스매트(bathmat) 등 필요한 여러 가지 종류의 린넨들을 알고 있다. 추가적으로 각 층의 메이드 벽장에서는 손상된 용품을 교체하기 위해 매트리스 패드(mattress pad), 침대보(bedspread), 담요, 샤워 커튼 등의 예비품이 보관된다. 특급 호텔에서는 많은 수의 다양한 용품들이 객실에 적절히 갖추어져야 한다.

다음은 가장 흔한 객실 용품들을 서술하고 있다.

- 안경
- 펜
- 고급 휴지
- 구두닦는 천
- 비누
- 룸서비스 메뉴 · 성냥
- 고객 문방구류
- 봉투
- 그림엽서
- 화장지
- 전화번호 메모판
- 세탁 항목표
- 고객세탁물 보관 백
- "Do not disturb" 카드
- 옷걸이

메이드는 아침과 오후에 자신의 구역에서 빈 객실을 조사하고 객실보고서(room report)를 준비하여야 한다.

훌륭한 하우스키핑 절차는 만약 어떤 고객이 일찍 청소서비스를 요구하지 않는다면 퇴실(지난 밤에 점유되었던 빈 객실)된 객실의 청소가 우선된다.

다음은 경험 있고 철저하게 교육된 메이드가 객실을 꾸미고 있는 행동을 서술하고 있다.

먼저 메이드는 모든 불필요한 전등을 끄고 에어컨 혹은 히팅 시스템을 경영진이 제시된 온도로 온도조절장치를 통하여 맞춘다. 다음으로 고객이 남겼을지도 모르는 물건이 있는가를 옷장, 옷장서랍 그리고 욕실문 뒷부분까지 조사한다. 만약 어떤 물건이 발견된다면 그것은 즉시 각 층의 하우스키퍼에게 전달되어지며 하우스키퍼는 그것을 분실물 담당직원에게 보낸다. 그것에는 객실번호와 제출한 종사자의 이름이 표시된다.

욕실로부터 더러운 린넨을 제거하는 것은 많은 주의 혹은 교육을 필요로 하지 않지만 침대를 벗기는 것은 정반대이다. 즉 침대보와 담요를 조심스럽게 제거하고, 얼룩, 탄자국, 찢어진 곳을 조사하고 깨끗하게 접는다. 만약 상태가 좋지 않다면 교체하기 위해 그것을 각 층의 하우스키퍼에게로 가져간다. 그 다음 시트와 베갯잇은 제거하여 흔들어서 털고, 더럽혀진 린넨을 가방이나 카트에 담는다. 고객들은 침대, 특히 베갯잇에 현금과 다양한 귀중품들을 숨기고 그 다음날 그 사실을 잊어버리는 경우가 있다.

그 다음 메이드는 쓰레기통의 내용물을 맨손으로 제거해서는 안 된다. 쓰레기통 안에는 아마도 부서진 유리조각 혹은 면도날이 있을 수 있다. 따라서 내용물을 신문지 위에 쏟고, 고객들이 잃어 버렸을지 모르는 물품을 점검한다. 재떨이도 불붙여진 담배때문에 신문지 위에 쏟는다.

그 다음 객실을 진공청소기로 청소하지만 무거운 가구를 옮기지 말아야 한다. 이미 지정되어진 방식으로 침대를 구성할 때 필요할 경우, 즉, 만약 침대가 싱글이나 트윈 크기라면 매트리스를 움직이지만, 만약 더블베드라면 매트리스를 움직이기 위해 하우스맨을 불러야 한다. 어떤 하우스키퍼들은 크기와 상관없이 하우스맨만이 매트리스를 움직이도록 한다.

메이드는 안전의 가치를 이해하고 상해를 어떻게 피하는지를 알아야 한다.

메이드가 욕실을 청소할 때 시설물과 수도꼭지들을 점검하는데, 이것은 제대로 작동되고 있는지를 확인하기 위해서 뿐만 아니라, 상해의 원인이 될 수 있는 날카롭거나 깨어진 가장자리를 점검하기 위해서이다.

욕실 린넨을 배치한 후 모든 램프를 점검하여, 허락한다면 수명이 다한 전구를 교체하고 소등한 다음 문을 잠근다.

앞에 언급된 예는 분명히 광범위한 교육 프로그램의 필요성과 중요성을 제시해 준다. 에너지 부족과 높은 전력비용의 시대에서 교육·훈련 프로그램의 성공을 보장하는 데 있어 메이드가 중요한 역할을 차지한다. 그러나 메이드가 임무수행에 적절한 방법을 배웠다고 해서 그녀들에 대한 모든 교육이 끝나는 것은 아니다. 하우스키핑 부서의 다른 모든 직원들처럼 메이드는 고객과의 관계에 대해서 교육을 받아야 한다. 즉, 고객이 객실 내에 있다면 어떻게 객실에 들어갈 것이며 무슨 말을 어떻게 할 것인가, 고객의 요구에 어떻게 대답을 할 것인가, 언제 도울 것인가, 그리고 언제 고객에 대해 상사(supervisor)에게 보고할 것인가 등에 대한 교육이다. 많은 고객들이 프런트 데스크에서 열쇠를 획득해야 한다는 것을 잊고 각 층의 메이드나 하우스맨에게 객실문을 열어줄 것을 요구한다. 불행하게도 똑같은 요구가 좀도둑에 의해서도 요구되어질 수 있다. 대부분의 호텔에서 종사자들은 결코 누구를 위해서 객실문을 열어주지 말고 정중하게 그 사람을 상사에게 보고하거나 아니면 데스크 클럭에게 돌려보낸다.

하우스맨 또한 직접적으로 객실을 서비스하는 것과 관련된다. 그들은 수립된 호텔정책에 따라 각 객실에 매 3~8주마다 정기적으로 대청소 혹은 일반적 청소(general cleaning)를 하는 종사자이다. 대청소 혹은 일반적 청소는 객실과 객실 내의 모든 것을 철저하고 완전하게 하는 청소이다. 이것은 높은 벽의 먼지 청소, 욕실의 타일 청소, 액자 청소, 휘장, 블라인드, 소파, 쿠션, 매트리스뿐만 아니라 카펫을 진공 청소하는 것을 포함한다. 물론 이것은 무거운 가구들을 옮기는 것을 수반한다. 하우스맨은 또한 가구를 창고에서 창고로, 객실에서 다른 객실로 옮기기도 한다. 그리고 그들은 소규모 연회 호텔에서 연회장을 설치하는 것을 돕고 연회가 끝난 후 연회시설을 제거하는 것을 돕는다. 대규모 연회 · 컨벤션 호텔들은 이 과업을 위해 직접 케이터링 매니저(catering manager)에게 보고를 하는, 그 자체 내에 수석 하우스맨을 가진 별개의 부서를 가지고 있다. 과거에 하우스맨에 의해 전적으로 취급되던 과업은 객실 및 복도 그리고 다른 공공장소의 양탄자를 비누로 씻는 것이다. 그러나 급료 및 관계비용의 계속적인 증가 때문에 많은 호텔들은 하우스맨의 수를 줄이고 이 일을 외부 용역계약자에게 주었다.

객실의 상태에 대한 최종적인 책임은 각 층의 하우스키퍼에게 있다. 과거에는 큰 특급 호텔은 각 층마다 한 명씩의 하우스키퍼를 두었으나 오늘날에는 경제적으로 타산이 맞지 않아서 한 명의 하우스키퍼가 대부분 3개 층 이상을 책임지고 있다. 노조가 있는 호텔에서는 노조와의 계약이 하우스키퍼에게 할당되어질 수 있는 객실의 수를 제한할 수 있다. 일부 호텔들은 심지어 그들의 직급을 바꾸어 그들을 부하우스키퍼(assistant housekeeper)로 고용하고 있다.

각 층의 하우스키퍼들은 메이드에게 객실 할당을 하고 각층의 마스터 키(master key)를 주는데 마스터 키는 매일 업무가 끝날 때 반환된다. 그들은 메이드의 일을 감독, 점검, 허용하고, 새로운 장식이나 설비를 필요로, 하는 객실의 심각한 손상이나 물리적 상태를 정기적으로 점검한다. 예를 들어 누수 혹은 파괴된 수도꼭지, 고장난 램프, 깨어진 변기, 에어컨의 이상은 메이드에 의해 보고되어지든지 혹은 정기 점검에 의해 발견되어지든지 간에 하우스키퍼 부서장 혹은 위임된 대리자에게 보고되어 적절한 조치를 위해 기술 부서장에게 통보되어진다. 새로운 장식과 설비는 대개 최고 경영진의 결정을 요구한다. 하우스키퍼는 객실의 상태에 대해 주요 책임을 가지고 있기 때문에 보수를 요구하고 만약 실내장식가가 고용되어져 있지 않다면 새로운 장식 페인트의 색깔 선택, 실내장식 및 기타 등을 감독한다. 도색 일정이 잡혀 있을 때 하우스맨은 객실을 비우고 도색 준비를 할 책임이 있다. 하우스키퍼와 기술 부서장 사이의 긴밀한 협조와 조화는 객실이 폐쇄되는 시간을 최소한으로 유지하는 데 필요하다. 도색 도중 하우스키핑 직원의 구성원인 벽 청소하는 사람(wall washer)들은 객실을 깨끗이 하고, 매력적으로 유지하는 임무를 할당받는다.

2) 로비

로비 포터(lobby porter)는 하우스맨으로서, 낮 동안 로비를 깨끗이 하고 질서를 유지시킨다. 로비는 호텔에서 많이 사용되어지는 공공장소이기 때문에 계속적인 주의가 요망된다.

대도시 호텔에서는 수천 명의 사람, 즉 객실 고객과 레스토랑, 바, 연회 및 컨벤션 고객, 매점과 임대업장 고객, 종사자, 방문객 그리고 일반대중 모두가 로비에 모이거나 로비를 통과한다. 흐트러진 종이, 담배갑, 그리고 다른 잡동사니를 줍고 재떨이와 모래 항아리를 청소하는 포터의 계속적인 관심이 없다면 로비는 야간청소부들이 로비를 깨끗이 청소하러 오기 전에 난장판이 될 것이다.

3) 린넨

앞에서 언급된 바와 같이 하우스키퍼의 책임 영역은 상당히 중복된다. 린넨 공급의 유지와 통제는 '용품제공과 장비' 기능의 한 부분으로 생각될 수 있다. 그런데 이 기능은 유지 개념을 포함하고 있다. 여기서 용품이란 용어는 청소를 하기 위해 필요한 것으로 제한하여 사용한다.

린넨룸은 종종 하우스키핑 부서의 심장이라고 불리었다. 하우스키퍼 부서장의 사무실은 예비 린넨, 객실청소용품, 다른 용품들의 보관실과 마찬가지로 린넨룸의 한 부분이거나 근접해 있다. 모든 것은 린넨룸 직원에 의하여 접수되고 제공된다. 주간 린넨룸 직원은 더러워진 린넨의 수를 세고 분류를 하여 세탁을 위한 준비를 한다. 야간 직원은 깨끗한 린넨과 모든 용품을 세어 각층에 있는 메이드의 보관실로 공급한다. 초과재고(overstocking)는 낭비와 불필요한 경비를 유도할 수 있고, 과소재고(understocking)는 시간 손실과 심지어 고객 불평을 유발할 수 있다. 세탁될 수 있는 호텔 종사자용 유니폼들은 린넨룸에서 출고되고, 사소한 수선의 경우 휘장, 커튼 및 다른 린넨 제품도 수선하는 여재봉사에게 보내진다. 많은 직원들은 스스로 자신의 유니폼을 세탁한다. 비록 하우스키퍼의 통제하이지만, 드라이 클리닝을 필요로 하는 유니폼은 대개 호텔의 직원이거나 혹은 임대업장 사용인이건 간에 하우스 밸렛(house valet)에 의해 세탁, 저장 및 수리될 수 있다.

린넨 재고 통제와 세탁은 하우스키퍼의 중요한 책임 중의 하나이다. 최고 경영진은 반드시 운영상의 평균 재고(operating par stock)를 세워놓아야 한다. 객실 린넨의 이상적인 재고량은 호텔의 객실과 침대수에 의해 결정되어지는데 현재 당시 매일 사용량의 5배가 적절하다.

이것은 한 세트씩 객실, 세탁소, 메이드 층 벽장(maid's floor closet), 린넨룸 및 순환 중(in transit)에 둔다.

역시 하우스키퍼의 책임인 레스토랑 린넨류에 대한 순환평균재고(circulating par stock)는 정하고 유지하기가 더욱 어렵다. 그러나 다이닝 룸에서는 문제가 되지 않으며, 또한, 어떤 한끼 식사 동안 가장 높은 고객 회전율은 일반적으로 커피숍에서 발생하며 대부분, 린넨류의 식탁보나 냅킨을 사용하지 않는다. 정규의 다이닝 룸에 매일의 필요량은 추정되어 준비된다. 연회에서 문제가 발생할 가능성이 가장 크다. 연회는 테이블 구성뿐만 아니라, 요구되는 린넨의 색깔, 크기와 필요량에서 매우 다양한 것을 요구한다. 따라서 호텔은 소유한 최대 규모의 연회실에 한꺼번에 수용시킬 수 있는 많은 사람들에게 적절히 서비스를 제공하기 위해 최소한 3~4개의 기본 색깔을 준비하여 충분한 양의 식탁보와 그에 어울리는 냅킨을 보유하고 있어야 한다. 대안으로는, 린넨을 필요한 만큼 린넨공급회사로부터 임대받는 방법이 있다. 많은 호텔들은 필요량에 대한 불확실성과 초기 투자액 때문에 적은 양의 유색 린넨을 구입하고, 더 필요할 때는 임대받는 두 가지 방법을 혼합하여 사용한다.

그러나 대부분의 호텔들은 호텔소유의 유색 린넨을 순환시키지 않고 사용 후 상설 보관실로 되돌려 보낸다. 또한 이 보관실은, 구입되었지만 사용되지 않은 모든 객실 및 식당 린넨을 보유하고 있다. 린넨은 주요한 운영상의 비용을 대표하기 때문에, 대량구매는 단위원가를 감소시키며, 즉각적인 공급이 불가능하기 때문에 하우스키퍼 부서장과 식음료 지배인은 사전에 일 년의 필요량을 예측하여 총지배인에게 제시하고 승인을 받는 것이 정상적인 호텔업무과정이다. 린넨 구입의사결정이 이루어졌을 때 편리한 간격을 두고 부분주문을 통하여 총량에 대한 주문서가 발행된다.

예비 린넨의 통제는 아주 중요하다. 보관실은 인가받은 직원의 출입만 허용되며 안전하게 지켜져야 한다. 어떠한 용품도 하우스키퍼에 의해 승인된 요청서에 의하지 않고서는 보관실 밖으로 가지고 나갈 수 없다. 재고관리에 관한 한 계속기록법이 구입, 출고 및 잔고를 반영하도록 유지되어야 한다. 린넨실 감독자는 기록상에 나타난 잔고를 확인하기 위하여 현장점검(spot-check)을 빈번하게 실시해야 한다. 만약 가능하다면 연 2회 그러나 적어도 일 년에 한번, 재고 중인 모든 용품의 물리적 집계가 이루어져서 계속기록법상의 수치와 비교되어야 한다. 회계부서의 대표자는 집계를 돕고 감독하기 위하여 현장에 있어야 한다. 또한 회계부서는 기초 재고를 확인하고, 구입을 판매상의 청구서와 출고가 승인된 요청서와 비교함으로써 계속기록법 장부의 기록과 비교하여야 한다.

비록 린넨은 매일 필요한 양의 5배가 이상적인 재고량이지만 대부분의 호텔들이 그 정도의 린넨 순환을 가질 여유가 없거나 혹은 가지지 않는다. 만약 호텔이 직영 세탁소를 가지고 있다면 3~3½ 또는 심지어 2~2½배 정도를 소유하는 것이 일반적이다. 이러한 수준으로 운영하는 것은 성수기, 특히 주말과 휴일을 제외하고는 문제시 되지 않는다. 상업 세탁소는 일반적으로 일요일과 휴일을 제외한 모든 날에 24시간 수집 및 배달 서비스를 제공한다. 월요일이 바로 휴일이 되었을 때, 많은 세탁소가 그러는 것처럼 이틀 동안 세탁된 린넨은 배달이 되지 않는다. 만약 호텔이 주말에 100% 점유된다면 하우스키퍼는 화요일 아침에 세 번의 완전히 더럽혀진 객실 린넨을 교환해야 할 것이다. 자체 세탁소를 가진 호텔은 이런 휴일에 대해 해결할 수 있지만, 값비싼 초과수당의 지급을 초래한다. 많은 하우스키퍼들은 바쁜 주말 혹은 휴일 이후 세탁된 린넨들이 배달될 때까지 메이드들로 하여금 충분한 린넨 공급이나 침대의 구성을 하도록 하여야 한다. 어떤 호텔들은 최초 및 매년 대체에 필요한 자금의 지출을 피하기 위해 린넨을 임대한다. 많은 호텔들은 침대, 욕실 그리고 레스토랑 린넨을 가지고 있는 경우라도 유니폼, 특히 메이드를 위한 옷, 하우스맨, 포터, 유지·보수 직원을 위한 셔츠 및 바지, 앞치마, 모자 그리고 주방 직원이 사용하는 옷 같은 대부분의 용품을 임대한다.

순환되는 린넨을 일일이 추적하는 것은 어렵고, 많은 하우스키퍼들은 그러한 노력을 거의 하지 않는다. 그 과실은 그들에게 있는 것이 아니라, 모든 통제에 대한 책임을 가진 회계담당 부서장에게 있다. 린넨이 순환과정에서 제외되는 경우는 다음과 같다.

① 정상적인 마모와 찢어짐
② 부적절한 사용 또는 취급 부주의
③ 세탁소에서의 분실
④ 도난

다음은 순환되는 린넨의 공급을 통제하는 데 있어 정규적인 운영과정의 한 절차에 관한 것이다. 만약 심각한 부족현상이 현장 점검 또는 정기적인 실질 집계를 통해 밝혀진다면, 이 절차는 종사자를 위한 훈련 프로그램의 개선과 매일의 일상적 업무에서 감독자들의 더욱 적극적인 참여가 있어야 한다는 가정하에서 반드시 검토되고, 강화되어야 한다.

이상적으로 린넨은 단지 정상적인 마모와 찢어짐에 기인하여 폐기처분될 때 대체되어야 한다. 만약 이러한 통계치가 확정되어진다면, 필요한 어떤 추가적인 대체는 이론상 피할 수 있고, 따라서 이러한 손실을 통제할 시도가 이루어질 수 있다. 정확한 수치는 각각 품목의 표준 또는 평균 세탁 수명 기대치의 사용에 의해 합리적으로 예측될 수 있는데, 즉 마모되기 전에 린넨이 견딜 수 있는 세탁횟수에 의거한다. 그 수는 린넨의 품질과 세탁을 하는 상업 세탁소에 따라 변할 수 있고, 최종적으로는 호텔 자체의 경험에 의해서만 정확히 예측될 수 있으나, 유의한 추정이 어느 정도 가능하다. 미국 호텔 및 모텔 협회, 많은 지역 호텔 협회, 세탁 자문 회사와 상업 세탁소 스스로가 그 문제를 연구해 왔기 때문에, 이런 수치들은 제공될 수 있다. 이 기준을 사용하면, 주어진 기간 동안 필요한 대체량은, 그 기간 동안의 총 세탁수를 세탁 사용기대치수로 나눔으로써 계산된다. 총 세탁수는 모든 청구서를 검토하고 최소한 지급연장(extension)을 검토할 수 있는 외상매입금 클럭(accounts-payable clerk)이 가지고 있는 거래처의 청구서로부터 쉽게 추출될 수 있다. 간단한 정산표(work sheet)에, 주요 품목의 린넨이 기록되고, 청구서로부터 세탁되는 회수가 발췌되어, 특정기간 동안 합계치가 기록된다. 트윈크기(twin-size) 시트에 120회 세탁 기준이 적용되어, 주어진 기간 동안 2,400번이 세탁되었다고 가정하자. 그러면 20개의 대체시트가 필요하다(2,400÷120). 만약 이 계산이 매달 주

요 품목에 대해 적용되어 이 계산 방식에 따라 교체가 발생한다면 순환되는 수가 평균 재고 수준으로 유지된다.

린넨 분실의 두 번째 경우는 부적절한 사용 혹은 취급 부주의로 인한 것이다. 부적절한 사용은 많은 형태가 있지만, 종사자의 부주의와 느슨한 감독으로 집약되는데 이러한 사실은 감독자가, 부적절한 행동을 멈추게 하거나 또는 그것의 재발을 방지하는 단계 조치를 취하지 않거나 혹은 취할 수 없는 경우 때문에 발생한다. 더욱 일반적인 남용의 경우는 린넨을, 주방에서 주방도구, 조리대 위부분, 기름낀 스토브 그리고 더러운 바닥을 청소하기 위해서 사용하는 경우, 다이닝 룸에서 깨진 유리컵 또는 접시를 주어서 감쌀 때 사용하는 경우, 바닥의 더러움을 청소하고, 불붙은 담배나 타는 재가 있는 재떨이를 닦아 내기 위해서 사용하는 경우, 그리고 구두를 닦기 위하여 사용하는 경우 등이다. 이러한 경우 일반적으로 걸레와 주방 타월이 사용된다. 그렇게 사용되는 린넨류의 냅킨은 일상적으로 사용하기에는 매우 심하게 더럽혀져 있기 때문에 반드시 버려져야 한다. 만약 린넨류의 냅킨이 접시 씻는 장소로 운반되기 전에 제거되지 않으면 남겨진 음식물과 함께 버려질 수도 있다.

뉴욕시에 위치한 어떤 중간 규모의 한 호텔에서 이러한 절차에 대해 시험 점검(test check)과 검토를 해 본 결과, 메이드들이 객실을 청소하고 먼지를 털기 위해 걸레 대신 세수 타월을 사용했던 것으로 드러났다. 더구나 메이드들은 이틀 동안 걸레 없이 작업을 했으며 추가용품의 조달은 기습 점검의 하루 전에 지급(please rush)이라는 표시와 함께 하우스키퍼에 의해서 처리되었다.

시트는 소파 침대 혹은 접는 간이침대의 스프링에 걸릴 수 있다. 또한 만약 메이드가 스프링에 시트가 걸려 있는지를 점검하지 않고 잡아당긴다면 쉽게 찢어질 수 있다. 만약 메이드가 한꺼번에 너무 많은 용품을 채워 넣으려고 한다면 용품은 더러워진 린넨류를 떨어뜨리는 낙하장치의 날카로운 모서리에 걸려서 찢어질 수 있다. 따라서 교육·훈련이 필요하며, 이것은 직원과 감독자들을 위한 적절한 절차의 계속적인 반복을 요구하는 끝없는 과업이다.

세탁소에서의 분실은 확인하기가 가장 쉬운 것으로 보이나 불행히도 확인에 상당한 노력을 투입하는 호텔에서조차 그렇치 않다. 많은 호텔에서 발생할 수 있는 두 가지 기본 과실은 다음과 같다.

첫째, 대부분의 하우스키퍼들은 세탁물 계산서에서 부과되는 세탁물의 수를 점검하기 위하여 린넨룸 직원에게 세탁소로부터 세탁한 린넨이 도착하는 대로 깨끗한 린넨을 주의 깊게 계산하고 기록하라는 지시를 하지만, 많은 직원들은 린넨들이 다른 곳으로 보내지기 전 더러운 린넨을 계산하는 노력을 하지 않는다.

둘째, 더욱 큰 과실은 더럽고 깨끗한 린넨은 계산되어 매일의 정산표에 기록되어 매달 서류철하여지나, 정산표상에 총계가 집계조차 안 되며, 이러한 행동에 대해 어떠한 조치도 이루어지지 않는다. 여기서 아주 중요한 통제기능을 실시하지 않는 회계부서장의 과실이 존재한다.

여기서 시정절차를 점검하고 완전한 통제가 거의 불가능한 일부 이유들을 검토해 보자. 더러운 린넨은 계산되어지기 전에, 지루하고 매우 힘든 작업이지만, 형태상 분류되어져야 한다. 조금 찢어진 린넨은 만약 관찰된다면 제거되어 수선을 위해 재봉사에게 맡겨져야 한다. 발견되지 않는 조금 찢어진 린넨은 세탁시에 크게 찢어질 수 있고 따라서 세탁소에서 폐기될 수 있다.

상업 세탁소들은 한꺼번에 받는 모든 린넨류를 받은 다음날 거의 되돌려 주지 않는다. 일부는 재세탁이나 혹은 적절히 접기 위해서 혹은 단지 시간 안에 작업이 끝마치지 않아서 보류될 수도 있다. 호텔은 종종 재세탁을 위해 묶음으로 반품할 것이다. 그리고 호텔 종사자가 계산한 더럽혀진 린넨의 집계는 자주 세탁소와 논쟁거리가 된다. 이러한 린넨의 정확한 집계와 기록은 부족한 경우를 위한 통제와 이중계산서를 피하기 위해 보관되어져야 한다.

집계를 기록하기 위해 간단한 정산표가 필요하다. 이 표의 윗부분에 통제될 린넨의 모든 규모와 형태가 기록된다. 두 개의 세로줄이 각 항목에 대해 필요한데 하나는 더럽혀진 린넨, 다른 하나는 세탁된 린넨을 위한 것이다. 매일 린넨 감독자는 보낸 품목의 수와 되돌아온 수를 기록한다. 매달 말에, 작업 시트(work sheet)는 회계부서에 보내어져서 회계담당 부서장과 하우스키퍼에 의해 집계되고 검토되며, 그리고 심각한 부족이 나타나면 총지배인이 검토한다. 세탁소에도 이 부족에 대해 통보가 되고 이 부족을 찾기 위한 시도가 이루어져야 한다. 경험상 실제상의 정산이 이루어지기 위해서는 일반적으로 6개월에서 일 년의 기간이 소요되며, 호텔에 의해 클레임(claim)이 청구되는 총량의 아마 20~50%가 협상량이 된다.

그러나 매일의 운영에서 서비스의 품질 통제는 가장 중요한 것이다. 품질 통제는 상업 세탁소 및 린넨임대회사와 매우 밀접하게 작업을 해야만 하는 하우스키퍼의 책임영역이다. 많은 하우스키퍼들에게는 훌륭하고 즉각적인 서비스는 끝없이 치루어야 할 전쟁이다. 찢어지고, 심하게 더러워지거나 서투르게 다림질된 린넨은 세탁을 위해 모두 린넨실로 배달된다. 많은 하우스키퍼들은 서투르게 다림질된 시트를 사용하여 침대를 꾸몄기 때문에 그 침대에서 잠을 잔 고객의 불평을 접수하게 된다. 또한 제한된 평균 순환 린넨 재고로 운영하는 호텔에서 서비스의 품질 통제는 더욱 중요하다. 세탁소 직원은 호텔 직원과 근본적으로 다르지 않다. 즉, 그들은 호텔 직원과 같은 교육·훈련 및 감독을 필요로 하며, 이러한 필요성은 제공되는 서비스 질의 부족을 세탁소의 장이 알도록 할 수 있고 바라던 결과가 획득될 때까지 세탁을 계속할 수 있게 한다.

도난 때문에 발생되는 분실은 일반적으로 많은 사업에서 정상적인 운영경비로써 간주되며, 호텔도 예외가 아니다. 이러한 손실을 최소화할 수 있는 방법은 감독절차를 만드는 것이다. 많은 고객들은 어떤 기념품을 가지고 돌아가길 좋아 하는데 그렇다고 하여 객실, 공공장소 또는 레스토랑에서 없어진 호텔재산을 수색할 수 없다. 이론상 고객들에 의한 기념품 사냥을 중단시키는 것은 쉽다. 즉, 고객의 퇴숙 후 객실을 조사하는 것이다.

그러나 사실상 대부분의 호텔에서는 불가능하다. 즉, 하나의 구제책인 추가의 직원배치는 비용 측면에서 용품 교체 비용을 초과한다(특히 유럽에서의 가이드가 있는 관광에서, 방금 퇴숙한 객실에서 타월, 담요 또는 기타 용품들이 없어졌기 때문에, 관광객들이 짐 조사를 위해 소환되어 당황해 하는 것이 목격된다. 이러한 호텔들은 규모가 작고, 200개 미만의 객실들을 갖추었으며 미국 내 대부분 도시의 호텔보다 노동비용도 더 낮고 대체 비용은 더 높다). 이러한 경우 객실에서 없어진 어떤 용품(담요, 시트, 그림)과 객실의 이상 혹은 피해를 각 층의 하우스키퍼에게 보고하도록 교육·훈련을 시키는 이외에 행하여질 수 있는 것은 거의 없다. 만약 분실 혹은 피해가 심각하다면 총지배인에게도 그것에 대한 조치를 필요시에 취할 수 있게 보고되어져야 한다.

호텔에서는 고객들만 훔치는 것이 아니며 종사자에 의한 도난도 발생하는데 이러한 경우 거의 방지하기가 어렵다. 이런 손실을 통제하거나 최소한 최소화시키기 위해서 뚜렷한 조치가 취해질 수 있다. 가장 효과적인 것은 첫째, 근로시간표를 사용하여, 직원이 호텔을 출입할 때 직원들의 짐을 통과시키면서 모든 짐들의 내용물을 조사하는 것이며, 둘째, 모든 직원들이 근무시간기록 사무실을 통하여 호텔을 출입시키도록 하는 것이며, 셋째, 근무시간 전후에 호텔에서 빈둥거리는 것을 금지하는 것이다. 관련된 종사자의 수 때문에 대부분의 호텔은 하우스키핑 직원에게 하나는 직원들이 호텔을 출입할 때 근무시간기록 사무실에서, 다른 하나는 린넨룸에서 혹은 가까이서, 직원들이 교대를 시작하고 끝마칠 때에 두 개의 근로시간표를 펀치하도록 요구한다. 직원의 대부분이 근본적으로 정직하고, 고용정책의 엄격한 실시에 의해 직원들이 도난을 하지 못한다는 것이 일반적 견해이다. 그러나 많은 호텔에서 부서장들은 그들의 일상적인 업무에 열중하기 때문에 자신들의 작업을 엄격하게 수행할 뿐 종사자를 통제하는 감독은 이루어지지 않고 있다. 이러한 정책들이 종사자 도난을 조사하는 책임을 가진 회계담당 부서장에 의해 강조되지 않는다면 통제는 분산되어 종사자들이 훔칠 기회는 증가하고 잡힐 가능성은 희박해지며 도덕적인 사람이 심하게 불평하는 경우를 가져온다.

2. 종사자의 교육 · 훈련

직원 숫자상으로 보면 하우스키핑 부서는 호텔에서 가장 크다. 식음료 서비스가 작거나 없는 호텔 또는 모텔에서 이 부서는 총 상주 직원의 75%나 또는 그 이상을 포함한다. 대규모 컨벤션 호텔들에서, 만약 연회 웨이터들이 제외된다면, 이 구성 비율은 총 합계의 ⅓에 근접한다. 연회 웨이터들은 호텔의 상시 종사자가 아니기 때문에 제외된다. 그들은 일을 하고 근무하는 각각의 기능에 대해서만 대가를 받고, 휴일 전과 휴일 사이의 2일에서 보통 2주일 정도까지, 그리고 보통 여름 동안인 연회기간의 비수기에 해당되는 2달 정도의 불경기에 해고될 수도 있다. 고용 숫자는 완전히 매출액에 좌우되면서 주별로 크게 다르다.

하우스키핑 부서는 호텔의 다른 어떤 부서보다도 더 많은 비숙련 근로자를 가진다. 메이드, 포터, 청소원, 하우스맨 그리고 벽 청소원들이 그런 부류이다. 그들은 모두 고객과 개인적인 접촉을, 항상 객실의 서비스 제공이라는 고객관계의 중요한 단계와 연관시킨다. 이 점이 하우스키퍼의 두 번째 주된 책임이다. 따라서 교육 · 훈련이 상호 간에, 다른 부서 내의 직원들 및 고객들과의 관계에 주어져야 한다.

3. 용품과 설비

하우스키퍼의 세 번째 주된 기능은 이 부서의 일상 업무에서 요구되는 많은 운영용품의 청구, 보관 및 통제이다. 가정의 청소에 책임을 진 경험이 있는 사람은 다수의 객실이 있는 호텔의 효율적인 운영을 위해 필요한 종이, 청소용품 및 객실용품 등 많은 항목을 즉시 적절하게 공급을 하는 어려움을 이해할 수가 있다. 객실 내의 용품들은 반드시 경영진에 의해 정해진 평균 혹은 기준을 유지하기 위해 매일 새로 보급되어야 한다. 메이드와 하우스맨은 호텔의 객실, 복도 및 다른 공공지역을 청소하고 서비스하기 위해 걸레, 양동이, 카펫 청소기, 손잡이가 있는 바닥 진공청소기, 기타 적당한 용품과 적절한 설비들이 필요하다. 보관실 직원은 하우스키퍼가 운영상 충분히 필요하다고 느끼는 양인, 정해진 평균 재고 이하로 떨어지는 어떤 용품을 재주문하도록 지시를 받는다. 모든 용품들의 적절한 재고를 확실시하기 위해서 이러한 지시의 빈번한 반복은 직원들의 계속되는 교육훈련의 한 부분으로서 필요하며 훌륭한 감독과 현장 점검에 의해 강화될 수 있다. 설비에 대한 통제를 제외한 통제는 수립하기가 거의 불가능한데, 고객은 제외하더라도 이러한 용품들을 취급하고 사용하는 종사자들이 많이 있기 때문이다. 설비에 대해서는 회계담당 부서장의 도움을 받아 하우스키퍼가 매출액과 사용량 사이의 비율인 소비패턴을 수립할 수 있다. 그러나 사용되는 용품에 대해 이러한 비율들을 계산하는 것은 거의 불가능하다.

그러나 총비용은 단지 수익의 구성비에 의해 판단될 수 있는 관계로, 이 구성비를 주요 용품(특히 더욱 비싼 용품 – 객실 문구류, 비누, 고급 휴지, 그림엽서)들에 적용할 수 있다. 모든 용품들이 보관실 재고가 일정한 수준에 도달했을 때 재주문되어야 하기 때문에 주문된 양이 실제 사용된 양을 나타낸다고 가정한다는 것이 합리적이다. 따라서 각 주문의 기록(날짜, 양, 그리고 가격을 나타내는 간단한 정산표)을 함으로써 어떤 확립된 패턴으로부터 어떠한 변이가 발견될 수 있고, 이러한 원인을 확인하기 위한 조사가 시작될 수 있다.

설비에 대한 효과적인 통제는 수립하고 유지하기가 더 쉽다. 이 통제는 메이드의 카트, 카펫 청소기와 손잡이가 있는 바닥 진공청소기와 같은 선택된 용품들에 제한되어야 한다. 모든 것은 주의 깊게 재고관리가 되어야 하며, 사용하지 않을 때는 잠겨 있어야 하며, 가능하면 특정 종사자가 도구의 상태와 안전에 대해 책임을 지는 것이 좋다.

4. 서류작업

하우스키퍼 책임의 마지막 주요 영역은 이 부서와 관련된 서류업무의 양이다. 모든 부서에서 핵심인, 급여의 적절한 통제를 위한 기록 관리는 하우스키핑 부서에서 더욱 방대하고 중요할 것 같다. 급여 기록의 중요성에는 많은 이유가 있다. 주요한 이유 중의 하나는 고용종사자의 수이다. 즉 첫째, 그들이 담당하는 지역은 호텔 전체이며, 둘째, 점유율과 직접 관계가 있는 매일의 고용 인원수(주로 메이드)를 계획할 필요성이며, 마지막으로 자발적이든 노조계약이든 간에 메이드가 매일 담당할 수 있는 객실의 수에 관한 제한이다. 이러한 모든 이유들은 최소한의 비용으로 최대의 생산성을 얻기 위한 적절한 계획의 어려움과 중요성을 강조한다.

비록 개개인의 임금이 호텔에서 가장 높은 것은 아닐지라도 수적인 측면의 총급여 비용은 객실부서비용에서 상당한 구성 비율을 나타낸다. 대부분의 종사자들은 현재 유급 휴일제도를 누릴 권리가 있고 그러한 휴일에 근무를 하는 종사자들은 최소한 이중 급여, 즉 정규 급여에다 휴일 급여를 더하여 받는다. 이것은 하우스키퍼가 그런 날에 가능하면 최소한의 종사자를 쓰려고 계획을 세우는 충분한 이유가 된다. 메이드가 담당할 수 있는 객실 수의 제한은 최대한으로 이루어져야 하지만 전체 생산성을 고려하기 위해서는 최소로서 고려되어져야 한다. 이것은 하우스키퍼와 프런트 오피스 지배인 간의 가까운 업무관계를 필요로 한다.

프런트 오피스 지배인은 매달 점유율을 예측하는데, 보통 매주마다 갱신을 한다. 이것은 하우스키퍼가 특별한 날에 필요한 메이드 수를 면밀하게 예측하여 수에 따라 계획할 수 있게 한다. 매일 두 부서는 서로에게 객실 상태를 보고한다. 룸 클럭은 고객이 퇴숙했을 때를 보고하고, 하우스키핑 부서가 다시 객실이 정비되는 즉시 보고를 하면 객실이 판매될 수 있다. 그러나 메이드 각자에게 정리할 최대 객실수를 할당하는 것은 매우 어렵다. 모든 객실이 매일 정비되어져야 하는 것은 아니다. 수리 중인 객실(o. o. o room), 빈 객실(vacant room)(전날 이후 점유되지 않은 객실들)은 메이드 서비스가 필요하지 않다. 따라서 아마 고객이 월별로 빌리거나 리스하는 아파트먼트 호텔을 제외하고는 항구적인 메이드에의 객실 할당이 이루어질 수 없다. 메이드에게 같은 층의 객실을 할당하는 것은 이동시간을 절약하지만 항상 가능한 것은 아니다.

객실의 실제적인 할당은 각 층 하우스키퍼에 의해 하우스키퍼의 구역 안에서 이루어진다. 메이드는 객실 할당 자료를 메이드의 아침 보고서(maid's morning report)에서 얻는다. 일을 시작하기 전에 각 메이드는 그녀에게 할당된 구역의 객실을 점검하고 해당되는 층의 하우스키퍼에게 상태를 보고한다. 호텔의 규모에 따라서, 그 보고서는 대개 구역이나 층별로 객실번호가 기입되어 있고 코드 기입 공간이 갖추어진 미리 인쇄된 목록표로 만들어진다([그림 7 – 2] 참조).

이 보고서는 메이드에게 객실 할당의 근거를 제공하는데, 이 보고서가 각 층의 하우스키퍼들이 책임지고 있는 구역별로 요약된 뒤 다시 층별로 요약되어 하우스키퍼의 아침 보고서(housekeeper's morning report)가 작성된다. 하우스키퍼 보고

서의 길이는 호텔 규모에 의해 좌우되는데, 호텔의 각 객실을 기록한 단 한 장의 시트로부터 각 층별로 별개의 시트가 있는 경우까지 다양하다. 이 보고서는 흔히 두 장으로 준비된다.

하우스키퍼의 아침 보고서 원본은 전날 밤의 객실 수익을 점검하기 위해 회계부서에 보내어진다. 이 과정이 반복되고 데이 메이드(day maid)의 업무 종료 전의 오후에 동일한 보고서들이 준비되나 그 원본은 회계부서가 아닌 룸 랙을 점검하기 위해 사용하는 프런트 오피스 부서에 보내어진다. 오전과 오후 보고서의 사본들은 하

HOUSEKEEPING ROOM VACANCY REPORT					
층	날짜			☐ A.M	☐ P.M
객실번호	*	코드	객실번호	*	코드
01			17		
03			19		
05			21		
07			23		
09			25		
11			27		
13			29		
15			31		

주의(Remarks) :
_____
_____
_____

코드** :

○○○ － 수리중(Out of order)　　　CO － 퇴숙(Check-out)
○ 　　－ 점유됨(Occupied)　　　　　SO － 체재중 외박(Sleepout)
V 　　－ 비어 있음(Vacant)　　　　　DL － 이중 자물쇠(Double-locked)

메이드의 서명

* 이 난은 트윈 베드 룸에서 잤던 침대 수, cot의 수, 주의(remark) 등을 기록하기 위해 어떤 호텔에서는 사용된다. 몇몇 다른 호텔들은 난을 없애고 보고서에 단지 두 개의 주요표제만 제시한다.

** 일반적인 분류 방법이다. 다른 목록표에는 Occupied, No Baggage, 혹은 Open Door를 포함한다. 코드(선택안)는 경영진이나 하우스키퍼의 요구에 따라 다양하다.

그림 7-2 메이드의 객실 상태 보고서

우스키퍼에 의해 보유된다. 어떤 호텔, 특히 큰 도시에 있는 몇몇 호텔에서는 하우스키퍼 보고서를 3부 혹은 4부도 만든다. 그때 프런트 오피스 부서와 회계부서는 각각 사본들을 받으며 네 번째 사본은 신용부서에 간다.

메이드의 아침 보고서는 종종 급여 준비를 위한 출처로 이용된다. 이러한 목적을 위해 [그림 7 – 2]에서 나타난 형식은 할당된 기타 객실을 위한 종열과 층별 하우스키퍼가 메이드의 낮 근무를 요약 기재하고 서명하도록 하기 위한 공간을 포함하도록 변경되어야 한다. 그러나 오류의 가능성을 줄이고 하우스키퍼에게 더 나은 통제를 할 수 있게 하기 위한 목적으로 [그림 7 – 3]과 같은 별개의 보고서가 준비될 수 있다. 이 보고서에 메이드는 교대를 할 때마다 요청된 사항을 기입하고 각 층의 하우스키퍼는 요약, 서명하며, 하우스키핑 급여 클럭(housekeeping payroll clerk)이 시간표(time sheet)를 작성하게끔 이 보고서를 송부한다.

의무의 성격상, 나이트 메이드(night maid)는 특별한 객실을 할당받을 수 없다. 그들이 담당하는 객실의 수 또는 층의 수는 호텔 규모에 따라 변하고, 노조가 관여된다면 계약에서 어떠한 제약이 가해진다. 큰 컨벤션 호텔들과 소위 호화 호텔에서는 근무시간이 보통 오후 3~11시 사이인 부하우스키퍼가 있다. 그러나 대부분의 호텔들은 나이트 슈퍼바이져(night supervisor)가 없고 나이트 메이드가 직접 고객의 요구에 응한다. 나이트 메이드에 의해 준비되는 보고서는 고객으로부터 받는 요구와 그녀가 조치한 행동을 업무일지(log book) 속에 간단하게 기입하는 것으로부터 [그림 7 – 4]와 같이 매우 상세하고 정교한 보고서까지 다양하다. 이러한 형태의 보고서는 일반적으로 여러 사본들이 준비되어지고 사실상 모든 객실 상태를 보여주기 때문에 하나의 사본은 근무 중인 룸 클럭이 룸랙의 마지막 점검을 할 수 있도록 하기 위해 프런트 데스크에 송부된다.

메이드 객실 보고서

일반 객실*

1 _____	2 _____
3 _____	4 _____
5 _____	6 _____
7 _____	8 _____
9 _____	10 _____
11 _____	12 _____

일반 객실

_____   _____

_____   _____

_____   _____

간이 침대

_____   _____

_____   _____

_____
메이드 서명

_____
날짜
수 여분의 요금

객실: 일반	_____ ₩ _____
임의의 간이침대	_____ ₩ _____
계	_____ ₩ _____

_____
감독자의 서명

* 각각의 호텔에서 할당량을 나타내기 위해 필요한 만큼의 선 (line)들이 사용된다.

그림 7-3 메이드의 객실 보고서

NIGHT MAID'S REPORT

STATUS		WORK DONE	
Vacant	V	Turndown	(1 or 2)*
Occupied	O	Refused Service	RS
Check-out	CO	Do Not Disturb	DD
Out of order	OOO	Double-locked	DL

Floor

Check -Out	Made up	Cots		Room No.	Staus	Turned Down	Room No.	Staus	Turned Down
		In	Out						

Number

Make Ups

Turndowns

Cots

Total

_____
Night Maid's Signature

Date

_____
Supervisor's Signature

* 침대 수

그림 7-4 나이트 메이드의 보고서

Part

3

식음료 관리

8 Chapter 식음료부문의 기능

01 식음료부문의 역할

인간생활의 3대 요소인 의·식·주는 소득과 의식수준의 향상과 함께, 단순한 생존을 위한 요소라는 개념에서 탈피하여 새로운 가치를 부여한 의·식·주 문화의 창조단계로 발전하고 있다. 이 중 식문화의 창조에 일익을 담당하고 있는 호텔의 식음료부문은, 객실과 더불어 호텔의 주종 상품을 이루면서 가장 탄력성이 강한 상품으로 호텔 수익 증대에 큰 기여를 하고 있다. 따라서 호텔기업은 이윤의 극대화를 유지하고, 새로운 식문화 창조라는 사회적 요구에 부응하기 위해 식음료부문의 효율적인 운영에 끊임없는 노력을 기울이고 있는 것이다.

특히, 다양한 고객의 욕구를 충족시켜 줌으로써 수익 증대의 목적을 달성할 수 있는 식음료서비스 담당직원에 의한 인적 판매는 정보를 제공하고 고객을 설득하여 수요를 확산시키고 구매행동으로 유도하는 중요한 역할을 수행한다.

따라서 식음료부서의 모든 구성원은 고객의 물질적 기대(physical expectation)와 심리적 기대(psychological expectation)를 동시에 충족시킬 수 있는 소비자지향적인 차원 높은 서비스 기법을 갖추고, 고객의 욕구변화에 대처하기 위한 정확한 시장조사와 함께 목표시장을 선정하여, 서비스 품목의 개발과 판매촉진을 위한 효율적인 마케팅 활동을 수행할 수 있도록 노력하여야 할 것이다.

역사적으로 1970년대 이전에는 대부분의 호텔경영인들은 객실부문을 중시하고 식음료부문은 수입이 상대적으로 적기 때문에 그다지 중요하게 생각하지 않았다. 그러나 1970년대 이후 이러한 인식은 급속도로 변화되기 시작했다.

이제 식음료 수입은 일반적으로 호텔 총매출액의 40% 이상을 차지하고 있는 주종상품으로 발전했다. 이러한 주종 상품을 생산해내는 호텔 식음료부서의 중요한 역할을 살펴보면 다음과 같다.

① 식음료 및 서비스를 제공함으로써 고객의 욕구와 욕망을 만족시킨다.
② 식음료 및 서비스를 생산 · 판매함으로써 호텔기업의 이윤을 창출한다.
③ 지역사회의 삶의 질을 향상시킨다.

최근에 많은 호텔들은 이익센터(profit center), 즉 이익을 창출하는 부서로서 식음료부서를 강조하고 있다.

한편, 미국에서는 서비스 수준과 가격이 낮은 호텔일수록 식음료부서에 큰 투자를 하지 않는 경향이 있으며, 올 스위트 호텔(all-suite hotel)에서는 식음료부서가 아주 제한되거나 없는 경우도 있다. 이외에 일부 체인호텔에서는 제3자에게 임대하여 식음료운영을 배제하는 경우도 있다. 이러한 현상은 한국도 예외가 아니며, 따라서 호텔에서는 서비스 수준이 올라갈수록 식음료서비스가 증대된다는 사실을 시사하고 있다.

02 식음료부문의 조직

1. 식음료부문 조직의 특성

조직이란 공통의 목적달성을 위하여 노동과 직능을 분화하고 이에 책임과 권한을 부여한 일정계층을 통해서 여러 사람들의 활동을 합리적으로 조정한 것이다. 따라서 식음료부문은 하나의 조직인 만큼, 첫째, 공통의 목표를 가지며, 둘째, 이 목적달성을 위해 필요한 직무를 분할하여 이를 각 구성원에게 할당한다. 셋째, 각 구성원이 가지는 직무는 상호관계를 명백히 규정하게 된다.

이는 호텔기업이 정하는 경영목적을 효율적으로 달성하기 위한 것으로, 식음료부문이 정하는 조직은 종사자의 생산성 향상을 위한 수단이 되어야 한다.

과거에는 호텔 식음료부문은 1개의 식음료과가 모든 식당, 주장 및 연회기능을 포함하여 운영되었으나, 최근 호텔의 규모가 대형화되면서 식음료부문은 식당과,

음료과, 연회과로 각각 독립적인 3개과로 나누어져 운영되면서 과거보다 더욱 더 전문성을 갖추게 되었다.

식음료부문의 조직은 호텔의 규모에 의거하여 구성되나, 본서에서는 3개과로 나누어 설명하고자 한다. 일반적으로 대형호텔에서는 식음료부문을 대개 3개과로 나누어 각 과의 기능이 최대한으로 발휘될 수 있도록 하고 있다.

그러나 호텔에 따라서는 커피숍, 룸 서비스, 자동판매기 서비스, 호텔외부 식음료서비스, 소매전문음식점(retail specialty food shop) 등이 식음료부문에 추가적으로 속할 수 있다.

2. 식음료부문 조직의 기능

앞에서도 언급된 바와 같이, 현대호텔에 있어서 식음료부문의 일반적인 조직은 각 과의 특성을 최대한으로 살린 3개과로 구성되어 있다.

각 과의 기능을 살펴보면 다음과 같다.[1]

1) 식당과(Restaurant Section)

① 양식, 일식, 중식, 한식의 각 식당 영업 및 고객관리
② 각 식당의 집기, 비품, 시설물의 보존, 유지 및 관리
③ 각 식당의 판매메뉴 및 가격결정, 자료작성
④ 각 식당 종사자의 인사관리 및 교육훈련
⑤ 기타 각 식당의 영업에 필요한 제반사항을 주업무로 한다.

2) 음료과(Beverage Section)

① 로비 · 라운지, 나이트클럽, 메인바 등 각 주장의 영업 및 고객관리
② 각 주장의 집기, 비품, 시설물의 보존, 유지 및 관리
③ 음료 판매메뉴 및 가격결정
④ 각 주장 종사자의 인사관리 및 교육훈련
⑤ 기타 주장영업에 필요한 제반사항을 주업무로 한다.

---

1) 정인태 · 이종순(1991). 『현대 호텔식음료 경영론』, 형설출판사, pp. 13~14.

3) 연회과(Banquet Section)

① 각 연회장의 시설 및 집기의 운용 및 관리

② 연회사항 예약 및 행사준비

③ 연회유치 판촉활동 및 판촉부와 정보교환

④ 연회 행사메뉴 및 가격결정을 위한 조정업무

⑤ 연회서비스 개선 및 품질관리

⑥ 연회행사 고객의 안전관리

⑦ 출장연회의 종합적 관리

⑧ 연회 종사자의 인사관리 및 교육훈련을 주업무로 하고 있다.

[그림 8 – 1]은 호텔 식음료부문의 조직을 나타내고 있다.

이상 3개과의 업무를 원활히 수행할 수 있도록 하기 위하여 식음과 및 연회의 판매증진 및 행정관리를 위한 3~4명의 사무실 직원을 따로 두고 있다.

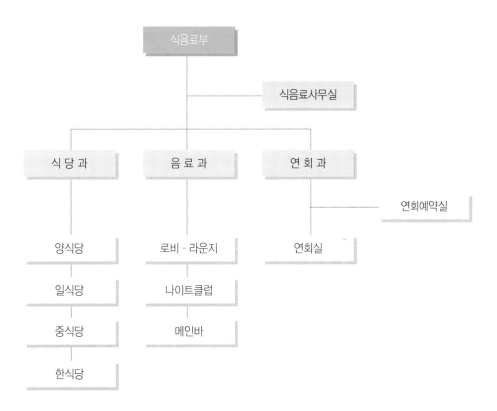

그림 9-1 호텔 식음료부문의 조직

03 식음료부문과 고객만족

고객만족은 현대 기업경영의 성공 여부에 큰 영향을 미친다. 즉, 고객만족은 식음료 서비스를 제공하는 호텔산업을 포함하여 모든 산업에 적용되는 개념이다. 따라서 현대의 호텔 식음료부문 경영자는 최우선 고려점으로서 고객만족을 생각하여야 한다.

여러 가지 요인이 호텔기업의 식음료부문을 성공으로 유도한다. 그러나 그 중 성공한 호텔기업과 소속 식음료부문이 공통적으로 가지고 있는 것은 그것들이 고객지향적이라는 것이다. 즉, 이러한 기업들은 표적시장을 잘 정의하고, 이 안에 존재하는 고객의 욕구를 이해하며 만족시키는 데 최선의 노력을 다하고 있으며, 종사자로 하여금 고객들이 지각하는 가치를 최대화시키도록 동기부여시키고 있고, 결과적으로 높은 고객만족을 이끌어낸다.

기업은 여러 가지 기능을 취급하고 있는데, 그 중 마케팅은 다른 기능보다도 고객을 더 많이 취급하고 있다. 현대의 마케팅은 고객가치와 고객만족을 중심으로 전개되는데, 마케팅의 목표는 고객들에게 최상의 가치를 제공하고, 만족을 최대화함으로써 현재의 고객을 유지하고 미래의 고객을 창조하는 것이다.

마케팅은 거대 호텔기업만이 이용하는 것이 아니며, 기업규모에 관계없이 이용되어야만 하는 기능이다. 많은 호텔기업들이 시장지향성을 채택하고 있다고 하지만 실제로는 그렇지 않다. 즉, 많은 호텔기업들이 마케팅 담당 부서장, 제품 및 서비스 관리자, 마케팅 계획 및 마케팅 조사 등의 형태를 갖추어 활동을 하고 있지만, 이러한 현상들이 '시장지향적'이라는 것을 의미하지 않는다. '시장지향적'은 변화하는 고객욕구에 경영자와 기업이 어떻게 적절하게 대응하느냐에 따라 적용된다.

1. 가치, 만족 및 품질

고객들은 그들의 욕구를 충족시키기 위해 여러 가지 제품과 서비스를 구매하며, 이러한 과정에서 이것들에 대해 그들이 지각하는 가치가 가장 중요한 역할을 한다.

고객가치(customer value)란 고객이 해당 제품을 소유하고 사용하여 획득한 가치와 그 제품을 획득하는 데 소요되는 비용 간의 차이이다.

그러나 고객들은 자주 정확하게 또는 객관적으로 그 제품의 가치와 비용을 판단하지 않고 지각적 가치에 따라 행동하는 경향이 있다.

　고객만족(customer satisfaction)은 구매고객이 제품과 서비스에 대해 구매 전 혹은 구매 중 단계에서 가지고 있는 기대가 구매 중 혹은 구매 후 단계에서 가지는 성능 지각과의 차이에 좌우된다. 즉, 성능 지각이 기대에 일치한다면 구매고객은 만족하고, 성능 지각이 기대를 초과한다면 기뻐하며, 성능 지각이 기대에 미치지 못한다면 불만족하게 된다. 만족한 혹은 기뻐하는 고객은 해당 제품과 서비스에 대하여 반복구매를 하고 다른 사람에게 그것을 좋게 이야기한다. 여기서 호텔 식음료부문이 기억해야 할 중요한 사항은 최소한 고객의 기대와 고객들이 지각하는 호텔 식음료부문의 성과를 일치시켜야 결과적으로 최소한의 고객만족이 발생한다는 것이다.

　고객만족은 품질과 관련이 되는데, 따라서 상당수 기업들은 전사적 품질관리(Total Quality Management; TQM)) 프로그램을 시행하고 있다. 품질은 제품 혹은 서비스 성능에 영향을 미친다.

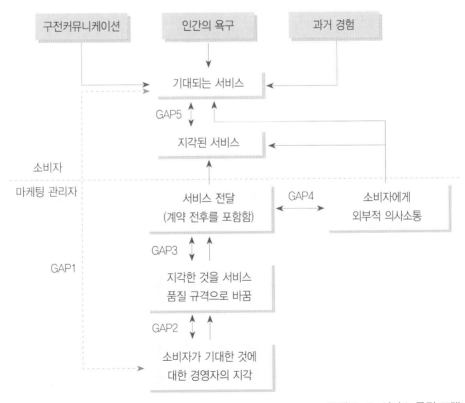

그림 8-2　서비스 품질 모델

품질은 '결함이 없음'으로 협의적인 정의를 할 수 있으나 대부분의 시장지향적 기업들은 이것 이상인, 미국품질관리학회(American Society for Quality Control)가 설명한 대로 '고객의 욕구를 충족시킬 수 있는 능력을 가지고 있는 제품이나 서비스의 특성과 특성의 총합'이라고 정의한다. 이러한 정의는 시장지향적 특성을 가지고 있는데, 제품이나 서비스가 고객의 기대를 충족하거나 초과하는 경우에만 기업이 전사적 품질을 성취하였다는 것을 제시한다. 즉, 전사적 품질운동의 기본적인 목표는 전사적 고객만족이 되며, 품질은 고객의 욕구에서 시작되고, 고객만족에서 끝이 난다.

Parasuraman, Zeithaml, & Berry는 서비스 품질 모형을 제시하였는데, 그 모형은 기대하고 있는 서비스 질을 제공하는 서비스 제공자에게 필요한 요구조건을 밝히고 있다.[2]

[그림 8 – 2]에 제시된 그 모형은 바람직하지 않은 서비스를 제공하게 하는 다섯 가지 격차를 확인한 것인데, 다음과 같다.

① 소비자의 기대와 경영자의 지각 간의 격차

경영자는 항시 고객들이 원하는 것을 정확하게 지각하지 않는다. 예컨대, 호텔경영자들은 고객이 좋은 음식에 최고의 관심을 가지고 있다고 생각하지만, 실상 고객은 객실 상태에 더욱 많은 관심을 가지고 있다.

② 경영자의 지각과 서비스 질의 특성 간의 격차

경영자들은 고객의 욕구를 정확하게 인식하고 있다고 하지만, 분명한 성과표준을 설정하지 않고 있다. 예컨대, 호텔경영자들은 직원들에게 신속한 서비스를 제공하라고 지시하지만, 계량적으로 그 기준을 명백히 규정하지 않고 있다.

③ 서비스 품질의 특성과 서비스 제공 간의 격차

서비스 요원들이 훈련을 제대로 받지 않았거나, 업무가 너무 과다할 수도 있으며, 또한 서비스 표준을 이행할 의사가 없을 수도 있다. 또는 그들은 고객의 말을 경청하고 또한 신속하게 고객들을 서브하는 데 시간을 써야 하는 것과 같은 모순되는 표준에 얽매일 수도 있다.

---

2) Parasuraman, A., A. Zeithaml, V. A., & Bery, L. L.(1985). A Conceptual Model of Service Quality and Its Implications for Future Research, *Journal of Marketing*, Fall.

④ 서비스 제공과 외적 커뮤니케이션 간의 격차

소비자의 기대는 기업의 판매원과 광고를 통해 정한 약속에 의해 영향을 받는다. 만약 어떤 병원의 소책자에 호화스러운 병실이 소개되고 실상 환자가 도착하여 그 병실이 싸구려 같고 볼품없이 보일 수도 있는데, 그런 잘못된 외적 커뮤니케이션은 고객의 기대를 왜곡시키게 된다.

⑤ 지각된 서비스와 기대했던 서비스 간의 격차

이러한 격차는 상이한 방법으로 그 기업의 성과를 측정하고 또한 그 결과, 서비스의 질을 잘못 인식하는 경우에 생겨난다. 의사는 환자를 돌본다는 것을 보여주기 위해 환자를 계속 방문할 수도 있지만, 그 환자는 이런 행동을 어떤 것이 실제로 잘못된 것이라는 표식으로 해석할 수도 있다.

다음은 각각의 서비스 갭에 대한 시정조치를 약술하고 있다.[3]

1) Gap 1 : 고객의 기대와 경영자의 인식의 차이

Gap 1은 경영자가 소비자의 품질기대를 부정확하게 인식한데서 비롯된다. 즉, 서비스 기업의 경영자들은 서비스의 어떤 특성들이 소비자들에게 높은 품질로 인식되는지, 서비스가 고객의 욕구를 만족시키기 위해서는 어떤 특성을 지녀야 하는지, 그러한 서비스의 특성들을 어느 수준까지 수행해야 고객들이 서비스의 품질이 좋다고 느끼는지 잘 알지 못한다.

서비스를 객관적으로 평가하기 위한 유형적인 단서가 별로 없기 때문에 고객이 서비스에 대해 기대하는 것과 경영자가 소비자들이 기대할 것이라고 여기는 것과의 차이는 유형적 제품의 경우보다 클 것이다. 이러한 Gap 1의 크기와 방향은 마케팅 조사, 상향적 커뮤니케이션, 관리계층에 따라 달라진다.

① 마케팅 조사(Marketing Research Orientation)

일반적으로 서비스 기업은 생산기능이 중요하다고 생각되므로, 제품을 생산하는 기업보다 마케팅 조사나 고객지향적인 측면에서 뒤져 있다. 이러한 생산지향성 때문에 고객에 대한 관심이 부족하게 되고 고객이 원하는 바를 이해하려는 노력이 부

---

3) 최철호(2006). 관광호텔 내부서비스 품질이 내부고객 만족과 조직성과에 미치는 영향, 강원대학교 박사학위 청구논문.

족하다. 고객욕구에 대한 조사를 위해 적극적 노력을 하는 예로 고객을 모니터링이나 기업의 경영자로 초청하는 것을 들 수 있다.

② 상향적 커뮤니케이션(Upward Communication)

최고경영자보다는 고객과 접촉하는 직원이 소비자들이 어떤 서비스 품질을 원하는가를 더 잘 파악할 수 있다. 따라서 경영자가 소비자를 더 잘 이해하기 위해서는 고객과 접촉하는 직원과의 커뮤니케이션이 필요하다.

커뮤니케이션에는 하위직원으로부터 최고경영자에게 전달되는 상향적 커뮤니케이션(upward communication)과 최고경영자로부터 하위직원에게 내려가는 하향적 커뮤니케이션(downward communication)이 있는데 Gap 1을 줄이기 위해서는 상향적 커뮤니케이션이 활성화되어야 한다. 즉, 고객과 직접 접촉을 하여 소비자들이 원하는 바를 잘 알고 있는 직원이 최고경영자에게 조직의 활동과 성과에 의한 서비스 품질을 보고할 때 Gap 1의 크기는 줄어든다.

또한 커뮤니케이션의 질과 유효성이 중요하다. 예를 들어 서면을 통한 커뮤니케이션(written communication)보다는 대면 커뮤니케이션(face-to-face communication)이 더 효과적이다. 특히 메시지가 어렵거나 모호할 때, 또는 커뮤니케이션을 하는 당사자들의 배경이나 의견이 다를 때, 대면 커뮤니케이션이 더 효율적이다.

③ 관리의 계층(Levels of Management)

최고경영자와 고객과 접촉하는 직원과의 사이에 수많은 관리계층(level of manage-ment)이 존재할 때 Gap 1은 더욱 커질 것이다. 이것은 한 사람의 말을 여러 사람이 전달하여 제일 마지막에 있는 사람에게 올바르게 전달되는가를 보는 '이야기 전달 게임'을 해본 사람이면 누구나 쉽게 이해할 것이다. 이와 같이 관리의 계층은 의소소통에 장벽이 되기 때문에 메시지의 전달과 이해를 방해하고 Gap 1의 크기를 증대시킨다. 따라서 관리계층을 줄이는 것은 Gap 1을 줄이기 위한 중요한 전략이 될 것이다.

2) Gap 2 : 경영자의 인식과 서비스 품질 명세서의 차이

Gap 2는 서비스 품질명세서가 경영자의 품질 기대 인식과 일치하지 않을 때 발생한다. 서비스 기업의 경영자들이 고객의 기대를 충족시키는 것은 결코 쉬운 일이 아니다. 왜냐하면 소비자들의 기대를 잘 알고 있다 해도 이러한 기대를 충족시키는 수단을 발견하기가 어렵기 때문이다.

단기이익지향성, 시장상황, 경영자의 무관심과 같은 수많은 요인 때문에 소비자 기대에 대한 경영자의 인식과 실제 서비스 품질명세서 사이에 차이가 발생한다. 이러한 차이의 정도에 따라 서비스 품질에 대한 소비자들의 평가가 달라진다. 이러한 Gap 2는 서비스 품질에 대한 경영자의 헌신, 목표설정 유무, 업무의 표준화, 가능성의 인식에 따라 달라진다.

① 서비스 품질에 대한 경영자의 헌신(Management Commitment to Service Quality)

흔히 높은 서비스 품질을 달성하려는 경영자의 헌신이 없기 때문에 Gap 2가 발생한다. 비용절감이나 단기이익 같은 것은 쉽게 측정될 수 있고 추적가능한 결과이므로 서비스 품질보다 강조되기가 쉽다. 따라서 고객에 대한 서비스는 경영자들이 소홀히 다루기 쉽기 때문에 이러한 Gap을 줄이기 위해서는 품질에 대한 헌신을 경영자의 최우선 순위로 놓도록 해야 할 것이다.

② 목표설정(Goal-Setting)

명확한 목표가 설정되지 않은 경우에도 Gap 2가 발생한다. 목표설정(goal setting)을 함으로써 개인이나 조직은 더 좋은 성과를 달성할 수 있다. 또한 목표설정을 잘 할 때 조직을 잘 통제할 수 있다. 서비스의 목표는 보통 인적 성과 또는 기계적 성과로 설정되고 측정된다.

목표설정이 효과가 있기 위해서는 명확하고, 받아들일 수 있으며, 중요한 직무를 나타내고, 적절한 피드백이 가능하며, 측정가능하고, 도전적이면서 현실적이고 개인의 특성과 맞아야 한다. 이와 같이 서비스 품질에 대한 목표설정이 잘 이루어질 때 Gap 2는 줄어들게 된다.

③ 업무표준화(Task Standardization)

경영자의 인식이 서비스 품질명세서로 잘 변환되기 위해서는 업무의 표준화(task standardization)가 필요하다. 조직의 기술이 종사자 행동을 표준화/규칙화할 수 있다. 업무표준화가 잘 되어 있을 때 규칙과 표준이 만들어질 수 있고 효과적으로 실행될 수 있다. 만약 서비스가 소비자 개개인에 따라 달라진다면 업무의 표준화를 이루기가 어렵다. 그러나 이와 같이 개개인에 따라 다른 서비스를 제공하는 경우에도 서비스 영역의 일부 측면은 표준화할 수 있다. 따라서 업무의 표준화가 증대될 때 Gap 2는 감소할 것이다.

④ **가능성의 인식(Perception of Feasibility)**

경영자가 고객의 기대충족이 가능하다고 인식할수록 Gap 2의 크기는 줄어든다.

3) Gap 3 : 서비스 품질명세서와 실제 제공 서비스의 차이

실제로 서비스업체가 제공하는 서비스와 서비스 품질명세서의 차이는 '서비스 성과의 차이(service performance gap)'로 불린다. 이는 경영자가 기대하는 서비스 수준을 서비스 산출자, 즉 직원들이 실행하지 못하는 정도를 나타내며 서비스 품질의 평가에 큰 영향을 미치지만 관리하기가 어렵고 표준화되기도 어렵다. Gap 3의 크기를 설명하는 중요한 개념들은 팀워크, 종사자-직무 적합성, 기술-직무 적합성, 지각된 통제, 감독통제시스템, 역할갈등, 역할모호성이다.

① **팀워크(teamwork)**

조직목표를 달성하기 위해서는 협력(teamwork)이 중요하다. 성과가 높은 집단을 보면, 구성원들이 집단의식을 가지고, 의사결정에 참여하며, 성과를 공유하고 이들을 통하여 목표를 달성한다. 따라서 고객에게 높은 품질의 서비스를 제공하려는 기업은 조직구성원 간의 협력이 필요하다. 조직구성원 간의 협력이 강할 때 Gap 3은 줄어들게 된다.

② **종사자-직무 적합성(Employee-Job Fit)**

서비스 품질의 문제는 고객과 접촉하는 종사자와 그들의 지위가 맞지 않기 때문에 발생하기도 한다. 고객과 접촉하는 업무는 서비스 기업 조직에서 낮은 수준에 위치하고 있다(⑩ 전화교환수, 자동차 수리 기술자 등). 그러므로 이를 담당하는 종사자들의 교육수준이나 봉급수준이 그 기업 내에서 가장 낮은 경향이 있다. 결과적으로 이들은 언어능력, 고객을 대하는 기술, 서비스 기술이 부족하기 쉽다. 많은 서비스 기업에서는 종사자의 이직이 발생했을 때 즉각적으로 새로운 종사자를 뽑는데, 이와 같이 급하게 결원을 보충할 경우 배경이나 기술이 부족한 사람이 뽑히기 쉽다. 경영자들 역시 종사자 선발과정에 자원을 충분히 투입하지도 않고, 세심한 주의를 기울이지도 않는다.

③ **기술-직무 적합성(Technology-Job Fit)**

높은 서비스 품질을 제공하기 위해서는 종사자가 직무수행을 위해 사용하는 도구나 기술이 직무에 적합해야 한다. 좋은 직무나 기술을 사용할 때 종사자는 서비스 성과를 높일 수 있으며 높은 서비스 품질을 제공할 수 있게 된다. 그러나 장비와 기술이 부족하게 될 때 종사자는 높은 수준의 서비스를 제공할 수 없게 된다.

④ **지각된 통제(Perceived Control)**

사람들은 주위에서 여러 가지의 스트레스를 받아가며 살아가고 있다. 여기서 통제의 정도라 함은 이와 같이 스트레스를 주는 상황을 사람들이 얼마나 통제할 수 있는가를 가리키는 말이다. 서비스 기업의 종사자들이 직무에서 겪는 문제들에 유연하게 대처할 수 있다고 생각할 때 통제력은 증가한다. 이와 같이 통제력이 증가하면 성과도 증대되고 높은 수준의 서비스를 제공할 수 있게 된다.

⑤ **감독통제시스템(Supervisory Control Systems)**

고객과 접촉하는 종사자의 성과는 그들의 성과/산출(output)에 의해 측정될 수 있다. 이런 경우 개인의 성과는 결과/산출에 기초한 통제시스템(output control system)에 의해 기록되고 통제된다. 이것은 종사자의 결과/산출을 기록하는 문서기록에 기초를 둔다.

그러나 대부분의 서비스 기업에서는 결과/산출에 기초한 통제시스템이 서비스 품질에 대한 종사자의 성과측정에는 부적절하고 충분치 못하다. 이러한 상황, 즉 서비스 품질에 대한 종사자의 성과를 측정하기 위해서는 행위에 기초한 통제시스템(behavioral control system)이 보다 유용하다. 산출의 측정, 즉 결과의 측정보다는 주로 종사자의 행동을 관찰/기록하는 것으로, 이러한 형태의 행동측정은 종사자로 하여금 고객이 바라는 서비스 품질을 제공하도록 한다.

⑥ **역할갈등(Role Conflict)**

고객과 접촉하는 종사자는 기업과 고객을 연결하며 양자의 요구를 만족시켜야 한다. 따라서 고객과 접촉하는 종사자가 그들이 담당하는 직무에서 역할갈등을 느낄 때 서비스 조직은 이러한 역할갈등을 감소시켜야만 Gap 3을 감소시킬 수 있다.

⑦ **역할모호성(Role Ambiguity)**

역할모호성은 개인이 역할과 관련된 충분한 정보를 가지고 있지 못할 때 발생한다. 즉, 성과에 대한 기대를 분명히 모르거나, 기대를 충족시킬 방안을 모르거나, 직무행위의 결과를 모를 때 발생한다. 역할모호성은 역할에 대한 정의와 과업에 대한 명세가 명료하지 못한 관리직에 보편적인 현상이나, 하위직에서도 상급자가 정확한 직무지침을 하달해 주지 못할 때는 발생할 수 있다. 역할모호성도 역할갈등과

마찬가지로 개인이 이를 경험할 때 스트레스를 유발할 뿐만 아니라 나아가 이직률 상승, 직무만족 감소, 인적 자원의 불충분한 사용 등과 같은 부작용을 낳는다.

종사자들은 그들의 업무를 정확히 수행하는 데 필요한 정보를 가지고 있지 않을 때 역할모호성을 경험한다. 이는 종사자의 성과가 어떻게 평가/보상되는지 모르고, 경영자의 기대가 분명하지 않기 때문에 발생한다. 따라서 하향적 의사소통, 교육훈련 등을 통하여 역할명료성을 확립하면 Gap 3은 감소할 것이다.

4) Gap 4 : 실제 서비스 제공과 외부 커뮤니케이션의 차이

광고를 비롯한 외부 커뮤니케이션은 소비자의 기대에 영향을 준다. 즉, 서비스 기업의 소비자에 대한 커뮤니케이션이 소비자가 서비스 품질을 인식하는 데 중요한 역할을 한다. 따라서 서비스 기업은 소비자들에게 실제로 제공하는 것보다 더 많은 것을 약속해서는 안 된다. 이는 소비자들의 사전 기대수준을 상승시켜서, 약속이 이행되지 않을 경우 서비스 품질에 대한 소비자들의 인식을 낮추기 때문이다.

이와 같은 실제 제공되는 서비스와 외부 커뮤니케이션의 불일치는 과대약속뿐 아니라 서비스 기업의 제공 서비스에 대하여 소비자가 정보를 갖지 못할 때도 발생하며, 이것은 소비자가 서비스 품질을 인식하는 데 영향을 미친다. 조직 내에서 Gap 4의 크기에 영향을 미치는 것으로는 수평적 커뮤니케이션과 과대약속 등을 들 수 있다.

① 수평적 커뮤니케이션(Horizontal Communication)

수평적 커뮤니케이션은 조직에서 위계수준이 같은 구성원이나 부서 간의 의사소통을 의미하는 것으로 상호작용적 커뮤니케이션(interactive communication)이라고도 한다. 여기에는 2가지 형태가 있는데, 그 하나는 조직의 하위단위 내에서(within subunit)의 수평적 커뮤니케이션으로서 구성원 간, 특히 같은 계층의 동료들과의 상호작용을 의미하며, 또 하나의 수평적 커뮤니케이션은 조직의 하부단위 간(between subunit)의 커뮤니케이션이다.

수평적 커뮤니케이션의 한 예로 광고부서와 고객접촉 종사자 간의 정보교환을 들 수 있다. 이것이 제대로 이루어질 때, 소비자들은 광고를 통하여 고객접촉 종사자들이 제공할 수 있는 것을 기대할 수 있게 된다. 광고를 하지 않는 경우라도 서비스 제공자와 판매원 사이의 커뮤니케이션이 필요하다. 일반적으로 양자 간에 상충이 생기면 소비자의 기대는 충족될 수 없으므로 결과적으로 Gap 4의 크기는 증대될 것이다.

② 과대약속하는 경향(Propensity to Overpromise)

서비스 부문에서는 경쟁의 심화로 인하여 경쟁에서 이기고, 또 새로운 고객을 확보하기 위하여 과대약속을 하는 경향이 있다. 이러한 경향은 Gap 4의 크기에 직접적인 관련을 갖는다. Gap 4를 줄이기 위해서는 과대약속을 하지 않도록 해야 한다.

5) Gap 5 : 서비스 기대와 서비스 인식의 차이

소비자가 인식한 서비스 품질은 기대된 서비스와 인식된 서비스의 차이, 즉 Gap 5의 크기와 방향에 의존하며, 이것은 다시 기업경영자의 측면에서 서비스 제공과 관련된 위의 4가지 갭의 크기와 방향에 의해 결정된다. 즉, Gap 5의 방향과 크기는 Gap 1~Gap 4의 함수로 표현할 수 있다.

$$Gap\ 5 = f(Gap\ 1,\ Gap\ 2,\ Gap\ 3,\ Gap\ 4)$$

이러한 과정을 통하여 지각된 서비스 품질(Perceived Service Quality)은 이상적 품질(ideal quality)로부터 수용할 수 없는 품질(unacceptable quality)까지 다양하다.

2. DINESERV

현대는 가처분 소득의 증가, 교통과 통신의 급속한 발전 등으로 인해, 소비자의 외식에 대한 욕구가 증가하고 다양화되고 있다. 최근 이러한 소비자의 욕구를 충족시켜줄 수 있는 레스토랑의 수가 많아지고 경쟁이 날로 치열해지고 있다. 이러한 경쟁에서 살아남기 위해서 레스토랑 경영주는 고객에게 제공하는 서비스 품질을 향상시키고 고객만족, 결국 재방문으로 이어질 수 있는 다양한 전략을 구사하여야 한다. 앞서 제시된 것처럼 서비스 품질을 측정하기 위해 사용된 SERVQUAL은 Parasuraman 등(1988)에 의해 처음 도입되었고, 많은 서비스 산업에서 서비스 품질을 측정하기 위해 사용되어 왔다. 그런데 이 척도가 지닌 5가지 차원은 과정적인 측면과 결과적인 측면을 모두 평가하였기 때문에 하위 구성 차원이 중복되고 불명확하여 실무적인 시사점을 제공하기 어렵다는 비판을 받았다.[4]

DINESERV는 Parasuraman 등(1988)의 SERVQUAL을 바탕으로 Stevens & Knutson(1995)[5]이 최초로 개발한 척도로 29개 문항으로 구성되어 있다. 이 29개 문

---

4) Fisk, R. P., Brown, S. W. & Bitner, M. J.(1993). Tracking the evolution of the service marketing literature. *Journal of Retailing*, 69(1), pp. 60~103.

5) Stevens, P., & Knuston, B.(1995). DINESERV : A tool for measuring service quality in restaurant, *Cornell Hotel and Restaurant Administration Quarterly*, 36(2), pp. 56~60.

항은 확신성, 공감성, 신뢰성, 반응성, 가시성 등의 5개의 범주로 나누어진다. 이를 통해 레스토랑 경영주는 고객이 레스토랑 품질을 어떻게 인식하고 있는지, 문제가 무엇인지, 그리고 그런 문제를 어떻게 해결할 수 있는지 등에 대해 알 수 있다. 또한 고객의 기대는 부정적인 구전효과(negative word-of-mouth)를 최소화시킬 수 있는데, 이 척도는 이러한 고객이 레스토랑에 대해 거는 기대를 계량화시킬 수 있다는 특징을 지니고 있다. 레스토랑 이용고객을 대상으로 DINESERV를 사용한 연구들이 최근 많이 이루어지고 있다. Vincent, Wong, & Qu(2000)[6]는 DINESERV가 레스토랑의 서비스 품질을 비교하고 관리하는 데 있어서 일관된 결과를 도출해 주는 객관적인 도구라고 주장하였다. Kim, Ng, & Kim(2009)[7]의 연구에서도 DINESERV를 통해 레스토랑 관리자로 하여금 특정 레스토랑에 대해 고객이 기대하고 인지하는 서비스 품질을 도출해낼 수 있다고 하였다. 그 외의 연구(Vanniaraian, 2009[8]; 정효선 · 송민경 · 이선령 · 윤혜현, 2009)[9]에서도 유사한 결과가 도출되었다.

3. 식음료부문과 고객

고객은 무엇인가? 직접 구입하든지, 우편으로 구입하든지 간에 고객은 우리 기업에 대해서 가장 중요한 존재이다. 고객이 우리에게 의존하는 것이 아니라, 우리가 고객에게 의존한다. 고객은 우리 일을 방해하는 훼방꾼이 아니라, 고객은 우리의 목표인 것이다. 우리가 고객에게 봉사함으로써 그에게 은혜를 베푸는 것이 아니라, 고객은 우리에게 봉사할 수 있는 기회를 제공해 줌으로써 우리에게 은혜를 베푸는 것이다. 고객은 논쟁을 해야 할 상대도 아니며, 또한 얄팍하게 보아야 할 상대도 아니다. 즉, 어느 누구도 고객과의 논쟁에서 이길 수는 없다. 고객은 그가 바라는 것, 즉 욕구를 우리에게 전해 주는 사람으로서 그에게, 그리고 우리 자신에게 이익이

6) Vincent, C. S., Wong, M. Y., & Qu, Y.(2000). Airport-restaurant service quality in Hong Kong, *Cornell Hotel and Restaurant Adminstration Quarterly*, June, pp. 86~95.

7) Kim, W. G., Ng, C. Y. N. & Kim, Y. S.(2009). Influence of institutional DINESERV on customer satisfaction, return intention and word-of mouth, *International Journal of Hospitality Management*, 28(1), pp. 10~17.

8) Vanniaraian, T.(2009). DINESERV: A tool for measuring service quality in restaurants, *Journal of Marketing & Communication*, 4(3), pp. 41~52.

9) 정효선 · 송민경 · 이선령 · 윤혜현(2009). SERVQUAL과 DINESERV로 측정한 국내 프랜차이즈형 한식당의 서비스 품질에 관한 비교 연구, *Journal of Foodservice Management Society of Korea*, 23(4), pp. 257~277.

되도록 그들을 취급하는 것이 우리의 직무이다.[10]

　고객에 대한 정의는 협의적으로 해석하면 자기 기업의 상품을 구매하는 소비자이다. 앞에서 언급된 고객은 바로 그러한 소비자를 말한다. 그러나 최근 식음료 서비스를 제공하는 호텔산업을 포함하는 서비스산업에서는 고객을 확대해석하여 종사자를 내부고객으로 지칭하고 있다.

　나인마이어(Jack D. Ninemeier)가 설명하고 있는 '식음료부문과 대중'을 중심으로 고객을 설명하고자 한다. [그림 8 - 3]은 식음료 산업과 대중을 나타내고 있다.

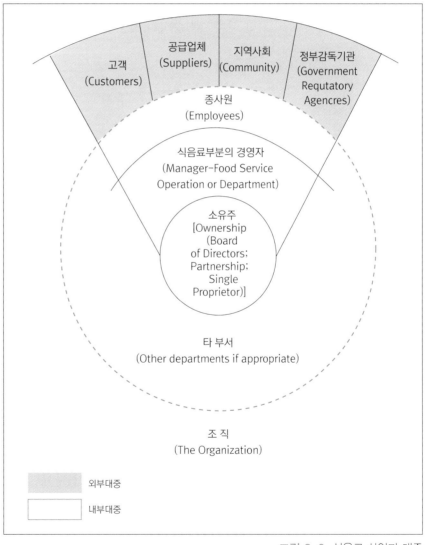

그림 8-3 식음료 산업과 대중

10) L.L. Bean 社의 포스터, 윤훈현(1996). 『현대 마케팅』, 석정.

1) 고 객

호텔에서 식음료부문이 존재하는 가장 큰 이유는 고객에 대해서 식음료 서비스를 제공하는 데 있다. 보다 훌륭한 식음료와 서비스를 생산해서 제공함으로써 고객의 만족을 극대화시켜주고, 이를 통해서 그들의 생활의 질(quality of life)을 높여 줄 수 있을 때 기업이 갖는 소비자집단에 대한 책임은 보다 잘 이행되는 것이다. 판매 없는 사업은 존속할 수가 없고 고객 없는 기업은 생각할 수 없기 때문에, 현대 식음료부문 경영자는 기술혁신을 중심으로 한 저렴한 양질의 식음료 및 서비스 생산과 이의 제공 그리고 보다 유효한 마케팅기능을 수행함으로써 고객에게 식음료 및 서비스를 충실히 제공하여야 한다. 소비자인 고객은 제1차 고객으로 다르게 지칭된다.

2) 종사자

호텔기업이 보유하는 최대의 자산은 곧 인적 자산(human assets)이다. 훌륭한 경영인적 자원을 확보하고 또 이들에게 적절한 리더십을 통해서 동기부여를 해줄 때, 이들의 기업에 대한 협동적 노력은 커지게 된다.

이들 종사자들에게 경영참가제도나 복지향상제도를 도입·활용함으로써 기업과의 일체감을 형성시키고 이를 통해서 그들의 인간적 만족을 실현시켜 줄 때 그의 생산성은 자동적으로 높아질 수 있을 것이다. 이들 종사자들에게 사회적·심리적·경제적 만족감을 형성시켜 준다는 것은 경영사회의 안정화를 위해서도 꼭 필요하다.

특히 호텔산업은 고객만족이 고객접점 종사자에 의하여 결정되기 때문에 일부 경영자는 종사자를 고객보다 더 중요하게 여기는 경향이 있다. Marriot Hotel의 회장인 Bill Marriott Jr.는 당 호텔을 둘러싸고 3개 집단, 즉 고객, 종사자, 주주 중에서 종사자를 제일 중요시 여기고, 그 다음 고객, 마지막으로 주주집단을 들었다. 그의 논리는 다음과 같다.

"첫째로 종사자가 만족해야 한다. 만약 종사자가 그들의 직무를 좋아하고 소속 호텔에 대해 긍지를 갖고 있다면, 그들은 고객들을 잘 서브할 것이다. 만족한 고객들은 자주 Marriot 호텔을 다시 방문할 것이다. 더욱 행복한 고객을 서브함으로써 종사자들은 더욱 더 만족하게 되고, 결과적으로 서비스는 더 좋아지고, 계속 사업은 번창하게 되며, 이 모든 것으로 높은 수준의 이윤은 산출되고, 결국 Marriot의 주주를 만족시키게 된다.”[11]

이러한 종사자를 제2의 고객이라고도 한다.

3) 공급업체

공급업체는 호텔기업이 관계하는 가장 중요한 집단의 하나가 아닐 수 없다. 채권자에게 채무를 불이행한다든지 계약을 준수하지 않는 행위, 식음자재 공급자에게 대금지급을 실행하지 않는 불법행위를 자행할 때 기업이 갖는 법률적·윤리적 책임은 땅에 떨어지게 되고, 또 이어서 신용을 상실하게 되어 당해 기업이 설 수 있는 땅을 잃게 된다.

4) 지역사회

오늘날 식음료부문 경영자의 사회적 책임의 또 하나의 두드러진 현상은 지역사회에 대한 책임이다. 종사자의 고용이나 복지의 향상을 통해 지역사회의 발전에 기여함은 물론이고 산업 입지상 지역사회에 미치는 여러 가지의 산업공해, 예컨대 소음이나 대기오염, 농작물 피해, 하천오염, 지반침하 등과 같은 피해가 생길 경우, 이에 대한 보상과 더불어 이를 방지하기 위하여 적극적인 노력을 하지 않으면 안된다.

오늘날 기업이 대규모화하여 감에 따라 그러한 대규모 기업이 배출하는 오염물질의 양이 자연의 정화능력을 초월해서 차츰 인간의 생활환경을 오염시키고 있으며, 이와 같은 현상은 점점 인간의 생존을 위협하기 시작함으로써 환경문제가 새로운 사회적 책임의 하나로 등장하게 된 것이다. 이러한 환경대책은 인도주의적인 입장에서도 강구되어야 함은 물론이다.

기업의 지역사회에 대한 책임은 지역경제의 공동개발에 보다 적극적으로 참여함으로써 지역주민의 고용을 증대시키고 소득수준을 향상시키며, 기업에서 얻게 된 성과를 지역에 재투자함으로써 지역의 발전을 도모해야 한다. 뿐만 아니라 지역의 문화시설에 대한 보다 적극적인 투자를 통해서 그것이 소속하고 있는 지역사회의 문화적 수준을 향상시킬 수 있어야 한다.

---

11) 윤훈현(1996). 『현대마케팅』, 석정.

5) 정부감독기관

현대경영은 국가의 제 법규나 규제의 영역에서 벗어나지 않는 경영활동을 전개
하여야 한다. 정부를 의식한다는 것은 곧 국민을 의식한다는 것이며 이것은 기업활
동의 대전제이기도 하다.

거래관계와 연계된 일체의 법규, 즉 기업법을 보다 잘 준수하고 정부가 행하는
일에 보다 적극적으로 협력할 수 있을 때 기업의 국민적 도리도 다하는 셈이 된다.

04 문화적 차이와 고객만족

1. 만족도에 관한 문화적 차이

하스피탈리티 산업의 서비스 제공자가 고객들에게 서비스를 제공할 때 문화적
오해가 자주 발생할 수 있다. 종종 고객들은 그들의 문화적 편견 때문에 서비스에
실망하기도 한다. 예를 들어, 미국을 여행하는 유럽 여행객은 물 한 잔이 얼음으로
완전히 채워지는 것을 원하지 않으며, 한 미국 여행자는 유럽 여행을 할 때 자신의
음료 잔에 얼음 두 개만 들어 있으면 좌절할 것이다.

문화적 오해는 서비스 직원들에게도 영향을 미칠 수 있다. 미국 웨이터들은 팁을
주지 않는 유럽 관광객들에게 부정적인 태도를 보일지도 모른다. 유럽에서는 팁을
주는 것이 아니고 15-20%의 팁이 지불금액에 포함된다. 유럽 여행객들은 유럽의
팁 관행을 설명할 필요가 있다. "팁 주는 것을 잊는 것"은 미국에 여행하는 유럽 관
광객들에 관해 나쁜 인상을 제공할 수 있고 사회적인 관계에 부정적인 영향을 미칠
수 있다. 마찬가지로, 유럽 고객들에게 팁을 요구하는 것은 미국의 서비스 제공자
들에 관해 나쁜 인상을 제공할 수도 있다.

관광객, 현지인, 및 산업 전문가들 간의 문화적 차이를 인식한다면 문화적 실수
를 피할 수 있다. 고객과 직원 간의 사회적 접촉의 품질은 고객의 서비스 품질에 대
한 인식과 제품에 대한 궁극적인 만족도에 영향을 미치기 때문에, 관광 담당자는
서비스 제공자와 고객 간의 개별적인 관계에 관한 문화적 차이를 관리하는 데 더
많은 관심을 기울여야 할 것이다. 문화적인 차이를 인식하고 이를 직시하고 관리하

는 방법을 배우는 것은 미래 관광 시장에서의 성공의 열쇠의 하나가 될 것이다.

2. 서비스에 대한 기대와 문화적 차이

관광객과 주최자의 국가 문화는 서비스의 기대와 고객에 대해 무엇이 적절한 대우인 가에 대해 영향을 미친다. 유럽이나 미국에서 양질의 서비스라고 여겨지는 것은 일본이나 중국에서는 그렇게 보지 않을 수 있다. 예를 들어, 중국에서는 주최자가 고객들이 가지고 있는 기대를 무시한다. 사회자는 손님을 도처에서 호위하고, 매우 빡빡한 여행 일정을 제공하며, 고객들이 스스로 중국 생활을 체험할 수 있는 기회를 제공하지 않는다. 중국인들은 고객들의 모든 시간을 차지하는 것이 예의라고 믿는다. 그러나 유럽이나 미국에서 온 서양 관광객들은 그러한 점을 매우 불편해하고 사생활의 침해로 생각할 수 있다.

다른 한편으로, 일본인 호스트들은 고객들의 요구를 미리 예측하고 고객들의 일을 처리하며 심지어 필요 이상으로 고객들의 욕구를 충족시키려고 한다. 일본인 호스트들이 고객들의 요구가 무엇인지 가장 잘 알 것이라고 믿는다. 고객들이 필요로 하는 것이 무엇인지 가장 잘 알고 있다고 생각하는 고객에 대한 그러한 태도는 서구 관광객들에게 좌절감을 줄 수도 있다. 서양 관광객들은 또한 일본인들의 환대를 불편하게 여길지도 모른다. 반면에, 고객들의 요구를 미리 예상하지 않고 고객들에게, 모든 것을 할 수 있는 "자유로운 시간"을 주는 서양의 전통은 일본인 관광객들에 의해 부정적으로 인식되어 서구의 서비스 제공자의 환대에 대한 일본인 관광객들의 만족도에 부정적인 영향을 미칠 수도 있다. 관광객과 서비스 제공자 간의 관계에 있어서 관광객의 기대와 서비스에 대한 문화적 차이를 잘 인지하고 대응해 나간다면 관광객들의 많은 부정적인 인식을 무너뜨릴 수 있다.

3. 서비스 품질과 문화

서비스 품질 기준과 차원에 대해 소비자가 지각하는 중요성은 다양한 문화마다 차이가 있다. 예를 들어, 영국, 미국, 호주, 일본, 대만 관광객들은 호텔의 서비스 측면에서 접점이나 공감 차원에 대해 서로 다른 기대를 가지고 있는 것으로 나타났다. 아시아 관광객들은 공감 차원에 더 큰 중요성을 부여하는 반면에 서양 관광객들은 접선점과 신뢰에 더 큰 중요성을 부여했다. 지위에 민감한 사회의 구성원들은 평등주의 사회보다 서비스의 형식에 더 비중을 두는 반면, 개인주의 사회의 구성원들은 집단주의 사회보다 서비스의 개인화에 더 비중을 두고 있다.

4. 서비스 만족도와 문화

종종, 고객에 대한 서비스 제공자의 태도, 구두 기술, 고객의 욕구와 필요에 대한 지식은 기계적인 서비스 제공의 경우보다 고객에게 더 많은 만족감을 줄 수 있다. 따라서 서비스 제공자와 고객 간의 긍정적인 사회적 상호작용은 서비스에 대한 높은 만족을 유발할 수 있다. 고객 만족에 대한 서비스 품질 차원의 중요성은 다양한 문화마다 차이가 있다. 예를 들어, 미국과 일본의 서비스 차원의 중요성을 분석한 윈스테드(1999)는 서비스에 대한 일본 소비자 만족도가 서비스의 형식에 의해 영향을 받는 반면, 미국의 소비자 만족도는 서비스의 개인화에 의해 영향을 받는다는 것을 발견했다. 최씨와 추씨(2000년)는 아시아 여행객의 만족도가 주로 가치 요인에서 비롯되는 반면에 서양 여행객의 만족도는 객실 품질 요인에 의해 영향을 받는다는 사실을 발견했다.

9 Chapter 식음료부문별 특성

01 식당부문

1. 식당(Restaurant)의 유래

식당은 인간이 여러 가지 목적으로 집을 떠나 이동하면서 먹고 쉬는 장소가 필요하게 됨에 따라 발생되었다. 기록에 의하면 기원전 512년경 고대 이집트(Egypt)에 식당의 기원이라 할 수 있는 음식점이 있었다고 한다. 이곳에서는 곡물(Cereal), 들새고기(Wild Fowl), 양파(Onion) 요리 등 매우 단조로운 요리만 제공되었으며, 소년들은 부모를 동반해야 출입할 수 있었고, 소녀들은 결혼할 때까지 출입이 금지되어 있었다고 한다.

A.D 79년경 로마(Rome) 시대에는 나폴리의 「베스비오스」산 줄기의 휴양지에 "식사하는 곳"(Eaters Out)이 매우 많이 있었으며, 유명한 카라칼라(Cara Calla)라는 대중 목욕탕의 유적에서도 식당의 흔적을 찾아볼 수가 있다. 이 목욕탕은 카라칼라(Cara Calla) 황제 때 사용되었던 것으로, 한 변이 330m나 되며, 수용인원이 무려 1,600명이었다고 한다. 이 대건물 내에는 증기탕, 온수탕, 냉수탕 등 여러 가지 욕실과 체육장, 경기장, 도서실, 강연실, 학습실, 미트라교의 예배당까지 갖추어져 사교장 겸 스포츠장으로 사용되면서 음식물을 제공하는 식당이 있었다고 한다. 그리고 수도원과 사원에서도 수행자를 위하여 식사와 숙소를 제공했다고 한다.

12세기경 영국에서는 선술집(Public House)이 번창했으며, 1650년에는 영국 최초의 커피하우스(Coffee House)가 옥스퍼드에서 개업되었고 일정한 가격으로 점심이나 저녁식사를 제공하는 '오디너리(Ordinary)'란 간이식당도 있었다.

프랑스에서는 1765년 몽 블랑거(Mon. Boulanger)라는 사람이 "블랑거는 신비의 스테미너 요리를 판매 중(Boulanger Sells Magical Restoratives)"이라는 선전간판을 내걸고, 양의 다리와 흰 소스(White Sauce)를 끓여 만든 "레스토랑(Restaurants)"이란 이름의 수프를 판매했었다. 이 수프는 루이 15세를 비롯하여 대중들에게 인기가 대단하였는데, 이 수프의 이름이 전래되어 오늘날의 식당, 즉 "Restaurant"이란 말이 되었다는 설도 있다.

중국에서도 6세기경 「식경(食經)」이라는 전문서적이 발간되어 식당 발전의 효시가 되었고, 7세기에서 13세기에 걸친 당송시대에는 중국요리가 매우 발달되어 당시선 등의 문중에서 이백, 두보, 백낙천 등의 시인이 술과 먹는 것에 대하여 읊은 시구를 발견할 수 있다. 이들의 시중에서 기솔, 주가, 주적 등의 음식물을 제공하는 장소가 소개되는 말을 읽을 수가 있다. 청나라에서는 「회관(會館)」이란 근대적 식당이 출현하여 장원, 진사라는 간판을 내걸고 영업을 하였다.

우리나라의 경우 「삼국사기(三國史記)」에 의하면 490년에 신라의 수도 경주에 처음으로 시장이 설치되었고, 50년에는 동시(東市), 695년에는 서시(西市), 남시(南

市) 등의 상설시장이 개설되었는데, 시장 안에는 객지에서 온 상인 또는 장꾼을 위해 음식을 판매하는 장소가 생겼었다. 고려시대 983년에는 개성에 성례, 약빈, 연령, 희빈 등의 이름을 가진 식당을 개설하게 했다는 기록을 「고려사(高麗史)」에서 찾아볼 수 있다. 또한 1103년에는 지방의 각 고을에도 술과 음식을 팔고 숙박도 겸하게 하는 상설식당을 개설하게 했으니 이것이 후일의 물상객주, 보행객주 등의 시초가 되었으며, 전주에서 생겨난 주막과 목로 집은 오늘날의 식당에 숙박을 겸하는 형태인 것이다. 조선왕조 1398년(태조 7년) 태조는 숭교방(지금의 명륜동)에 국립대학인 성균관을 두었는데, 이 안에는 공자를 모신 사당 문묘(文廟)와 유생들이 강의를 듣던 명륜당(明倫堂)이 있었고, 명륜당 앞 좌우에는 재(齋)가 있었다. 이 동서의 두 재에는 모두 28개의 방이 있어 2백명 가까운 유생들이 거처했고 이곳에 선비들이 식사를 하는 식당이 있었다. 이때부터 처음으로 「식당(食堂)」이라는 말이 기록되었으며, 음식을 날라다 주는 사람을 일컫는 '식당지기'라는 말도 생겨나게 되었다.

그후 1900년에는 독일인 손탁(Sontag)이 건립한 손탁호텔(Sontag Hotel)에 프랑스식 레스토랑이 처음으로 생겨 우리나라 최초의 서양식 식당이 되었으며 1925년에는 철도호텔의 등장과 함께 서울역의 구내에는 서양식 식당(Grill)이 탄생하였다.

2. 식당(Restaurant)의 정의

식당이란 "영리 또는 비영리를 목적으로 일정한 장소와 시설을 갖추어 인적 서비스와 물적 서비스를 동반하여 음식물을 제공하고 휴식을 취하게 하는 곳"이다. 프랑스의 대백과사전 「Larouse Duxxe Siecle」에 의하면 "Restaurant"의 어원은 "De Restaurer"란 말로 시작되었다 한다. 이 "Restaurer"란 단어의 본래 의미는 '수복한다, 재흥한다, 기력을 회복시킨다'라는 뜻이다.

이 사전에 의하면 Restaurant이란 "Etablissement public oú l'on peut manger : Restaurant a la carte."라고 설명되어 있다. 즉, 사람들에게 음식물을 제공하는 공중의 시설, 정가판매점, 일품요리점이라고 표현하고 있듯이 식당이란 음식물과 휴식 장소를 제공하고 원기를 회복시키는 장소라는 것이다.

또한 미국의 웹스터(Wehster)사전에도 "An establishment where refreshments or meals may be procured by the public ; a public cating house"라고 표현되어 "대중

들이 가벼운 음식물이나 식사를 할 수 있는 시설"로 설명되어 있다.

영국의 고전적 사전 "The Oxford English Dictionary"에서도 "An establishment where refreshments or meals may be obtained"라고 기록되어 있다.

우리나라 국어사전에서는 "식사를 편리하게 할 수 있도록 설비된 방", "음식물을 만들어 파는 가게"라고 표현하고 있다.

그러므로 식당은 영리 또는 비영리를 목적으로 하는 업종으로서 일정한 장소와 시간을 갖추어 인적 서비스와 물적 서비스를 통하여 음식물을 제공하는 서비스업이라고 할 수 있겠다. 최근 선진국에서는 식당을 EATS 상품을 판매하는 곳이라고 하고 있다.

EATS란 접대(인적 서비스 : Entertainment), 분위기(물적 서비스 : Atmosphere), 맛(요리 : Taste), 위생(청결 : Sanitation)을 뜻한다.

즉, 식당은 먹는다는 단순한 의미의 장소가 아니라 서비스와 분위기, 음식의 맛 등이 하나로 조화된 총체적인 가치, 즉 하나의 총체적인 상품을 판매하는 장소라는 것이다.

3. 식당의 종류 및 서비스

식당을 분류해 보면 크게 명칭에 의한 분류, 식당 및 식사 서비스 형식에 의한 분류, 제공 품목에 의한 분류, 서비스 편성에 의한 분류 등의 다섯 가지 형태로 분류될 수 있다.

1) 명칭에 의한 분류

(1) 레스토랑(Restaurant)

일반적으로 식당의 의미로 쓰이고 있는 명칭이다. 레스토랑은 고급식당으로서 식탁과 의자를 마련하여 놓고, 고객의 주문에 의하여 웨이터나 웨이트리스가 음식을 날라다 주는 테이블 서비스가 제공되며, 고급 음식과 정중한 서비스, 훌륭한 시설이 갖추어진 최상급의 식당이다.

(2) 커피숍(Coffee Shop)

고객이 많이 왕래하는 장소에서 커피와 음료수 또는 간단한 식사를 판매하는 식당이다.

(3) 카페테리아(Cafeteria)

음식물이 진열되어 있는 카운터 테이블(Counter Table)에서 음식을 고른 다음, 요금을 지불하고 손님 자신이 직접 날라다 먹는 셀프서비스(Self-Service)식의 식당이다.

(4) 다이닝 룸(Dining Room)

주로 정식(Table d'hote)을 제공하는 호텔의 주식당으로, 이용하는 시간을 정하여 조식을 제외한 점심과 저녁식사를 제공한다. 그러나 최근에는 이 명칭은 사용되지 않고 고유의 명칭을 붙인 전문요리 레스토랑과 그릴(Grill)로 형태가 바뀌었으며, 정식뿐만 아니라 일품요리(a la carte)도 제공하고 있다.

(5) 그릴(Grill)

일품요리(á la carte)를 주로 제공하며, 수익을 증진시키고 고객의 기호와 편의를 도모하기 위해 그날의 특별요리(Daily Special Menu)를 제공하기도 한다.

(6) 뷔페식당(Buffet Restaurant)

준비해 놓은 요리를 균일한 요금을 지불하고, 자기 양껏 뜻대로 선택해 먹을 수 있는 셀프서비스 식당이다.

(7) 런치 카운터(Lunch Counter)

식탁 대신 조리과정을 직접 볼 수 있는 카운터 테이블에 앉아, 조리사에게 직접 주문하여 식사를 제공받는 식당이다. 고객은 직접 조리과정을 지켜볼 수 있기 때문에 기다리는 시간의 지루함을 덜 수 있고, 식욕을 촉진시킬 수 있다.

(8) 리프레쉬먼트 스탠드(Refreshment Stand)

간편한 간이음식을 만들어 진열장에 미리 진열하여 놓고, 바쁜 고객들로 하여금 즉석에서 구매해 먹을 수 있도록 한 식당이다.

(9) 드라이브 인(Drive-In)

도로변에 위치하여 자동차를 이용하는 여행객을 상대로 음식을 판매하는 식당이

다. 이 식당은 넓은 주차장을 갖춰야만 한다.

(10) 다이닝 카(Dining Car)

기차를 이용하는 여행객들을 위하여 식당차를 여객차와 연결하여 그곳에서 음식을 판매하는 식당이다.

(11) 스낵 바(Snack Bar)

가벼운 식사를 제공하는 간이식당이다.

(12) 백화점 식당(Department Store Restaurant)

백화점을 이용하는 고객들이 쇼핑 도중 간이식사를 할 수 있도록 백화점 구내에 위치한 식당이다. 이곳에서는 대개 셀프서비스 형식을 취하며, 회전이 빠른 식사(fast-food)가 제공된다.

(13) 인더스트리얼 레스토랑(Industrial Restaurant)

회사나 공장 등의 구내식당으로, 비영리 목적의 식당이다. 학교, 병원, 군대의 급식식당 등도 이에 속한다.

2) 식당 서비스 형식에 의한 분류

(1) 테이블 서비스 식당(Table Service Restaurant)

일반적인 형태의 식당으로서 일정한 장소에 식탁과 의자를 준비하여 놓고 손님의 주문에 의하여 웨이터나 웨이트리스가 음식을 제공하는 식당이다. 이 레스토랑에서 제공하는 테이블 서비스는 가장 전형적인 서비스 형태로, 쾌적한 분위기 속에서 웨이터나 웨이트리스가 보다 전문적이고 효율적인 방법으로 질 좋은 요리로 신속하게 제공하여 고객의 욕구를 충족시켜 주는 서비스이다.

(2) 카운터 서비스 식당(Counter Service Restaurant)

이 식당은 손님이 조리과정을 직접 볼 수 있도록 주방을 개방시켜 그 앞의 카운터를 식탁으로 하여 음식을 제공하는 식당이다. 이 형태의 식당은 손님이 직접 조리과정을 지켜보기 때문에 고객의 불평이 적고, 위생적이고 신속하게 음식이 제공되며, 많은 서비스 인원이 필요하지 않은 것이 특징이다. 때로는 웨이터가 음식을 테이블까지 날라 주기도 한다.

이러한 카운터 서비스의 특징은 다음과 같다.

① 빠르게 식사를 제공할 수 있다.

② 고객의 불평이 적다.

(3) 셀프서비스 식당(Self-Service Restaurant)

이것은 고객 자신이 기호에 맞는 음식을 직접 운반하여 식사하는 형식의 식당으로 이 식당에서는 고객 스스로 음식을 운반하여 먹는 방식을 취하는데 카페테리아(Cafeteria)나 뷔페(Buffet) 서비스가 바로 그것이다. 경우에 따라 카빙(Carving)이 필요한 요리는 조리사에 의해 서비스되며, 수프와 음료를 웨이터가 제공해 주기도 한다.

이 식당의 특징으로는 다음과 같다.

① 기호에 맞는 음식을 선택하여 자기 양껏 먹을 수 있다.

② 위생적인 식사가 제공된다.

③ 신속한 식사를 할 수 있다.

④ 가격이 비교적 저렴하다.

⑤ 봉사료(Tip)의 지불이 필요없다.

⑥ 고객의 불평이 적다.

⑦ 소수의 종사자로 인건비가 적게 든다.

⑧ 회전이 빨라 매출액이 증진된다.

(4) 급 식

급식사업은 비영리적이며 셀프서비스 형식의 식당이다. 회사 종사자를 위한 급식(Industrial Feeding), 학교급식(School Feeding), 병원급식(Hospital Feeding), 군대, 형무소에서의 급식이 있으며, 일시에 많은 인원을 수용하여 식사를 제공할 수 있으나, 일정한 메뉴에 의한 식사이기 때문에 자기의 기호에 맞는 음식을 선택할 수 없는 단점이 있다.

(5) 자동판매(Vending Machine Service) 식당

자동판매기(Vending Machine)에 의해 판매되는 식당이다. 인건비의 급증으로 인하여 자동판매기의 인기가 높아가고 있다.

(6) 자동차 식당(Auto Restaurant)

버스형 자동차나 트레일러(Trailer)에 간단한 음식을 싣고 다니면서 판매하는 이동식 식당이다.

3) 식사 서비스 형식에 의한 분류

(1) 프랑스식 서비스(French Service)

프랑스식 서비스는 시간의 여유가 많은 유럽의 귀족들이 훌륭한 음식을 즐기던 전형적인 서비스로, 우아하고 정중하여 고급 식당에서 제공되고 있는 서비스이다.

이 서비스는 고객의 테이블 앞에서 간단한 조리기구와 재료가 준비된 조리용 카트(Cart ; Wagon)를 이용하여 직접 요리를 만들어 제공하거나, 게리동(Gueridon)을 이용하여 실버 플래터(Silver Platter)에 담겨 나온 음식을 레쇼(Rechaud)나 알코올 또는 가스램프를 사용하여 식지 않게 하여 음식을 덜어 주기도 하며, 먹기 편하도록 생선의 뼈를 제거해 주고 요리를 잘라 주기도 한다.

보통 두 명 내지 세 명의 상당히 숙련된 웨이터가 서비스할 수 있고, 이들은 요리와 칵테일 기술이 겸비되어야 하며 쇼맨십(Showmanship)도 약간 있어야 한다.

그러나 날로 높아만 가는 인건비를 줄이고자, 현재 프랑스 식당에서는 이러한 전통적인 서비스 방법이 플레이트 서비스로 변화되고 있는 추세이다.

이러한 프랑스식 서비스의 특징은 다음과 같다.

① 일품요리를 제공하는 전문식당에 적합한 서비스이다.

② 식탁과 식탁 사이에 게리동이 움직일 수 있는 충분한 공간이 필요하다.

③ 숙련된 종사자로 접객 편성이 이루어져야 하므로 인건비의 지출이 높다.

④ 고객은 자기 양껏 먹을 수 있으며, 남은 음식은 따뜻하게 보관되어 추가로 서비스할 수 있다.

⑤ 다른 서비스에 비해 시간이 많이 걸리는 단점이 있다.

(2) 러시안 서비스(Russian Service)

러시안 서비스는 생선이나 가금류를 통째로 요리하여 아름답게 장식을 한 후 고객에게 제공되기 전에 고객들이 잘 볼 수 있게 보조 테이블(Side-table)에 전시함으로써 식욕을 돋우게 하는 효과를 거둘 수 있도록 하는 데서 유래되었다.

이 서비스는 1800년도 중반에 유행한 것으로, 큰 은쟁반(Silver Platter)에 멋있게 장식된 음식을 고객에게 보여주면 고객이 직접 먹고 싶은 만큼 덜어 먹거나 웨이터가 시계 도는 방향으로 테이블을 돌아가며 고객의 왼쪽에서 적당량을 덜어 주는 방법으로써 매우 고급스럽고 우아한 서비스이다.

이러한 러시안 서비스의 특징은 다음과 같다.

① 전형적인 연회 서비스이다.

② 혼자서 우아하고 멋있는 서비스를 할 수 있고, 프렌치 서비스에 비해 특별한 준비기물이 필요없다.

③ 요리는 고객의 왼쪽에서 오른손으로 제공한다.

④ 프렌치 서비스에 비해 시간이 절약된다.

⑤ 음식이 비교적 따뜻하게 제공된다.

⑥ 마지막 고객은 식욕을 잃게 되기 쉬우며, 나머지만으로 서비스를 제공받기 때문에 선택권이 없다.

(3) 미국식 서비스(American Service)

미국식 서비스는 주방에서 접시에 보기 좋게 담겨진 음식을 직접 손으로 들고 나와 손님에게 서브하는 플레이트 서비스(Plate Service)와 손님의 수가 많을 때 접시를 트레이(Tray)를 사용하여 보조 테이블(Side-table)까지 운반한 후 손님에게 서브하는 트레이 서비스(Tray Service)로 나눌 수 있다. 이 서비스는 식당에서 일반적으로 이루어지는 서비스 형식으로서, 가장 신속하고 능률적이므로 고객 회전이 빠른 식당에 적합한 방식이다.

이러한 미국식 서비스의 특징은 다음과 같다.

① 주방에서 음식이 접시에 담겨서 제공된다.

② 신속한 서비스를 할 수 있다.

③ 적은 인원으로 많은 고객에게 제공되는 서비스이다.

④ 음식이 비교적 빨리 식는다.

⑤ 고객의 미각을 돋우지 못한다.

⑥ 고급 식당보다는 고객 회전이 빠른 식당에 적합하다.

이밖에도 식당 서비스의 종류로 영국식 서비스(English Service)와 트레이 서비스(Tray Service)가 있는데 다음과 같다.

(4) 영국식 서비스(English Service)

영국식 서비스는 가족 간에 발생하는 패턴과 유사한 형태를 띠고 있는데, 주빈(Host)이 주방으로부터 음식을 큰 접시에 담아서 오면 그 요리를 돌려가면서 고객이 직접 담는 방식의 서비스이다. 이 방식은 학교와 산업체에서 아직까지 사용되고 있으나 호텔에서는 사라져 가고 있다.

이러한 영국식 서비스의 특징은 다음과 같다.

① 음식의 서비스가 빠르고 편리하다.

② 고객은 자기몫의 음식을 선택할 수 있다.

③ 남은 요리의 추가 서비스가 가능하다.

(5) 트레이 서비스(Tray Service)

트레이 서비스란 요리를 전부 트레이(Tray)에 담아서 제공하는 방식으로 호텔에서는 룸 · 서비스로, 항공기에서는 기내 식사로 제공된다.

이러한 트레이 서비스의 특징은 다음과 같다.

① 플레이트 서비스보다 안전하다.

② 음식을 제공하는 시간이 단축된다.

③ 전체 음식을 한꺼번에 제공할 수 있다.

4) 제공 품목에 의한 분류

(1) 양식당(Western Restaurant)

① 프랑스 식당(French Restaurant)

프랑스 요리는 서양요리 중에서는 물론, 세계적으로 유명하다.

② 이탈리아 식당(Italian Restaurant)

이탈리아 요리는 14세기 초 탐험가 마르코 폴로(Marco Polo)가 중국의 원나라에 가서 배워온 면류가 고유한 스파게티와 마카로니로 정착하였으며 프랑스 요리의 원조가 되었다.

③ 스페인 식당(Spanish Restaurant)

스페인은 주위가 바다로 둘러싸여 해산물이 풍부하므로 생선요리가 유명하다. 또한 스페인 요리는 올리브(Olive)유, 포도주, 마늘, 파프리카, 사프란(Sapran) 등의 향신료를 많이 쓰는 것이 특색이다. 특히 왕새우 요리는 세계적으로 유명하다.

④ 미국 식당(Americam Restaurant)

미국인들은 비프 스테이크, 바비큐, 햄버거 등을 즐겨 먹는데, 이러한 것들을 미국의 대표적인 요리라 할 수 있다. 이들은 대개 재료로 빵과 곡물, 고기와 계란, 낙농제품, 과일 및 야채 등을 이용하는데, 간소한 메뉴와 경제적인 재료 및 영양 본위의 실질적인 식생활을 하는 것이 특징이다.

(2) 한식당(Korean Restaurant)

한국요리는 우리의 유구한 역사와 함께 이루어진 문화유산 중의 하나로서 지리적 여건과 기후변화 등의 영향을 받으며 각 지방과 해변지역에 따라 생산되는 다양한 농수산물 및 사냥과 가축의 사육을 주축으로 향토성이 짙은 음식들이 창출되었고, 시대에 따라 전파된 종교의 영향, 외세의 침입에 따른 새로운 문물도입에 영향을 받으면서 향토음식, 궁중음식, 민간신앙음식, 관혼상제음식, 사찰음식, 계절음식, 떡, 과자 등 분야별로 변화의 과정을 거치면서 독특한 조리기술 개발과 상차림 및 독창적인 식기문화의 변천과 더불어 우리의 식문화가 발전되었다고 할 수 있다. 따라서 오랜 세월 동안 이루어진 독특한 형태의 다양한 음식들이 사회구조와 외래문화의 영향으로 오늘날에 와서는 전통성을 잃어버린 것도 있다. 잊혀진 것들이 너무 많은 반면에 끈질긴 민족 보수성으로 현재까지 쌀을 주식으로 김치, 된장찌개, 불고기 등이 함께 유지되어 온 것이 한국요리의 특성이라 할 수 있다.

(3) 중식당(Chinese Restaurant)

중국요리는 중국 대륙에서 발달한 요리의 총칭으로 일명 청요리라고도 한다. 중국은 오랜 세월을 두고 넓은 영토와 영해에서 다양한 생산물과 풍부한 해산물을 얻을 수 있었으며, 이들 산해 식품을 이용한 요리는 불로장수를 목표로 오랜 기간의 경험을 토대로 꾸준히 다듬고 연구 개발되어 현재는 세계적인 요리로까지 발전하게 되었다. 다시 말하면 폭 넓은 재료의 이용, 맛의 다양성, 풍부한 영양, 손쉽고 합

리적인 조리법, 풍성한 외양 등은 중국요리가 세계 어느 곳, 어느 사람에게나 적응 또는 환영을 받게 하였다.

한 나라의 요리가 그 나라의 역사와 전통, 기후, 풍토의 소산인 동시에 국민 슬기의 총화라 한다면 중국요리가 오늘날 세계적인 요리로 발전하게 된 것도 우연일 수 없는 것이다. 일찍이 동양문화를 이룩해낸 중국인의 슬기가 광대한 영토에서 산출되는 다종 다양한 산물을 바탕으로 하여 수천년 역사 속에서 문화의 한 분야로 꾸준히 다듬고 가꾸어 온 결과라 할 수 있다. 또한 넓은 영토를 지녀온 중국은 지역적으로도 풍토, 기후, 산물, 습관이 다른 만큼 지방색이 두드러진 요리를 각각 특징 있게 독특한 맛을 낼 수 있는 요리로 발전시켰다.

이처럼 독특한 개성을 갖고 발전해 온 각 지방의 요리는 옛부터 빈번하게 있어온 민족 간의 이동과 더불어 상호 교류와 보완을 통해서 오늘의 중국요리로 발전된 것이다.

(4) 일식당(Japanese Restaurant)

일본요리는 일본 풍토에서 독특하게 발달한 일본인이 일상 먹는 요리의 총칭이다. 일본 열도는 북동에서 남서로 길게 뻗어 있고 바다로 둘러싸여 있어서 지형과 기후의 변화가 많다. 따라서 사계절에 생산되는 재료가 다양하고 계절에 따라 맛도 달라지며 해산물이 매우 풍부하다. 이러한 조건 속에서 일본 요리는 쌀이 주식으로, 농산물과 해산물이 부식으로 형성되었는데, 일반적으로 맛이 담백하고 색채와 모양이 아름다우며 풍미(향기, 혀끝 감촉, 씹는 맛)가 뛰어난 것이 특징이다. 그러나 이러한 특징을 너무 존중한 나머지 때로는 식품의 영양적 효과를 고려하지 않는 경우도 있었다. 제2차 세계대전 후부터는 구미 식생활의 영향을 받아 서양과 중국풍의 요리가 등장하면서 영양 면을 한층 더 고려하게 되었다.

5) 서비스 편성에 의한 분류

호텔 식당에서는 고객에게 고급 서비스를 제공하지 않으면 오히려 그 호텔의 투숙객일지라도 일반 식당에 빼앗기는 경우가 생기므로 더욱더 최고급 서비스를 제공할 수 있도록 다각적인 노력을 경주하지 않으면 안 된다.

서비스의 기구나 시설의 고급화 또는 종사자들의 소양교육 등 여러 가지 신경을 쓰고 있으나 가장 중요한 것은 서비스하는 종사자들을 어떻게 손님 식탁(Table)에 적절히 배치하는가 하는 접객편성(Service Brigade)이 중요하다. 이 접객편성은 각 식당의 특성이나 조직에 따라서 다르겠으나 근래에 와서는 세계적으로 동일시되어 있으며 이것을 구분하면 다음과 같다.

(1) 셰프 드랑 시스템(Chef De Rang System)

이 서비스 편성은 잉글리쉬 혹은 프렌치 서비스 부리게이드(English or French Service Brigade)라고도 하며 가장 정중하고 최고급 서비스를 제공할 수 있는 고급 손님들을 대상으로 하는 고급 식당에서 적합한 서비스 편성이다. 식당에는 총책임자인 지배인이 있고 그 밑에 접객책임자인 헤드 웨이터(Head Waiter)가 있으며 그 밑에 접객 웨이터나 웨이트리스가 각기 근무조로 편성되어서 각 근무조는 2~3명으로 구성되어 지정된 구역을 맡아 서비스를 제공하는 시스템이다. 이 제도는 각 조가 팀워크(Team Work)를 통해 호흡이 유기적으로 잘 맞아야 하기 때문에 그 구성원의 책임과 임무가 다르게 주어진다.

(2) 헤드 웨이터 시스템(Head Waiter System)

전술한 바와 같이 셰프 드랑 시스템은 인건비의 과대지출과 영리상의 문제점으로 고급 식당에서만이 적당한 편성이라고 할 수 있다. 그러므로 보다 작은 인원으로 구성되어 같은 효과를 얻고자 하는 편성이 헤드 웨이터 시스템(Head Waiter System)으로 헤드 웨이터 밑에 식음료 담당 웨이터와 보조 웨이터로 편성되어 헤드 웨이터 관장하에 웨이터와 웨이트리스는 지정된 테이블 없이 전 식당을 서비스하게 하는 편성을 말하며 2급 정도의 식당에서 흔히 이와 같은 편성으로 근무에 임하고 있다.

(3) 원 웨이터 시스템(One Waiter System)

스테이션 웨이터 시스템(Station Waiter System)이라고도 하며 이 편성은 대개 계절적으로 영업을 하는 계절식당(Seasonal Establishment)에서 가장 많이 사용되는 편성으로 한 식당에 헤드 웨이터를 두고 그 밑에 한 명씩 정해진 웨이터가 스테이션에 근무하면서 직접 손님에게 식사와 음료를 주문받아 서비스를 하는 것으로 비교적 능숙한 접객원으로서 모든 업무에 숙달하여야 한다. 따라서 다음과 같은 장단점을 가지고 있다.

〈장 점〉

① 고객은 한 사람의 접객원으로부터 서비스를 받으므로 팁(Tip)에 부담이 적다.

② 한 계절만 일하게 되므로 충분한 준비를 할 수 있다.

③ 서비스 종사자는 충분한 급료를 받을 수 있다.

〈단 점〉

① 접객원 혼자 모든 서비스를 해야 하므로 주방 출입이 많고 음료 주문으로 주장에 출입해야 하므로 자기 스테이션을 자주 떠나게 된다.

② 영업상태가 조금 바쁘게 되면 고객을 소홀히 생각하기 쉬우므로 고객으로부터 불평을 받는 경우가 많다.

4. 식당조직과 직무분석

호텔 식당은 일반식당과는 달리 호텔의 이미지 문제 때문에 질 좋은 서비스를 제공하여야 한다. 식당부문의 조직은 호텔 경영조직의 기본이념에 입각하여 이루어진다. 이러한 호텔 경영조직의 기본원리하에 식당부문의 조직은, 조직구성원들이 안정을 원하며 목표달성을 위해 동료들과 함께 일할 수 있는 합리적인 기본체계를 원하기 때문에, 각 종사자의 합리적인 업무할당, 권한과 책임의 한계를 명확하게 한 직무의 규정이 필요하다.

따라서 식당부문의 조직은 각 영업장의 특성과 형태에 따라서 다음의 다섯 가지로 분류된다. 첫째, 계획된 목표를 달성하는 데 필요한 구체적 활동을 확정하는 분업기능, 둘째, 관련된 활동끼리 묶는 부문화기능, 셋째, 부분 간의 연결로서 누가 누구에게 보고하고 누구를 도와야 하는가를 세부화하기 위한 조정기능과 계층화기능이 조화되어야 한다.

이러한 기능들의 조화를 통해 식당경영자는 각 식당종사자의 직무의 상호관계를 정하여 업무를 능률화시키고, 경영활동을 촉진시키며, 각 구성원의 밀접한 협조활동에 의하여 조직의 결합을 이루도록 하여야 한다.

식당부문을 조직화하는데 다음과 같은 원리들이 적용되어진다.[1]

① 기능(function)을 중심으로 조직화해야 한다.

② 단순화시켜야 한다.

③ 각각의 직무에 대해 책임, 권한 및 의무를 정하여야 한다.

[1] John W. Stokes(1982). How to Manage a Restaurant or Institutional Food Service, WCB, pp. 32~33.

④ 가능한 한 어떤 종류의 책임과 권한을 위양시켜야 한다.

⑤ 조직형태를 유지해야 한다.

⑥ 경영절차(Management Procedure)를 표준화시켜야 한다.

⑦ 중앙집권적이든 분권화이든 간에 조직의 효율성 측면에서 고려하여야 한다. 경우에 따라서는 중앙집권화(Centralization)와 분권화(Decentralization)가 동시에 한 조직에 존재할 수 있다.

한편, 식당부문의 조직은 해당 호텔의 특성, 식당경영방식 등 여러 요인에 의해 달라지나, 일반적으로 다음과 같은 요인에 의해 결정된다.

① 도심지, 관광지 등에 따른 호텔 위치와 결과적으로 발생하는 호텔 식당의 위치

② 식당의 영업시간

③ 식당의 종류

④ 호텔등급의 수준

⑤ 식당의 규모

⑥ 식당 서비스 형태

[그림 9 – 1]은 위의 요인과는 관계없이 호텔 식당의 기본적인 조직편성을 나타내고 있다.

그림 9-1
호텔 식당부문
조직의 편성

[그림 10 – 1]에서 나타난 조직구성원의 직무를 살펴보면 다음과 같다.

① 식음료 부장

식음료부의 최고책임자로서 영업에 관한 정책 수립 및 계획, 영업장 관리, 전 종사자의 인사관리 등 식음료부의 전반적인 운영상태에 대한 책임을 진다.

② 식음료 과장

각 식당의 운영상태 및 문제점을 파악하고, 운영에 관한 책임을 지며, 종사자의 인사관리, 서비스 강화 교육을 담당한다.

③ 식당 지배인

식당의 책임자로서 영업장의 운영 및 고객관리, 인사관리, 교육훈련과 부서장 간의 직·간접적인 중계역할을 한다.

- 업장관리 매출관리, 재고관리, 업장 환경정돈, 원가관리, 특별행사 기획
- 고객관리 고객대장관리, 고객불평 처리 및 예방, 예약관리
- 인력관리 근태관리, 실습교육관리(OJT; On the Job Training), 인사고과, 교육훈련
- 재산관리 집기, 비품관리
- 문서관리 문서의 기록·보관

④ 부지배인

지배인을 보좌하며, 지배인 부재시 업무를 대행한다.

⑤ 캡틴(Captain)

- 접객 책임자로서 영업 준비상태와 종사자의 복장 및 용모를 점검한다.
- 고객을 영접하고 식음료의 주문과 서비스를 담당한다.
- 호텔 내의 전반적인 사항을 숙지하여, 고객에게 정보를 제공한다.
- 주문전표와 계산서를 관리한다.

⑥ 웨이터·웨이트리스(Waiter, Waitress)

- 캡틴을 보좌하며, 주문된 식음료를 직접 고객에게 제공한다.
- 책임구역의 영업준비와 청소를 담당한다.

⑦ 버스보이(Busboy)

- 캡틴과 웨이터 A, 웨이트리스 B를 보좌하며 서비스를 보조한다.
- 테이블 세팅과 청소를 담당한다.

- 식당에서 필요한 은기물류, 유리컵류, 린넨류 등을 보급한다.
- 음식을 운반하며, 사용이 끝난 접시를 세척장으로 옮긴다.

⑧ 안내원(Greetress)

- 지배인, 부지배인의 업무를 보좌하며, 고객을 영접하고 안내한다.
- 예약업무를 담당한다.
- 고객관리를 한다.

⑨ 수납원(Cashier)

- 식음료 가격을 계산하여 요금을 수수한다.
- 매일의 영업실적을 지배인에게 보고한다.

02 식당부문의 비품과 취급법

1. 식당부문의 소요비품

식당부문의 소요비품은 식당의 종류에 따라서 다양하나, 일반적인 양식당의 소요비품을 살펴보면 다음과 같이 분류될 수 있다.

1) 기물류(Ware 류)

요리를 제공 및 판매하는 데 필요한 은기물류, 도기류, 유리컵류, 기타 서비스용 기물을 포함한다.

2) 가구류(Furniture 류)

식당영업에 필요한 식탁, 의자, 가구류 등을 포함한다.

3) 린넨류(Linen 류)

영업장에 필요한 냅킨, 테이블 클로스 종류를 포함한다.

4) 장비류(Wagon 류)

식당영업에 필요한 장비를 포함하는데, 주로 이동식 바퀴가 달려 있다.

5) 사인류(Sign 류)

식당영업을 홍보하는 데 필요한 안내판을 포함한다.

(1) 기물류

① 은기물류(Silverware)

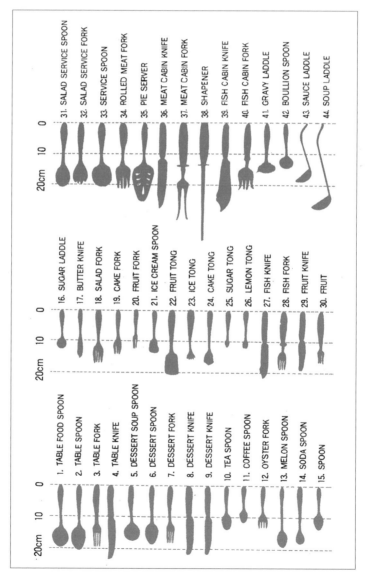

② 도기류(Chinaware)

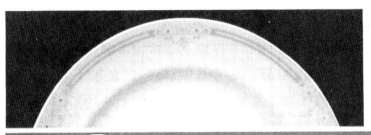

1876	1671	1672	1673	1674	1675
30cm SERVICE PLATE	27cm DINNER PLATE	25cm DINNER PLATE	23cm MEAT PLATE	20cm DESSERT PLATE	16cm B/B PLATE

1644	1722	1723	1746	1724	1597
23cm RIM SOUP PLATE	19cm COUPE SOUP BOWL	16cm CEREAL BOWL	15cm PORRIDGE BOWL	14cm FRUIT BOWL	10cm BUTTER DISH

2370	2382	2369	2372	2546	2547
TEA CUP	TEA/COFFEE CUP	COFFEE CUP	A.D. COFFEE CUP	FOOTED TEA/COFFEE CUP	FOOTED A.D. COFFEE CUP
1720	1720	1720	1721	1720	1721
COMMON SAUCER(M)	COMMON SAUCER(M)	COMMON SAUCER(M)	COMMON SAUCER(S)	COMMON SAUCER(M)	COMMON SAUCER(S)

1851	1024	2371	2383	2435	2543
25cm PILAF PLATE	24cm PASTA PLATE	BOUILLON CUP	AMERICAN COFFEE CUP(A)	AMERICAN COFFEE CUP(B)	CYLINDER SHAPE CUP
		1677	1720	1720	1130
		BOUILLON SAUCER	COMMON SAUCER(M)	COMMON SAUCER(M)	SAUCER

4328	4327	4325	4323	4322	9539 9540	3249
TEA POT(3-P)	TEA POT(1-P)	SUGAR BOWL	CREAMER(S)	MILK PITCHER	SALT PEPPER	DRESSING BOAT
					(1 HOLE) (3 HOLES)	

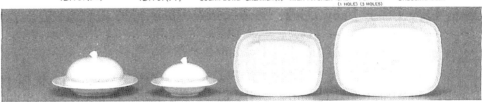

3270-2	3287-2	1645	1556
COVER FOR 25cm MUFFIN DISH	COVER FOR 20cm MUFFIN DISH	26cm OBLONG PLATTER	32cm OBLONG PLATTER
3270-4	3287-4		
25cm MUFFIN DISH	20cm MUFFIN DISH		

③ 유리컵(Glassware)

(2) 가구류(Furniture 류)

① **식탁류(Table)**   Big Round, Small Round, Rectangular, Square, Deuce

② **의자류(Chair)**   Arm Chair, Easy Chair, Baby Chair, Booth, Stool Chair

③ **가구류(Furniture)**   Side Board(Service Station), Counter Desk, Reception Desk, Sofa, 방명록 Stand

(3) 린넨류(Linen 류)

① 테이블 클로스(Table Cloth)

식탁의 청결함을 나타내기 위하여 보편적으로 면직류 또는 마직류로 만든 흰색 클로스(Cloth)가 주종을 이루고 있으나, 근래에는 식당 분위기에 맞도록 유색 클로스에 무늬를 넣어서 사용하는 경우가 많아졌으며 또는 클로스를 이중(Top Cloth)으로 깔아서 식탁을 화려하게 장식하는 식당이 많다.

② 언더 클로스(Under Cloth)

테이블 클로스의 수명연장과, 식탁에 식기나 기물을 놓을 때 소리가 나지 않도록 테이블 클로스 밑에 깔아서 촉감을 부드럽게 하는 사일런서 클로스(Silencer Cloth)라고도 하며, 털로 다져서 만든 천(Felt) 또는 면종류의 천(Flannelet)으로 만들어 테이블 클로스보다 크지 않게 테이블 규격과 같이 부착하거나 움직이지 않게 고정시켜 사용한다.

③ 미팅 클로스(Meeting Cloth)

회의 및 리셉션(Reception) 등에 널리 사용되며, 무늬가 없는 색상으로 촉감이 부드러운 털로 다져서 만든 천(Felt)이 주종을 이루고 있다.

④ 냅킨(Napkin)

냅킨은 식탁의 마지막 장식품으로서, 고객이 식사 중에 입이나 손을 닦거나 음식을 흘려 옷이 더러워지는 것을 방지하기 위해 무릎 위에 놓아 사용하며 테이블 클로스와 같은 면직으로 만들어 쓰이고 있다. 또한 색상은 흰색 및 밝은 색을 많이 애용하나 테이블 클로스에 잘 어울리는 여러 가지 색상으로 만들어 많이 사용된다. 규격은 52cm×52cm 크기가 적당하지만 식당에 따라 다소의 차이가 있다.

⑤ 워시 클로스(Wash Cloth)

기물이나 집기류 등을 닦을 때 사용하며, 색상이나 모양을 달리하여 사용하기 편리하고 구분하기 쉽게 만든 면직류이다.

(4) 장비류

① 서비스 왜건(Service Wagon)

고객의 요리를 운반 또는 서브(Serve)할 때 사용하는 이동운반차이며, 영업 전에 암 타월(Arm Towel), 서빙 기어[Serving Gear(Spoon & Fork)], 트레이(Tray)를 충분히 비치해 둔다.

② 플람베 카트(Flambee Cart)

고객 앞에서 종사자가 직접 조리하여 요리를 서브(Serve)하는 알코올(고체) 또는 가스 버너(Gas Burner)를 갖춘 카트이다. 영업 전에 알코올 또는 가스와 서빙 기어(Serving Gear)의 충분한 양 및 조리시 필요한 프라이 팬(Fry-pan), 와인(Wine), 양념류, 각종 테이블 소스(Table Sauce) 등을 고정 비치해 두어야 하며 화재예방을 위해 반드시 소형 소화기와 석면포도 비치해 둔다.

③ 프라임 립 카트(Prime Rib Cart)

프라임 립(Prime Rib)을 고객의 테이블 앞에서 직접 카빙(Carving)하여 서브할

때 사용되는 이동식 수레이다. 판매가 끝날 때까지 준비된 요리(Prime Rib)와 소스(Sauce)가 식지 않도록 전기 또는 알코올을 이용하여 적당한 온도 유지에 신경을 기울여야 하며 도마, 카빙 나이프(Carving Knife), 포크(Fork) 및 소스 래들(Sauce Ladle)을 갖추어야 한다.

④ 디저트 트롤리(Dessert Trolley)

보관이 용이하도록 냉장 설비가 되어 있으며 여러 가지 후식을 진열하여 고객이 잘 볼 수 있도록 꾸민 전시용 수레이다. 영업 전에 디저트 플레이트(Dessert Plate), 디저트 스푼 및 포크(Dessert Spoon & Fork) 등 필요한 기물을 갖추어서 즉석에서 서브할 수 있도록 한다.

⑤ 애프터디너 드링크 카트(After Dinner Drink Cart)

여러 종류의 브랜디(Brandy) 및 리큐르(Liqueur)를 진열하여 고객이 선택해서 드실 수 있도록 만들어진 보편적으로 고급식당에서 사용하는 이동식 수레이다. 항상 브랜디 글라스(Brandy Glass)와 리큐르 글라스(Liqueur Glass)도 같이 비치하여 즉석에서 서브할 수 있도록 한다.

⑥ 바 트롤리(Bar Trolley)

각종 주류 진열과 조주에 필요한 얼음, 글라스, 부재료, 주장(Bar)기물 등을 비치하여, 고객 앞에서 주문받아 즉석에서 조주하여 서브할 수 있도록 꾸며진 이동식 수레이다.

⑦ 트레이(Tray)

트레이는 접객 서비스시에 요리나 식기 등을 안전하게 운반하기 위하여 사용되는 도구이며, 용도에 따라 크고 작은 형태로 나누어진다. 일반적으로 은제류(Silver), 스테인리스 스틸(Stainless Steel), 플라스틱(Plastic) 제품이 많으며, 둥근형(Round), 타원형(Oval), 사각형(Square), 직사각형(Rectangular)의 종류가 있다.

⑧ 디쉬 워머(Dish Warmer)

접시를 뜨겁게 데우기 위해 만들어진 전열기구이며 이동하기 쉽도록 바퀴가 부착되어 있고 온도조절도 되며 주로 프랑스 식당의 비품으로 사용된다.

(5) 사인류(Sign 류)

사인류에는 Sign Board, Menu Stand Board, Service Hour Board, Poster Board, Newspaper Board 등이 있다.

이외에 식당의 유형 및 종류, 서비스 방법에 따라 영업장용 인쇄물인 메뉴 및 고객용 소모품 등이 포함된다.

2. 식당부문의 비품취급법

1) 기물류 취급법

(1) 은기물류 취급법

은기물류는 순은제와 은도금의 두 종류로 구성되며, 대부분의 호텔에서는 은도금 기물이 사용되고 있다. 은도금 기물도 원가가 대단히 비싼 관계로 고급 식당에서만 사용되고 일반식당에서는 품질이 좋은 스테인리스 스틸(Stainless Steel) 기물이 많이 사용된다.

은기물류의 취급요령은 다음과 같다.

(1)	사용된 기물은 지정된 개수통에 모으며, 부딪쳐서 찌그러지거나 흠이 생길 우려가 많으므로 절대 던져 넣거나 한꺼번에 쏟아 넣어서는 안 된다.
(2)	은기물 종류와 스테인리스(Stainless) 종류는 반드시 따로 구분하여 모아 기물의 손상을 방지한다.
(3)	모인 기물은 세척기(Dish Washer)에서 뜨거운 물로 세척액을 사용하여 충분히 씻어낸다.
(4)	세척 후 기물을 종류별로 가지런히 모은다.
(5)	뜨거운 물을 용기에 따로 준비한다.
(6)	종류별로 분류된 기물을 왼손에 적당량 쥐고 용기에 뜬 뜨거운 물에 담구었다가 핸드 타월(Hand Towel)로 기물의 손잡이를 감싸 쥐고, 오른손으로 음식이 닿는 부분부터 손잡이 쪽의 순서로 물기가 완전히 제거되도록 신속한 동작으로 깨끗이 닦는다. 특히 나이프를 닦을 때는 칼날이 바깥쪽으로 향하도록 닦아야 하며 핸드타월이 칼날에 스쳐 찢어지지 않도록 주의해야 한다.
(7)	여러 종류의 기물을 한꺼번에 닦을 때는 반드시 포크부터 닦는 것이 용이하며, 변색된 기물은 광택제로 깨끗하게 윤을 내어 사용한다.
(8)	잘 닦인 기물은 종류별로 가지런히 모아서 기물함 또는 규정된 보관장소에 깨끗하게 비치한다.
(9)	깨끗하게 준비된 기물로 테이블 세팅(Table Setting)을 할 때는 음식이 닿는 윗부분을 손으로 잡거나 만져서는 절대 안 되고, 반드시 손잡이 부분을 모로 잡아 가능한 한 손자국이 나지 않도록 취급하며, 운반할 때는 소음이 나지 않도록 트레이(Tray)를 사용한다.

(2) 도기류 취급법

① 접시를 운반하는 방법에는 2개, 3개, 4개 드는 법과 여러 개를 한꺼번에 운반 하는 방법이 있는데, 취급시에는 접시의 테두리(Rim) 안쪽으로 손가락이 절대 들어가지 않도록 잡아야 한다.

② 요리가 담긴 접시를 쥘 때는 맨 먼저 잡은 접시를 왼손 엄지손가락 둘과 둘째 손가락을 사용하여 접시 위 테두리와 밑바닥 테두리를 가볍게 쥐고, 둘째 접 시는 첫째 접시 밑으로 접시를 겹쳐 나머지 손가락으로 받쳐 든다. 접시를 잡 은 후에는 손목을 약간 안쪽으로 구부리고 둘째 접시 테두리 위와 왼손 팔목 부분에 셋째 접시를 올려놓으면 3개를 들 수 있다. 또한 요리가 담긴 여러 개 의 접시를 겹쳐 들 때는 접시가 요리에 닿지 않도록 조심해야 한다.

③ 접시를 들고 운반할 때는 몸 바깥으로 벌어지지 않도록 몸 안쪽으로 접시를 밀착하여 들어야 하고, 접시 든 팔을 흔들면서 걷거나 전후좌우 경계를 소홀 히 해서는 안 된다.

④ 사용한 접시를 치울 때는 맨 먼저 잡은 접시에 왼손엄지와 새끼손가락을 접 시 위로 걸치고 나머지 손가락으로 접시 밑을 받쳐 손가락 사이에 가볍게 끼운다.

⑤ 포크는 왼손 엄지손가락과 접시 사이에 끼워 잡고, 나이프는 포크 밑으로 가 지런히 끼워 바닥에 기물이 떨어지는 것을 방지한다.

⑥ 다음 접시는 왼손 팔목부분 위에 올려놓고, 나이프는 손에 든 접시의 포크 밑 으로 가지런히 끼우고, 음식물은 나머지 포크로 밑접시에 쓸어 담는다.

⑦ 그 다음 접시도 같은 요령으로 처리하여 포개며, 절대 소음이 나지 않도록 해 야 한다.

(3) 유리컵류 취급법

유리컵류(Glassware)는 원통모양(Cylindrical Glass)과 다리가 있는 것(Stemmed Glass)의 두 종류로 크게 나눌 수 있으며, 각종의 글라스는 디자인과 용도, 용량에 따라 각기 만들어지고 있지만 제조자에 의해서 같은 용도의 것이 달리 만들어지기 도 한다. 또한 취급시에는 파손될 우려가 많으므로 각별히 조심하여 손실이 없도록 해야 한다.

유리컵류의 취급요령은 다음과 같다.

(1)	글라스를 쥘 때는 반드시 밑 부분을 잡아야 하고 손잡이(Stem) 달린 글라스는 손잡이 부분을 쥐어야 하며, 윗부분이나 글라스 안에 손가락을 넣어 잡아서는 안 된다.
(2)	글라스를 운반할 때는 손으로 운반하는 방법과 트레이(Tray)로 운반하는 방법이 있으며, 원통 모양의 글라스류는 반드시 트레이를 사용하여 운반한다.
(3)	Tray로 운반할 때는 글라스가 미끄러지지 않도록 트레이에 매트(Mat) 또는 냅킨을 깔고 무게가 한쪽으로 쏠리지 않도록 중심 자리부터 글라스를 붙여서 놓으며, 내용물이 담긴 글라스를 운반할 때는 조심해서 다루고 전후좌우 경계를 소홀히 해서는 안 된다.
(4)	손잡이 달린 글라스(Stemmed Glass)를 손으로 운반할 때는 손잡이(Stem) 부분을 손가락 사이에 끼워서 윗부분이 아래쪽으로 향하도록 거꾸로 들고, 글라스와 글라스끼리 부딪치지 않도록 조심해서 운반하며 놓을 때는 맨 마지막에 끼운 글라스부터 역순으로 내려놓는다.
(5)	한꺼번에 많은 양의 글라스를 운반할 때는 글라스 랙(Glass Rack)을 사용하도록 하며, 용도(동형, 동종)에 맞는 랙(Rack)을 필히 사용해야 한다.
(6)	글라스 랙을 사용하여 세척기(Dish Washer)에서 글라스를 세척한다.
(7)	용기에 뜨거운 물을 따로 준비하여 세척된 글라스를 한 개씩 수증기에 쏘여 깨끗이 닦는다.
(8)	닦기 전에는 금이 갔거나 깨어진 것인지 확인한 후 닦도록 한다.
(9)	닦을 때는 냅킨을 펼쳐 잡은 후 한쪽 엄지손가락과 냅킨을 글라스 안쪽에 넣고 나머지 손가락은 글라스 바깥 부분을 쥐며, 다른 한쪽 손은 글라스 밑바닥을 냅킨으로 감싸 쥐고 무리한 힘을 가하지 않도록 글라스를 가볍게 돌려가면서 닦는다.
(10)	닦는 순서는 윗부분부터 안팎을 닦은 후, 손잡이 부분과 밑바닥을 차례대로 물기가 없도록 깨끗하게 닦는다.
(11)	수증기를 쏘여도 얼룩이나 물 자국 등이 닦이지 않을 때는 뜨거운 물에 담구었다가 닦는다.
(12)	닦은 후에는 먼지 또는 얼룩이나 물 자국 등이 깨끗하게 닦였는지 철저히 점검해야 한다.

헝겊으로 바른손을 감싼 뒤 글라스의 윗부분을 닦는 법

여러 개 드는 모습

두 개의 유리잔을 왼손가락 사이에 끼운다

2) 린넨류 취급법

(1) 린넨의 취급법

① 린넨(Linen)류도 식기를 취급할 때와 마찬가지로 사용과 보관을 청결하게 해야 한다.

② 린넨은 사용목적 이외에 절대 남용해서는 안 되며, 규격 및 용도에 맞게 사용해야 한다.

③ 세탁된 린넨을 보관할 때는 규정된 장소에 종류별로 구분해서 사용이 편리하도록 잘 정돈하여 비치하고 구겨지거나 먼지가 묻지 않도록 깨끗하게 보관해야 한다.

④ 린넨에 기름이나 음식물 등으로 인해 얼룩이 생기지 않도록 다루어야 하며, 사용된 린넨 위에 핀(Pin), 이쑤시개, 음식물 등이 있을 때는 깨끗하게 쓸어낸 후 세탁이 용이하도록 일정하게 접는다.

⑤ 찢어졌거나 흠집 또는 얼룩이 있는 린넨은 사용해서는 안 된다.

⑥ 사용한 린넨은 필히 린넨 카트(Linen Cart)에 모으며, 땅바닥이나 정해진 장소가 아닌 곳에 방치하지 않도록 한다.

(2) 테이블 클로스 취급법

테이블 클로스(Table Cloth)는 반드시 식탁규격에 맞는 것으로 사용해야 하며 통일된 방법에 의해서 정확하게 깔도록 해야 한다.

테이블 클로스는 반드시 백색 린넨을 사용하는 것이 원칙이지만 근래에는 여러 가지 유형으로 두껍고 무늬가 다양한 린넨 종류를 사용하는 경향이 많아졌으며, 때로는 유색 린넨과 유색 화학섬유도 많이 사용한다. 테이블 클로스를 세탁한 다음 다림질하여 테이블 규격에 잘 맞게 접어 보관하며 클로스를 깔 때는 접었던 선이 식탁의 가로 세로와 평행이 되도록 씌우는 것이 원칙이다(이때 테이블에서 늘어진 가로 세로의 길이가 꼭 같아야 한다). 식탁의 길이가 90cm×90cm인 경우는 크기가 150cm~150cm로서 식탁에서 늘어지는 길이가 약 30cm 정도면 가장 알맞다.

〈테이블 클로스 까는 요령〉

테이블 클로스를 까는 방법은 테이블 클로스를 접어 들고 테이블의 중앙에서 앞으로 까는 방법과 자기 앞에서부터 깔아나가는 방법, 또는 클로스를 펴가지고 테이블에 씌우는 방법 등이 있으나 고객이 착석하여 있을 때와 없을 때를 감안하여 손님이 착석하여 있을 때는 손님께는 실례가 되지 않도록 조용하게 그리고 천천히 지저분한 클로스를 걷어내거나 또는 그냥 그 위에 깔아 준다. 이때는 자기 앞에서부터 더러운 테이블 클로스를 먼저 테이블 반쯤 맞춰 깐 다음 테이블 위에 양념세트 재떨이 꽃병을 새 클로스 위에 옮긴 다음 더러운 클로스를 벗기고 새 클로스를 완전히 깔아준다. 걷어 낸 테이블 클로스는 먼지나 빵가루가 떨어지지 않게 잘 말아서 린넨통에 처리한다(그림 참조).

언더 클로스는 식탁보 밖으로 늘어지는 경우가 절대로 있어서는 안 되며 원래 테이블 규격과 같게 잘 맞추어 움직이지 않게 고정 부착시키면 더욱 편리하다.

3) 장비류 취급법

(1) 카트류의 취급법

모든 카트(Cart)류는 항상 청결하게 관리하고, 서비스에 필요한 준비물을 완벽하게 갖추어야 한다. 또한 고객 앞에서 사용되는 목적 이외에는 다른 용도로 사용해서는 안 되며, 사용시에 종사자들은 다음과 같은 안전관리 사항을 준수해야 한다.

① 난폭운전 금지
② 체중을 싣지 말 것
③ 무리하게 많은 짐을 싣지 말 것
④ 벽 또는 테이블 등에 부딪치지 않도록 할 것
⑤ 절대 끌고 다녀서는 안 되며 두 손으로 안전하게 밀고 다닐 것

⑥ 요리는 반드시 상단에 싣고 그 밖에 다른 준비물은 밑에 싣도록 할 것

⑦ 사용 후에는 반드시 정해진 장소에 원위치할 것

⑧ 알코올 램프(Alcohol Lamp)나 레쇼(Rechaud)가 갖추어진 카트를 다룰 때는 용기가 넘어지거나 쏟아지지 않도록 각별히 조심하며, 연료를 채울 때는 용기에 7~8부 정도 담고, 불을 붙였을 때 연료가 끓어 넘치지 않도록 할 것

(2) 트레이(Tray) 취급법

트레이는 접객 서비스시에 가장 필요로 하는 비품 중의 하나이며, 또한 식당 종사자들은 다음과 같이 취급요령을 숙지하여 능률적인 업무수행과 통일된 자세를 갖추도록 해야 한다.

① 트레이를 들 때는 반드시 왼손으로 들어야 하며, 옆구리에 끼거나 한 손으로 잡아 흔들고 다녀서는 안 된다.

② 트레이를 들 때는 중심부분에 왼손 팔목부분의 손바닥 부위와 각 손가락을 넓게 벌리고 손끝을 약간 세워 트레이의 전후좌우가 흔들리지 않도록 조정하여 든다. 이때 손바닥 전체가 트레이에 닿는 것은 불안정하므로 손바닥 중심부분이 트레이에 닿지 않도록 공간을 이루어 자연스럽게 든다.

③ 트레이는 팔을 겨드랑이에 자연스럽게 붙이고 몸 앞쪽으로 직각이 되게 팔꿈치를 구부려 반듯하게 든다.

④ 운반시에는 트레이에 냅킨 또는 페이퍼 매트(Paper Mat)를 깔아 트레이에 놓인 물건이 미끄러지지 않도록 한다.

트레이 드는 요령

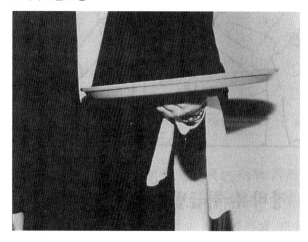

⑤ 트레이에 물건을 놓을 때는 중심부분부터 놓는 것이 안전하며 내려놓을 때는 중심 외부의 것부터 먼저 내려놓는다.

⑥ 트레이에 담아 운반할 때는 반드시 전후좌우를 경계하며 걸어야 하고, 또한 부딪치는 일이 발생하지 않도록 항상 조심하여 운반한다.

⑦ 사용된 기물을 트레이에 담을 때는 깨끗한 기물을 취급할 때와 마찬가지로 청결히 다루어야 하며, 또한 소음이 나지 않도록 조용히 담아야 한다.

3. 테이블 세팅(Table Setting)

테이블 세팅이란 식사제공에 필요한 일절의 준비기구인 식탁, 의자, 테이블 클로스, 냅킨, 은기물류, 식기, 글라스류 및 각종 테이블용 기물류를 바르게 갖추어 놓아, 식탁 위에 요리를 내놓고 판매하기 위한 준비작업이다.

이러한 테이블 세팅은 영업장의 테이블 배치와 조화를 이루어야 한다. 즉, 테이블 배치와 테이블 세팅과의 조화는 고객에게 완벽한 식탁서비스를 제공해 주는데, 고객이 즐길 수 있는 식사분위기를 조성해야 하며, 식탁배열은 어느 정도 여유를 가지면서 서비스하는 종사자의 필요공간이 확보되어야 하며 고객들 간의 대화상의 보안도 고려되어야 한다.

테이블 세팅은 식당의 종류 및 식사의 형태에 따라서 다양하나, 일반적으로 다음과 같이 다섯 종류로 분류된다.

① 기본차림(Basic Place Setting)

② 일품요리기본차림(Basic a la Carte Setting)

③ 정식차림(Table d'hote Setting)

④ 아침식사기본차림(Basic Breakfast Setting)

⑤ 특별식차림(Special Setting)

1) 테이블 세팅의 종류

테이블 세팅의 기본도형은 [그림 9-2]에 나타나 있으며, 테이블 세팅의 기본원칙은 〈표 9-1〉에 나타나 있다.

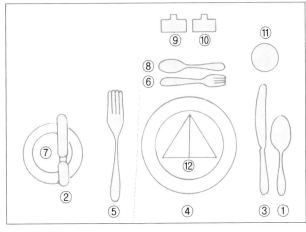

그림 9-2
테이블 세팅의 종류

① Bouillon spoon
② Butter knife
③ Dinner knife
④ Service plate
⑤ Dinner fork
⑥ Dessert fork
⑦ B&B plate
⑧ Dessert spoon
⑨ Salt shaker
⑩ Pepper shaker
⑪ Water goblet
⑫ Napkin

표 9-1 테이블 세팅의 기본원칙

(1)	쇼 플레이트와 은기물류는 식탁 가장자리로부터 2cm 정도의 간격을 두고 놓는다.
(2)	기물류의 배열은 전체적인 균형을 이룰 수 있도록 적당한 간격으로 보기 좋게 놓는다.
(3)	빵 접시(Bread Plate)의 중앙선과 쇼 플레이트의 중앙선이 일치하도록 배열한다.
(4)	디너 나이프(Dinner Knife)는 칼날이 안쪽으로 향하게 한다.
(5)	버터 나이프(Butter Knife)는 빵 접시 위에 오른쪽으로 1/4 정도되는 부분에 포크의 배열선과 맞춰 놓는다.
(6)	물잔(Water Goblet)은 디너 나이프의 끝 쪽 연장선과 디저트 스푼과 포크의 중앙 배열선이 교차되는 곳에 놓는다(도면 참조).
(7)	와인잔(Wine Glass)은 물잔의 오른쪽 아래쪽으로 45° 대각선상에 놓는다.
(8)	센터 피스(Center Pieces)의 배열은 테이블의 종류와 세킨 인원에 따라 달라질 수 있겠으나, 일반적으로 좌측부터 후추, 소금, 꽃병의 순으로 배열한다.
(9)	쇼 플레이트를 사용하지 않을 때는 냅킨을 놓아서 기준을 삼는다. 이러한 원칙은 영업장의 특성과 식탁의 종류, 식탁이 배치된 장소, 기물의 종류에 따라 다소 변할 수는 있으나, 테이블 세팅의 근본 목적인 고객이 사용하기에 편리하고, 짜임새 있고 모양 좋은 테이블이 되게 하여야 한다.

한편, 테이블 세팅의 종류는 다음과 같다.

(1) 기본차림(Basic Place Setting)

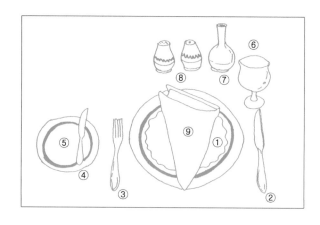

① SHOW PLATE
② DINNER KNIFE
③ DINNER FORK
④ BUTTER KNIFE
⑤ B&B PLATE
⑥ WATER GOBLET
⑦ FLOWER VASE
⑧ CASTOR SET
⑨ NAPKIN

(2) 일품요리기본차림(Basic a la Carte Setting)

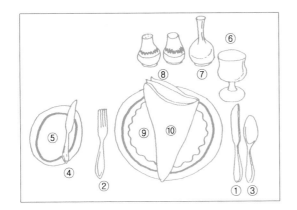

① DINNER KNIFE
② DINNER FORK
③ SOUP SPOON
④ BUTTER KNIFE
⑤ B&B PLATE
⑥ WATER GOBLET
⑦ FLOWER VASE
⑧ CASTOR SET
⑨ SHOW PLATE
⑩ NAPKIN

(3) 정식차림(Table d'ote Setting)

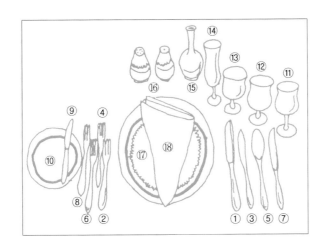

① MEAT KNIFE
② MEAT FORK
③ FISH KNIFE
④ FISH FORK
⑤ SOUP SPOON
⑥ SALAD FORK
⑦ APPETIZER KNIFE
⑧ APPETIZER FORK
⑨ BUTTER KNIFE
⑩ B&B PLATE
⑪ WATER GOBLET
⑫ WHITE WINE GLASS
⑬ RED WINE GLASS
⑭ CHAMPAGNE GLASS
⑮ FLOWER VASE
⑯ CASTOR SET
⑰ SHOW PLATE
⑱ NAPKIN

만일 애피타이즈 나이프(Appetizer Knife)를 사용할 필요가 없는 전채요리 (Appetizer)인 경우에는 애피타이즈 나이프(Appetizer Knife)대신 애피타이즈 포크 (Appetizer Fork)를 오른쪽 수프 스푼(Soup Spoon)옆에 세팅한다.

(4) 아침식사기본차림(Basic Breakfast Setting)

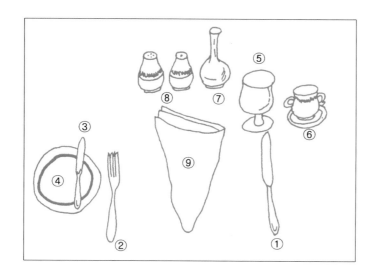

① DINNER KNIFE
② DINNER FORK
③ BUTTER KNIFE
④ B&B PLATE
⑤ WATER GOBLET
⑥ COFFEE CUP&SAUCER
⑦ FLOWER VASE
⑧ CASTOR SET
⑨ NAPKIN

(5) 특별식차림(Special Setting)

특별식차림에는 여러 가지 종류가 있는데 오이스터 요리(Oyster : 굴)의 특별식
차림의 예를 들면 [그림 10 – 3]과 같다.

그림 9-3 오이스터 요리 특별식 차림

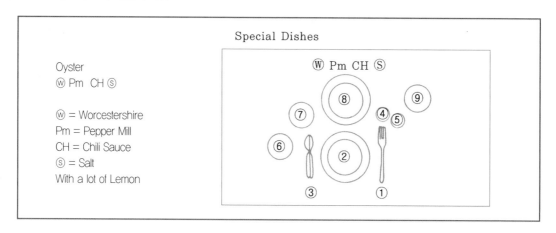

① Oyster Fork   ⑥ Bread plate
② Service Plate   ⑦ Finger Bowl
③ Tongs   ⑧ Oyster
④ Water glass   ⑨ Shell plate
⑤ Wine glass

2) 테이블 세팅의 준비단계와 순서

테이블 세팅을 하기 전에 준비단계가 필요하며 다음과 같다.

(1) 청소 및 환경정리

즐거운 식사를 하기 위해서는 청결하게 정돈된 주변환경이 무엇보다도 중요한 역할을 한다. 그러므로 식탁을 꾸미기 전에는 식탁과 의자를 비롯하여 영업장 내의 구석구석까지 철저한 청소가 이루어져야 한다.

(2) 식탁 위치의 고정

식탁은 고객이 불편을 느끼지 않도록 배치되어야 하며, 흔들리지 않게 바르게 놓여야 한다. 식탁의 높이는 70~75cm, 의자의 높이는 40~45cm가 표준이며, 한 사람이 점유하는 좌석의 폭은 70cm를 기준으로 한다.

(3) 테이블 클로스(Table Cloth) 깔기

(4) 냅킨(Napkin) 준비

(5) 센터 피스(Center Pieces)

센터 피스란 식탁의 중앙에 놓는 집기를 말한다. 즉, 식탁을 돋보이게 하기 위해 놓는 꽃병과 소금, 후추병, 재떨이, 촛대 등이 있으며, 뷔페 테이블의 중앙에 장식물로 놓이는 생선요리, 케이크, 과일용 은제 바스켓, 얼음조각 등도 이에 속한다. 꽃은 병에 꽂거나 수반을 이용할 수 있으나 꽃의 높이가 너무 높아 상대방의 얼굴을 마주보는 데 방해가 되어서는 안 된다. 촛대 역시 손님의 대화에 지장을 주는 높이는 피해야 한다. 소금과 후추병은 보통 2~3명에 한 세트씩 세팅하며, 내용물이 차 있어야 하고, 응고되거나 구멍이 막히지 않았는지를 확인한다.

(6) 기물류

세팅에 사용할 은기물류(Silverware), 도기류(Chinaware), 유리컵류(Glassware)를 깨끗하게 세척하여 얼룩진 곳이 없도록 닦아 놓는다. 특히, 은기물류를 취급할 때

는 반드시 손잡이를 잡는다.

한편, 테이블 세팅의 순서는 다음과 같다.

영업장의 특성과 테이블의 종류에 따라 세팅 순서가 달라질 수 있겠으나 일반적인 테이블 세팅 순서는 다음과 같다.

(1)	식탁과 의자를 점검한다.
(2)	테이블 클로스를 편다.
(3)	센터 피스[(Center Pieces ; 꽃병(Flower Vase), 소금과 후추(Salt & Pepper Shaker)]를 놓는다.
(4)	쇼 플레이트(Show Plate)를 놓는다.
(5)	빵 접시(Bread Plate)를 놓는다.
(6)	디너 나이프와 포크(Dinner Knife & Fork)를 놓는다.
(7)	피시 나이프와 포크(Fish Knife & Fork)를 놓는다.
(8)	수프 스푼과 포크(Dessert Spoon & Fork)를 쇼 플레이트(Show Plate) 위쪽에 놓는다.
(9)	애피타이저 나이프와 포크(Appetizer Knife & Fork)를 놓는다.
(10)	버터 나이프(Butter Knife)를 놓는다.
(11)	디저트 스푼과 포크(Dessert Spoon & Fork)를 쇼 플레이트(Show Plate) 위쪽에 놓는다.
(12)	물잔과 포도주잔(Water Goblet, White & Red Wine Glass)을 놓는다.
(13)	냅킨(Napkin)을 편다.
(14)	전체적인 조화와 균형을 점검한다.

좌석을 정한 손님으로부터 요리의 주문을 받은 후 요리에 맞추어서 테이블 세팅을 하는 경우에는 첫째, 전혀 세팅이 되어 있지 않았을 때는 주문에 맞추어서 세팅한다. 둘째, 일부가 세팅되어 있으면 주문에 따라서 필요한 기물을 보충한다. 셋째, 세팅이 완료된 테이블에서는 주문에 따라 불필요한 기물은 치운다.

이상과 같은 경우의 테이블 세팅에서 특히 주의해야 할 점은 다음과 같다.

① 기물을 테이블로 옮길 때나 치울 때에는 트레이를 사용하고 손으로 들고 다니지 않는다.

② 기물이 부딪쳐 소음을 내지 않도록 조심한다.

③ 나이프, 포크를 세트할 때나 치울 때에는 나이프나 포크의 끝이 손님의 몸에 닿지 않게 또는 떨어뜨리지 않게 주의한다.

④ 테이블 배치상 부득이 손님 앞을 가로막든가, 팔을 뻗어서 세트(set)할 때는 손님에게 반드시 "실례합니다"라고 양해를 구하고 나서 동작으로 옮긴다.

⑤ 테이블 배치에 따라 매우 하기 힘든 경우나 바쁠 경우에라도 세팅(setting)을
조잡하게 대충 하여서는 안 된다.

⑥ 손님에게 불쾌감과 불편함을 주지 않도록 신속하고 정중하게 모든 동작을 취
한다.

4. 식음료 고객서비스

1) 예약 서비스

예약은 고객과 레스토랑 간의 약속이며 고객의 인적사항, 예약날짜, 시간, 인원,
메뉴, 기타 필요사항들을 고객과 약속하며 제공하고 제공받는 것을 말한다. 따라서
예약담당자는 예약에 관한 모든 고객의 요구사항을 파악하여 예약을 받아야 하며,
최소 1일전에 고객과 다시 통화 후 예약에 대해서 확인 절차를 거쳐야 한다. 예약
의 경우 예약 장부를 별도로 관리할 필요가 있으며, 예약 사항에 관해서는 조리부
서와 홀, 담당 매니저와의 사전 업무 커뮤니케이션을 해야 한다. 식음료 부서는 각
영업장별로 예약을 접수하게 되며 다음과 같은 방법이 이용된다.

① 직접 예약(방문 예약)

② 전화 예약

③ Telex, Telegram, Fax, 편지 예약

④ Internet 예약

⑤ 대리 예약

2) 고객영접 및 안내

고객의 영접과 안내는 주로 영업장지배인과 고객영접원(greetrees)이 담당한다.
담당자는 식당입구에서 단정한 자세로 대기하고, 고객의 입장 시 미소 띤 얼굴과
예의 바른 자세로 고객을 맞이하여 고객의 테이블까지 안내하도록 한다. 테이블까
지의 안내 시 손으로 방향을 가리키며 고객의 우측 2-3걸음 정도 앞장서면서 고객
과 보조를 맞추어 이동한다.

(1) 고객영접

① 미소 띈 얼굴로 정중한 인사와 아울러 레스토랑의 격과 시간대에 맞는 인사말로 고객을 맞이한다.

② 고객이 예약을 한 성함, 시간, 특별 준비사항 등을 확인하도록 한다.

③ 예약을 하지 않았을 경우 고객이 원하는 테이블에 가능한 착석할 수 있도록 한다.

④ 테이블이 없을 경우 웨이팅리스트에 고객의 인적사항을 기재한 후 기입순서에 따라 테이블을 배정한다.

⑤ 고객의 특별한 요구가 없을 경우 가능한 한 고객의 특성에 맞게끔 테이블을 배정한다.

- 어린이 동반가족은 다른 고객에게 방해가 되지 않도록 가능한 레스토랑의 구석진 테이블에 안내하도록 한다.
- 젊은 남녀 고객은 타인의 방해를 받지 않는 조용한 쪽으로 안내한다.
- 노인이나 신체가 부자연스러운 고객은 입구 가까운 쪽으로 안내한다.
- 혼자 오신 고객은 벽 쪽 조용한 곳으로 안내한다.
- 정복차림의 군인이나 경찰은 다른 고객의 눈에 잘 띄지 않는 곳으로 안내한다.
- 화려하게 차려입은 고객들은 가능한 레스토랑의 가운데 쪽으로 안내한다.
- 서로 모르는 고객끼리의 합석은 하지 않도록 한다.
- 술에 취한 사람이나 정신이상자 등은 지배인에게 연락해서 조치를 취하도록 한다.
- 안내시 고객에게 레스토랑의 정보(행사내용, 이용시 유의사항, 편의시설 안내)를 상세하게 제공해야 한다.

(2) 착석

① 고객이 자리에 앉기 편하게 의자를 빼주며, 앉을 때 두 손과 무릎을 사용하여 의자를 살며시 밀어준다.

② 착석순서는 노약자, 어린이, 지체부자유자 또는 여성 순으로 앉도록 도와야 하며, host가 마지막으로 착석하도록 한다.

③ 착석이 끝나면 테이블 웨이터에게 인계하고 "식사 맛있게 하세요", "즐거운

시간 되십시오"라는 인사말을 건네고 위치로 돌아가도록 한다.

(3) 물품의 보관

① 보관요청이 없을 경우, 고객의 빈 좌석에 올려놓도록 한다.

② 보관을 원하면 보관표(번호표, 열쇠)를 본인에게 주고 보관품을 보관장소에 보관하도록 한다.

③ 체크아웃 시 보관표를 확인한 후 다른 고객의 물품과 바뀌지 않도록 돌려준다.

④ 고객의 외투, 우산, 가방 등을 놓는 일은 도와주어도 되나, 고객의 허락 없이 핸드백을 만지지 않도록 주의한다.

3) 메뉴의 주문

(1) 메뉴를 주문하는 방법

아래의 사항은 정식코스(full course)를 주문하는 방법이며, 레스토랑의 상황, 메뉴의 종류에 따라서 약간 상이할 수 있다.

① 고객이 착석하고 나면 담당 웨이터는 고객에게 인사를 하고 메뉴판을 준 후 고객에게 메뉴를 선정할 시간적 여유를 주도록 한다.

② 항상 메뉴 주문서와 볼펜 등을 지참하여 즉시 주문 내용을 받아 적을 수 있도록 한다.

③ 주문기록은 약어(abbreviation)를 이용하여 간결하게 작성하도록 한다.

④ 메뉴 설명 시 손가락으로 가리켜서는 안되며, 손바닥이 위로 오도록 해서 메뉴를 가리키도록 한다.

⑤ 성급하게 주문을 받지 않도록 하며 고객에게 시간적 여유를 배려하고, 궁금한 사항을 물어볼 시간을 주고 질문에 대한 대답을 정확히 해주어야 한다.

⑥ 주문을 받을 때는 주빈 또는 주최자의 왼쪽부터 시계방향으로 여자, 남자, hostess, host 순으로 돌면서 주문하는 것이 원칙이다.

⑦ 조리부서와 항상 긴밀한 협조 하에 품절 품목 등을 확인하여 고객의 불편사항이 없도록 해야 한다.

⑧ 고객의 특별 주문 요청이 있을 경우 조리부서와 신속히 연락하여 가능여부를 확인 후 주문을 받도록 한다.

⑨ 시간이 많이 소요되는 메뉴는 소요시간을 반드시 알려주도록 한다.

⑩ 육류를 주문할 경우 굽기 정도, 달걀요리는 익힘의 정도, 샐러드는 드레싱의 종류 등 고객의 기호에 맞게 선택할 수 있도록 물어본 후 기재하도록 한다.

⑪ 요리 주문이 끝나면 음료나 wine list를 주도록 한다.

⑫ 음료나 wine의 경우 주문한 요리와 잘 어울릴만한 것을 권유한다.

⑬ 주요리의 식사가 끝난 경우 후식 주문과 디저트 음료의 주문을 받는다.

⑭ 주문이 끝나면 감사의 표시로 정중하게 인사를 한다.

(2) 메뉴를 추천하는 방법

① 메뉴를 추천하기 전에 가능한 빨리 고객의 유형을 파악하여 고객의 구매의욕을 최대한 유발시키도록 한다.

② 단골고객인 경우 고객의 기호를 기억하여 두었다가 고객의 기호에 맞는 품목의 메뉴를 추천하도록 한다.

③ 고객의 주문에 따라서 당일 레스토랑의 영업성과에 영향을 줌으로 행사 메뉴, 추천 메뉴 등을 집중적으로 판매할 수 있도록 한다(Up-selling, Cross-selling).

④ 고객에게 고가의 메뉴를 강매하는 인상을 주는 것은 바람직하지 않으므로 항상 고객의 입장과 레스토랑의 매출입장을 생각하여 합리적인 주문을 할 수 있도록 추천해야 한다.

⑤ 행사 메뉴, 오늘의 특별 요리(Daily special menu), 신 메뉴, 수익성이 높은 메뉴, 재고가 많은 메뉴 등을 상황에 따라 추천하여 판매하도록 한다.

⑥ 음료주문과 추가주문은 매출 증대와 이윤 증대에 많은 비중을 차지하므로 적극적으로 추천하여 판매하도록 한다.

4) 메뉴에 의한 서비스

(1) 수프 서브

① 수프는 고객의 우측에서 제공하도록 한다.

② 래들을 사용할 때는 고객의 좌측에서 담도록 한다.

③ 수프가 테이블에서 흐르지 않도록 한다.

④ 수프볼은 항상 뜨겁게 준비되어져야 한다.

(2) 샐러드 서브

① 샐러드는 고객의 우측에서 제공하도록 한다.

② 드레싱은 고객의 좌측에서 제공하며 어떤 드레싱을 선택할 것인지 물어 본 후 샐러드 위에 얹도록 한다.

③ 드레싱이 테이블에 흐르지 않도록 한다.

(3) 주요리의 서브

① 뜨거운 요리는 뜨거운 식기에. 차가운 요리는 차가운 식기에 제공되어야 한다.

② 주요리는 고객의 우측에서 제공하도록 한다.

③ 소스는 고객의 왼편에서 제공하도록 한다.

④ 접시가 뜨거울 경우 고객에게 뜨겁다는 환기를 시키도록 한다.

⑤ 주요리를 조금 드셨을 경우 고객의 만족도를 체크하도록 한다.

⑥ 소스나 다른 요구사항이 있을 경우 신속한 서비스를 제공하도록 한다.

(4) 디저트의 서브

① 디저트 나이프와 스푼은 고객의 오른쪽, 포크는 왼쪽에 세팅하고, 포크만 세팅할때는 고객의 오른쪽에 놓는다.

② 케이크나 파이 등을 제공할 때는 뾰족한 부분이 고객 앞으로 향하도록 한다.

③ 아이스크림은 녹지 않은 상태에서 제공하도록 한다.

④ 과일류는 신선한지를 체크한 후 제공하도록 한다.

(5) 브래드와 버터의 서브

① 빵은 고객이 착석하면 빵바구니에 담아서 테이블에 제공한다.

② 버터볼은 B & B plate 위측 2cm 정도 위에 고객이 쉽게 먹을 수 있도록 놓는다.

③ 브레드 카트(bread cart)나 트레이에 담아서 제공할때에는 고객의 좌측에서 보여주고, 원하는 빵을 B & B plate 위에 올려 놓는다.

④ 빵을 집을 때는 손을 사용해서는 안되며, 반드시 빵 집게나 서빙 스푼, 포크를 사용한다.

(6) 음료 서브

① 음료를 제공할 경우 반드시 트레이를 사용하여야 한다.

② 병뚜껑이 있는 음료는 미리 따서 테이블로 가져와 제공하도록 한다.

③ 모든 음료의 경우 고객의 오른쪽에서 오른손으로 제공한다.

④ 테이블에 글라스를 놓을 경우 소리가 나지 않도록 한다.

⑤ 음료를 제공할 경우 다른 고객의 얼굴을 막으면서 제공해서는 안된다.

⑥ 와인 시음을 제외한 모든 음료의 서비스는 여성을 우선으로 한다.

⑦ 글라스를 잡을 경우 1/3 하단 쪽을 손끝으로 가볍게 쥐도록 한다.

⑧ 맥주를 제공할 경우 잔에 닿지 않도록 1~2cm 정도 띄워서 따르고, 따르고 남았을 경우 잔 위쪽에 두도록 하며, 맥주의 거품이 3cm 정도 나도록 제공하여야 한다.

(7) 와인서브

① 와인을 주문한 고객에게 라벨을 보여주고, 주문한 와인이 맞는지를 확인한다.

② 고객의 와인 확인 후 코르크를 싼 호일의 윗부분을 제거하고 코르크를 빼고 깨끗한 냅킨으로 병 입구를 닦아준 다음 와인을 제공한다.

③ 와인 코르크는 코르크 홀더에 안쪽이 위로 향하게 꽂은 다음 손님이 후각으로 테스트할 수 있도록 테이블에 올려 놓는다.

④ 찌꺼기가 많은 좋은 와인은 병을 세워 찌꺼기가 병바닥에 완전히 가라앉게 되면 흔들리지 않게 조심히 코르크를 제거한 후 디켄터(decanter)에 옮겨 붓는다.

⑤ 와인을 주문한 고객이 먼저 1온스 정도의 양을 시음한 후 그 결과가 만족스럽다면 다른 고객에게 와인을 제공한다.

⑥ 와인잔에 1/2 정도(화이트 와인), 2/3 정도(레드 와인)를 채우고 와인 서브가 끝날때까지 같은 양을 유지하도록 한다.

⑦ 테이블클로스에 와인 방울이 떨어지지 않도록 조심해서 서브한다.

⑧ 레드 와인의 경우 고객에게 물어보고 미리 오픈해 두는 것이 좋다.

⑨ 제공하고 남은 와인은 화이트 와인의 경우 와인 쿨러(wine cooler)에, 레드 와

인의 경우 basket에 두도록 한다.

⑩ 와인을 따를 때 잔에 와인 병이 닿지 않도록 조심해서 서브하고 잔을 잡을 때
는 하단을 잡도록 한다.

(8) 커피의 서브

① 커피나 차의 제공은 개인별 글라스에 제공하도록 하며, 컵은 항상 뜨겁게 준
비되어야 한다.

② 슈가, 크림 등은 양이 충분한지 확인하고 손잡이는 고객쪽으로 향하도록 한다.

③ 커피와 차의 컵은 손잡이가 오른쪽으로 향하도록 하고, 티스푼은 컵의 앞부분
에 손잡이와 평행하도록 놓는다.

④ 커피를 거의 마셨을 경우 다시 제공해야 하는지의 여부를 여쭤본다.

⑤ 커피의 온도는 크림과 설탕을 넣었을 때 60도 정도가 적당하다.

⑥ 차는 아주 뜨거운 상태에서 제공되도록 한다.

⑦ 밀크 또는 레몬을 넣을 것인지 문의해 보고 티와 함께 제공한다.

(9) 핑거볼의 서브

① 물을 담을 때는 뜨겁거나 차갑지 않도록 미지근한 물을 제공한다. 레몬을 띄
우기도 하고, 꽃잎을 띄워주기도 한다.

② 손을 사용해야 하는 뼈나 껍질 있는 요리, 과일 등은 핑거볼을 먼저 제공한 후
서브한다.

5. 기타 서비스

(1) 재떨이 서비스

① 재떨이에는 담배꽁초가 2개 이상 있지 않도록 한다.

② 재떨이의 교체는 캐핑(Capping) 방법을 사용해서 교체하도록 한다. 교체시에
재가 날리지 않도록 주의해야 한다.

③ 재떨이는 물기나 더러운 자국이 남아 있지 않도록 한다.

(2) 알코올 및 와인 보관 서비스

① 고객이 마시다 남은 술의 보관을 원하면 술 보관 캐비닛에 보관한다.
② 맡긴 술은 술의 양과 성함을 기록카드에 작성 후 보관하도록 한다.
③ 맡긴 술의 기록카드에 고객의 사인을 받도록 한다.
④ 전용 술보관 꼬리표(tag)를 병에 걸어 보관하도록 한다.

(3) 분실물과 습득물 처리 서비스

레스토랑에서 발생한 분실물 및 습득물에 대해서는 고객에게 찾아줄 수 있도록 최선의 방법을 강구해야 하며, 주인이 나타나지 않을 경우 사내의 내규에 따라서 정확한 서비스를 이행해야 한다.

① 고객의 분실물 발견 시 연락처가 있을 경우 연락하고, 연락처가 없을 경우 분실물 택(Lost & Found tag)을 작성하여 객실관리부서에 보관하도록 한다.
② 습득된 물건은 객실관리부서에 즉시 보고하고, 객실관리부서는 보관장부에 습득한 당사자, 물건명, 시간, 장소 등을 정확히 기입하여야 한다.
③ 고가품, 부패 가능성이 있는 물품 등은 당직 지배인에게 보고하여 처리하도록 한다.
④ 습득물의 보관기간은 사내 내규를 마련하여 규정에 따르도록 한다.
⑤ 고객이 물건을 찾아갈 경우 고객의 사인을 받아서 보관하도록 한다.
⑥ 우편 이송을 원할 경우 우송청구서가 있기 전에는 우송하여서는 안 되며, 우송할 경우 반드시 등기우편으로 보내는 것을 원칙으로 한다.

6) 환송 서비스

① 담당 웨이터는 고객이 일어나면 즉시 의자를 빼드리고 테이블에 고객의 물건이 남아 있는지의 여부를 확인한다.
② 나갈 때에는 고객에게 "레스토랑을 이용해주셔서 감사하다"는 인사를 하도록 한다.
③ 지배인이나 리셉션을 담당하는 직원은 보관품이 있을 경우 찾아준다.
④ 불편한 점이 없었는지의 여부를 꼭 확인하도록 한다.

03 주장(Bar)부문의 특성

1. 주장의 정의

오늘날 음료(Beverage) 서비스를 제공하는 주장은 이것이 존재하는 사회상을 반영하면서 빠르게 성장하고 있으며 변화와 경쟁을 겪고 있는 수익이 많이 나는 사업이다. 즉, 급속한 서구문명의 전래와 함께 국민생활 수준의 향상은 음료, 특히 알코올 음료(Alcoholic Beverage)가 우리의 생활에 중요하게 됨에 따라 호텔 식음료 경영에 있어서 주장은 필수적인 부문으로 되었으며 고객에게 휴식과 즐거움을 제공하는 장소가 되었다.

주장(Bar)의 Bar 단어는 프랑스 단어인 「Bariere」에 기원을 두고 있으며 「고객과 조주원 사이에 가로놓여진 칸막이」라는 개념이 현재는 술을 판매하는 주장을 의미하게 되었다.

현대에 있어서 주장은 여러 가지 형태를 취하고 있는데, 그것들은 다음과 같다.

① 단순 주장(Beverage-only bar)

② 유흥제공 주장(Bar/entertainment combinations)

③ 식음료제공 주장(Food and beverage combinations)

④ 호텔 주장(Hotel beverage operations)

⑤ 기내 주장(Airline beverage service)

⑥ 기타 주장

이러한 주장들은 유사한 점들을 가지고 있는데, 첫째, 유사한 상품을 판매하고, 유사한 조직구조를 가지고 있으며, 유사한 구매 및 재고 패턴을 가지고 있고, 유사한 상품통제 방식을 가지고 있으며, 예산상의 항목도 비슷하고 회계처리 방법도 비슷하다.

본서에서는 호텔 주장을 중심으로 전개가 되는데, 오늘날 현대 호텔에서는 단순히 술만 판매하는 것이 아니라 시설·분위기에 있어서 각 호텔의 성격에 알맞는 구조와 디자인으로서 주장을 갖추고 특징 있는 조명, 시설과 음악으로써 고객을 유지하고 있는 것이다.

호텔의 주장을 정의하면 "호텔 내외에 고객이 이용하기 편리한 장소에 일정한 주장시설을 갖추어 놓고 각종 음료 및 서비스를 제공·판매하는 곳"이라고 할 수 있다.

호텔의 주장은 단순 주장이나 식음료제공 주장과는 다른 측면을 가지고 있다. 즉, 한 호텔 내에 다른 목적과 분위기를 가지고 있는 여러 개의 주장을 가질 수 있는데, 예를 들어, 로비 바(lobby bar), 칵테일 라운지(cocktail lounge), 레스토랑 바(restaurant bar) 및 디스코 클럽(disco club) 등이 있다. 이외에 혼합주(mixed drinks), 포도주 및 샴페인을 제공하는 룸 서비스가 있으며 고객의 욕구에 맞추어 이동식 바(portable bar)로 서비스가 제공되는 회의 및 집회가 포함되는 연회가 있다.

이밖에 많은 다른 점이 호텔 주장에서 발견되는데, 따라서 현대 호텔에서의 주장의 효율적인 운영을 위해서는 각 주장의 특성을 최대한으로 살려 종래의 술만을 즐기는 요소에서 벗어나 음악이나 노래를 즐기는 요소를 가미하여 호텔 내의 투숙객 외에 외래객을 유치할 수 있는 소지를 충분히 갖추어 놓고 주장을 하나의 독립된 상품으로서 판매를 촉진시켜야 한다.

2. 주장부문의 조직과 직무분석

기업이나 부서를 효율적으로 운영하기 위해서는 적절한 조직의 편성이 필수적이다. 따라서 호텔의 주장도 예외가 아니다. 특히 호텔 주장은 근무시간이 야간에 이루어진다는 점에서 각별한 주의를 요한다.

호텔의 다른 부서와 마찬가지로 호텔의 주장도 이 부서에 근무하는 종사자의 적극적인 판매자세가 매출을 증진하는 데 아주 중요하다.

주장부문의 조직편성은 다음과 같다.

그림 9-4 주장부문 조직의 편성

우선 주장을 잘 경영하기 위해서는 종사자의 음료에 대한 전문적인 지식이 필요하다. 주장부문 종사자의 직무는 다음과 같이 분류될 수 있다.

(1) 음료과장(Beverage Manager)

주장부문의 최고책임자로서 각 주장의 운영상태 파악 및 적절한 인원 배치, 서비스 교육, 각종 음료의 적정재고 수준 유지를 위한 구매관리 등의 책임을 진다.

(2) 주장지배인(Bar Manager)

주장의 책임자로서 주장의 운영, 고객관리 및 주장 종사자의 인사관리, 서비스 교육의 실질적인 책임을 진다.

(3) 헤드 바텐더(Head Bartender)

고객서비스를 직접 책임지며, 고객의 기호를 파악하여 적절히 제공하며 음료에 관한 지식을 충분히 숙지하여 고객의 질문에 답변하며, 주장 종사자의 교육 및 각종 음료의 적정재고 여부를 점검한다.

(4) 바텐더(Bartender)

상급조주원을 도와서 고객서비스를 담당하고, 음료판매시 적정량을 제공하며, 각종 음료의 적정재고 확보 및 주장 내의 영업적 준비를 책임진다.

(5) 바 보이(Bar Boy)

조주원을 도와 주장 내의 영업 전 준비 및 주장 내의 기물의 정리정돈, 보관, 청소를 책임진다.

(6) 바 웨이터 & 바 웨이트리스(Bar Waiter & Waitress)

고객의 주문을 받아서 조주원에게 정확한 주문을 하고, 고객서비스를 담당하며 주장 내의 서비스용 기물의 관리 및 보관 정돈 상태를 책임진다.

04   연회부문

1. 호텔 연회의 특성과 정의

　연회는 호텔의 입장에서 상당한 매출액을 올릴 수 있는 사업부문이다. 그러나 모든 호텔들이 그러한 혜택을 얻는 것은 아니다. 어떤 호텔에서는 연회부문의 매출액이 계속 감소하고 있고, 다른 호텔에서는 객실부문과 식당의 매출액이 상당히 증가하는 데 비하여, 연회부문의 매출액은 조금씩 증가하는 경우도 있다.

　그러나 오늘날 호텔의 성격이 대중화되어 감에 따라 일반대중이 호텔을 이용하여 많은 연회행사를 가질 뿐만 아니라, 또한 국제적인 행사의 증가로 인하여 호텔의 연회장 사용이 빈번해짐에 따라 호텔 식음료부에서의 연회는 중요한 수입원이 되므로 오늘날 대형 호텔에서는 식음료부의 조직에 연회과를 편성하여 연회의 접수와 진행, 관리 등을 일괄적으로 맡아서 처리할 수 있도록 하고 있다.

　오늘날 호텔 연회행사의 성공적인 열쇠는 연회의 특성에 따른 충분한 사전교육과 인원의 적절한 배치에 따른 빠른 스케줄에 의하여 완전히 준비하는 데 달려 있는 것이다. 따라서 이러한 행사를 준비하는 데 있어서 필요한 충분한 조직을 갖추어야 한다.

　연회란 호텔 또는 식음료를 판매하기 위한 제반시설이 완비된 구별된 장소에서 2인 이상의 단체고객에게 식음료와 기타 부수적인 사항을 첨가하여 행사의 본연의 목적을 달성할 수 있도록 하여 주고 그에 따른 응분의 대가를 수수하는 행위를 말한다.

　2인 이상의 단체고객이란 동일한 목적을 위하여 참석한 일행을 지칭하며, 구별된 장소란 별도로 준비된 장소를 말하며, 부수적인 사항이란 고객이 식사 이외의 목적을 달성하기 위한 행위 및 시설 등의 요구사항을 말한다. 오늘날의 연회는 사회가 복잡해지고 경제가 발전함에 따라 대형화되고 다양하게 이루어진다. 따라서 호텔 연회행사도 점차 방대하게 다발적으로 이루어지기 때문에 그에 따른 대형 연회장을 완벽히 갖추고 연회를 전담하는 부서를 조직화하여 연회 유치에 심혈을 기울이고 있다.

현대 연회 시장은 아직도 연회 발생잠재력이 무궁하므로 개발 여하에 따라서 보다 많은 연회행사를 유치시킬 수 있는 매력적인 상품이며, 또한 연회 매출도 상당히 중요한 부분을 차지하므로 행사 유치에 필요한 홍보 및 활동이 적극적으로 이루어져야 한다.

2. 연회부문의 조직과 직무분석

연회 서비스는 일반적인 식음료 서비스보다는 조직적인 서비스로 연회의 성격에 따라서 테이블의 배열 및 인원의 배치가 필요하다.

[그림 9-5]는 연회부문 조직의 편성을 나타내고 있다.

그림 10-5
연회부문 조직의 편성

[그림 9-5]에서 나타난 바와 같이 연회과는 4가지 하부부서로 나눌 수 있는데 각 하부부서의 업무내용은 다음과 같다.

(1) 연회예약실

① 연회예약과 고객관리

② 연회관련 타 부서와 협조체제 수립

한편, 연회예약실에 소속되어 있는 차트실은 다음과 같은 업무내용을 가진다.

① 표시(sign) 준비와 운영

② 필경과 연회 인쇄물 관리

(2) 연회 서비스

　① 고객 서비스

　② 연회장 상태유지와 관리

　③ 행사용 기물과 장비관리

　④ 인원 계획(Staffing Schedule)

한편, 연회 서비스에 소속되어 있는 하우스맨은 다음과 같은 업무내용을 가진다.

　① 기물(Ware)류, 린넨 및 소모품 관리
　② 창고운영과 행사지원 및 청소상태 점검

(3) 주 장

　● 음료 서비스와 관리

(4) 꽃집(Flower Shop)

　① 호텔의 내부 플랜트(Plant)와 화분관리

　② 연회용 꽃과 장식담당

　③ 식당과 객실 꽃과 장식담당

한편, 연회부문 각 종사자의 직무를 살펴보면 다음과 같다.

① **과 장**

　● 연회인원, 집기 비품, 시설, 고객 및 행정과 서비스의 전반적 관리

　● 연회관련 부서 업무조정

② **예약실 지배인**

　● 연회예약 상담과 접수

　● 과장 업무 보좌 · 기타 연회관련 업무

③ **예약 코디네이터**

　● 연회예약 상담과 접수

　● 행사관련 서류작성, 관리와 행사자료 입출력

④ **접객 지배인(Operation Manager)**

연회예약실에서 작성된 연회행사통보서(Event Order)에 의거 다음과 같이 직무를 수행해야 한다.

ㄱ 연회장의 관리 감독을 한다.

ㄴ 각 직원의 업무와 영업 준비를 지시한다.

ㄷ 연회행사통보서를 세밀한 부분까지 숙지하여 준비사항을 점검한다.

ㄹ 행사 전 관련부서의 준비사항(주방, 방송실, 꽃방, 전기) 등을 점검한다.

ㅁ 행사시 주최자와 면담하여 요구사항과 불편사항을 점검한다.

ㅂ 행사 후 만족한 행사였는지를 확인하여 고객의 만족도를 파악한다.

ㅅ 기타 직무

- 직원의 근무시간표 작성
- 직원의 교육훈련 담당
- 직원의 일상직무 할당, 지시와 확인
- 연회장 시설과 장비류의 상태유지와 점검
- VIP 영접과 환송
- 직원과의 매일 회의 주관
- 업무일지 작성

⑤ **캡틴(Captain)**

연회와 관련된 기물, 음료, 린넨류 등을 점검하여 영업 준비를 하는 실무 책임자이다.

ㄱ 담당 연회장과 후장(Backside)의 청소 등 모든 사항을 점검한다.

ㄴ 연회행사의 지시사항을 실천한다.

ㄷ 특별 주문사항을 점검하여 행사진행에 차질이 없게 한다.

ㄹ 행사 전 테이블 셋업(Table Set Up)과 음식, 음료 준비사항을 점검한다.

ㅁ 행사시 배치된 인원을 통솔한다.

ㅂ 담당 연회행사의 설명과 메뉴교육을 한다.

ㅅ 담당 연회행사의 정해진 메뉴에 의해 서비스 순서를 교육한다.

ㅇ 기타 행사에 필요한 제반 교육(서비스 동선 등)을 한다.

ㅈ 고객을 영접하고 환송한다.

ㅊ 행사완료 후 행사 결과보고서를 작성 보고한다.

ㅋ 직원과 지배인의 교량역할을 한다.

ⓔ 방화와 안전사고를 예방조치하며 고객의 안전을 도모한다.

⑥ **웨이터(Waiter)**

㉠ 캡틴의 지시에 따른다.

㉡ 행사에 관련된 제반 준비사항을 실천한다.

㉢ 각종 기물, 비품, 린넨류를 점검하고 정리정돈한다.

㉣ 행사에 따른 문제점과 개선점을 보고한다.

⑦ **그리트리스(Greetress)**

㉠ 고객에게 편리함과 유쾌함을 드린다.

㉡ 연회행사통보서 서류(Event Order Sheet)를 점검하여 고객의 이용시설을 미리 점검한다.

㉢ 연회장 고객의 영접안내 및 환송을 한다.

㉣ 연회 서비스 사무실의 제반 서류작성 및 관리를 한다.

⑧ **하우스맨**

㉠ 개장을 위한 정리정돈, 점검

㉡ 기물류, 린넨류, 소모품류, 기물류 수급관리 및 행사지원

㉢ 청소상태 점검

㉣ 기물류, 소모품, 린넨 등 별도 사용량과 부족량을 점검하여 행사 완벽지원

㉤ 폐장 전에 린넨, 소모품, 기물류 수급관리와 정리정돈

3. 연회의 분류

연회행사는 그 행사의 성격에 따라서 크게 다음의 네 가지로 분류된다.

1) 기능에 의한 분류

기능에 의한 분류는 식음료를 판매하는 것과 연회장만 빌려 주는 것의 두 가지로 구성된다.

(1) 식음료 판매를 하는 행사

① **정찬 파티(Lunch & Dinner Party)**

정찬 파티는 가장 정식인 연회로서 경비의 규모가 클 뿐 아니라 사교상의 중요한 목

적을 띠고 있다. 초대장을 보낼 때는 연회의 취지와 주빈의 성명을 기재하여 복장에 대한 명시를 제시할 수도 있다. 정찬 파티에는 통상 예복을 입고 참석해야 한다. 고객이 참석하기 전에 좌석 배치도(Seating Arrangement)가 결정되면 플레이스 카드(Place Card)를 식탁에 배치하여 지정된 좌석에 앉게 하여야 한다. 많은 고객을 초대하였을 경우 주최자는 연회장 입구에 좌석 배치도를 설치하여 참석자의 혼잡을 피하도록 한다.

연회가 진행되어 후식을 제공하고 나면 주최자는 일어서서 인사말(Speech)을 하게 된다. 인사말이 끝나면 커피, 생과자를 제공하고, 그 뒤에 애프터 드링크(After Drink)를 제공한다.

정찬 파티의 테이블 세팅에 있어서 주의해야 할 점은 연회장의 넓이와 참석자의 수, 그리고 연회의 목적에 따라 테이블 배치를 해야 하는 것이다. 그것은 좌석 배열도 사회적 지위 및 연령의 상하가 구분되기 때문에 주최자와 충분한 사전 협의가 이루어져야 하고, 특히 외국인일 경우는 부인을 위주로 하며 그 방의 상석은 입구에서 가장 먼 내측이 되는 것이다.

② 칵테일 파티(Cocktail Party)

칵테일 파티란 각종 종류와 여러 가지 음료를 주제로 하고 전채요리(Hors d'oeuvre)를 곁들이면서 입식형식으로 행하여지는 연회를 말한다. 칵테일 리셉션은 정찬 파티에 비하여 비용이 적게 들 뿐 아니라 지위고하의 구분 없이 자유로이 이동하면서 자연스럽게 담소할 수 있고, 또한 참석자들이 복장이나 시간 등에 별로 제한받지 않기 때문에 현대인에게 더욱 편리하고 특히 사교모임에 적당한 파티이다.

고객들은 연회장 입구에서 주최자와 인사를 나눈 다음 입장을 하고 연회장 내에 차려져 있는 바에서 좋아하는 칵테일이나 음료를 주문하여 받은 다음 격의 없이 손님들과 어울리게 된다. 서비스맨들이 특히 준비해야 할 점은 준비되어 있는 음식과 음료가 많이 소비되어야 하므로 셀프서비스 형식이라도 고객 사이를 자주 다니면서 재주문받도록 하여야 한다. 특히, 여자 손님들은 음식 테이블(Food Table)에 자주 가지 않는 경향이 있으므로 전채요리 트레이(Hors d'oeuvre Tray)를 자주 갖고 다니면서 서비스를 제공해야 한다.

③ 뷔페 파티(Buffet Party)

고객의 요청에 의하여 일정한 금액의 뷔페음식을 마련하여 입식으로 행하여지는 칵테일 뷔페 파티 혹은 뷔페식당에서 먹는 것처럼 준비되어지는 파티를 말한다. 뷔페식당의 뷔페는 오픈 뷔페(Open Buffet)라 부르고, 연회행사의 뷔페는 클로즈드 뷔페(Closed Buffet)라 부른다.

뷔페의 경우 입식 뷔페(Standing Buffet)와 좌식 뷔페(Sit Down Buffet)인 경우 칵테일 리셉션보다 음식의 종류가 다양하여 한 끼의 식사가 될 수 있어야 한다. 참석한 고객 중 노인이나 여자가 많은 경우에는 벽 쪽에 약간의 의자를 준비하여 놓는다. 뷔페식사의 경우 단일 종류의 뷔페식사도 있을 수 있으며, 여러 가지를 섞은 뷔페(양식+한식+일식+중식) 식사도 제공한다.

특히, 뷔페식사인 경우 양이 모자라서 종종 시비가 일기도 하므로 뷔페식당의 뷔페는 오픈 뷔페(Open Buffet), 연회의 뷔페는 클로즈드(Closed Buffet) 뷔페란 것을 고객에게 알려준다.

④ 티 파티(Tea Party)

일반적으로 휴식시간[Break Time(3~5시)] 사이에 간단하게 개최되는 파티를 말하는데 주스나 커피 또는 차 종류와 함께 과일, 샌드위치, 디저트류가 곁들여 제공되는 파티를 말한다.

티 파티는 칵테일 파티식으로 다과를 놓고 하는 경우와 테이블을 셋업하여 하는 경우가 있고 또한 양다과만으로 하는 경우와 한다과만으로 하는 경우, 한·양다과를 섞어서 하는 경우가 있다. 또는 대형 케이크를 잘라서 한쪽씩 음료수나 차와 함께 드는 경우가 있다. 티 파티의 경우 커피, 홍차, 인삼차와 같은 더운 음료가 있고, 주스, 콜라, 사이다 등과 같은 찬 음료가 서브될 수 있다.

⑤ 출장 연회(Outside Catering)

한정된 연회장을 탈피하여 고객이 원하는 장소, 시간에 따라 행하여지는 행사이므로 이 행사 역시 시장세가 무척 높은 행사이다. 출장 연회는 보통 요리, 음료, 식기, 테이블, 비품, 글라스, 린넨 등 필요한 집기 비품들을 준비하여 고객이 지정한 장소에 운반하여 고객이 만족할 만한 연회행사를 실시하는 것을 말한다.

출장 행사 전 현장 책임자는 반드시 장소를 사전 답사하고 규모, 주방시설, 엘리베이터 이용가능 여부, 전기, 차량 대기 장소, 약도 등을 사전에 파악하여야 하며, 야외에서 행사할 때는 우천시 대비책도 강구하여야 한다.

특히, 출장 연회에서는 국빈을 위한 행사가 많으므로 상기 사항을 준수한다.

- 출장 연회의 종류 : 사옥 이전, 준공식, 개관 파티, 가든파티(Garden Party), 가족 모임, 결혼 피로연 등이 있다.
- 출장 가능한 요리와 불가능한 요리가 있으나 특별한 경우 이외에는 모두 가능하며 출장장소의 주방시설과 수도시설 유무에 따라 요리를 조절하여야 한다.

- 호텔 내의 파티와는 달리 소수의 인원을 위하여 출장파티를 할 수는 없으나, 요리가격에 따라 변수로 크게 작용하므로 일정한 인원을 약속받아서 확실한 출장이 되도록 한다.
- 출장비는 식대 이외의 것에 청구한다. 운반비, 인건비, 기물비 등을 감안하여 행사의 규모, 준비내용, 출장장소의 거리에 따라 출장비를 정한다. 특히, 장거리 출장 연회일 경우 숙박비, 식대까지 계산하어 출장비를 정한다.

(2) 연회장 판매를 목적으로 한 것(Rental Charge)

회합(Meeting), 세미나(Seminar), 각종 회의(Conference), 심포지엄(Symposium), 전시회(Exhibition), 패션쇼(Fashion Show), 기자회견(Press Meeting), 콘서트(Concert) 등이 있다.

이중 국제회의는 해당 국가의 경제사정이 높아지고 국제적 공신력이 높아감에 따라 각종 국제회의가 빈번해진다. 국제회의 종류에는 여러 가지가 있다. 하지만 한 건의 국제회의라도 소홀히 하면 당 호텔 망신은 물론이거니와 국가 간의 분쟁도 발생할 수 있다는 사실을 연회 담당자는 명심하여야 한다.

보통 국제회의에서 발표자는 마이크를 사용해서 발표한 내용을 말하고 이것을 통역자가 수신하여 각국어로 번역해서 다시 보내면 참석자는 수신기의 채널에 의하여 자국어(자국어)로 선택해서 듣게 된다.

국제회의를 준비할 때에는 마이크의 수량은 발표자의 인원과 같게 하고 부스(Booth)와 통역자의 인원도 사용 국어수에 따라 결정된다.

이와 같이 회의 종류와 규모에 따라 기기의 수량이 달라지므로 주최자와의 충분한 협의가 반드시 있어야 한다. 또 국제회의에서는 대회의장 외에 소회의장, 사무국, 프레스 센터(Press Center) 등이 필요한 경우가 많으므로 예약 담당자는 회의 내용을 충분히 검토하여 충분한 준비작업을 하여야 한다. 또한 회의에 따라 정찬, 칵테일 리셉션(Cocktail Reception), 커피 브레이크(Coffee Break) 시간이 별도로 있을 수 있기 때문에 담당자는 주최자와 사전에 충분한 협의를 해야 한다.

2) 목적에 의한 분류

(1) 가족 모임

약혼식, 회갑연, 칠순 피로연, 결혼 피로연, 생일잔치, 돌잔치 등 최근 들어 생활이 윤

택해지면서 가족 모임을 호텔에서 진행하기 시작하였다. 가족 모임 행사는 신장률이 높고 잠재력 있는 행사로서 호텔 등에서 행사 유치에 전력을 기울이고 있는 행사이다.

도심에 위치하여 교통이 편리하고 주위에 많은 상권이 형성되어 있어 여러모로 편리하며, 기계식 주차장 설비로 인하여 많은 주차 공간이 확보되어 있다는 이점을 널리 선전하여 가족 모임 유치에 적극 힘써야 한다.

① 가족 모임의 종류

약혼식, 결혼 피로연, 생일잔치, 돌잔치, 결혼 기념연, 회갑, 칠순 등이 있다.

② 가족 모임 행사시 필수 준비사항

식사, 음료, 케이크, 꽃 장식(Flower Decoration), 얼음조각(Ice Carving), 사진, 방명록, 상차림, 현수막, 밴드 등이 있다.

(2) 회사행사

창립기념, 개관기념, 취임식, 사옥이전 등이 있다.

(3) 학교관계

입학, 졸업, 사은회, 동창회, 동문회 등이 있다.

(4) 정부행사

국민행사, 정부수립, 기념연 등이 있다.

(5) 협 회

국제회의, 정기총회, 학회 등이 있다.

(6) 기 타

신년하례식, 망년회, 송년회, 간담회, 각종 특별행사(Event) 이외에 많은 다른 종류의 파티가 호텔에서 행하여지고 있는데 연회의 성격이 갈수록 다양해지고 세분화되어가는 실정이다.

이밖에도 장소에 의한 분류로 호텔 내 연회장(In House), 출장 연회(Catering Service), 테이크 아웃(Take Out), 딜리버리 서비스(Delivery Service)로 나누기도 한다.

4. 연회예약접수 및 진행과정

1) 연회예약접수

연회예약이 성립되기 위해서는 예약 담당자와 판촉사원의 밀접한 협력체제를 갖추고 능률과 기능을 최대한 발휘하여 최대의 효율성을 올린다. 이제는 고객으로부터 예약을 기다리는 시대는 지났으며 적극적인 판촉활동을 통하여 고객 확보에 최선의 노력을 기울여야 한다. 또한 경쟁업체보다 우위를 유지하려면 최고의 시설, 특징 있는 요리, 품위 있는 장식, 최고의 서비스를 지속적으로 개발하여 예약시에 또 하나의 상품으로 판매될 수 있도록 유도한다. 아울러 친절한 예절과 정중한 언어구사, 상품지식 등을 습득하여 고객에게 좋은 이미지를 심어주는 것도 이러한 발전을 뒷받침하여 주는 큰 요인이다.

판촉활동을 할 때는 일반적으로 판촉사원에게 의뢰하고 예약 담당자는 정보제공, 서류정리, 테이블 플랜(Table Plan), 자료작성 등을 주관하면서 판촉사원과 일치감을 갖고 상호 협력하면서 판매이윤 증진 및 신규 연회예약의 활성화를 위해 노력을 경주하여야 한다. 연회예약 접수경로로는 다음과 같다.

① 전화 　　　　　　　　　　② 팩스(Fax), 인터넷
③ 내방객 　　　　　　　　　④ 판촉사원
⑤ 직원소개

상기 외에 여러 가지 경로가 있으며 그 중에 전화에 의한 예약은 소홀히 취급해서는 안 된다. 전화 예약은 직접적인 대화가 아닌 고객의 언어만으로 모든 것을 판단해야 하기 때문에 통화를 할 때는 정중한 말씨로 고객이 호감을 갖도록 하며 판매정신을 최대한 발휘해야 한다.

2) 연회예약장부(Control Chart) 확인

예약이 접수가 되면 연회예약장부 확인을 통하여 사용가능한 연회장이 있는지 확인하도록 한다. 연회예약장부(Control Chart)는 1월 1일을 기점으로 1년간의 예약을 받을 수 있도록 3개월 동안 사용할 수 있는 1권으로 된 예약사무실 비치용 대장이다. 매일매일 예약을 받을 수 있도록 되어 있으며, 하루의 예약 현황이 파악될 수 있도록 예약에 필요한 요소와 연회장이 기록 정리된 예약 원장이다.

3) 연회 구성

예약이 결정되면 주최자와 충분한 협의를 통하여 행사의 내용을 어떻게 구성해 나갈 것인가에 대하여 전문가로서의 기능을 발휘해야 한다. 파티 구성과 부대시설에 대한 제원 확보 및 전문가적인 지식을 습득하여 연회의 전 과정을 구성할 수 있어야 한다. 특히, 연회 구성이란 요금이 정해진 상품을 판매하는 것이 아니라 연회라는 상품을 창조 판매하는 것이라 생각해야 하고, 다음과 같이 연회가 구성된다.

(1)	취소, 변경, 정정사항이 수시로 발생하므로 기재 정정이 가능하도록 연필로 기재한다.
(2)	기입 순서는 예약접수일자, 시간, 주최명, 인원수, 전화번호, 예약 담당자 이름 등을 기록한다.
(3)	행사가 확정되면 "C" 혹은 "D"라고 표시하고(C=Confirm, D=Definition), 미확정이면 "T"로 표시한다(T=Tentative).
(4)	가능하면 행사 시작과 종료 시간을 명시한다.
(5)	조식(B/F)은 맨 위 칸에, 점심(L/N)은 중간에, 석식(D/N)은 맨 아래 칸에 표시한다.
(6)	연회행사통보서(E/O)가 기록되어 관계 부서로 배부된 행사는 연회예약장부(Control Chart)의 [Tent of Def] 칸에 붉은 펜으로 "V"자를 해두는 것이 편리하다.
(7)	날짜 변경이나 취소의 경우에는 지우고, 좌측 이면에 행사며, 취소일자, 장소, 취소통보자를 기재하여 추후에 참고한다.
(8)	연회예약장부에 기록할 때는 막연히 "All Day"로 표시하지 말고 시작, 종료의 시간을 기록한다.
(9)	연회예약장부는 원칙적으로 예약업무 담당자 이외에는 절대 취급해서는 안 된다. 따라서 예약 담당자와 판촉 이외에 예약을 하고자 할 때에는 예약 전표를 이용하도록 한다.

① 견적서 제출(Agreement)

② 접수 확인서 발송

③ 요리 및 음료관계

④ 좌석배치 및 안내문 준비

⑤ 꽃(Flower) 및 장식(Decoration)류

⑥ V.I.P 참석 여부 사항

〈표 9-2〉는 연회견적 및 계약서를 나타내고 있다.

표 9-2 연회견적 및 계약서

BANQUET QUOTATON/COMTRACT 연회견적 및 계약서						
ORGANIZATION 주최(인)					FUNCTION 행사내용	
ORGANISER 주최측 담당 예정 장소: 참석인원: 명 DATE 행사일 년 월 일 시						
DESCRIPTION	QUANTITY 수 량	Q · A		Q · B		REMARKS 참 고
		UNIT	AMOUNT	UNIT	AMOUNT	
FOOD(음식)						
COCKTAIL FOOD (술안주)						
BEVERAGE(음료)						
WINE(포도주)						
F&B-TOTAL 식음료총액						
ROOM RENTAL (임대)						
ENTERTAINMENT (공연료)						
DECORATIONS(장식)						
FLOWERS(꽃)						
BANNER(현수막)						
CATERING CHARGE						
CORKAGE CHARGE						
ICE CARVING						
PHOTOGRAPH						
SUB TOTAL(중간총액)						
SERVICE CHARGE (봉사료 10%)						
GRAND TOTAL(총액)						
PAYMENT: 현금, 외상 지불조건	(상기 내용과 후면 계약조건에 동의함을 확인함)				TEL.(054)748-2223 FAX.(054)748-8234	
년 월 일 DATE 날짜	CLIENT 고객서명				COMPILED BY 담당서명	

Hotel
Hyundai

KYONGJU KOREA

EVENT ORDER

EVENT NO:

EVENT DT:
MASTER FILE KEY:

ACCOUNT		DATE	
FUNCTION ROOM		TYPE	
NO. OF PERSON		AMOUNT	
NAME OF FUNC		DEPOSIT	
ROOM COUNT		PAYMENT	
EVENT TIME		ROOM U/C	
ADDRESS		TEL	
MARKET MAN			
FOOD		BQL MAN	

FOOD	BEVERAGE	OTHER		TOT. AMOUNT

BQT.SERVICE: KITCHEN:

ENGINEER:

OTHER:

FLORLIST: SIGN BOARD:

REQUEST: 연   회: 조 리 부: 시   설: 객실영업:
　　　　 판   촉: 식 음 료: 관   리: 당   직:
　　　　 메인주방: 기물관리: 경   리: 전 산 실:
　　　　 디자인실: 꽃   집: F / C :

4) 연회행사통보서(Event Order) 작성

　　행사 주최측과 견적서(Quotation)를 주고받아서 행사가 결정되면, 연회예약장
부(Control Chart)를 재확인하여 확정한 내용을 기록하고 연회행사통보서(Event
Order)를 작성한다.

행사 진행 관련 부서에서는 고객과의 대화나 대면도 없이 연회행사통보서에 의해서만 행사를 진행하기 때문에 고객과의 협의 내용과 필요한 사항 등 연회행사통보서에 기록할 내용이 많아서 난이 부족할 경우에는 별도 업무 연락 혹은 회의를 통하여 행사내용을 관련 부서에 배부한다.

일반적으로 호텔에서 사용하는 연회행사통보서 종류에는 일반적인 행사용 연회행사통보서와 가족모임 전용 연회행사통보서(맨 윗부분에 붉은 점선) 두 가지가 있다. 다음 쪽에 연회행사통보서의 한 예를 나타내었다.

(1) 연회행사통보서(Event Order) 작성방법

① 음식의 종류

조식, 점심, 석식, 칵테일, 리셉션, 뷔페(Seating & Standing), 중국식, 한국식, 양식, 일본식, 티 파티 등이 있다.

- 메뉴는 사전 제작된 견본 메뉴에 의하여 결정되나 고객이 원하는 특별 메뉴도 수용한다(채식가, 종교적, 신체적 특식 등).
- 뷔페식인 경우 입식(Standing) 또는 좌식(Seating)인지를 명확히 확인한다.
- 지정된 메뉴 외에 특정한 가격의 메뉴, 특정인의 메뉴는 "Up to Chefs Discretion"이라 명시하고 주방으로부터 메뉴를 통보받는다.
- 한식, 중식, 일식 등의 음식은 100명 이상의 고객일 때는 조리부와 상의하여 식자재 관련 유무를 확인 후 예약받는다.

② 가격 및 인원의 결정

고객의 요청에 의하여 가격 및 인원이 결정되겠지만 예약업무 담당자는 반드시 고객에게 지불보증(Guarantee) 개념을 설명하고 인원을 결정한다.

③ 꽃 장식(Flower Decoration)

연회의 목적과 성격에 따라 알맞게 장식되어야 하는 꽃은 연회장에서 큰 역할을 하게 된다. 그러므로 연회장의 꽃 장식은 대체로 온화하고 화사한 분위기를 조성할 수 있도록 해서 어떤 연회의 분위기와도 잘 조화될 수 있도록 배치해야 한다.

꽃꽂이란 자연 속에 피어 있는 꽃을 실내공간으로 옮겨 자연의 전형적인 미를 토대로 해서 인간이 창조할 수 있는 또 하나의 예술이라고 할 수 있으므로, 자연의 꽃을 단순하게 화병에 옮기는 것만이 아니고 공간과 선의 구성 및 색채감을 강조하면서 미를 추구하는 것이 꽃꽂이의 참된 의미를 살리는 것이다.

④ 얼음 조각(Ice Carving)

고객의 요청사항, 로고문자 등을 기록하거나 별도의 로고를 장식(Art)실로 넘겨준다. 또한 특별한 무대제작 장식(Decoration)도 함께 넘겨준다.

⑤ 음 료

풀 바(Full Bar) 또는 소프트(Soft) 등 준비 한계를 고객에게 정확히 문의하고 계산은 실수계산(Consumption Base)으로만 하는 것이나 고객의 요구에 따라 변경할 수 있다.

주장 설치 유무, 와인, 샴페인, 칵테일, 맥주, 주스류, 청량음료(Soft Drinks) 등에 대한 수량 및 가격 반입품목에 대한 음료반입요금(Corkage Charge) 등에 대하여 기록한다. 음료는 음료 재료비가 일반식사보다 저렴하고 매출을 신장시킬 수 있는 수단이 되므로 음료 판매에 많은 노력을 기울이며, 고객의 주류 반입은 최대한 억제한다.

칵테일 리셉션(Cocktail Reception)인 경우 일인당 3잔 정도, 칵테일 뷔페(Cocktail Buffet)식인 경우 일인당 2잔 정도, 식사 전 칵테일은 일인당 1~1.5잔 정도 예측한다. 반드시 음료 담당자는 고객이 요청한 제한량을 정확히 지켜야 한다.

⑥ 임대료(Rental Charge)

임대료는 계절별로 성수기와 비성수기의 영향 때문에 차등하며 상황에 맞는 가격을 받도록 한다.

전시회, 패션쇼의 경우는 100% 또는 그 이상을 초과하여 받는다. 전시회, 패션쇼의 경우 사전에 많은 준비시간을 필요로 하기 때문에 가급적이면 준비시간도 장소 사용료로 계산하여 받는다. 또한 호텔 시설물(전기, 방송음향)을 필요로 할 시에는 관련 부서장과 협의하여 장비 사용료를 받도록 하며, 장비를 사용할 때 훼손, 파손, 분실물에 대한 손해배상 관례를 명시하도록 한다.

⑦ 장식(Decoration)

기본적인 장식(Deco)은 연회준비 담당자가 하나, 고객의 특별 요청이 있을 시는 해당 부서와 협의하여 원하는 형태를 도면으로 작성하여 가격을 결정한다.

특히, 칵테일 리셉션(Cocktail Reception)시 많은 장식을 원할 때는 반드시 가격을 받도록 한다.

⑧ 테이블 배치(Table shape)

특별한 경우 또는 중요한 행사시에는 테이블 배치도를 제시해 두는 것이 원칙이다.

행사 내용에 따라 테이블 모형이 변형된다. 테이블 배치도를 작성시 각 연회장 축적 도면에 사실적인 도면을 그려서 행사 주최측에 제시하고 또한 복사본을 현장에 보내서 행사 진행 준비에 차질이 없도록 한다.

⑨ 음향 및 조명 시설

디너쇼(Dinner Show), 패션쇼(Fashion Show), 전시회 등과 같이 특별 음향이나 조명(Laser Beam)이 필요한 경우가 많다. 마이크 시스템 등이 필요한 경우 고객에게 임대료를 부담해야 하는지 또는 무료인지를 확실히 명시하고 기록한다.

⑩ 지불 조건

판매를 할 경우에는 반드시 대금 회수 방법도 생각하여야 한다. 지불능력이 없는 거래처나 악성 거래처의 행사를 치뤄 주고 대금 회수가 안 되는 경우가 많다. 지불 방법으로 행사 종료 후 현금 지불, 개인 지불, 회사 후불, 신용카드 사용 등이 있으며, 신빙성이 없는 행사, 가족 모임, 개인적 행사는 예약금을 사전에 받아두는 것이 원칙이다.

⑪ 기타 유의사항

- 행사 년, 월, 일, 요일 기재
- 장소, 시간, 위치
- 회사명, 주소, 행사 담당자, 전화번호 기재
- 행사명, 안내표시(Signboard) 문안
- V.I.P 참석 유무

(2) 연회행사통보서(Event Order) 작성시 유의사항

① 일종의 업무협조전이며 업무명령서로서 관련 부서에서 알아 볼 수 있도록 상세히 기록해야 한다.
② 연회행사통보서 난이 부족하면 별첨으로 해서라도 주최측과의 협의사항을 빠짐없이 작성하도록 한다.
③ 중요 행사가 있을 때는 연회행사통보서 작성 전 관련부서 회의를 진행하여 각 행사 담당자에게 주지시켜야 한다.
④ 또한 고객의 행사 물품 반입시간을 연회행사통보서에 명시하여 고객의 편리함을 도모하여야 한다.

(3) 금일 연회행사 예약 현황(Daily Event Order)

명일 행사에 대한 점검이 끝나면 기록담당 직원은 명일 행사에 대한 금일 연회행사 예약 현황(Daily E/O)을 작성하도록 한다. 금일 연회행사 예약현황표는 해당일의 연회행사 전부를 기록하여 사내에 필요한 부서에 배부하도록 한다. 행사내용, 시간, 장소, 인원, 매출액 등을 기록하고 특이사항이나 VIP 사항 등을 기록한다.

(4) VIP 보고서

주최자와의 예약과정에서 VIP 참석이 확정되었을 때에는 별도로 VIP 보고서를 작성하여 예약실과 관련부서에 보고하여야 한다. 이때 VIP가 공적으로 참석하는지 주최를 하는지 분명하게 구별하여야 한다.

(5) 연회행사통보서 배부

상기 사항에서 거론한 모든 행사내용이 완전히 결정되고 연회행사통보서를 작성하면 각 관련부서로 즉시 배부하여야 한다. 특히 연회행사통보서를 배부하기 전에 반드시 부서장의 결재를 득하고 관련부서 책임자에게 연회행사통보서가 정확히 배부되었다는 서명을 받아 문제가 되지 않도록 한다.

관련된 부서 사항으로 다음과 같다

① 내부 관련부서
- 요리 : 주관 주방(Main Kitchen), 양식, 중식, 일식, 한식, 각 주방
- 음료 : 연회주장
- 방송 및 음향 : 전기과 방송실
- 냉방장치 : 설비과 중앙 감시반
- 주차 및 배차 : 차량과
- 꽃 장식 : 꽃집
- 얼음조각 및 장식(Ice Carving & Deco) : 장식실(Art Room)

② 외부업자 발주
- 간판, 메뉴
- 음악 및 연예인
- 무대장치 및 특수 음향
- 사진 및 VTR

이 외에도 관련부서와 정확히 연락을 취하여 행사 1시간 전까지는 완성되도록

시간별로 재검하여 확인하는 것이 매우 중요하다.

5. 연회장 배열 방법

연회행사에 있어서 의자 및 테이블의 배열은 장소와 분위기에 알맞게 해야 하며, 특히 연회장의 공간을 최대한 활용하여야 한다. 연회의 성격에 따라서 의자와 테이블의 배치가 달라지므로 어떻게 하는 것이 가장 적합하며 효율적인가를 서비스 담당자는 판단을 하여야 한다.

1) 회의시 의자 배열

① 극장식 배치
② 강당식 반월형 배치
③ 강당식 굴절형 배치
④ 강당식 V형 배치

2) 회의시 테이블 배열

① 원형 배열
② U형 배열
③ E형 배열
④ T형 배열
⑤ I형 배열
⑥ 타원형 배열
⑦ 공백 사각형 배열
⑧ 말굽 좌석형 배열
⑨ 공백식 타원형 배열

3) 기타 회의형 배열

① 학교 교실형 배열
② 학교 교실 개조 V형 배열

③ 학교 교실 수직형 배치

④ 뷔페 및 칵테일 리셉션 테이블 배열

4) 연회행사 좌석 배열 순서

연회행사의 좌석 배열은 주빈(Host)과 손님(Guest)을 잘 구별하여 배치하여야 하며 때로는 주빈의 요청에 의하여 행하여지기도 한다.

다음은 좌석 배열 원칙을 서술하고 있다.[2]

(1) 주빈(Host)과 안주빈(Hostess)의 좌석

부부 동반인 경우에는 식탁의 중심부에 벽을 뒤로 하여 안주빈이 앉고 그 앞쪽에 주빈이 앉는 것이 원칙이다. 남자들만의 연회인 경우 안주빈의 자리가 주빈이 된다.

(2) 손님의 좌석

안주빈의 좌석이 결정되면 손님의 좌석이 서열에 따라 배치되는데, 영미식과 유럽식 두 가지 방법이 있다.

① 유럽식

- 안주빈이 오른쪽이 제1서열인 남성 손님, 왼쪽이 제2서열의 남성 손님 좌석이 된다.
- 주빈의 오른쪽을 제1서열의 여성 손님 좌석으로, 왼쪽으로 2서열의 여성 손님 좌석으로 한다.
- 제1서열의 남성 오른쪽에는 3서열의 여성이, 2서열의 남성 왼쪽에는 제4서열의 여성이 앉는다.
- 제1서열의 여성 오른쪽을 3서열의 남성 좌석으로, 2서열의 여성 왼쪽을 4서열의 남성 좌석으로 한다.

② 영미식

- 주빈과 안주빈의 좌석을 식탁 양쪽 끝으로 한다. 상석에는 주로 안주빈이 앉는다.
- 안주빈의 오른쪽과 왼쪽에 각각 제1, 2서열의 남성이 앉는다.

---

2) http://ftl.cambridge.co.kr.

●주빈의 오른쪽과 왼쪽에 각각 제 1, 2서열의 여성이 앉는다.

●이 같은 순서로 남녀 손님은 식탁의 중앙을 향해 서열에 따라 남녀 교대로 앉는다.

(3) 좌석 배치시 주의사항

① 부부가 나란히 앉는 것은 되도록 피한다.

② 부부가 정면으로 바라보고 앉는 것도 피하는 것이 좋다.

③ 식탁의 양끝에는 가능한 한 기혼 여성이 앉는 것을 피하고 남성이 앉도록 한다.

④ 기혼자가 미혼자보다 우선하는 것이 원칙이므로 미혼 여성은 기혼 여성보다 말석에 앉는다.

⑤ 공식 서열과 관례상의 서열을 충분히 감안한 후 좌석을 신중하게 배치한다.

⑥ 주최측이 2명 이상인 경우 좌석 배치는 영미식과 유럽식을 가미한 방식, 즉 테이블 양단과 중앙을 주최측의 자리로 정하고 이들을 중심으로 좌석을 배치한다.

6. 연회부문의 소요기물

연회는 목적과 성격에 따라서 충분하고 알맞는 기물이 확보되어져야 한다.

연회부문의 기물도 상당부문의 기물과 종류는 비슷하나 큰 행사가 많으므로 많은 양의 기물이 필요하다. 이 밖에도 연회행사에는 행사를 치르기 위한 많은 장비와 소모품이 필요하다.

연회행사의 기물을 종류별로 살펴보면 다음과 같다.[3]

1) 기물류

(1) 은기물류(Silverware)

Appetizer Knife, Appetizer Fork, Fish Knife, Fish Fork, Butter Knife, Meat Knife, Meat Fork, Salad Fork, Dessert Knife, Dessert Spoon, Dessert Fork, Tea/Coffee Spoon, Soup Spoon, Bouillon Spoon, Table Spoon, Table Fork

---

3) 정인태 · 이종순, 『현대 호텔식음료경영론』, 형설출판사, 1991, pp. 117~119.

(2) 도기류(Chinaware)

Appetizer Plate, B & B Plate, Fish Plate, Dessert Plate, Steak Plate, Soup Cup, Soup Cup Saucer, Coffee Cup, Coffee Cup Saucer, Salad Bowl, Round Salad Bowl, Salad Bowl Underliner

(3) 유리컵류(Glassware)

Water Goblet, Red Wine Glass, White Wine Glass, Champagne Glass, Sherry Glass, Highball Glass, Old Fashion Glass, Cocktail Glass, Brandy Snifter, Whisky Sour Glass, Punch Bowl, Rice Punch Bowl

(4) 서비스용 기물류(Hollowware)

Coffee Pot, Water Pitcher, sugar Bowl, Creamer, Salt & Pepper Set, Sauce Bowl, Butter Bowl, Wine Cooler, Wine Stand, Red Wine Basket, Crumb Sweeper, Bread Tong, Ice Cube Tong, Round Tray, Square Tray

2) 린넨류(Linen)

① Napkin(White, Red, Blue, Pink, Green) 52×52cm
② Table Colth(150×150, 168×168, 200×140, 200×200, 214×214cm)
③ Drapes(Skirt) : 테이블의 규격에 따라 달라질 수 있다.
④ Molton(Silence pad)
⑤ Water Towel(물수건)

3) 가구 및 장비류(Furniture, Fixture & Equipment)

(1) 식탁류(Table)

Round, Oblong, Rectangular, Square, Quarter Round, Half Round, Serpentine

(2) 의자류(Chair)

Arm Chair, Easy Chair, Baby Chair, Sofa Stacking Chair

(3) 장비류(Equipment)

Ice Carving Stand, Letter Board, Stage, Stage Steps, Display Board, Carpet, Ice Carving Basins, Bar Tlolley, Platform, Folding Screen, Sign Board, Water Container, Coffee Container, Dish Warmer, Ice Cube Machine, Show Case, Sportlight, Coat Hanger, Umbrella Hanger, Plants, Projector, P-Screen, Lectern, Piano

(4) 소모품류(Miscellaneous)

Masking Tape, Match, Toothpick, Paper Napkin, Working Glove, Color Cocktail Pick, Wooden Chopstick, Gold Paper Doily, Individual Menu, Cooking Hoil, Unirap, Press Card, Dish Doily, High Pin

7. 연회 진행 순서 및 방법

연회행사통보서가 현장에 도착하면 연회담당 지배인은 서비스 진행 계획, 인원 확보 계획을 수립하여 행사가 성공적으로 이루어질 수 있도록 반드시 아래와 같은 상황을 점검하여 사전 대비하여야 한다.

1) 서비스 인원 확보

서비스 방법에 따라 다소 차이는 있으나 모든 업무에 숙련된 웨이터가 접객할 수 있는 인원은 보통 10~15명 정도이며 정식(Formal Party)인 경우에는 4~8명이다.

지배인은 연회 성격에 따라 종사자를 확보 배치하여야 한다. 연회부서 인원만으로 부족할 경우에는 식음료부 또는 인사과에 협조 의뢰하여 지원받도록 한다.

서비스 인원 지원 의뢰 방법은 다음과 같다.

(1) 행사 최소 3일 전에 행사 당일 필요한 서비스 인원과 총 매출액을 산출한다. 파티의 종류 성격에 따라 서비스 인원이 달라지는데 정규파티(Normal Party)와 정식파티(Formal Party)의 경우는 다음과 같다.

① **정규파티(Normal Party)** 고객 15명당 서비스 1명

② **정식파티(Formal Party)** 고객 4~8명당 서비스 1명(중국식, 한식, 일식 포함)

(2) 산출 근거를 연회예약 사무실로 발송

연회예약 사무실에서 업무협조전을 작성하여 담당 부서장 결재를 득한다.

(3) 인사과에 업무협조전 발송

담당 부서장 결재 후 인사과나 담당자에게 발송한다.

2) 서비스 진행 계획

사전에 알맞는 배역과 서비스 진행 계획을 완전히 숙지시킴으로써 연출자와 연기자가 훌륭한 작품을 일사분란하게 처리할 수 있도록 하는 것이다.

현장에서 접수한 연회행사통보서와 테이블 배치도(Event Order & Layout)를 세부적으로 분류하여 점검하고, 문제되는 사항은 연회예약과와 상의하여 내용을 정확히 파악해서 서비스 진행 계획을 수립한다.

① 일시(日時)

② 주최자와 초청받는 손님

③ 연회 성격(목적)

④ 참석 인원수

⑤ 일인당 단가(예산)

⑥ 장소 및 장식

⑦ 메뉴

⑧ 테이블 세팅

⑨ 서비스 방법

⑩ 기타 특별 요구사항[무대장치, 안내표시(Signboard), 특수조명 및 음향]

⑪ 지불방법

3) 서비스 준비

연회행사통보서를 기본으로 하여 지배인은 연회가 시작되기 전에 연회의 성격, 메뉴 내용, 테이블 배열, 진행 순서 등을 종사자에게 설명해주고 서브가 일관성이 있도록 교육을 한다.

① 연회장의 청소(카펫, 가구, 비품)

② 비품의 파손 확인

③ 린넨류의 점검

④ 메뉴와 일치하게 테이블 세팅의 점검

⑤ 장식(Decoration), 얼음조각(Ice Carving)과 그에 따른 장식

⑥ 실내온도, 조명, 음향관계

⑦ 음악(피아노, 전자설비)

⑧ 안내판

⑨ 꽃(Flower) 장식

⑩ 좌석 배치도

⑪ 메뉴 확정(Menu Set-up)

⑫ 접수 테이블

⑬ 플레이스 카드(Place Card)

⑭ 명찰과 명패(Name Card)

4) 대 기

연회가 시작되기 20분 전에 종사자는 각자 맡은 지역에서 대기 자세를 취하며, 지배인, 캡틴은 연회장 입구에서 고객 영접을 기다린다. 연회장에 입장하는 고객에게 착석 보조 등 모든 제반적인 서비스를 할 수 있도록 마음의 자세를 취한다.

5) 테이블 서비스(Table Service)

연회의 메뉴는 식당처럼 일품요리(A La Carte)를 서브하는 것이 아니라 동일한 요리(Set Menu)를 서브하기 때문에 연회 책임자는 특히 서비스 연출에 운영의 묘를 살려야 한다. 또한 연회장의 전반적인 업무의 흐름을 보아 진행사항 등에 관해서도 주방과의 긴밀한 협조가 이루어질 수 있도록 한다.

6) 연회 중 서비스

① 늦게 도착한 고객의 영접을 위한 서비스

② 예정시간보다 먼저 퇴장하는 고객을 위한 서비스

③ 스피치 서비스(Speech Service)

④ 전화 서비스

⑤ 공조 상태 및 음향, 조명 관계

⑥ 귀중품 도난사고 등 사전 예방에 관한 서비스

7) 연회 종료 후 서비스

① 연회장 출구에 정렬하여 고객 환송
② 주최자측으로부터 요리 및 서비스에 대한 의견청취
③ 파티에 반입된 각종 물품 유 · 무 확인
④ 고객의 분실물 점검

8) 회 계

연회행사통보서를 참고하여 청구서를 작성하고, 추가 발생한 식음료를 확인하여 최종 청구서를 완성시킨다.

캐셔에 의하여 완성된 청구서를 고객에게 제시하고, 현금 또는 신용카드, 후불 등으로 분류하여 최종 청구서를 캐셔에게 통보한다. 후불일 경우에는 주최자의 연락처, 회사명을 정확하게 파악하여 캐셔를 경유 후불 담당계로 통보한다.

9) 최종 작업

① 입구에 설치한 접수 테이블, 전화기 제거 및 철거
② 카펫과 얼음조각(Ice Carving) 철거
③ 귀중품의 보관증 유 · 무 확인
④ 각종 집기류, 장비 등 관리상태 점검
⑤ 내일 업무에 대비한 종사자 근무계획 및 연회행사통보서 점검
⑥ 화재 예방, 쓰레기 처리 등 최종 점검

10) 행사별 서비스 진행방법

행사별 서비스 진행방법은 행사별로 다르나, 본서에서는 양식 중 정규파티 (Normal Party)의 경우를 다음에 나타내었다.

〈주의사항〉
① 행사준비 및 테이블 셋업은 행사 1시간 전까지 완료한다.
② 테이블 셋업(Set up) 및 기타 사항은 고객이 원하는 방향대로 하되, 주최측과 협의하여 한다.

③ 정규행사인 경우 얼음물(Ice Water), 빵(Bread) 등은 사전에 준비하여도 되나, 고객수보다 테이블 셋업(Set up)이 많은 경우 고객 입장 후 서브한다.

④ 행사 준비실에서는 접시(Dish), 각종 소스(Sauce)류, 서빙 기어(Serving Gear), 핸드타월(Hand Towel), 서비스 트레이(Service Tray), 수프 래들(Soup Ladle), 커피 포트(Coffee Pot), 물주전자(Water Pitcher) 등을 충분히 준비한다.

⑤ 서브 도중 고객의 요청사항은 즉시 실시한다.

⑥ 담당 지배인 및 캡틴은 사전에 행사 스케줄을 점검하고 행사 준비에 만전을 기한다.

순위	메뉴	항목	서비스 실시계획	사용기물
1		고객 입장	고객 입장시 정중히 인사드리고 착석하도록 도와드린다.	
2	화이트와인	포도주 서브	헤드 웨이터(Head Waiter)의 신호에 의해서 주변의 시음이 끝난 후	핸드타월(Hand Towel) 착용
3	전채요리	전채요리 서브	처음 동작은 헤드 테이블(Head Table)과 같이 보조를 맞추어 서브한다.	트레이
4	빵	빵 서브	빵바구니와 트레이(Bread Basket & Tray)를 준비하여 고객의 왼쪽에서 서브	빵바구니
5		전채요리 접시 철수	전채요리 접시를 고객의 왼쪽에서 셋업	트레이
6	수프	수프볼이나 컵을 셋업 (Soup BOwl or Cup Set-up)	뜨겁게 데워진 수프 볼이나 컵(Soup Bowl or Cup)을 고객의 오른쪽에서 셋업	트레이
7		수프 서브	수프 튜린(Soup Tureen), 수프 래들(Sop Ladle)을 사용하여 왼쪽에서 서브	수프 튜린(Soup Tureen), 수프 래들(Soup Ladle)
8	샐러드	샐러드 서브	고객의 왼쪽 공간에 샐러드 서브	트레이
9		볼이나 컵 철수 (Bowl or Cup Pick-up)	샐러드 서브 후 수프 볼이나 컵 철수 (Soup Bowl or Cup Pick-up)	트레이
10	주요리	주요리 서브	주요리를 고객의 오른쪽에서 정중히 서브하며 '맛있게 드십시요'라고 인사한다.	손
11		주요리, 샐러드 볼 철수	고객의 오른쪽에서 트레이를 이용하여 소리가 나지 않게 조용히 뺀다.	트레이
12	디저트	디저트 서브	디저트를 고객의 오른쪽에서 서브한다.	트레이
13	커피, 홍차	커피, 홍차 서브	스피치가 없을 때는 디저트 서브 후 커피 서브를 가급적 빨리한다.	커피 포트

10 Chapter 메뉴 관리

01 메뉴의 개념

1. 메뉴의 개념

메뉴(Menu)란 단어의 어원은 라틴어의 Minutus에서 온 말로써, 이 말은 영어의 Minute에 해당되며, 그 의미는 「상세하게 기록한 것」이다.

원래는 요리장에서 요리의 재료를 조리하는 방법을 설명한 것이라고 하며, 요리장에서 식탁으로 나오게 된 것은 1541년 프랑스의 「앙리(Henri) 8세」 때 「브랑위그」 공작이 베푼 만찬회 때부터였다고 한다. 주인인 공작은 여러 가지 음식을 접대함으로써 생기는 복잡함과 순서가 틀리는 불편을 해소하기 위해, 요리명과 순서를 기입한 리스트(List)를 작성하여 그 리스트에 의해 음식물을 차례로 즐겼는데, 연회에 참석한 손님들도 그 편리함을 깨닫고 요리표를 사용하게 됨에 따라 널리 전파되었으며 그 후 19세기에 이르러 프랑스의 파리에 있는 팰리스 로열(Palace Royal)에서 메뉴의 명칭이 일반화되어 사용되었다고 한다.

메뉴의 정의의 대해서 「웹스터 사전」에서는 메뉴를 "식사에서 제공되는 음식의 상세한 목록(A detailed list of the foods served at a meal)"으로 설명하고 있고 「옥스포드 사전」에서는 "연회나 식사에서 제공되는 요리의 상세한 목록(A detailed list of the dishes to be served at a banquet or meal)"으로 설명되어 있다. 즉, "식사로 제공되는 요리를 상세히 기록한 목록표"라 할 수 있다.

메뉴는 서비스 제공자의 입장에서는 다음과 같은 최소한 세 가지의 의미를 가지

고 있다.[1]

① 자신이 속한 조직을 포함하여 각 조직에서 제공되는 다양한 코스가 포함되는 음식 품목의 범위를 나타낸다.

② 메뉴에 의하여 품목이 제공되는 정렬표이다. 즉, 세트 메뉴, 일품요리 메뉴 등과 같은 메뉴의 유형을 나타낸다.

③ 고객들이 메뉴로부터 선택하도록 품목의 목록이 적혀있는 물리적 실체이다.

우리말로는 "차림표" 또는 "식단"이라고 부르는데, 이는 "판매상품의 이름과 가격 그리고 상품을 구입하는 데 필요한 조건과 정보를 기록한 표"로써 단순히 상품의 안내에만 그치는 것이 아니라 고객과 식당을 연결하는 판매촉진의 매체로써 기업이윤과 직결되며, 식당의 얼굴과 같은 중요한 역할을 하고 있다.

2. 메뉴의 기능

메뉴란 고객과의 커뮤니케이션에 사용되는 가장 중요한 마케팅 도구이며, 식음료 업장의 단골고객 여부에 대한 고객의 잠재적 욕구에 가장 큰 영향을 주고 있어, 식음료 경영에 주요한 부분을 차지한다. 또한 메뉴로써 소개되는 제품 및 서비스는 고객의 메뉴 선택에 많은 영향을 주며, 식음료 업장의 경영방법 및 서비스 타임 등을 결정한다.

이러한 메뉴의 기능을 서술하면 다음과 같다.[2]

① 메뉴는 판매도구이다. 메뉴에는 영업품목과 가격, 서비스 제공방법이 상세히 기록되어 있기 때문에 웨이터의 상세한 서비스보다 메뉴를 대함으로써 그 식당의 분위기와 영업행위를 파악할 수 있다. 따라서 메뉴는 고객의 욕구를 충족시켜 줄 수 있는 방향으로 구성되어야 하며, 내용이나 가격설정에 있어서도 고객의 입장에서 세심한 관찰이 이루어져야 한다.

② 메뉴는 식당의 얼굴이며 상징이다. 식당경영은 메뉴를 개발하고 세분화하여 시장 차별화전략을 통하여 고객의 욕구를 충족시키고 이윤을 창출하는 마케팅행위이다. 식당은 메뉴로 통하듯이 메뉴는 간판이며 상징체계로서의 의미를 갖는다.

---

1) Graham Brown and Karon Hepner, (1997). The Waiter's Handbook, Hospitality Press, p.9.
2) 박상배·임붕영(1996), 『외식사업개론』, 대왕사, p.280.

③ 메뉴는 경영자와 고객을 연결해 주는 커뮤니케이션 수단이다.

④ 메뉴는 식당의 분위기를 말해 준다. 메뉴의 형태, 색채, 크기, 문자구성 등이 식당의 분위기와 조화를 이루면서 균형을 유지하도록 노력하여야 한다.

이 외에 메뉴의 기능을 추가적으로 살펴보면 다음과 같다.[3]

① 메뉴는 구매하여야 할 식재료를 지시한다.

② 메뉴는 제공되는 식음료의 영양분 내용을 지시한다.

③ 메뉴는 주방 및 업장 종사자의 기술수준을 의미한다.

④ 메뉴에 따라 구입해야 할 주방기기가 결정된다.

⑤ 메뉴는 주방 및 업장의 디자인과 설계에 영향을 준다.

⑥ 메뉴는 업장에서 필요한 종사자를 결정한다.

⑦ 메뉴에 따라 업장의 실내 디자인 및 인테리어가 결정된다.

⑧ 메뉴는 원가통제 절차를 결정한다.

⑨ 메뉴는 생산에 필요한 상황을 지시한다.

⑩ 메뉴는 서빙방법을 지시한다.

3. 메뉴의 종류

1) 식사 내용에 의한 분류

(1) 정식 메뉴

이것은 최초의 여행객들이 숙박시설에서 식사를 제공받지 못하여 본인이 직접 식량을 가지고 다녔으나, 빈번한 왕래로 인하여 크게 불편을 느끼게 됨에 따라, 숙박자의 편의도모와 숙박시설의 영업적인 면이 고려되어 숙박에 식사를 곁들여 제공하는 풀 팡숑(Full Pension; Full Board)에서 생겨났다고 볼 수 있다.

이 메뉴는 아침, 점심, 저녁, 연회 등을 막론하고 어느때든지 사용할 수 있으며, 미각, 영양, 분량의 균형을 참작한 한끼분의 식사로 요금도 한끼분으로 표시되어 있어 고객의 선택이 용이하다. 또한 이 정식 메뉴는 매일 변화 있게 작성하여야 하나, 재료의 한계로 반복되는 경우도 많으므로 주기적으로 새로운 메뉴를 작성하여 (사이클 메뉴) 고객의 기대와 호기심을 충족시켜 주어야만 한다.

3) 이애주, 『식음료 관리론』, 일신사, p.180.

일반적인 요리의 순서는 다음과 같다.

① 5 course menu

전채요리(appetizer) → 수프(soup) → 주요리(main dish) → 후식(dessert) → 음료(beverage)

② 7 course menu

전채요리 → 수프 → 생선(fish) → 주요리 → 샐러드(salad) → 후식 → 음료

③ 9 course menu

전채요리 → 수프 → 생선 → 셔벗 → 주요리 → 샐러드(salad) → 후식 → 음료 → 식후 생과자(Pralines)

④ 8 course menu

- 전채요리(Hors d'oeuvre Chaud, Froid; Hot, Cold Appetizer)
- 수프(Potage; Soup)
- 생선(Poisson; Fish)
- 야채(Salade; Salad)
- 주요리(Plat Principale; Main Dish)
- 치즈(Fromage; Cheese)
- 후식(Dessert; Dessert)
- 음료(Cafe ou The; Coffee or Tea)

정식 메뉴 판매에는 뒤에 설명될 일품요리 판매보다 다음과 같은 유리한 점이 있다.

① 가격이 저렴하다.
② 고객의 선택이 용이하다.
③ 원가가 낮아진다.
④ 매출액이 높다.
⑤ 가격이 고정되어 있어 회계가 쉽다.
⑥ 신속하고 능률적인 서브를 할 수 있다.
⑦ 조리과정이 일정하여 인력이 절감된다.

(2) 일품요리 메뉴(a la Carte Menu)

메뉴의 구성은 정식 메뉴의 순으로 되어 있으며, 각 코스(Course)별로 여러 가지

종류를 나열해 놓고 고객으로 하여금 기호에 맞는 음식을 선택하여 먹을 수 있도록 만들어진 메뉴이다.

이 메뉴는 한 번 작성되면 장기간 사용하게 되므로 요리준비나 재료구입 업무에 있어서는 단순화되어 능률적이라 할 수 있으나, 원가상승에 의해 이익이 줄어들 수도 있고, 단골고객에게는 신선한 매력이나 맛을 느낄 수 없게 만들어 판매량이 줄어들 수 있으므로 고객의 호응도를 감안하여 새로운 메뉴 계획을 꾸준히 시도해야만 한다.

(3) 뷔페(Buffet)

찬 요리와 더운 요리 등으로 분류하여 진열해 놓은 음식을 손님이 일정한 가격을 지불하고 직접 자기의 기호에 맞는 음식을 운반하여 양껏 먹는 식사이다.

2) 식사 시간에 의한 분류

(1) 조식(Breakfast)

일반적으로 조식(Breakfast)이라고 하면 식당에서 판매하는 아침식사의 정식 메뉴이다.

양식의 아침식사에는 다음과 같은 종류가 있다.

① 미국식 조식(American Breakfast)

계란 요리와 주스(Juice), 토스트(Toast), 커피(Coffee)를 위시해서 핫 케이크(Hot Cake), 햄(Ham), 베이컨(Bacon), 소시지(Sausage), 프라이드 포테이토(Fried Potato), 콘플레이크(Cornflake), 우유 등을 선택해서 먹는 식사이다.

② 대륙식 조식(Continental Breakfast)

계란 요리와 곡류(Cereal)가 포함되지 않고 빵과 커피, 우유 정도로 간단히 하는 식사이다.

(2) 브런치(Brunch)

아침과 점심식사의 중간쯤에 먹는 식사이다. 현대의 도시생활인에 적용되는 식사 형태로서 이 명칭은 최근 미국의 식당에서 많이 이용되고 있다.

(3) 점심(Lunch; Luncheon)

아침과 저녁 사이에 먹는 식사로 보통 정오에 하는 식사이다. 대개 점심은 저녁
보다 가볍게 먹는다. [그림 10 – 1]은 호텔의 점심메뉴를 나타내고 있다.

LUNCH

STARTERS
전　채

Select your Appetizers and Salads from the Display Table.
전채와 샐러드는 전시 테이블에서 선택하여 드십시오.

Today's Special Soup Prepared by our Award Winning Sous Chef will be served.
부주방장이 준비한 특별 스프도 포함되어 있습니다.

MAIN DISHES
주　식

A　Roast Lamb Chop with Garlic and Thyme Sauce
마늘과 타임소스로 오븐에 구운 양갈비 구이
B　Veal Scaloppine with Sage Cream Sauce
세이지크림 소스의 송아지고기 요리
C　Sirloin Steak with Mushroom Sauce
양송이 소스의 쇠고기 등심스테이크
D　Tenderloin Steak and Goose Liver with Truffle Sauce
최상급 안심스테이크와 송로버섯 소스의 거위 간
E　Grilled Salmon with Dill Cream Sauce
딜크림 소스로 석쇠에 구운 연어
F　Grilled King Prawn with Lemon Butter Sauce
레몬버터 소스로 석쇠구이한 왕새우 요리

DESSERTS
후　식

Enjoy Pastries, Cakes, Fruits and Cheese from the Dessert Table.
각종 후식은 디저트 테이블에 준비되어 있습니다.

₩ 25,000

10% Service Charge & 10% V.A.T will be added.
10% 봉사료와 10% 부가세가 가산됩니다.

그림 10-1 점심 메뉴

(4) 애프터눈 티(Afternoon Tea)

이것은 영국인의 전통적인 식사습관으로서 밀크 티(Milk Tea)와 시나몬 토스트 (Cinnamon Toast) 또는 멜바 토스트(Melba Toast)를 점심과 저녁 사이에 간식으로 먹는 것을 말한다. 그러나 지금은 영국뿐만 아니라 세계 각국에서 정오에 티 타임 (Tea-time)이 보편화되고 있다.

(5) 저녁(Dinner)

저녁은 질이 좋은 음식을 충분한 시간적인 여유를 가지고 즐길 수 있는 식사이다. 보통 저녁식사 메뉴는 정식(Full Course)으로 짜여지고, 음료 및 주류도 함께 마신다.

(6) 만찬(Supper)

원래 격식 높은 정식 만찬이었으나, 이것이 변화되어 최근에는 늦은 저녁에 먹는 간단한 밤참의 의미로 사용되고 있다.

3) 특별 메뉴(Daily Special Menu; Carte du jour)

특별 메뉴는 원칙적으로 매일 시장에서 특별한 재료를 구입하여 주방장이 최고의 기술을 발휘함으로써 고객에게 식욕을 돋우게 하는 메뉴이다. 이것은 기념일이나 명절과 같은 특별한 날이나 계절과 장소에 따라 그 감각에 어울리는 산뜻하고 입맛을 돋우게 하는 메뉴이다. 이것의 종류로는 어린이 메뉴, 노인 메뉴, 음료 메뉴, 디저트 메뉴, 룸 서비스 메뉴, 배달 메뉴, 연회 메뉴, 캘리포니아 메뉴 및 각 나라별 메뉴 등이 있다.

특별 메뉴를 사용함으로써 다음과 같은 식당 운영상의 장점을 가져올 수 있다.
① 매일매일 준비된 상품으로 신속한 서비스를 할 수 있다.
② 재료의 재고품 판매를 꾀할 수 있다.
③ 고객의 선택을 흥미롭게 할 수 있다.
④ 매출액을 증진시킬 수 있다.

계절에 따른 대표적인 요리재료의 예를 들어보면 다음과 같다.

① 해산물(Fish and Seafood；Poisson et Fruits de Mer)

Oyster(Huitere)	굴	9~10월
Mussels(Moules)	조개	9~10월
Mackerel(Maquereau)	고등어	4~10월
Salmon(Saumon)	연어	3~9월
River Trout(Truite)	송어	4~9월
Cod(morue)	대구	
Whiting(Merlan)	유럽산 대구	
Haddock(Aigrefin)	대구 일종	
Herring(Hareng)	청어	1~12월
Sole(limande)	가자미류	
Halibut(Fletan)	광어	

② 가금류(Poultry)

오리(Duck), 닭(Chicken), 식용 수탉(Capon), 칠면조(Turkey) 등 가금류는 연중 어느 때든지 좋으나, 거위(Goose)만은 12월이 가장 좋은 계절이다.

③ 엽조류(Game)

Snipe(도요새), Wood Cock	10~3월
Wild Duck(물오리)	가을, 겨울
Pheasant(꿩)	10~2월
Partridges(자고새)	9~2월
Grouse(뇌조류)	8~12월

④ 기 타

야채류와 과일 종류도 계절에 따라 특별요리로 내놓을 수 있다.

4) 메뉴의 변화에 의한 분류

① 고정 메뉴

메뉴 내용이 매일 변화하지 않는 메뉴이다. 이러한 고정 메뉴의 장단점은 다음과 같다.

장 점	단 점
• 노동력 감소 • 수요예측의 용이성으로 인한 재고 및 잔여 음식 감소 • 효율적인 통제 용이 • 훈련의 감소 • 경쟁으로 인해, 고객에게 양질의 메뉴 품목 제공 • 원가 절감	• 메뉴에 대한 약간의 권태 • 일부 메뉴의 항목이 재고에 포함 • 경쟁으로 인해, 고도의 숙련된 인력 필요

② 사이클 메뉴

메뉴 내용이 주기를 가지면서 매일 변화하는 메뉴이다. 이러한 사이클 메뉴의 장점은 첫째, 고정 메뉴 계획 후 메뉴 개발에 많은 시간을 투자할 필요가 없으며, 둘째, 고정적으로 사이클 메뉴를 이용하면 식음료 준비과정이 표준화되기 쉽고, 셋째, 메뉴에 따라 종사자 및 주방기기의 계획표를 작성할 수 있으며, 넷째, 주방기기의 효율적 사용이 가능하고, 다섯째, 구매가 쉬워지며, 여섯째, 식음료 재고자산을 통제하기가 쉽다.

레스토랑과 단체급식업체의 경우 고정 메뉴와 사이클 메뉴를 동시에 사용하고 있으며, 이러한 사이클 메뉴를 이용하면 고객의 불만을 해소할 수 있고, 계절적 사이클 메뉴를 이용하면 식재료 원가를 절감할 수 있다.

③ 변동 메뉴

메뉴 내용을 계속 변화시키는 메뉴이다. 이 메뉴의 장단점은 다음과 같다.

장 점	단 점
• 메뉴의 권태로움 제거 • 새로운 메뉴 아이디어 시장의 무한한 잠재력 • 계절별, 월별, 일별 변화가능 • 메뉴의 변동성으로 인해, 잔여음식의 처리 용이	• 고도의 숙련된 직원의 필요 • 노동비의 증가 • 메뉴 인쇄 및 잡비용의 증가 • 재고 및 재고사항의 증가 • 통제력의 결여

02 메뉴 계획의 기본적 사항

1. 메뉴 계획시 기본적 착안사항

(1) 고객의 욕구 파악

메뉴가 누구를 대상으로 계획되고 있으며, 그들이 좋아하는 것이 무엇인가를 분석하여야 한다. 그러기 위해서는 시장조사가 선행되어야 할 것이다.

(2) 원가와 수익성

아무리 좋은 메뉴라도 원가가 높은 식품들로 구성되어 고객에게 부담이 클 경우 그 메뉴는 실제로 사용이 불가능할 것이다. 메뉴 계획자는 항상 원가의 목표율을 염두에 두고 계획함으로써 적절한 이윤을 얻음과 동시에 매출도 늘릴 수 있을 것이다.

(3) 식재료의 구입 여부

메뉴 계획자는 메뉴에 사용되는 식재료가 무엇인가를 알고 구입이 가능한 품목과 현재 보유하고 있는 재고품목을 활용할 수 있도록 하며, 재료를 구입하는 사람은 시장조건에 대한 정보를 메뉴 계획자에게 제공하여야 한다.

(4) 조리기구 및 시설의 수용능력

메뉴 계획자는 주방에서 사용가능한 조리기구와 시설, 인력의 한계를 감안하여 계획에 임하여야 한다.

(5) 다양성과 매력성

고객의 선택의 폭을 넓히기 위해 다양한 품목을 갖추어야 하며, 호기심과 식욕을 돋울수 있는 매력이 있어야 한다.

(6) 영양적 요소

영양적 요소에 대한 고객들의 관심이 점점 높아지므로, 건강식에 대한 깊은 배려가 있어야 한다.

2. 메뉴 작성시의 원칙

메뉴 작성은 일반적으로 요리장(chef)에 의해 이루어지지만, 식음료 제품의 공급과 고객만족이라는 마케팅 차원에서 전략적으로 이루어져야 한다. 즉, 메뉴 작성은 레스토랑의 영업유형이나 입지조건, 고객의 욕구 등 다양한 요소에 의해 영향을 받는다는 측면에서 마케팅 요소를 고려하여 고객만족과 원가절감의 차원에서 세심한 주의가 요구된다. 다음은 메뉴를 작성할 시 고려해야 할 원칙을 서술하고 있다.

① 같은 재료의 요리를 중복시키지 않는다.

② 같은 색의 요리를 반복시키지 않는다.

③ 비슷한 소스(Sauce)를 중복해서 사용하지 않는다.

④ 같은 조리방법(Cooking Methods)을 두 가지 이상 같은 요리에 사용하지 않는다.

⑤ 요리제공의 순서는 경식(경식, Light Dish)에서 중식(중식, Heavy Dish)으로 균형을 맞춘다

⑥ 요리와 곁들여지는 재료(Garniture)와의 배합과 배색(配色)에 유의한다.

⑦ 계절감각과 용도별 성격, 특산물을 고려하여 작성한다.

⑧ 메뉴의 표기문자는 요리의 내용에 따른 각국의 고유문자를 사용하나, 양식인 경우 불어 표기를 원칙으로 하며 나라명, 지방명, 사람의 이름 등 고유명사는 대문자로 표기한다.

03 메뉴 계획 순서

메뉴 계획은 식음료와 조리방법, 서비스 방법 등에 대한 지식만 요구되는 것이 아니라, 음식에 대한 이해와 영양가, 디자인, 색상 감각, 심지어 경영관리 감각, 특히 마케팅 감각까지도 필요로 한다.

현대의 식음료 경영은 과거와는 달리 고객만족이 중요하기 때문에 고객의 욕구에 맞는 메뉴가 계획되어야 한다. 그 다음 원가, 이미지, 구입 불가능한 식재료, 부적절한 조리기구, 부적절한 조리기술 및 조리사, 품질유지의 어려움 등을 고려하여 최대한 고객의 욕구를 만족시키는 방향으로 나아가야 한다.

[그림 11 - 2]는 메뉴 계획 작업의 절차를 나타내고 있다.

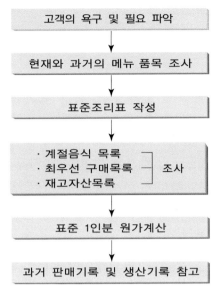

자료: 이애주(1996). 『식음료관리론』, 일신사, pp.196~197

그림 10-2
메뉴 계획 작업 절차

이러한 절차를 거치면서 식사형태를 구분하여 메뉴를 계획한다.

나인마이어(Jack D. Ninemeier)는 이러한 메뉴 계획시 고려하여야 할 사항으로 다음과 같이 지적하고 있다.[4]

① 수입과 원가 관리

② 위생관리

③ 예산

④ 고객 측면(마케팅 측면)

    A. 목표시장(target market)

    B. 품질(quality concerns)

    C. 경쟁업체(competition)

⑤ 디자인 측면

---

4) Jack D. Ninemeier(1991). Planning and Control for Food and Beverage Operations, AH & MA, p.98.

04 메뉴가격 결정방법

1. 메뉴가격 결정의 목적

역사적으로 볼 때, 가격은 구매자들의 제품선택에 가장 큰 영향을 미치는 주요 요인이었다. 따라서 가격 경쟁은 기업의 마케팅 경영자들이 공통적으로 당면하고 있는 제일의 문제이다. 그럼에도 불구하고, 가격결정을 신중하게 다루지 않는 기업이 많이 있다. 가장 흔히 범하게 되는 실수로는 가격을 지나치게 원가중심으로 결정한다는 점, 시장 변화에 맞도록 잘 수정되지 않는다는 점, 가격을 다른 마케팅 믹스 요소들과 무관하게 결정한다는 점, 그리고 상이한 제품별, 세분시장별 및 구매경우 별도 가격차이를 두지 않는다는 점 등이 있다.

기업이 특정제품 서비스에 대해 가격을 설정할 때 먼저 가격설정의 목표를 명확히 해야 한다. 왜냐하면 상이한 가격은 기업의 이익, 판매수익 및 시장점유에 각기 다른 영향을 미칠 수 있기 때문이다. 한편, 이러한 가격설정의 목표는 기업전체차원의 목표와도 조화되어야 한다. 가격설정과 연관하여 기업이 추구하는 목표는 다음과 같다.[5]

① 목표매출액 또는 이익률 목표이다.

활용비용과 이익이 포함될 수 있도록 매출에 일정한 비율을 가산하여 판매가를 정한다. 이익의 비율은 일정하나 이익의 절대액은 판매량의 변화에 따라 항상 변동하게 된다.

② 현상유지 또는 가격안정 목표이다.

가격설정은 수요가 격심하게 변동하지 않도록 가격이 안정을 유지하도록 하는 범위 내에서 크게 이탈하지 않아야 한다.

③ 시장점유율의 유지 및 향상 목표이다.

시장의 수요가 증대하면 목표매출액이나 이익률은 시장점유율에 좌우된다. 기업의 발전과 유지 여부도 시장점유율에 의하여 크게 영향을 받는다.

④ 경쟁에 순응하는 목표이다.

소극적 가격결정의 대안으로서 경쟁사에 의한 시장의 침투를 억제하기 위한 목표이다.

---

5) 서정한 · 박기안(1992), 『마케팅론』, 법경사, p.299.

⑤ **이윤극대화 목표이다.**

가격에 의하여 판매가능한 예상판매량을 측정한다.

2. 메뉴가격 설정의 기초

메뉴가격 설정은 크게 보아 원가, 수요, 경쟁 및 고객심리에 기초한다.

(1) 원가 중심의 가격설정

제품·서비스의 생산 및 분배에 소요되는 실제비용의 크기를 기초로 가격을 설정하는 방식으로 비용을 어떻게 식별하느냐에 따라 가격의 범위가 달라질 수 있다.

① 원가가산 가격설정(Cost plus Pricing)

이는 단위당 원가에 미리 정해진 고정률을 가산하여 판매가격을 책정하는 방법이다. 예를 들어, 쇠고기 스튜(Beef Stew)의 식재료비와 노무비의 비용이 40%이고 총이익을 60%로 하는 경우 원가 4,000원의 쇠고기 스튜는 판매가격은 10,000원이 된다.

② 원가비율 또는 이폭 가격설정(Cost Percentage or Markup Pricing)

이는 특정품목의 변동비에 일정한 크기의 이폭(markup)을 가산하거나 전체원가비율에 일정률의 이폭을 가산하는 것이다. 예컨대, 포도주 한 병의 원가가 5,000원이고 5,000원의 이폭을 얻기로 하면 판매가격은 10,000원이 된다. 이 경우 이폭의 비율은 원가의 100% 또는 판매가의 50%가 된다.

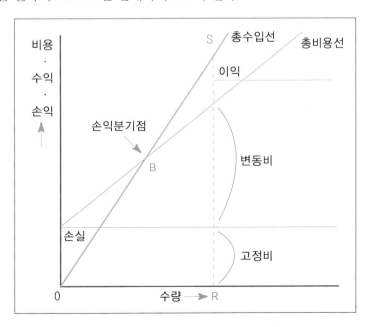

그림 10-3
손익분기도표

③ 손익분기 가격설정(Break-even Pricing)

어느 정도 크기의 판매량과 가격이 부과되면 제품·서비스가 최소한 손익분기수준에 도달할 것인지를 결정하고 이를 가격설정의 기초로 이용하는 방식이다. 여기서는 고정비와 변동비가 구분되어 총비용이 파악되고 상이한 가격을 설정할 경우 수요량의 변화를 추정하여 최적의 가격을 설정한다. [그림 10 - 3]은 손익분기도표를 나타낸다.

(2) 수요 중심의 가격설정

이는 원가가 아니라 소비자의 지각과 수요의 강도를 토대로 가격을 결정하는 방법이다.

① 인식가치에 따른 가격설정(Perceived Value Pricing)

구매자의 제품·서비스에 대한 인식된 가치를 조사하고 그 평가 상태를 가격설정의 주요 정보로 이용하는 것으로 당연히 시장지각에 대한 정확한 측정이 전제되어야 한다.

② 수요의 차이에 따른 가격설정(Demand Differential Pricing)

이는 한 제품·서비스가 수요의 차이에 따라 두 개 혹은 그 이상의 다른 가격으로 판매하는 방식이다.

(3) 경쟁 중심의 가격설정

제품·서비스의 원가나 수요와 관계없이 경쟁사의 가격변동에 따라 신축적으로 가격을 책정하는 방식이다.

① 모방 가격설정(Going-rate Pricing)

이는 제품·서비스의 가격을 동종업계의 평균수준에서 결정하는 방식이다.

② 입찰 가격결정(Sealed Bid Pricing)

경쟁사의 예상입찰가격에 기초하여 자사의 가격을 책정하려는 방식이다.

(4) 고객심리 중심의 가격설정

이는 합리적 반응보다 고객의 감정적 측면에 기초하는 가격설정방식이다.

① 단수 가격설정(Odd-even Pricing)

이는 가격의 끝자리수를 일정가격 범위 내의 단수로 함으로써 심리적으로 저렴하다는 인상을 주고자 하는 것으로 식사요금을 10,000원으로 하지 않고 9,900원으로 하는 것이 그 예이다.

② 권위 가격설정(Prestige Pricing)

특정제품과 서비스가 권위나 질이 우수하다는 것을 나타내기 위해 인위적으로 높은 수준의 가격을 설정하는 방법이다.

③ 선도 가격설정(Leader Pricing)

몇 개의 제품·서비스를 대폭 할인하여 일단 고객을 유인하여 다른 제품이나 서비스의 구매를 촉진하게 하는 방식이다.

④ 특별이벤트 가격설정(Special Event Pricing)

계절적 수요가 감퇴되었거나 특별한 의미가 있는 축제일이나 사건을 전후하여 평소보다 할인된 가격을 제공하는 것이다.

05 메뉴 구성

1) 전채요리

전채요리(Appetizer)는 넓게 칵테일(Cocktail), 샐러드(Salad), 오르 되브르(Hors d'oeuvre), 카나페(Canape) 및 렐리쉬(Relish) 등의 다섯 가지 범주로 나눌 수 있다. 어떤 것은 뜨겁게 제공되고 어떤 것은 차갑게 제공된다. 맛과 모양은 별도로 하고서 가장 중요한 요소는 온도이다. 작은 미트볼(Meatball), 닭간(Chicken liver), 뜨거운 카나페 등의 뜨거운 전채요리는 정말로 뜨거워야 되고, 새우 칵테일 올리브(Olive), 과일주스 등의 차가운 전채요리는 확실히 차가워야 한다.

2) 수프

이것은 간과되어지기 쉬운 과정이다. 식당에서 자체적으로 만든 수프(Soup)의 탁월함에 그들의 인기도를 크게 의존하는 아주 많은 레스토랑들이 있다. 수프 준비

에 있어서의 배려가 커다란 이익을 낳을 수 있다.

3) 생선, 가금 요리, 및 육류

이러한 품목들이 적절한 명세서에 따라 구입된다고 가정했을 때 적절하게 요리되고 신속하게 제공되어야 하는 것은 필수적이다.

육류의 보다 연한 부위는 오븐이나 석쇠에 굽거나 튀겨져야 한다. 브레이징(고기 따위를 볶은 후 물을 넣고 천천히 익히는 것)이나 찜은 보다 질긴 부위로 해야 한다. 그리고 지나치게 익히는 것은 삼가도록 해야 한다. 지나치게 익히는 것은 생선 요리를 할 때 더욱 더 삼가해야 한다. 영양가는 높고 칼로리가 적기 때문에 생선과 해산물의 인기는 최근 들어 증가하고 있다. 따라서 이러한 품목으로 만들어진 메뉴의 비율이 상당히 증가했다. 생선이나 해산물은 항상 주문에 따라 요리되어야 하고 절대로 미리 요리되어서는 안 된다. 가금 요리(Poultry)는 굉장히 다양한 방법으로 준비된다. 특히 닭은 다양한 방법으로 요리될 수 있다. 그리고 급속히 원가가 상승하는 최근에는 닭이 이용가능한 앙트레(Entrée) 중에서 아마도 가장 비용이 적게 든다는 것을 알아야 할 것이다.

4) 야 채

야채(Vegetable)가 나머지 음식의 질에 미치지 못할 때, 그렇지 않았더라면 훌륭했을 식사가 쉽게 엉망이 될 수도 있다. 가능할 때마다 신선한 야채가 사용되어야 한다. 그렇지 않으면 이용가능한 것 중 가장 좋은 것을 사용해야 한다.

식사를 야채의 맛으로 강화하는 것 외에도 색깔과 색감이 제공하는 대조로서 그 호소력을 크게 증가시킬 수 있다. 이것은 메뉴 계획 단계에서 시작해야 할 문제이다.

샐러드에서 뿐만이 아니라 반찬으로도 계속해서 인기가 더해가는 익히지 않은 신선한 야채의 가치 또한 명심해야 한다.

5) 후 식

후식(Dessert)과 패스트리(Pastry)는 전통적으로 이익이 많이 남는 품목이었고 게다가 양질의 음식에 대한 많은 명성들이 멋진 후식의 직접적인 결과였다. 그러므로 배려와 기술을 가지고 후식이 준비되어야 한다. 일류 레스토랑에는 이러한 목적을 위해 종종 특별한 패스트리 요리사가 있다.

6) 음 료

좋은 음식은 좋은 음료(Beverage)로 끝이 나야 한다. 좋은 커피는 깨끗한 기구, 신선하게 끓인 물, 신선한 커피 등의 세 가지 주요한 요소가 필요하다. 신선한 양이 최소한 시간별로 준비되어야 한다. 에스프레소(Espresso)나 데미타쎄(Demitasse), 그리고 디카페인 커피(décaféiné coffee)가 냉커피와 함께 또한 이용가능해야 한다.

좋은 차에 있어서의 필수적인 성분은 차를 만들기 위해 완전히 끓여진 물의 사용이다. 그리고 개인별 차주전자가 사용된다면, 뜨거운 물로 헹구어서 미리 데워져야한다.

음료와 칵테일

11 Chapter

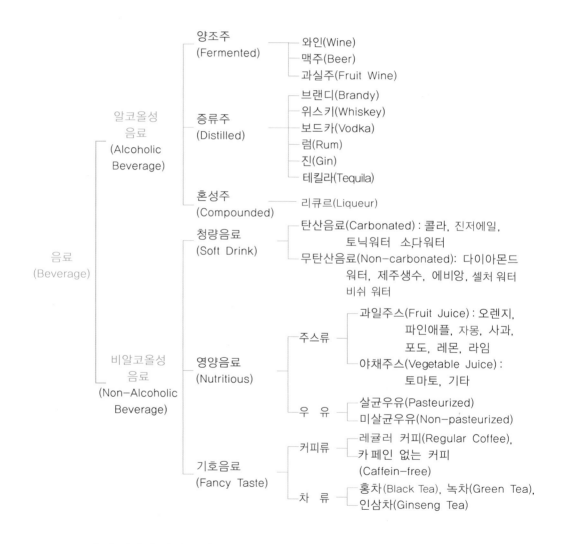

우리 인간의 신체 구성요건 가운데 약 70%가 물이라고 한다. 모든 생물이 물로부터 발생하였으며 또한 인간의 생명과 밀접한 관계를 가지고 있는 것이 물, 즉 음료

라는 것을 생각할 때 음료가 우리 일상생활에 얼마나 중요한 것인가를 알 수 있다. 그러나 현대인들은 여러 가지 공해로 인하여 순수한 물을 마실 수 없게 되었고 따라서 현대 문명 혜택의 산물로 여러 가지 음료가 등장하게 되어 그 종류가 다양해졌으며 각자 나름대로의 기호음료를 찾게 되었다.

우리 한국인들은 주로 음료라고 하면 비알코올성 음료만을 생각하고, 알코올성 음료는 「술」이라고 구분해서 생각하는 것이 일반적이라 할 수 있다. 또한 와인(Wine)이라고 하는 것은 넓은 의미로는 술을 총칭하고 좁은 의미로는 발효주(특히 과일)를 뜻한다.

일반적으로 술을 총칭하는 말로는 Liquor가 있으나 이는 주로 증류주(Distilled Liquor)를 표현하며, 독한 술, 증류주(Hard Liquor) 또는 스피리츠(Spirits)라고도 쓴다.

음료란 크게 알코올성 음료(Alcoholic Beverage; Hard Drink)와 비알코올성 음료(Non-Alcoholic Beverage; Soft Drink)로 구분되는데 알코올성 음료는 일반적으로 술을 의미하고, 비알코올성 음료는 청량음료, 영양음료, 기호음료로 나눈다.

01 알코올성 음료의 분류(Alcoholic Beverage)

알코올성 음료란 일반적으로 술을 뜻하며, 술의 역사는 인류의 역사와 함께 전래되었다. 술이 최초로 발견된 시기나 방법 또는 그 발견자가 확실하지는 않으나 오랜 세월이 지나는 동안 인간은 과실이나 꿀 등이 자연 발효된 것을 발견할 기회는 많았을 것이다. 이러한 과정에서 생긴 쓴맛을 지닌 술(Ethyl Alcohol)은 적어도 7,000년 동안 인간을 매료시켰고 생활에 놀라운 영향을 끼쳤다.

알코올성 음료는 크게 다음과 같은 3종류로 나누어진다.

1. 양조주(Fermented Liquor)

양조주는 술의 역사로 보아 가장 오래 전부터 인간이 마셔온 술로서, 곡류(穀類)와 과실(果實) 등 당분이 함유된 원료를 효모균에 의하여 발효시켜 얻어지는 주정, 즉 와인(Wine)과 사과주(Cider)가 있고, 또 하나는 전분을 원료로 하여 그 전분을

당화시켜 다시 발효 공정을 거쳐 얻어내는 것으로써 맥주와 청주가 있다. 양조주는 보편적으로 알코올 함유량이 3~18%이나 21%까지 강화된 것도 있다.

2. 증류주(Distilled Liquor)

곡물이나 과실 또는 당분을 포함한 원료를 발효시켜서 약한 주정분(양조주)을 만들고 그것을 다시 증류기에 의해 증류한 것이다. 양조주는 효모의 성질이나 당분의 함유량에 의해 대개 8°~14° 내외의 알코올을 함유한 음료를 산출하는데 이를 보다 더 강한 알코올 음료나 순도 높은 주정을 얻기 위해서 증류하는 것이다.

3. 혼성주(Compounded Liquor)

혼성주(Liqueur)는 과일이나 곡류를 발효시킨 주정을 기초로 하여 증류한 스피리츠(Spirits)에 정제한 설탕으로 감미를 더하고 과실이나 약초류, 향료 등 초근 목피의 침출물에 향미를 더한 것이다. 즉, 색채, 향기, 감미, 알코올이 조화를 이룬 것이 혼성주의 특징이다. 식후주로 즐겨 마시며 간장, 위장, 소화불량 등에 효력이 좋은 술이다.

혼성주의 어원은 라틴어 Liquefacere(리큐화세; 녹는다)에서 유래된 말이다. 프랑스 및 유럽에서는 리큐르(Liqueur), 독일에서는 Likor, 영국과 미국에서는 코디얼(Cordial)이라고도 한다.

02 비알코올성 음료의 분류(Non-Alcoholic Beverage)

비알코올성 음료란 알코올 성분이 전혀 들어 있지 않는 음료를 지칭하는 것으로 다음과 같이 3가지로 분류될 수 있다.

1. 영양음료(Nutritious Drink)

영양음료란 사람의 건강에 도움을 줄 수 있는 영양성분을 많이 포함하고 있는 음료를 일컫는데 일반적으로 다음과 같이 나누어진다.

주스류
  과일주스
    오렌지주스(Orange Juice)
    파인애플주스(Pineapple Juice)
    자몽주스(Grapefruit Juice)
    사과주스(Apple Juice)
    포도주스(Grape Juice)
    레몬주스(Lemon Juice)
    라임주스(Lime Juice)
  야채주스
    토마토주스
    기타 야채주스
우유
  살균우유(Pasteurized Milk)
  미살균우유(Non-pasteurized Milk)

2. 청량음료

청량음료는 차갑게 해서 청량감을 주는 음료로 제공된다. 청량음료는 탄산음료와 무탄산음료로 구성되는데, 탄산음료는 탄산가스(CO_2)가 포함된 음료를 지칭하며 무탄산음료는 자연수로서 탄산가스가 포함되지 않은 무색, 무미, 무향의 음료를 지칭한다.

다음은 청량음료를 분류하고 있다.

청량음료
  탄산음료
    콜라
    사이다
    진저에일(Gingerale)
    토닉워터(Tonic Water)
    소다워터(Soda Water)
  무탄산음료
    다이아몬드워터(Diamond Water)
    제주생수(Cheju Water)
    에비앙워터(프랑스 : Evian Water)
    셀처 워터(독일 : Seltzer Water)
    비쉬 워터(독일 : Vichy Water)

3. 기호음료

기호음료란 일반적으로 식전, 식후에 즐겨 마시는 커피류 및 차류를 일컫는데, 분류는 다음과 같다.

커피
  레귤러 커피
  카페인 없는 커피
차
  홍차(Black Tea)
  녹차(Green Tea)
  인삼차(Ginseng Tea)

03 양조주의 종류 및 특성

1. 와인(Wine)

1) 와인의 역사

포도의 재배가 지구상의 어느 지방에서 언제쯤부터 시작되었는지는 알 수 없다. 마찬가지로 포도 열매로 와인이 언제, 어디서, 누구에 의하여 만들어졌는지도 분명치 않으나, 야생의 포도가 발생한 것은 지금부터 약 1만년 전 중앙아시아이며 포도로 와인을 만든 것도 이 지방 주민일 것이라고 학자들은 추정하고 있다.

그 시대는 지금으로부터 약 1만년 전으로 거슬러 올라간다. 와인 제조(製造)에 관한 최고(最高)의 고고학적 증거는 신석기 페르시아(Persia) : 현재의 이란]에서 찾아 볼 수 있다. 와인에 관한 문헌은 기원전 3,000년경부터 기록되었다. 기원전 1,500년까지 페니키아, 레바논, 시리아, 이집트와 다른 중동 국가에서는 활발한 와인 거래가 있었다.

와인과 포도에 관한 신과 여인 그리고 전설과 노래들이 와인의 중요성을 찬양하기 위해 서로 다른 문화 속에서 창조되었다. 또한 와인은 많은 종교에서 신성한 음료수로 생각했는데 와인의 알코올 성분으로 인한 의학적인 특성이 수세기 동안 인정되어 왔기 때문이다.

그 후에 고대 그리스인들이 포도나무를 서부 유럽에 소개하였고, 로마인들은 그들의 정복지가 늘어감에 따라 더욱 멀리 포도나무를 퍼뜨렸는데 독일, 스페인, 포르투갈, 영국을 점령한 로마군은 포도나무를 심고 와인을 만들었다.

이 일은 군인들의 사기를 높이는 데 도움을 주었고, 전쟁이 없을 때는 군인들이 하는 일이 되었다. 로마제국(Roman Empire)이 쇠퇴한 후 수세기 동안은 수도사들에 의해 포도밭이 널리 퍼지고, 와인이 계속 생산되었다. 기독교가 전세계에 전파됨에 따라 선교사와 탐험가들에 의해 새로운 세계로 포도와 와인 제조 방법이 알려지게 되었고 시간이 경과함에 따라 제조 방법에도 많은 발전을 가져왔고 또한 천연적인 와인에 여러 가지 초근목피와 열매를 배합하여 맛과 향을 더욱 독특하게 만들었으며, 식욕촉진제(Aperitif)로, 또는 몸이 허약하거나 병중 회복기의 환자에게 좋은 효과를 나타내는 약재로 사용되기도 한다.

2) 와인의 제조과정

① 수확된 포도는 스테머(Stemmer)라는 기계에서 포도로부터 줄기와 대를 분리 시킨 후 화이트 와인(White Wine)이냐 레드 와인(Red Wine)이냐에 따라 압축 (Pressing)과 발효(Fermenting) 과정이 달라진다. 화이트 와인의 경우는 포도 껍질과 씨를 분리시키기 위해 압축한 다음 발효시킨다. 그러나 레드 와인은 껍질, 과육, 씨와 함께 발효한 후 압축한다. 이렇게 해서 얻어지는 즙은 껍질 에 의해 착색하고 향이 배게 된다. 로제 와인(Rosé Wine)은 화이트 와인과 레 드 와인을 섞어서 만드는 경우도 있지만 대개는 레드 와인을 만드는 과정을 따르며 내용물이 전부 발효되기 전에 압축한다.

② 발효가 끝난 액은 여과기를 통해 찌꺼기 등을 여과하며, 이렇게 얻어진 액은 숙성시키기 위해 나무로 된 통으로 보내진다. 이 나무통의 나무 그 자체와 액 이 통에 담겨져 있는 시간에 따라 향에 영향을 준다.

③ 숙성이 끝난 후 와인은 병에 담겨져 판매된다. 와인을 제조하는 방법은 각 나 라마다 또는 지역마다 그들 나름대로의 방법이 있으며 때로는 상당한 차이가 나고, 대개 포도의 종류, 재배지의 토양, 효모, 양조기술, 기상조건 및 숙성기 간에 의하여 그 품질이 결정된다. 레드 와인은 화이트 와인보다 탄닌(Tannin) 성분이 많은 관계로 숙성기간도 길고 장기보존도 가능하다. 이와 더불어 대부 분의 와인병은 태양광선으로부터 와인의 품질을 보존하기 위하여 색깔이 있 는 병을 사용하고 있다.

3) 와인의 분류

(1) 색에 따른 분류

① 레드 와인(Red Wine)

수확된 포도를 껍질까지 즙을 내어 발효시켜서 과피에서 우러나온 색으로 인 하여 적색이 나게 된다. 레드 와인을 만드는 대표적인 포도 품종들은 다음과 같 다. 까베르네 소비뇽(Cabernet Sauvignon), 피노누아(Pinot Noir), 산지오베제 (Sangioverse) 등이 있다.

② 화인트 와인(White Wine)

화이트 와인은 화이트 와인을 만드는 포도 품종을 사용하여 포도즙을 낼 때 과 피를 제거하고 알맹이만을 발효시켜서 만든 것이며 연한 밀짚색이 난다. 대표적

인 화이트 와인 포도 품종들은 다음과 같다. 샤르도네(Chardonnay), 소비뇽 블랑(Sauvignon Blanc), 모스카토(Moscato) 등이 있다.

③ 로제 와인(Rosé Wine)

와인을 눌러 짠 후 잠깐 발효시킨 후 껍질을 제거한 후에 발효를 다시 시켰을 때 나타나는 핑크(Pink)색을 띤 와인이다.

(2) 맛에 따른 분류

당분이 어느 정도 남았느냐에 따라서 Dry, Medium, Sweet 와인으로 분류된다.

① 감미 와인(Sweet Wine)

완전히 발효되지 못하고 당분이 남아 있는 상태에서 발효를 중지시킨 것과 가당을 한 것이 있다.

② 산미 와인(Dry Wine)

완전히 발효되어서 당분이 거의 없는 상태인데 아주 단맛이 없는 와인은 강한 산미 와인(Very Dry Wine)이라고 부른다.

(3) 알코올 첨가 유무에 따른 분류

① 주정강화 와인(Fortified Wine)

알코올 도수를 높이기 위하여 발효 과정이나 또는 발효 후 알코올 농도가 높은 증류주를 배합한 것이며 대표적인 것으로 셰리(Sherry : 스페인에서 생산), 포트(Port: 포르투갈에서 생산), Madeira 와인 등이 있으며 주로 향을 첨가하고 있다.

② 비강화 와인(Unfortified Wine)

다른 주정을 첨가하지 않은 보통 와인을 말하는데, 대부분의 14° 이하의 테이블 와인(Table Wine)이 이에 속한다.

(4) 탄산가스 유무에 따른 분류

① 발포성 와인(Sparkling Wine)

2차 발효를 병속에서 하는 동안 자연적으로 탄산가스가 생기게 한 것과 인위적으로 주입시키는 것이 있다. 대표적인 것으로 프랑스 샹파뉴 지방에서 만들어진 프랑스의 샴페인(Champagne)과 이탈리아의 스푸만테(Spumante)가 있다.

② 비발포성 와인(Still Wine)

발포성(탄산가스)이 없는 와인을 말하는데, 일반적인 테이블 와인이 모두 여기에 해당된다.

(5) 식사에 따른 분류

① 식전 와인(Aperitif Wine)

식사를 하기 전에 한두 잔 마시는 와인으로 강화주나 향취가 강한 것을 많이 마신다. 강화주로는 셰리 와인을, 향취가 강한 것으로는 버머스(Vermouth) 종류를 주로 마신다.

② 식사 중 마시는 와인(Table Wine)

식사와 곁들여서 마시는 와인은 음식물에 따라 다르다. White wine은 흰살의 고기를 먹을 때, Red wine은 붉은살의 고기를 먹을 때 마시는 것이 보통이다. 즉, white wine은 생선요리 및 송아지고기(Veal), 닭, 칠면조 등을 포함하는 흰색고기의 가금류와 함께 마신다. Red wine은 육류요리에 마시며, 치즈류 및 모든 종류의 주요리에도 제공된다.

③ 식후 와인(Dessert Wine)

후식을 먹을 때 마시는 감미 와인을 주로 말한다. 대표적으로 포트와인(Port Wine), 크림 셰리(Cream Sherry) 등이 있다.

(6) 저장기간에 따른 분류

① Young Wine : 만든지 1~2년 혹은 5년 이내에 마시는 와인을 지칭한다.

② Aged Wine Old Wine : 만든지 5~10년 혹은 15년 이내에 마시는 와인을 지칭한다.

③ Great Wine : 만든지 15년 이상 50년 가까이 지나서 마시는 와인을 지칭한다.

(7) 각국의 와인

① 프랑스 와인

■ 지역별 분류
- 프랑스 와인의 대표적 산지로 다음과 같다.
  - ☞ 보르도(Bordeaux) 지역
  - ☞ 부르고뉴[Burgundy(Bourgogne)] 지역
  - ☞ 꼬뜨드론(Cotes du Rhone) 지역

☞ 알사스(Alsace) 지역

☞ 르와르(Loire) 지역

☞ 샹파뉴(Champagne) 지역

■ 프랑스 와인의 상표(Label) 읽는 법

프랑스 와인의 상표는 각 지역별 지구별 또는 구역별로 표기하는 방법이나 내용이 약간씩 차이가 있다. 지역의 이름이나 지구의 이름 혹은 마을의 이름이 와인명으로 사용되는 경우가 많고 또한 특정 포도원(샤토 : Chateau)명 와인도 적지 않다. 간혹 포도의 품종이 와인명으로 사용되는 지역도 있다. 그러므로 프랑스 와인의 상표를 읽기란 상당히 까다롭다고 할 수 있다.

② **이탈리아 와인(Italian Wine)**

이탈리아 와인의 생산량은 프랑스를 능가하여 세계 제1위이나 와인의 대부분이 국내에서 소비되고 있다. 이탈리아의 전 국토가 포도원이라 해도 과언이 아닐만큼 포도를 재배하고 있어 그 생산량은 세계 산출 와인의 약 19%를 차지하고 있다. 이탈리아 와인은 대부분 조잡하며 우량품은 없으나 프랑스 와인의 2급에 해당하는 와인을 생산하고 있다. 물론 프랑스의 샤토마고(Chateau Margaux)나 독일의 요하니스베르크(Johannisberg Schloss)와 같은 명주에 비교할 만한 상품은 없으나 론 와인(Rhŏne Wine)과 같은 우수품도 있다. 주요 산지로는 북쪽의 피에몬테(Piemonte), 롬바르디아(Lombardy)에서 남쪽의 시실리아에 이르기까지 18개의 이름 있는 산지가 있으며 여기에서 유명한 와인을 740여 품종 이상을 생산하고 있다.

와인으로 유명한 지역으로는 다음과 같다.

● 피에몬테(Piemonte) 지역

● 투스카니(Tuscany) 지역

● 기타 지역

기타 유명 와인 생산지역으로는 바르돌리노(Bardolino), 소아베(Soave), 발폴리첼라(Valpolicella)를 생산하는 베네토(Veneto) 지역과 소아베와 더불어 세계 전 지역에 걸쳐서 인기 있는 화이트 와인인 오르비에토(Orvieto)를 생산하는 움브리아(Umbria) 지역, 그리고 베르디키오(Verdicchios)로 잘 알려진 마르케(Marches) 지역 등 이탈리아 전역에 걸쳐 각 지역에서 각양각색의 와인을 생산해 내고 있다.

■ 프랑스 · 이탈리아 와인 등급

③ 독일 와인(German Wine)

독일 와인의 산지는 라인(Rhein) 지역과 모젤(Mosel) 지역을 꼽을 수 있다. 어느 것이나 가늘고 긴 병에 담겨져 있는 경우가 많으며 라인 와인(Rhein Wine)은 갈색, 모젤 와인(Mosel Wine)은 녹색으로 정해져 있다. 포도 경작 면적과 생산량은 프랑스에 비하면 아주 적으나 독일의 화이트 와인은 세계의 애음가들로부터 호평을 받고 있다.

포도는 화이트 와인 품종인 리슬링(Riesling) 종과 실바너(Sylvaner) 종을 많이 사용한다. 독일의 포도원에서 만들어진 와인은 포도 수확기에 따라 여러 가지 품질의 와인을 생산하고 있어 그 결과로 다음 5가지 형으로 분류하고 있다.

- 카비네트(Kabinett)
- 슈패트레제(Spatlese)
- 아우스레제(Auslese)
- 베렌아우스레제(Beernauslese)
- 트로켄베렌아우스레제(Trokenbeerenauslese)

이밖에 발포성 와인(Sparkling Wine)을 일컫는 섹트(Sekt)라는 것이 있는데, 섹트라는 것은 독일의 법률 용어로써 뷔르츠부르크(Würzburg) 지구에서 만드는 것을 샤움바인(Schaumbein), 봄즈(Borms) 지구에서 만드는 것을 섹트, 코블렌즈(Koblens) 지구에서 만드는 것은 발포성 모젤(Sparkling Mosel) 등으로 나누어져 있다.

④ 스페인 와인(Spanish Wine)

스페인은 세계 어느 나라보다 넓은 면적의 포도밭을 가진 나라다. 그러나 와인 생산량은 이탈리아의 ⅓밖에 되지 않는다. 스페인에서 상급 와인이 나는 지역은 헤레스(Jerez), 리오하(Rioja), 몬티야(Montilla), 카탈로니아(Catalonia) 등이다.

와인 종류는 많지만 세계적으로 알려진 와인은 셰리 와인밖에 없다. 셰리(Sherry)의 본명은 헤레스(Jerez)로서 헤레스 델 라 프론테라(Jerez de La Frontera) 시의 이름을 따서 불려졌는데 이 와인이 영국으로 수출되면서부터 영국 사람들이 셰리 와인(Sherry Wine)로 고쳐 부른 것이 오늘날의 셰리로 되었다.

⑤ 포르투갈 와인(Portugal Wine)

세계적으로 알려진 와인은 역시 Port Wine과 Rose Wine이며, 비뉴 드 콘수무(Vinho de Consumo; 보통 와인)라 하여 카라프 와인(Carafe Wine)이 있는데 대부분 국내에서 소비하고 있으며 그 질이 다른 어느 나라보다도 좋다는 평이다. 레드, 화이트 와인, 테이블 와인 등을 비롯하여 발포성 와인(Sparkling Wine)도 생산하지만 Rose나 Port만 못하다.

⑥ 미국 와인(American Wine)

1840~50년대에 포도 재배의 기초를 이루었으나 처음에는 유럽 와인과 비슷한 것을 만들어 상표도 샤블리(Chablis), 부르고뉴(Bourgogne), 라인(Rhein) 등 유럽의 유명 산지의 이름을 붙이고 있었다.

1950년대에 들어와 캘리포니아 대학의 포도 재배, 양조 연구소 등의 노력으로 각각의 땅에 적합한 품종 육성법, 양조법 등이 확립되면서 미국 와인의 생산이 본격화되었다. 특히, 크롬과 스테인리스 스틸의 특수합금에 의한 탱크와 바깥쪽에 붙이는 냉각장치의 고안에 의하여 양조과정을 완전히 조정할 수 있게 되면서부터 품질의 향상은 눈부신 발전을 계속 했다. 1960~1970년대에는 소규모의 와인 양조장(Winery)이 증가하여 개성적인 와인을 만들기 시작하면서 사용하는 포도의 품종명을 와인명으로 쓰기 시작하였다. 이와 같은 와인을 버라이틀 와인(Varietal Wine)이라 부르고 대량 생산되며 샤블리 등 일반적인 이름으로 판매되는 와인은 제네릭 와인(Generic Wine)이라 부른다.

현재 와인의 생산은 미국의 반 이상의 주(state)에서 하고 있는데 California 주가 27%를 차지하고 있다.

⑦ 한국 와인(Korean Wine)

우리나라의 와인 역사는 매우 짧으며 와인이란 이름으로 소규모 상품화된 적이 있으나 주정과 포도즙을 섞어 만든 화학 와인에 불과한 미비한 정도였다. 따라서 서구의 와인 형식을 갖추기 시작한 것은 극히 최근의 일이며 서구의 와인과 같은 수준의 본격적인 고급 와인은 마주앙을 최초로 본다.

- 마주앙(Majuang)
  - ☞ 회사 : O.B
  - ☞ 포도 품종 : 리슬링
  - ☞ 주포도 재배지 : 경북 청하와 밀양
  - ☞ 성격 : 독일 라인강 유역의 모젤 와인 유형

- 위하여(Wehayeux)
  - ☞ 회사 : 수석농산(주)
  - ☞ 포도 품종 : 사이벨, [레드 와인은 (Muscat Bailey A)]
  - ☞ 주포도 재배지 : 충남 보령군 웅천면
  - ☞ 성격 : 보르도 유형이나 덜 드라이하다.

4) 와인의 취급법 및 서비스 방법

(1) 와인 보관

와인은 보관상의 단순한 규정이나 상태를 준수한다면 쉽게 오랫동안 보관할 수 있다. 지하 저장고가 있다면 훨씬 매력적이고 실용적일 것이다. 호텔 등 고급 프랑스 식당에서는 와인 냉장고나 와인 저장실을 이용, 보관하고 있으나 일반 가정에서는 찬장이나 벽장 등을 이용하여 만들어 사용하면 실용적일 것이다. 와인 보관시의 중요한 사항은 다음과 같다.

① 온도(Temperature)

약 13℃(55°F) 정도의 일정한 온도가 이상적이다. 7~18℃(45°~65°F) 사이의 일정치 않은 온도도 그 변화가 느리고 고정된 것이라면 괜찮다.

② 진동(Vibration)

와인 속의 찌꺼기가 떠오르는 것을 막고 코르크(Cork)가 풀어지는 것을 방지하기 위해 최소화해야 한다. 특히 레드 와인이나 샴페인 등을 손으로 운반시나 테이블 서비스시에 흔들리지 않게 조심스럽게 다루어야 한다.

③ 음지(Darkness)

햇볕에 노출을 연장시키면 병의 온도가 올라갈 것이다. 이것이 저장을 위한 상태로서 대개 어둠이 권장되어지는 이유이다. 그러나 전등의 불빛은 와인에 영향을 주지 않는다.

④ 습도(Humidity)

찬바람은 습기찬 바람이다. 그러므로 저장소의 온도가 낮다면 습도는 적당할 것이다. 일반적으로 습도의 상태가 기분이 좋을 정도면 와인에도 적당하다. 습도는 건조하지도 습하지도 않게 알맞아야 하며 일 년 내내 변치 않아야 한다.

매일 마시는 레드 와인은 실내온도(22~25℃)로 선반(Rack)에 보관하고, 화이트 와인은 냉장고에 보관한다. 와인을 보관할 때 코르크가 와인과 접촉되게 옆으로 눕혀 놓는다. 이렇게 함으로써 코르크가 마르고 수축하는 것을 막을 수 있다. 꼭 맞는 코르크는 와인에 공기가 들어가지 않게 하고 너무 빨리 익지 않게 한다.

(2) 와인 병을 따는 요령

① 와인을 주문한 손님에게 포도의 상표를 확인시키기 위하여 상표가 손님을 향하게 하여 고객의 좌측에서 보여 드린다.

② 코르크 스크류(Cork Screw)에 있는 나이프를 이용하여 병목의 캡슐(Capsule) 윗부분을 제거한 후 서비스 클로스(Service Cloth)로 병마개 주위를 잘 닦는다.

③ 코르크 스크류 끝을 코르크의 중앙에 대고 천천히 돌려 넣는다. 코르크를 완전히 통과하여 코르크 조각이 술병 안으로 떨어져서는 안된다.

④ 나사를 천천히 돌려 코르크 마개가 1cm 가량 남은 위치까지 뽑은 후, 서비스 클로스를 받쳐 손가락으로 코르크를 잡고 천천히 돌려서 마개를 뽑는다.

⑤ 코르크의 냄새를 맡아 이상 유무를 확인하고 손님에게 확인하도록 코르크를 보여 드린다.

⑥ 서브하기 전에 서비스 클로스로 병목 주위를 깨끗이 닦는다.

⑦ 주문한 손님에게 시음시켜 드린다.

⑧ 와인을 따른 후 병목을 서비스 클로스로 닦아, 술방울이 테이블에 떨어지지 않도록 한다.

(3) 레드 와인 서비스(Wine Basket을 이용)

① 와인 바스켓(Wine Basket)에 냅킨을 깔고 레드 와인을 눕힌다.

② 손님에게 주문한 상표를 확인시킨다.

③ 와인 바스켓 목 밑에 브레드 플레이트(Bread Plate)를 엎어 깔고 왼손으로 바스켓을 잘 잡고 오른손으로 코르크 스크류의 나이프를 이용, 캡슐을 제거한다.

④ 냅킨으로 병목 주위를 닦은 다음 코르크 스크류를 코르크에 돌려 넣는다. 이때 병이 움직이지 않게 조심스럽게 다루어야 한다.

⑤ 받침대를 이용, 왼손으로 받침대를 고정시키고 천천히 오른손으로 빼낸다.

⑥ 다시 병목 주위를 깨끗이 닦은 다음 서브한다.

⑦ 서브 요령은 바스켓을 오른손의 엄지와 중지 사이에 끼워 잡고 인지로 병을 살짝 누르면서 잡는다.

⑧ 주문한 손님(Host)께 먼저 맛을 보게 한 다음 좋다는 승낙이 있으면 사회적인 지위나 성별, 연령을 참작하여 서브하는 것이 일반 원칙이다.

⑨ 글라스와 술병의 높이는 약간 떨어지게 하여 글라스의 $\frac{1}{2}$~$\frac{2}{3}$ 정도 서브하고 병을 약간 돌려 커팅(Cutting)한다.

⑩ 이때 서비스 클로스를 쥐고 있는 왼손은 가볍게 뒤쪽 허리 등에 붙이고 서브한다.

⑪ 서브가 끝날 때마다 술병을 조심스럽게 서비스 클로스로 닦아 술방울이 테이블이나 손님에게 떨어지지 않도록 주의한다.

(4) 화이트 와인 서비스

① 적절한 온도를 유지하기 위하여 백포도주는 얼음과 물이 채워진 와인 쿨러(Wine Cooler)나 냉장고에 넣어 두어야 한다.

② 병마개는 손님 앞에 준비된 와인 쿨러 속에서 따야 한다.

③ 고객에게 보여주는 것과 따는 것은 앞에서 설명한 「와인병을 따는 요령」에 따라 실시하며 와인 서브시 글라스와 와인병과의 높이는 보통 와인의 종류에 따라 2~3cm가 적당하다.

(5) 샴페인 서비스

① 와인 쿨러에 물과 얼음을 넣고 샴페인병을 넣어 차갑게 한 다음 서브한다.

② 샴페인병을 들어 손님의 좌측에서 상표를 확인시킨다. 이때 물기가 떨어지지 않게 서비스 클로스를 술병 밑바닥에 댄다.

③ 왼손 엄지로 병마개를 누르면서 오른손으로 은박이나 금박의 포장지 윗부분을 벗긴다.

④ 왼손 엄지는 계속 병마개를 누르면서 감겨진 철사를 푼다.

⑤ 왼손으로 와인 쿨러 속에 있는 병을 꽉 잡고 오른손으로 코르크를 조심스럽게 소리나지 않게 빼낸다.

⑥ 병에 물기를 제거한 다음 오른손 엄지를 병 밑쪽 파인 곳에 넣어 나머지 손가락으로 병을 잡고 왼손 인지로 병목 부분을 받치고 따른다.

⑦ 글라스와 병의 높이는 약 3~5cm정도가 적당하다.

⑧ 샴페인 서브시 ⑥번과 같은 방법을 취하지 않을 때는 서비스 클로스를 든 왼손은 등뒤로 붙인다.

⑨ 매 서브 후 서비스 클로스로 병목의 물기를 조심스럽게 닦아 술이 테이블이나 손님에게 떨어지는 것을 방지한다.

2. 맥주(Beer)

맥주는 맥아와 홉(Hop)을 주원료로 효모를 사용하여 만드는데, 보리, 홉, 물, 효모 등이 원료가 된다.

1) 맥주의 원료

(1) 보리(Barley)

양조용 보리로는 다음과 같은 것이 좋다.

① 껍질이 얇고, 담황색을 띠고 윤택이 있어야 한다.

② 알맹이가 고르고 95% 이상의 발아율이 있어야 한다.

③ 수분 함유량은 10% 내외로 잘 건조된 것이어야 한다.

④ 전분 함유량이 많은 것이어야 한다.

⑤ 단백질이 적은 것이어야 한다(많으면 맥주가 탁하고 맛이 나쁘다).

(2) 홉(Hop)

홉은 맥주에 특이한 쓴맛과 향기를 주며 보존성을 증가시키고 또한 맥아즙의 단백질 제거를 하는 중요한 역할을 하는 불가결한 원료가 된다.

(3) 물(Water)

맥주는 90%가 물이다. 그 때문에 수질이 좋은 것을 사용하지 않으면 맥주의 품질에 영향을 미친다. 보통 산성의 양조용수를 사용한다. 최근에는 이온교환 수지의 발달로 이상적인 수질을 얻을 수 있기 때문에 좋은 맥주를 양조할 수 있다.

(4) 효모(Yeast)

맥주에 사용되는 효모는 맥아즙 속의 당분을 분해하고 알코올과 탄산가스(CO_2)를 만드는 작용을 하는 미생물로, 발효 후기에 표면에 떠오르는 상면발효 효모와 일정기간을 경과하고 밑으로 가라앉는 하면발효 효모가 있다. 따라서 맥주를 양조할 때에는 어떤 효모를 사용하느냐에 따라 맥주의 질도 달라진다. 전자는 영국, 미국의 일부, 캐나다, 벨기에 등지에서 많이 사용되고 후자는 독일, 덴마크, 체코슬로바키아 등지와 우리나라에서 사용되고 있다.

(5) 기 타

맥아의 전분을 보충하기 위해 쌀, 옥수수, 기타 잡곡 등이 사용된다.

2) 맥주의 제조 과정

(1) 맥아의 제조법

보리는 제진기를 거쳐 먼지를 제거한 뒤, 선립기에서 알맹이를 고른다. 다음은 침맥조라는 탱크(Tank)에 2일 전후로 담가 수분을 흡수시킨다. 이것을 발아조에 넣어 약 8일간 통기와 온도를 조절하면서 발아시킨다. 이것을 그린 몰트(Green Malt)라고 한다. 그린 몰트는 45% 정도의 수분을 함유하고 있으므로 건조실에 보내 열풍으로 건조시킨다. 이후 맥아의 뿌리를 제거하고 약 20℃의 맥아 저장실에서 6~8주간 잠재운다. 이렇게 건조한 맥아를 드라이 몰트(Dry Malt)라 한다.

(2) 당 화

드라이 몰트(Dry Malt)를 분쇄기에 걸어 잘게 부순 후 통에 담고 여기에 5~6배 무게의 온수를 넣어 죽과 같은 상태로 만든다. 이것을 매시(Mash)라 한다. 이 매시를 자비부(煮沸釜)로 옮겨 끓이며 이때 홉이 가해진다. 홉을 가함으로써 맥아 속의 단백질은 응고, 침전하고 액을 맑고 깨끗하게 만든다. 동시에 맥주의 독특한 쓴맛도 생긴다. 그 뒤 홉 제거기에 넣어 홉을 제거하고 냉각기에서 발효에 적당한 온도까지 얼린(0℃) 다음 여과기와 원심분리기로 고형물이나 침전물을 제거하면 투명한 액체가 되고 그것이 발효조로 옮겨진다.

(3) 발 효

발효조의 맥아액은 상면발효 효모나 하면발효 효모를 가함으로써 발효를 시작한다. 효모는 발아액의 당분을 분해하여 알코올과 탄산가스를 만드는 것이다.

발효는 약 1주일에서 10일 정도 걸리는데 이렇게 만들어진 맥주는 아직 쓴맛도 강하고 탄산가스도 불충분하여 '어린 맥주'라고 한다. 이를 주발효 혹은 전발효라 한다.

(4) 저 장

이 어린 맥주는 저장 탱크에서 약 60~90일간 0℃에서 숙성을 계속한다. 이를 후발효라고 하는데, 이 기간 중에 발생하는 탄산가스가 밀폐된 탱크 속에서 맥주에 녹아 들어가 효모나 기타 응고물은 침전하여 원숙한 맥주로 성장하는 것이다. 이것을 규조토 여과기로 여과하여 술통에 따라 두는 것이 생맥주(Draught or Draft)이다. 이 생맥주는 신선하나 보존성이 없어 보존성을 유지하기 위해 저온살균한 것이 보통 말하는 병맥주(Lager Beer)이다. 맥주의 종류로는 하면발효맥주(Bottom Fermentation Beer)와 상면발효맥주(Top Fermentation Beer)가 있는데 하면발효맥주는 비교적 저온에서 발효시킨 맥주로서 주정도는 3°~4°이며, 이것의 종류로는 병맥주, 생맥주, 필젠 맥주(Pilsner Beer), 도르트문트 맥주(Dortmunder Beer), 흑맥주 등이 있다. 한편, 상면발효맥주는 비교적 고온에서 발효시킨 맥주로서 종류로는 포터(Porter), 에일(Ale), 스타우트(Stout), 복(Bock) 등이 있다.

3) 맥주의 서비스 방법

병맥주(Lager Beer)나 캔맥주(Can Beer)는 살균되어 있는 상태이므로 실제 저장온도에 따라 상태가 유지된다. 너무 장기간의 저장과 단기간일지라도 직사광선이나 고온에 노출시키는 것은 맛의 변화를 가져온다. 가장 좋은 저장방법은 5℃~20℃의 실내온도에서 통풍이 잘 되고 직사광선을 피할 수 있는 어두운 지하실의 건조한 장소가 가장 적합하다. 또 한 가지 주의할 점은 영하의 온도에 노출되어 맥주가 얼지 않도록 주의해야 하며, 계절이나 지방, 기후에 따라 약간씩 다르나 (실제로 영국의 Pub에서는 한여름에도 미지근한 맥주가 나온다), 비어 쿨러(Beer Cooler)에서 약 3.5~4℃로 보관하였다가 서브할 때는 여름에는 7℃, 겨울에는 10℃ 정도의 온도로 서브하는 것이 이상적이고, 마개를 땄을 때 맥주가 넘쳐 나올 경우는 너무 차게 하였거나 아니면 너무 오래 되었다고 보아야 한다.

맥주를 따를 때는 병을 글라스에서 약 4~5cm 정도 들고 부어서 7부 정도로 잔을 채우고 거품이 일도록 붓는 것이 신선한 향취를 맛보는데 가장 이상적이다. 거품이 없이 따르면 이산화탄소가 맥주와 함께 넘어가기 때문에 배가 빨리 불러온다.

또한 첨잔은 금물이다. 처음 따른 맥주의 맛이 가장 좋고 그 후엔 공기가 닿아서 산화되어 맛이 줄어든다. 맛이 줄어든 맥주에 새 맥주를 부으면 맛이 좋아지기는 커녕 부을 때 공기가 스며들어 더욱 산화를 재촉하게 된다.

생맥주(Draft Beer)는 양조장에서 출고될 때가 가장 잘 완숙된 상태이다. 부풀어 오르는 거품이 대단히 아름답고 먹음직스러워 전세계적으로 많은 고객을 가지고 있다. 그러나 생맥주는 예민한 음료이므로 취급에 있어서 주의를 기울이지 않으면 안 된다.

생맥주를 맛있고 거품이 오래 지속되도록 따르는 일은 오랜 경험으로 완성되고 온도와 압력 그리고 글라스의 청결 상태에 크게 좌우된다.

04 증류주의 종류 및 특성

1. 위스키(Whiskey)

1) 위스키의 정의와 역사

위스키는 곡류(Grain)를 갈아서 발효시키거나 싹(Malt)을 내어서 갈아 발효하여 증류해낸 술이다. 이러한 위스키의 역사는 스카치의 역사라 할 수 있다. 위스키는 12세기경 이전에 처음으로 아일랜드에서 제조되기 시작하여 15세기경에는 스코틀랜드로 전파되었다.

오늘날의 스카치 위스키의 원조가 된 것으로 보고 1826년 이전에는 이탄을 사용하여 건조시키고 소형 단식 증류기(Pot Still)로 서서히 증류시키는 방법이 사용되었다.

하지만 1826년 스코틀랜드의 증류업자 Robert Stein의 연속식 증류기 개발에 이어 1831년 아일랜드 더블린(Dublin)의 세무관리인 Aeneas Coffey가 「코페이식 연속식 증류기(Coffey's Patent Still)」를 완성하여 특허를 취득했다. 연속식 증류기(Patent Still)로 불리우는 이 증류기의 보급으로 단기간 내에 대량의 Grain Whiskey를 생산하기에 이르렀다.

2) 증류방법에 의한 분류

① 단식 증류기(Pot Still)를 사용한 위스키

단식 증기류는 예전부터 사용되어온 재래식 증류기로서 비교적 간단한 구조로 한 번 정도 증류 과정을 거치게 된다. 따라서 곡물이나 과일 등의 재료가 가진 고유한 특성이 그대로 추출되어져 향이 좋은 위스키를 얻을 수 있다. 하지만 단 한번에 맑고 순도 높은 알코올을 얻을 수 없어서 두세 번은 증류해야만 높은 알코올을 얻을 수 있다. Malt Scotch Whisky, Irish Malt Whisky 등이 이에 속한다.

② 연속식 증류기(Patent Still)를 사용한 위스키

연속식 증류기는 19세기에 만들어진 것으로 높은 알코올을 대량생산할 수 있고, American Whisky, Candian Whisky 등이 이에 속한다.

3) 원료에 의한 분류

① 몰트 위스키(Malt Whisky)

엿기름(Malt)만을 사용하여 만든 위스키로서 향이나 맛이 진한 것이 특징이다. 특히 단식 증류기를 사용하여 증류를 해야만 몰트 위스키라고 할 수 있다. Malt Scotch Whisky, Irish Malt Whisky 등이 이에 속한다.

② 그레인 위스키(Grain Whisky)

여러 가지 곡물을 사용하여 만든 위스키로서 엿기름은 단지 곡물을 당화시키는 역할만 한다. 주로 옥수수, 밀, 호밀 등의 곡물이 사용되며, 연속식 증류기를 사용

하여 증류를 한다. 주로 미국이나 캐나다에서 생산되는 위스키가 이에 속한다.

③ 블렌디드 위스키(Blended Whisky)

두 가지 종류 이상의 위스키를 혼합하여 만든 것으로 지금 현재 생산 판매되고 있는 대부분의 위스키가 이에 속한다. Blended Scotch Whisky, American Blended Whisky 등이 있다.

4) 위스키의 제조 방법

스카치 위스키를 만드는 순서는 엿기름 만들기→ 발효 → 증류 → 저장숙성 → 블렌딩 → 병입 등의 순으로 진행되며 상세한 양조 방법은 다음과 같다.[1]

엿기름 만들기	보리를 물에 48시간 담가두면 싹이 트게 된다. 싹이 어느 정도 트게 되면 뜨거운 바람으로 건조시켜 싹이 자라는 것을 멈추게 하는데 이것이 엿기름(Malt)이다. 엿기름은 곡물을 당화시키는데 꼭 필요한 요소이다.
발효	건조된 엿기름 뿌리를 잘라버리고, 분쇄 후 물에 넣어 끓이면 12~13% 정도의 당도를 지닌 엿기름 즙이 생기게 되는데 이를 당화 과정이라고 한다. 이 과정이 끝나면 여과하여 효모균을 넣어 발효시킨다.
증류	몰트 위스키는 단식 증류기로 초류와 재류라는 두 번의 증류 과정을 거치게 된다. 먼저 발효시킨 알코올(초류)을 한번 증류하여 20%의 알코올 성분을 추출하고, 다시 한번 더 증류(재류)하여 중간 부분에서 나온 증류액만을 위스키 기주로 사용한다.
저장 숙성	저장 숙성시 주로 셰리를 담은 흰색 떡갈나무(White oak) 통을 사용하고 저장 과정에서 자연스럽게 호박색을 띠게 된다. 최소 3년에서 최대 30년 정도를 저장 숙성 과정을 거치는 것이 스카치 위스키 특유의 개성과 맛을 추출할 수 있다.
블렌딩	저장 숙성된 위스키는 각 회사의 독특한 맛을 내기 위해 색이나 향을 고려하여 여러 가지를 혼합한 후 판매한다. 이를 블렌딩이라고 한다. 이 과정은 위스키 특유의 맛을 내는 데 가장 중요한 것으로서 풍부한 경험을 지닌 기술자에 의해 행해진다.
병입	블렌딩된 위스키는 다시 떡갈나무 통에 장기간 저장 숙성되며 충분히 숙성 과정을 거친 후에야 병에 담아 판매가 가능하다.

5) 산지에 의한 분류

(1) 스카치 위스키(Scotch Whiskey)

스코틀랜드에서 생산되는 위스키의 총칭이다. 보통 스카치라고 해도 스카치 위스키를 뜻하며 스코틀랜드에서는 스카치 대신 Scots라고 표기하기도 한다. 이러한

---

1) 백재현(1998), 양주와 각테일론. 형설출판사, pp.94~97.

스카치 위스키의 특징으로는 다음과 같다.

첫째, 3,000종을 훨씬 넘는 상표가 있다.

둘째, 전세계 위스키의 60%를 생산한다.

셋째, 맥아 건조시 이탄을 사용한다.

넷째, 증류시 단식 증류기(pot still)로 2~3회 실시한다.

스카치 위스키의 제조법상 분류를 하면 Malt whisky, Blended whisky, Grain Whiskey로 나눌 수 있고 블렌딩(blending)하지 않고 단일 맥아주로 담아서 내는 위스키는 Highland의 Straight Malt Whiskey라고 한다. 스카치 위스키의 유명 상표로 Chivas Regal, Johnnie Walker, Ballantine, John Haig, White Horse, Old Parr, Black & White, White Label, Vat 69, Long John, Bell's, Cutty Sark, King George 4, Concorde, J&B 등이 있다.

(2) 아메리칸 위스키(American Whiskey)

아메리칸 위스키는 미국에서 생산되는 위스키의 총칭이다. 아메리칸 위스키하면 보통 라이 위스키를 가리키며, 17~18C에 걸쳐 점차로 발전했다.

1975년 제이콥 빔(Jacob Beam)이 Kentucky 주의 버본(Burbon) 지방에서 옥수수로 위스키를 만들었는데 이것이 버본 위스키의 발단이다. 1934년 당시의 아메리칸 위스키는 스카치의 모방에 지나지 않았으나 캐나다의 증류가인 시그램(Seagram) 형제가 미국으로 진출, 몰트와 그레인 위스키를 모두 페이턴트 스틸로 증류할 때 알코올 분을 조정하는 새로운 방법을 고안해내서 혼합한 위스키를 시판하게 되자 미국 국민성에 맞아 시장을 압도했던 것이다. 아메리칸 위스키는 스트레이트 위스키(Straight Whiskey)와 블렌드 위스키(Blended Whiskey)로 나누어지며, 스트레이트 위스키와 블렌드 위스키는 다시 다음과 같이 나누어진다.

아메리칸 위스키의 유명 상표로는 버본 위스키(Bourbon Whiskey), 라이 위스키(Rye Whiskey), 테네시 위스키(Tennessee Whiskey) 등이 있다.

(3) 아이리시 위스키(Irish Whiskey)

아이리시 위스키는 아일랜드산의 위스키를 총칭한다. 아이리시 위스키는 맥아 외에 여러 가지의 곡류를 원료로 사용하므로 그레인 위스키로 분류되나 특징으로는 포트 스틸을 사용하여 증류한다. 원래는 단품으로 병에 봉해지나(스트레이트 몰트 위스키), 최근에는 페이턴트 스틸을 사용한 그레인 위스키(Grain Whiskey)와의 혼합도 가끔 이루어진다.

아이리시 위스키의 유명 상표로 John Jameson, Old Bushmills, Tullamore Dew, Murph's, Paddy's 등이 있다.

(4) 캐나디언 위스키(Canadian Whiskey)

캐나디언 위스키는 캐나다 내에서 생산되는 위스키를 총칭한다. 광대한 지역에서 보리나 호밀 등 모든 곡류가 재배되므로 생산량도 지극히 많다. 주로 온타리오(Ontario)호 주변에 위스키 산업이 집결해 있고 시장의 태반이 미국이기 때문에 미국 형태의 것을 많이 생산한다. 그러나 아메리칸 위스키에 비해 호밀의 사용량이 많은 것이 특징이다. 스트레이트 위스키는 법으로 금지하고 Blended 위스키만 생산하며 또한 4년 이상의 저장기간을 규제한다. 수출품은 대개 6년 정도 저장한다. 다른 어떤 나라보다 정부의 통제가 엄격하다.

유명 상표로 Canadian Club(C.C), Seagram's V.O, Crown Royal Lord Calvrt, Mac Naughton, Canadian Rye 등이 있다.

2. 브랜디(Brandy)

(1) 브랜디의 정의와 역사

브랜디는 좁은 의미로 포도를 발효, 증류한 술을 말하며, 넓은 의미로 모든 과실류의 발효액을 증류한 알코올 성분이 강한 술의 총칭이다. 포도 이외의 다른 과실을 원료로 할 경우는 Apple Brandy(사과를 주원료로 만든 브랜디), Cherry Brandy(체리를 주원료로 만든 브랜디), Apricot Brandy(살구로 만든 브랜디)와 같이 브랜디 앞에 그 과실의 이름을 붙인다.

(2) 브랜디의 제조 과정

양조 작업 (와인 양조)	코냑은 화이트 와인을 만드는 방법과 유사하다. 코냑 지방에서 재배되는 포도를 가을에 압착, 발효시켜 와인을 만들기 이 화이트 와인은 7~8% 정도의 알코올 도수를 가진다.
증류	이 화이트 와인을 코냑 지방만의 샤랑트 유형이라는 불리는 단식 증류기(동으로 만들어짐)를 사용하여 2번 증류하여 알코올 도수 75% 미만의 증류액을 얻을 수 있다.
저장	증류한 코냑은 흰색 떡갈나무 통에 넣어 저장하고 술통은 오래된 것이 더 좋다. 저장기간은 5~20년 정도가 보통이나 50~70년 정도로 오래 저장하는 것도 있다. 저장 중 술의 양은 증발에 의해 줄어들어서 2~3년마다 다른 술통에 채워 넣는다. 이 과정을 통해 매혹적인 코냑 특유의 향이 나게 된다.
블렌딩	숙성된 원주는 위스키처럼 숙성기간이 짧은 것과 오래된 것이나 지역마다 다른 맛을 지닌 원주를 혼합하여 증류수를 넣어 알코올 도수를 조정하여 제품화시킨다.

(3) 브랜디의 종류

브랜디에는 포도를 주원료로 하는 코냑(Cognac), 아르마냑(Armagnac), 일반 브랜디 등이 있다. Cognac은 프랑스 항구 도시 Cognac 지방에서 단식증류기를 통해 2-3회 증류되어 만들어져 맛이 가볍고(light) 하여 주로 cognac glass로 음용한다. Argmanc은 프랑스 Argmanc 지방에서 반 연속식 증류기를 사용하여 증류되어 맛이 무거운(heavy) 것이 특징이나 최근에는 가벼운 쪽으로 변하고 있다. 마지막으로 브래디는 가장 하급으로 연속식 증류기를 사용하여 만들어진다.

코냑의 대표적인 상표로는 Camus사의 Napoleon, Martell사의 V.S.O.P, Hennesy사의 X.O 등이 있다. 아르마냑의 대표적인 상표로는 Chabot사의 V.S.O.P, 몬테스큐의 X.O. 등이 있다. 그 외에 사과를 주원료로 하는 Calvados(프랑스 사과 브랜디), 애플 잭(Apple Jack, 미국의 사과 브랜디) 등이 있고, 살구를 주원료로 하는 Apricot 브랜디가 있다. 또한 체리나 자두를 주재료로 하는 Kirsh Wasser 등이 있다.

(4) 브랜디의 숙성 연수

브랜디는 숙성기간이 길수록 품질도 향상한다. 그러므로 브랜디는 품질을 구별하기 위해서 여러 가지 부호로써 표시하는 관습이 있다.

코냑 브랜디(Cognac Brandy)에 처음으로 별표의 기호를 사용한 것은 1865년 Hennesy사에 의해서이다. 이러한 브랜디의 등급 표시는 각 제조회사마다 공통된 부호를 사용하는 것은 아니며 이외에도 여러 가지의 다른 등급 표시가 있다. 코냑 제조업자 Hennesy사에서 ☆☆☆를 브라 자르므(Bras Arme)라고 표시하고 있으며 Remy Martin사에서는 엑스트라(Extra) 대신에 Age Unknown이라 표시하고 있다.

또한 Martell사에서는 V.S.O.P에 해당하는 것을 메다이용(Medaillion)이라 표시하고 있듯이 각 회사별로 등급을 달리 표시하기도 하고 다른 등급이라도 저장 연수가 다를 수 있다.

Cognac은 등급이 있으나 법적 구속력이 없다. 일반적으로 등급은 다음과 같다. V.S.O 등급을 기준으로 위로 갈수록 하급 코냑으로 일반적으로 칵테일에서 많이 사용되어지고, 아래로 갈수록 품질이 상급으로 스트레이트(straight)로 음용되어진다.

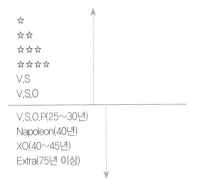

☆
☆☆
☆☆☆
☆☆☆☆
V.S
V.S.O

V.S.O.P(25~30년)
Napoleon(40년)
XO(40~45년)
Extra(75년 이상)

V : Very   S : Special   O : Old   P : Pale   E : Extra

코냑의 경우 ☆☆☆(Three Star)만이 법적으로 보증되는 연수(5년)이고, 그 외는 법적 구속력이 전혀 없다.

3. 진(Gin)

진을 한마디로 표현하자면 곡물을 발효 증류한 주정에 두송나무의 열매(Juniper Berry)향을 첨부한 것이다. 진은 무색 투명한 술로서 리큐르 또는 주스 등과 잘 조화되기 때문에 칵테일에서 base(기주)로 가장 많이 사용되는 술이다. 애주가에서부터 술에 익숙치 못한 사람에 이르기까지 친해질 수 있는 "세계의 술, Gin"이라 하기에 알맞은 술이다. 이러한 진의 제조법은 다음과 같다.

(1) 영국 진(England Gin)의 제조법

London Dry Gin으로 흔히 불리기도 하며 곡류(보리의 맥아, 옥수수, 호밀 등)를 혼합하여 당화, 발효시킨 뒤 먼저 연속식 증류기로 증류하여 95% 정도의 주정을 얻는다. 주니퍼 베리(Juniper Berry), 고수열매(Coriander), 안제리카(Angerica), 캐러웨이(Caraway), 레몬 필(Lemon Peel : 레몬 껍질 부분에서 나오는 레몬의 지방성분) 등의 향료 식물을 증류에 섞어 단식 증류기로 두 번째 증류를 한다. 여기에 증류주 알코올 성분 37~47.5%까지 낮추어 병입 시판한다.

(2) Holland Gin(네덜란드 진)의 제조법

곡류의 발효액 속에 주니퍼 베리나 향료 식물을 넣어 단식 증류기로만 2~3회 증류하여 55% 정도의 주정을 만든다. 이것을 술통에 단기간 저장하고 45% 정도까지 증류수로 묽게 하여 병입 시판한다. 이때 사용하는 주니퍼 베리는 독일, 스페인 등지에서 수입된다. 그것을 네덜란드 진은 생으로, 영국 진은 2~3년 정도 건조시켜 사용한다.

4. 보드카(Vodka)

Vodka는 슬라브 민족의 국민주라고 할 수 있을 정도로 애음되는 술이다. 무색, 무미, 무취의 술로서 칵테일의 기본주로 많이 사용하지만 러시아인들은 아주 차게 해서 작은 잔으로 스트레이트로 단숨에 들이킨다.

소련을 여행하는 외국인이 기대하는 것의 하나로 철갑상어의 알(Caviar)에 보드카를 곁들여 마시는 것을 꼽을 수 있을 것이다. 이러한 보드카의 어원은 12C경의 러시아 문헌에서 지제니즈 뷔타(Zhiezenniz Vcda ; Water of Life)란 말로 기록된 데서 유래한다. 15C경에는 뷔타(Vcda ; Water)라는 이름으로 불리었고 18C경부터 Vodka라고 불렸다.

이러한 보드카의 원료는 주로 보리, 밀, 호밀, 옥수수(Maize) 등과 감자, 고구마를 사용한다. 이들 곡류나 고구마류에 보리 몰트(Malted Barley ; 맥아)를 가해서 당화 발효시켜 「세바리식」이라는 연속 증류기로 95% 정도의 주정을 취한다. 이것을 자작나무의 활성탄이 들어 있는 여과조를 20~30번 반복해서 여과한다. 그러면 Fúsel Oil 등의 부성분이 제거되어 순도 높은 알코올이 생긴다. 끝으로 모래를 여러번 통과시켜 목탄의 냄새를 제거한 후 증류수로 40~50%로 묽게 하여 병입된다.

보드카가 무색, 무미, 무취로 되는 중요 요인은 자작나무의 활성탄과 모래를 통과시켜 여과하기 때문이다. Vodka 중 향이 첨가된 Vodka도 있다.

● 보드카의 종류

보드카(Vodka)는 만드는 방법에 의해 레귤러와 플래버드 두 종류가 있다.

① **레귤러 보드카(Regular Vodka)** 일반적으로 무색, 무취, 무미의 보드카로 곡물을 발효, 증류시켜 자작나무 숯으로 여과하여 만든다. 대표적 상표로는 Stolichnaya, Smirnoff, Stolovay 등이 있다.

② **플래버드 보드카(Flavored Vodka)** 일반적인 보드카에 약초, 향초, 과일 및 씨앗 등을 넣어 향과 맛을 낸 것을 말한다. 대표적인 것으로는 레몬의 향기를 나게 한 Limonnaya, 체리의 향과 맛을 가진 리큐르 유형의 체리 보드카(Cherry Vodka) 등이 있다.

5. 럼(Rum)

서인도제도가 원산지인 럼은 사탕수수의 생성물을 발효, 증류, 저장시킨 술로서 독특하고 강렬한 방향이 있고 남국적인 야성미를 갖추고 있으며 해적의 술이라고도 한다. 럼이란 단어가 나오기 시작한 문헌은 영국의 식민지 Barbados 섬에 관한 고문서에서 "1651년에 증류주가 생산되었다. 그것을 서인도제도의 토착민들은 럼 불리온(Rumbullion)이라 부르면서 흥분과 소동이란 의미로 알고 있다."라고 기술되어 있다. 이것이 현재의 럼으로 불리어졌다고 하는 설이 있다. 다른 한편으로는 이 단어가 럼의 원료로 쓰이는 사탕수수의 라틴어인 사카럼(Saccharum)의 어미인 'rum'으로부터 생겨난 말이라는 것이 가장 유력하다.

■ 럼의 제조법

럼의 원료는 사탕수수를 롤러(Roller)로 눌러 부순 뒤 여과한 당액을 그대로 쓰는 경우와 제당공정의 부산물인 당밀(Molasses)을 쓰는 두 가지 방법이 있는데 후자의 경우가 많이 사용된다.

원료가 이미 당분이므로 당화의 공정은 불필요하다. 당액을 발효시키는 데 라이트 럼(Light Rum)의 발효는 2~4일 정도이고, 헤비럼(Heavy Rum)의 발효는 5~20일 정도에 걸쳐 서서히 이루어진다. 산 발효를 조장하기 위해 발효용의 천연 이스트인 버개스(Bagasse)를 첨가하는 수도 있다. 이 발효 과정에서 이스트균의 영양분으로써 발효를 돕는 작용을 하는 던더(Dunder)를 첨가하는데 이것이 럼 특유의 독특한 방향을 내게 한다. 향기를 한층 강하게 하기 위해 아카시아 수액이나 파인애플의 즙을 첨가 발효시키는 수도 있다.

럼은 맛과 색에 의해 분류되어지고 다음과 같다.[2]

(1) 맛에 의한 분류

① 라이트 럼(Light Rum)

가볍고 깔끔한 맛을 가진 럼으로 당밀을 물로 묽게 하여 효모로 발효시킨 후 연속적 증류지로 증류하여 최소한 1년 동안 유리나 스테인리스 탱크 혹은 안쪽을 태우지 않은 오크통에 저장한 후 활성화탄으로 여과하여 만든 것이다. 라이트하면서도 dry한 당밀의 향이 좋은 럼이다. 칵테일의 주재료로 많이 사용되며 콜라나 토닉워터, 열대성 과일 및 주스와도 잘 어울린다. 쿠바에서 많이 생산되며 쿠바 럼 (Cuba Rum)이라고 불린다.

② 미디엄 럼(Medium Rum)

라이트 럼과 헤비 럼의 중간 유형으로 라이트 럼보다 강한 맛이 난다. 만드는 방

---

2) 백재현(1998), 양주와 칵테일론. 형설출판사, pp.138~141.

법은 라이트와 비슷하지만 증류할 때 옛날 영국령은 단식 증류기를, 스페인령은 연속식 증류기를 사용하는 것이 다르다. 최소 3년은 안쪽을 태운 오크 통에다 저장 숙성시켜야 한다. 그러나 캐러멜을 첨가시켜 색깔이 나도록 하는 것도 있으며 마르티니크가 주 산지이다.

③ 헤비 럼(Heavy Rum)

럼 중에서도 색깔과 향이 가장 진하며, 특별한 발효 과정에 의해 바닐라, 버터 그리고 당밀의 맛 등 헤비 럼 특유의 독특한 향기가 난다. 향기를 강하게 하기 위해 아카시아 나무에서 채취한 액체나 파인애플 즙을 첨가시키기도 한다. 증류는 단식 증류기를 사용하며, 안쪽을 태운 참나무 통에서 최소 3~7년 정도 저장 숙성시켜야 하며, 10년 이상 숙성시켜 판매하는 것도 있다. 색깔을 진하게 하기 위해 캐러멜을 사용하며 주로 자메이카에서 많이 생산되어 자메이카 럼(Jamaica Rum)이라고 한다.

(2) 색깔에 의한 분류

① 화이트 럼(White Rum)

아주 연한 색이거나 무색의 럼으로서 실버 럼(Silver Rum)이라고도 부른다. 일반적으로 일정 기간 통에 저장한 럼을 활성화탄으로 여과시켜 여러 가지 잡다한 맛을 제거하여 무색투명하게 되고, 주로 칵테일의 주재료로 많이 사용되는 라이트한 맛이 특징이다. 대표적인 상표로는 Barcardi사의 화이트 럼이나 골드 럼, Appelton사에서 나오는 다크 럼과 화이트 럼이 있다.

② 골드 럼(Gold Rum)

화이트와 다크 럼의 중간색으로 거의 위스키나 브랜디 등과 색깔이 비슷하고, 화이트 럼보다 향이 강하다.

③ 다크 럼(Dark Rum)

가장 어두운 색으로 진한 갈색이 나며 럼 특유의 중후한 향과 맛을 느낄 수 있다. 또한 향이 좋아 제과용으로 많이 사용된다.

6. 테킬라(Tequila)

멕시코 국민주인 테킬라의 원료는 선인장의 꽃인 용설란(Agave)이다. 이 용설란의 수액을 발효시킨 풀케(Pulque)를 단식 증류기로 두 번 증류하여 메즈칼(Mezcal)

이라는 증류주를 만든다. 메즈칼 중에서도 테킬라 지역에서 만든 것만을 이 명칭으로 부를 수 있다.[3]

테킬라에는 증류된 테킬라를 통에서 저장, 숙성시키지 않아 특유의 향미가 남아 있는 화이트 테킬라(White tequila : Joven 호벤)와 수개월에서 1년 이상 숙성시킨 골드 테킬라(Gold tequila : Anejo 아네호)가 있다. 골드 테킬라는 통에서 저장·숙성되어져 통에서 우러나는 향과 감칠맛이 난다.[4] 반면 화이트 테킬라는 무색투명하여 진, 보드카 등과 함께 칵테일에서 기주(base)로 가장 많이 사용되어진다.

테킬라의 유명 상표로는 호세 쿠엘보(Jose Curervo), 마리아치(Mariachi), 투 핑거스(Two Fingers) 등이 있다.

05 혼성주의 종류 및 특성

1. 혼성주

혼성주는 증류주나 양조주에 나무뿌리, 약초, 향초, 당분 등을 첨가하여 만든 것으로 맛과 향이 진한 것이 특징이다. 당분이 첨가되어 주로 식후주나 칵테일을 만드는 데 사용되어진다. 이러한 혼성주는 증류법, 에센스법, 침출법 등의 방법을 사용하여 만들어진다.

1) 증류법(Distilled process)

이 방법은 방향성의 물질인 식물의 씨앗, 뿌리 껍질 등을 강한 주정에 담아서 부드럽게 한 후 고형물질의 전부 또는 일부를 침출액에서 증류하는 것이다. 이렇게 얻은 향이 좋은 주정에 당분을 첨가시켜 맛과 색을 낸다.

---

3) 전홍진·김관식·손재근·채신석(2001). Bar 경영과 Wine 이야기. 신정, p.139.
4) 박영배(2006). 음료·주장관리론. 백산, p.140.

2) 에센스법(Essence process)

이것은 천연 또는 합성의 향료를 배합하여 여과한 후 인공감미료를 첨가하여 만드는 것으로 제품의 품질이 좋지 않고 가격이 싸다.

3) 침출법(Infusion process ≒ 침지법)

증류하면 쉽게 변질되는 과일이나 약초 등에 주정을 가해 향미 성분을 용해시키는 방법이다. 열을 가하기 않아 콜드 방식(Cold Method)이라고 하며 이렇게 만들어진 혼성주를 Cordial이라고도 한다.

2. 혼성주의 종류

혼성주에는 많은 종류가 있지만 일반적으로 많이 쓰이는 것은 다음과 같다.

큐라소(Curacao)	오렌지로 만든 리큐르로 오렌지의 껍질을 주원료로 하여 만든다. 17세기 말 네덜란드 영토인 큐라소 섬에서 생산되던 껍질을 건조시켜 본국으로 가져와 술을 만든 것이 큐라소의 기원이 된다. 이 큐라소는 칵테일 바에서 가장 많이 사용되는 리큐르 중 하나로 화이트 큐라소, 블루, 레드, 오렌지, 그린 큐라소 등의 다섯 가지 종류가 생산된다. 화이트(white) 큐라소는 건조시킨 오렌지 껍질에서 나오는 무색투명한 액체를 중성 주정에 침지하여 맛이나 향이 나오게 한다. 이것을 다시 증류하여 만든 증류액에 여러 가지 향료와 시럽 등을 섞어서 만드는 것이 일반적인 방법이다. 그린, 블루, 레드 큐라소는 이 화이트 큐라소에 색을 더하여 만든 것으로 맛은 같고 색깔만 다르다. 오렌지 큐라소는 건조시킨 오렌지 껍질을 물에 넣어 증류한 액체와 알코올에 오렌지 껍질을 침지하여 만든 액체를 혼합한 후 브랜디를 첨가하여 통에 저장 숙성하여 만든다. 연한 오렌지 색깔은 오렌지 껍질과 저장한 통에서부터 생긴 것이다. 끄앙뜨루(Cointreau)는 중성주정에 비터 오렌지와 오렌지 껍질을 주원료로 사용하여 프랑스에서 만들어진 화이트 큐라소 중 고급품이다. 미국에서는 화이트 큐라소를 세 번 증류하여 만든 트리플 섹(triple sec)이 있다.
갈리아노(Galiano)	이것은 이탈리아 북부의 리보르노 지역에서 생산되는 리큐르로서 침출법과 증류법을 사용하여 40여 종 이상의 향료를 사용하여 만들어지며 시럽과 착색료를 사용하여 맛과 색을 내었다.
드람부이(Drambuie)	스코틀랜드에서 생산되는 유명한 리큐르로 스카치 위스키를 주 베이스로 사용하여 약초류를 첨가하여 만든다. 이때 평균적으로 15년 숙성된 하이랜드 몰트 위스키와 스카치 위스키에 약초와 향초를 배합하여 꿀로서 단맛이 나게 한다.
슬로진(Sloe Gin)	미국의 야생 오얏(sloe berry)을 진(Gin)에 첨가하여 만든 리큐르로, 특유의 보라색이 나고 칵테일 바에서 많이 사용되는 리큐르이다.

깔루아(Kaluha)	멕시코 산의 커피 리큐르로, 주정도는 26.5°이다. 그 외 Tia Maria는 커피 리큐르 중 최고급품으로 럼에다 자메이카 산의 블루마운틴 커피를 주원료로 하여 단맛이 나게 하였다. Black Russian 등이 깔루아를 사용해 만든 대표적인 칵테일이다.
베네딕틴(Benedictine)	프랑스 수도원에서 만들어진 고급의 리큐르로, Angelica를 주 향료로 하여 민트, 약 초 등 수십종의 약초를 사용하여 만들어진다. 병에 표시된 D.O.M은 라틴어로 'Deo Optimo Maximo'의 약어이며 이것은 '최대 최선의 신에게'라는 뜻이다. B & B 칵테 일은 브랜디와 베네딕틴을 혼합하여 만들어진다.
크림류	Creme란 말은 프랑스어로 '최고'란 뜻이다. 이 크림이란 용어 뒤에 사용되는 재료의 종류에 따라 이름이 달라지게 된다. 예를 들어 크림 드 카카오(Creme de cacao)는 초 콜릿 맛이 나는 리큐르로 카카오 콩을 주정에 침지하고 증류한 후 바닐라 향을 첨가 하여 만들어진다. 화이트(white)와 브라운(Brown)의 두 가지 종류가 있으며 브라운 은 화이트를 착색하여 만든 것이다. 또한 크림 드 멘트(Creme de menthe)는 페퍼민 트 등의 박하 향을 첨가하여 만든 리큐르로 화이트(white)와 그린(green)의 두 가지가 있다. 칵테일 중 Grasshopper는 크림 드 멘트 중 그린을 사용하여 만들어진다. 그 외 에 바나나를 원료로 만들어진 Creme de Banana와 black berry를 원료로 사용하여 만 든 Creme de Cassis 등이 있다.

06 비알코올성 음료의 종류

1. 영양음료(Nutritious Drink)의 종류

1) 주스류의 종류(Juice)

주로 사용하는 주스로는 레몬 주스, 라임 주스, 오렌지 주스, 토마토 주스, 포도 주스 등 여러 가지 각종 주스류가 사용된다.

2) 유성음료

유성음료로는 지방질을 제거한 우유와 유지만을 모아 만든 스위트 크림(Sweet Cream) 등이 있다.

2. 청량음료(Soft Drink)의 종류

1) 탄산음료(Carbonated Drinks)의 종류

(1) 콜라

콜라는 미국을 대표할 정도로 미국으로부터 세계 각지의 대중 음료로 보급되고 있다. 주원료는 서아프리카, 서인도제도, 브라질, 말레이시아 등지에서 재배되고 있는 콜라두(荳)[(Cola Bean)]를 가공처리하여 콜라 엑기스(Extract)를 만들어 여기에 물을 섞고 각종 향료를 넣은 후 이산화탄소를 함유시켜 만든다. 향료로는 레몬, 오렌지, 육두구의 씨(Nutmeg), 계피(Cinnamon), 바닐라 등이 쓰인다. 콜라 엑기스에는 커피 2배 정도의 카페인이 함유되어 있다.

(2) 소다 워터(Soda Water)

탄산가스와 무기염류를 포함한 천연광천수와 인공제품이 있다. 소화제로 마시기도 하나 주로 위스키와 배합하여 조주된다.

(3) 토닉 워터(Tonic Water)

영국에서 처음 개발된 무색투명의 음료로 레몬, 라임, 오렌지, 키니네 껍질(Quinine Peel) 등으로 엑기스를 만들어 당분을 배합한 것이다. 열대지방 사람들의 식욕 증진과 원기를 회복시키는 강장제 음료로서, 진과 같이 혼합하여 즐겨 마신다.

(4) 사이다(Cider)

유럽 등지에서 사이다는 사과를 발효해서 제조한 일종의 과실주로 알코올 성분이 1~6% 정도 함유되어 있는 청량음료를 말한다. 우리나라에서는 주로 구연산과 감미료 및 탄산가스를 함유시켜 만든다.

(5) 진저에일(Ginger Ale)

생강(Ginger)의 향을 함유한 소다수로 식욕 증진이나 소화제로 많이 마시고 있으나, 주로 진이나 브랜디와 혼합하여 마신다.

(6) 콜린스 믹서(Collins Mixer)

피즈(Fizz)나 콜린스(Collins)류를 만들 때 쓰이며, 소다수에 레몬 주스와 당분을 섞어 만든 음료이다.

2) 무탄산음료(Non-Carbonated Drinks)의 종류

(1) 광천수(Mineral Water)

광천수에는 천연수와 인공수가 있는데 보통 말하는 광천수란 칼슘, 인, 칼륨, 라듐, 염소, 마그네슘, 철 등의 무기질이 함유되어 있는 인공 광천수를 말한다.

유럽 등지에서는 수질이 나빠서 이러한 광천수를 만들어 일상 음료로 마시고 있다.

(2) 기 타

그 밖의 무탄산음료로 천연 광천수로서 유명한 Vichy Water, Evian Water, Seltzer Water 등이 있다.

---

07 칵테일(Cocktail)

1. 칵테일의 개요

칵테일(Cocktail)은 서로 다른 종류의 술을 혼합하거나, 기주(Base : 칵테일을 만들 때 주로 쓰이는 술)로서 위스키, 브랜디, 테킬라, 진 등의 증류주가 가장 많이 사용되어진다. 기타 부재료(생과일 주스, 탄산음료)를 셰이킹(Shaking), 스터(Stir) 등의 방법을 사용하여 섞어서 색(Color), 향(Flavor) 및 맛(Taste)을 조화있게 만들어 내는 일종의 혼합주이다.

대부분의 칵테일은 표준 레시피에 의해 만들어지지만 개인의 기호에 따라 변화시켜 마시기도 한다. 이러한 칵테일을 마시는 목적은 여러 가지가 있겠지만, 크게 미각, 시각, 저알코올이라는 목적을 가지고 있다. 또한 칵테일은 식욕을 촉진하고 동시에 마음을 자극하고, 분위기를 조성하는 데 도움이 된다. 그리고 대부분의 칵테일은 차게 마셔야 술이 가진 본연의 맛을 잘 느낄 수 있기 때문에 주로 다리(Stem)가 있는 잘 냉각된 칵테일 글라스를 사용하고 있다.

이러한 칵테일에 대한 어원으로 전 세계에 걸쳐 수많은 설이 있으나 가장 일반적으로 널리 알려진 것은 IBA(International Bartender Association : 국제조주사협회)의 교재에 소개된 것이다. 옛날 멕시코의 유카탄(Yucatan) 반도의 캄페체란 항구에 영국상선이 입항했을 때, 선원들이 어떤 술집에서 한 소년이 깨끗이 벗긴 나뭇가지 껍질을 다양한 종류의 술을 혼합하는 데 사용하는 것을 보았다. 당시 영국인들은 술을 스트레스로만 마셨기 때문에 매우 진귀한 풍경이었다. 그래서 한 선원이 '그건 뭐지?' 하면서 음료의 이름을 물었는데 그 소년은 사용하고 있던 나뭇가지를 묻는 것으로 잘못 알고 "이건 꼴라 데 갈로(Cora de Gallo)입니다"라고 대답하였다. 이 단어는 스페인어로 '수탉의 꼬리'란 뜻이고, 영어로 직역하면 'Tail of Cock'가 된다. 그 이래 선원들 사이에서 이 혼합주는 'Tail of Cock'이라고 불리게 되었고, 이후 간단하게 칵테일이라고 불렸다.

2. 칵테일 용어

(1) Base(기주)

칵테일을 조주할 때 가장 많이 함유되는 술을 말하며 굳이 우리말로 나타낸다면 기주(基酒)라고 부를 수 있다. 일반적으로 칵테일의 기주로서 많이 사용되는 것에는 Gin, Vodka, Rum. Whisky, Brandy 등이 있다.

(2) Chaser

주정이 강한 술을 직접 스트레이트로 마실 때 함께 곁들여 마실 수 있는 물 등과 같은 음료를 말한다.

(3) Dry, Sweet

술 자체의 맛을 의미하는 것이며 칵테일에서 드라이한 맛으로 표현하는 형용사는 달지 않다는 뜻을 지니고 있고, 불어로는 섹(Sec)이라고 한다. 그리고 감미(甘味)의

경우는 스위트(Sweet)라고 하며 불어에서는 두스(Doux)라 한다.

(4) Drop

방울이라는 뜻이며 한 방울 두 방울 떨어뜨릴 때 사용되는 말이다. 칵테일에 비터(bitter)나 리큐르를 한 방울 두 방울 떨어뜨리는 것이며 뿌린다는 것과 의미가 구분된다.

(5) 대시(Dash)

비터나 리큐르를 비터병에 넣어 정해진 양만을 비터병에 거꾸로 해서 뿌리는 것이다. 1대시는 보통 5~6의 드롭(Drop)을 포함한다.

(6) 싱글(Single)

일반적으로 싱글이라고 하면 1온스(Ounce), 즉 약 30ml의 분량을 말한다.

(7) 더블(Double)

더블이라 하면 2배인 60ml의 분량을 의미하는 것이다.

(8) 슬라이스(Slice)

레몬이나 오렌지를 반으로 썰어서 얇게 자르는 것을 말한다.

(9) 스퀴즈(Squeeze)

과일의 즙을 짜내는 것을 말한다.

(10) 향신료(Spice)

만들어진 칵테일의 맛을 더 내기 위하여 방향성의 식물을 첨가하는 것을 말한다. 향신료에는 천연인 것과 가공된 것이 있는데 가공된 것은 대부분 분말로 된 것이 많다. 향신료에는 계피류(Cinamon), 육두구 열매로 만든 Nutmeg, 소화를 촉진하는 멘톨 성분이 함유된 페퍼민트 종류의 민트(Mint), 정향(Clove) 등이 있다.

3. 칵테일의 기본 기법

(1) 셰이크(Shake) 기법

가루설탕(powder sugar)이나 크림(Cream) 및 계란 등 쉽게 섞이지 않는 재료 등을 얼음과 함께 잘 녹이고 혼합될 수 있도록 셰이커(Shaker)란 도구를 사용하여 냉각, 혼합을 목적으로 흔들어서 만드는 기법을 말한다. 얼음을 셰이커의 보디(Body)에 넣고 (60~70%) 기주와 부재료를 넣는다. 일반적으로 12회 정도 셰이킹하는 것이 적당하나 크림이나 계란 등 잘 혼합되지 않는 재료는 그 배인 24회 정도 셰이킹해 주어야 한다. 경험 있는 바텐더라면 손의 감각과 느낌으로 칵테일의 맛을 조절한다고 할 만큼 흔드는 횟수나 정도에 따라 맛을 좌우하므로 감각이 매우 중요하다.

(2) 스터(Stir) 기법

믹싱 글라스(Mixing glass)에 각종 재료와 얼음을 넣고 믹싱 글라스 벽면에 따라 바 스푼을 12번 정도 휘저어서 만드는 방식으로 주로 다리(Stem)가 있는 글라스에 제공된다. 이 때 휘젓는 것을 스터링(Stirring)이라고 하며, 혼합된 칵테일을 얼음을 걸러주는 스트레이너(Strainer)를 사용하여 글라스에 부어준다.

(3) 빌드(Build) 기법

빌드란 셰이커나 믹싱 글라스 등 어떤 도구도 사용하지 않고 칵테일을 글라스에 직접 만드는 방법을 말하며, 대표적인 것으로는 진 토닉(Gin Tonic)이나 버번 콕(Bourbon Cock) 등이 있다. 우선 글라스를 선택한 후 얼음을 넣고 그 위에 주재료를 놓는다. 그리고 부재료를 글라스에 8부 정도 채운 후 바 스푼(Bar spoon)으로 저어서 만든다. 이때 조심할 것은 탄산음료가 들어간 경우 젓는 횟수를 그렇지 않은 것보다 적게 해주어야 한다. 이것을 많이 젓게 되면 탄산가스가 날아가기 때문에 칵테일 고유의 맛을 잃을 수 있다.

대표적인 칵테일로는 Rusty Nail이 있다.

(4) 플로팅(Floating) 기법

이것은 술의 종류마다 다른 비중 차이를 이용하여 층층이 쌓는 기법을 말한다. 알코올 도수가 높고 당분이 덜 첨가될수록 비중이 가벼워 위로 쌓이게 된다. 쌓는 요령으로는 바 스푼을 뒤집어 글라스 안쪽 벽면에 부착시키고 술을 그 위에 조금씩

붓는다. 이때 주의할 점은 글라스의 물기를 제거하고 술의 순서대로 쌓는 것이다. Angel's Kiss, Rainbow 등이 대표적이다.

(5) Froasting

레몬이나 라임을 얇게 슬라이스 해서 글라스의 입술 닿는 부분(Rim)에 과일즙을 바르고, 그 글라스를 접시에 담긴 설탕이나 소금을 살짝 찍어 내어 눈송이가 묻은 것 같이 장식하는 방법이다. 대표적인 칵테일로는 소금을 프로스팅한 Margarita가 있다.

4. 칵테일의 분류

1) 용량에 따른 분류

① 쇼트 드링크(Short Drink)

120ml(4oz) 미만의 용량 글라스로 내는 음료이며 주로 술과 술을 섞어서 만든다. 이것은 좁은 의미의 칵테일에 해당하며 이름 뒤에 칵테일을 붙여서 표기하기도 하고 부르기도 한다. 칵테일은 잘 냉각된 음료이므로 온도가 올라가지 않은 때에 가급적 빨리 마시는 것이 좋다. 만든 후 10분 정도 경과하면 섞어 놓은 재료가 분리되어 칵테일의 본질이 없어지고 만다. 이 칵테일은 스템(stem)이 달린 글라스를 주로 사용하며, 대표 칵테일로 마티니, 맨해튼 등이 있다.

② 롱 드링크(Long Drink)

120ml(4oz)의 용량 글라스로 내는 음료이며 얼음을 2~3개 넣는 것이 상식이다. 얼음이 녹기 전에 마시면 되는데 청량음료를 사용한 것은 탄산가스가 빠지면 청량감이 없어지므로 되도록 빨리 마시는 것이 좋다. 넓은 의미의 칵테일이란 이 Long Drinks와 Short Drinks를 통틀어 혼합 음료 전부를 가리키는 믹스드 드링크(Mixed Drinks)를 말한다. 이러한 Long Drink에는 여러 가지 유형이 있으며 이름 뒤에 그 유형의 명칭을 붙여서 사용한다. 대표 칵테일로 톰 콜린스(Tom Collins), 진 토닉(Gin and Tonic) 등을 들 수 있다.

2) 용도에 따른 분류

① 식전 칵테일(aperitif)　식욕을 촉진시키기 위해 마시는 단맛이 나지 않는 dry한
칵테일 : Martini, Manhattan 등
② 식후 칵테일(after dinner cocktail)　식후주로 단맛을 지닌 칵테일 : Alexander

3) 기본주(Base)별 칵테일 분류와 전통주

(1) 기본주별 분류

현재 조주기능사 시험은 한국한국산업인력공단(www.q-net.or.kr)에서 시행되고 있으며 레시피가 다음과 같이 40개이다. 1~6까지 레시피를 보면 리큐르를 주 베이스로 하고 있고, 9~13까지는 위스키를, 14~17까지는 브랜디를 베이스로 하고 있다. 18~23까지는 럼을 기주로 하고 있다. 24~32까지는 보드카를, 33~34는 데킬라를, 그리고 37은 유일하게 와인을 베이스로 하고 있다. 또한 36~40번까지의 레시피를 보면 알 수 있듯이 우리나라 전통주를 베이스로 하고 있다.

1. Dry Martini	2. Singapore Sling	3. Negroni	4. Jun Bug
Dry Gin　　2oz Dry Vermouth $\frac{1}{3}$oz • Stir • Cocktail glass • Olive	Dry Gin　　$1\frac{1}{2}$ oz Lemon juice　$\frac{1}{2}$ oz Powder sugar　1tsp Fill with club soda Top with Cherry Flavered 　　brandy $1\frac{1}{2}$ oz • Shake + Build • Collins glass • Orange + Cherry	Dry Gin　　$\frac{3}{4}$oz Campari　　$\frac{3}{4}$oz Sweet Vermouth $\frac{3}{4}$oz • Build • Old Fashioned glass • Twist lemon feel	Melon liquer　1 oz Coconut flavored rum $\frac{1}{2}$ oz Banana liquer $\frac{1}{2}$ oz Pineapple juice 2 oz Sweet&Sour mix 2 oz • Shake • Collins glass • Pineapple ＋ Cherry
5. Sloe gin Fizz	6. Grasshopper	7. B-52	8. Pouse Café
Sloe gin　　$1\frac{1}{2}$ oz Lemon juice　$\frac{1}{2}$ oz Powder sugar 1tps Fill with club soda • Shake + Build • Highball glass • Slice lemon	Creme de Menthe(G)　1oz Creme de cacao(W)　1oz Light cream(우유) • Shake • Champagne glass	Coffee liquer　$\frac{1}{3}$ part Bailey's Irish Cream $\frac{1}{3}$ part Grand Manier $\frac{1}{3}$ part • Float • Sherry glass	Grenadin syrup $\frac{1}{3}$ part Creme de Menthe(G) $\frac{1}{3}$ part Brandy　$\frac{1}{3}$ part • Float • Stemmed liquer glass
9. New York	10. Manhattan	11. Rusty Nail	12. Old Fashioned
Bourbon whisky　$1\frac{1}{2}$ oz Lime juice　$\frac{1}{2}$ oz Powder sugar 1tps Grenadin syrup $\frac{1}{2}$ tsp • Shake • Cocktail glass • Twist lemon feel	Bourbon whisky　$1\frac{1}{2}$ oz Sweet Vermouth　$\frac{3}{4}$ oz Angostra bitter　1dash • Stir • Cocktail glass • Cherry	Scotch Whisky　$1\frac{1}{2}$ oz Drambuie　　$\frac{1}{2}$ oz • Build • Old Fashioned glass	Bourbon whisky　$1\frac{1}{2}$ oz Sugar 1 cube(각설탕 1개) Angostra bitter　1dash Soda water　　$\frac{1}{2}$ oz • Build • Old Fashioned glass • Orange + Cherry

13. Whisky Sour	14. Sidecar	15.Brandy Alexander	16. Honeymoon
Bourbon whisky 1½ oz Lemon juice ½ oz Powder sugar 1tsp On the top Soda water 1oz • Shake + Build • Sour glass • A slice of lemon & cherry	Brandy 1oz Triple sec 1oz Lemon juice 1/4 oz • Shake • Cocktail glass	Brandy ¾ oz Creme de cacao(B) ¾ oz Light Milk(우유) ¾ oz • Shake • Cocktail glass	Apple Brandy ¾ oz Benedictine ¾ oz Lemon juice ½ oz Triple sec ¾ oz • Shake • Cocktail glass
17. Apricot Cocktail	**18. Bacardi**	**19. Daiquiri**	**20. Cuba Libre**
Apricot flavored Brandy ½ oz Dry Gin 1 tsp Lemon juice ½ oz Orange juice ½ oz • Shake • Cocktail glass	Bacardi Rum 1 1/4 oz Lime juice ½ oz Grenadin syrup 1 tsp • Shake • Cocktail glass	Light Rum 1½ oz Lime juice ½ oz Powder sugar 1tsp • Shake • Cocktail glass	Light Rum 1½ oz Lime juice ½ oz Fill with club soda • Build • Highball glass • Slice lemon
21. Mai-Tai	**22. Pina Colada**	**23. Blue Hawaiian**	**24. Kiss of fire**
Light Rum 1 1/4 oz Triple sec ¾ oz Powder sugar 1tsp Orang juice 1tsp Pineapple juice 1tsp Lime juice 1tsp Grenadine syrup 1dash Dark Rum 1dash • Shake • Old Fashioned Glass • Cherry & Pineapple	Light Rum 1 1/4 oz Pina Colada Mix 2oz Pineapple juice 2oz • Footed pliner Glass • Blend • A slice of lemon & cherry	Light Rum 1 oz Blue Curacao 1 oz Coconut flavored rum ½ oz Pineapple juice 2½ oz • Blend • Footed Pilsner glass • A wedge of fresh Pineapple & Cherry	Vodka 1 oz Sloe gin ½ oz Dry Vermouth ½ oz Lemon juice 1tsp • Shake • Cocktail glass • Rimming with sugar
25. Cosmopolitan	**26. Apple Martini**	**27. Sea breeze**	**28. Moscow Mule**
Vodka 1 oz Triple sec ½ oz Lime juice ½ oz Cranberry juice ½ oz • Shake • Cocktail glass • Twist of lime or lemon peel	Vodka 1 oz Apple Pucker 1 oz Lime juice ½ oz • Shake • Cocktail glass • Slice of apple	Vodka 1½ oz Cranberry juice 3oz Grapefruit juice ½ oz • Build • Highball glass • lemon, lime	Vodka 1½ oz Lime juice ½ oz Fill with ginger ale • Build • Highball glass • lemon, lime

29. Blood Mary	30. Harvey Wallbanger	31. Long Island Iced tea	32. Black Russian
Vodka $1\frac{1}{2}$ oz 우스터서 소스 타바스코 소스 소금, 후추 약간 Fill with tomato juice • Build • Highball glass • lemon, cherry	Vodka $1\frac{1}{2}$ oz Galiiano $\frac{1}{2}$ oz Fill with Orange Juice • Build+ Float • Collins glass	Vodka $\frac{1}{2}$ oz Tequila $\frac{1}{2}$ oz Gin $\frac{1}{2}$ oz Light Rum $\frac{1}{2}$ oz Tripe sec $\frac{1}{2}$ oz Sweet& Sour mix $1\frac{1}{2}$ oz Top with Cola • Build • Collins glass • A wedge of lemon or lime	Vodka $1\frac{1}{2}$ oz Kahlua $\frac{3}{4}$ oz • Build • Old Fashioned glass
33.Tequila Sunrise	34. Margarita	35. Kir	36. Healing(힐링)
Tequila $1\frac{1}{2}$ oz Fill with Orange Juice Grenadine syrup $\frac{1}{2}$ oz • Build+ Float • Footed Pilaner Glass	Tequila $1\frac{1}{2}$ oz Tripe sec $\frac{1}{2}$ oz Lime juice $\frac{1}{2}$ oz • Shake • Cocktail glass • Salt rimmed	White wine 3oz Creme de Casis $\frac{1}{2}$ oz • Build • White wine glass • Twist lemon peel	Gamhonro(감홍로) 40도- $1\frac{1}{2}$ oz Benedictine $\frac{1}{3}$ oz Cream de Casis $\frac{1}{3}$ oz Sweet& Sour mix • Shake • Cocktail glass • Twist lemon feel
37. Jindo(진도)	38. Puppy Love(풋사랑)	39. Geumsan(금산)	40. Gochan(고창)
Jindo Hongju(진도 홍주) 40도-1oz Creme de Menthe(W) $\frac{1}{2}$ oz White grape juice(청포도 주스) $\frac{3}{4}$ oz Raspberry syrup $\frac{1}{2}$ oz • Shake • Cocktail glass	Andong Soju(안동 소주) 35도-1oz Triple Sec $\frac{1}{3}$ oz Apple Pucker 1oz Lime juice $\frac{1}{3}$ oz • Shake • Cocktail glass • A slice of apple	Geumsan Insamju(금산 인삼주) 43도- $1\frac{1}{2}$ oz Coffee Liquer(Kahlua) $\frac{1}{2}$ oz Apple Pucker $\frac{1}{2}$ oz Lime juice 1tsp • Shake • Cocktail glass	Sunwoonsan Bokbunja wine(선운산 복분자주)- 2oz Triple Sec $\frac{1}{2}$ oz Sprite 2 oz • Stir/Build • Flute Champagne Glass

(2) 전통주

전통주는 우리 민족의 역사와 함께 전통적으로 내려오는 술 제조방법에 따라 만드는 술을 부르는 말로서, 주로 찹쌀과 멥쌀을 이용하였으나 각 지방의 특색과 지

역적 여건에 따라서 보리, 조, 수수 등도 사용되어져왔다. 이러한 전통주는 삼한시대부터 주조되어져 왔다.

삼국시대에는 술이 상업적으로 판매되고, 통일신라 시대에는 상류사회에서는 청주류를, 일반 백성들 사이에서는 양곡주 등이 조주되었다고 한다. 고려시대에는 송나라와 원나라의 양조법을 도입하여 누룩(국, 麴)을 사용한 제조법과 각종 약주의 제조법이 크게 발전하였다. 고려 말 원나라의 침략 이후로 소주 제조법이 전래되어 양조기술이 변화되었다. 조선시대는 각 지역마다 특색 있는 토속주가 자리 잡고, 주막을 중심으로 한 서민들의 술 문화도 크게 발전하였다.

또한 술의 재료의 고급화(멥쌀에서 찹쌀로 변화), 발효기술의 발전(중앙법(重釀法 : 밑술을 만들어 양조 원료를 여러 차례 나누어 덧술하는 방식) 등으로 인해 질 좋은 술들이 제조되었다. 하지만 1907년 일제가 조선 주세령을 발표하여 가정에서 술의 양조를 금하고, 주세를 부과하여 양조면허를 받은 양조장에서 공업적으로 술이 빚어지기 시작하였다. 그마나 명맥을 유지하던 전통주는 외래주의 대거 유입, 한국전쟁 등으로 인해 자취를 감추게 되었다. 우리가 잘 알고 있는 대표적인 전통주로는 막걸리(농주, 탁주)가 있다.

막걸리는 한국에서 역사가 가장 오래된 술로, 색깔이 쌀뜨물처럼 희고 탁하며, 일반적으로 알코올 도수가 낮은 보관기간이 짧은(일반적으로 5일 이내) 대중적인 술이다. 막걸리는 주로 찹쌀 · 멥쌀 등을 쪄서 수분을 건조 시킨 고두밥에 누룩과 물을 섞고 일정한 온도에서 발효시킨 것을 맑은 것(청주)을 떠내지 않고 체에 거르고, 지게미는 손바닥으로 뭉개어 쌀알을 부수고 다시 물을 넣어 거른다. 손바닥으로 쌀알을 부수어 걸러낸다. 이것을 막걸리라고 한다. 또한 술을 거르지 않고 그대로 밥알이 담긴 채 떠는 술을 동동주라고도 한다.

그 외 각 지역별로 유명한 전통주가 많다. 평안도는 감홍주, 벽향주, 경상도의 경주 교동 법주, 안동 송화주, 안동 소주, 선산 약주, 부산 산성 막걸리, 문경 호산춘 등이, 제주도에는 고소리주, 오메기술, 한라산 허벅술 등이 널리 알려져 있다. 그 외, 문배주, 백하주, 계명주, 송절주(서울, 경기도), 지리산 국화주, 고창 복분자주, 전주 이강주(전라도), 청양 구기자주, 연천 두견주, 논산 가야곡 왕주, 계룡 백일주(충청도) 등이 있다. 또한 강원도의 옥로주, 홍천 옥산주, 삼척 불술, 횡성 이의인주 등이 전통주로 잘 알려져 있다.

5. 주장부문의 소요기물

호텔 주장부문도 호텔 식당부문과 마찬가지로 기본적인 기물이 갖추어져 있어야한다. 주장에서 사용되는 기구류는 주장 영업에 없어서는 안 될 소중한 필수품이므로 모든 기구의 사용방법을 올바르게 숙지하여 조심성 있게 다루어야 한다. 이러한조제도구는 옛날부터 전통적으로 사용되어 온 도구 외에 최근에 개발된 새로운 도구도 적극적으로 갖출 필요가 있다.

주장부문의 소요기물은 크게 유리컵류, 칵테일용 기물류, 비품류 및 기타 소모품류 등으로 구분되어진다.

1) 유리컵류

바에서 통상 사용되는 글라스는 크게 두 가지로 분류되는데 그 하나는 원통형의텀블러(Tumbler)와 다리가 짧고 발이 달린 푸트 글라스(Footed Glass), 손으로 잡기편하게 긴 다리가 있는 스템 글라스(Stemmed Glass)가 있다. 여기에서 또 각종 글라스의 종류가 나누어진다. 그리고 그 유형이나 모양은 일정치 않고 약간씩 변형되어 여러 가지 형태로 만들어진다.

(1) 위스키 글라스(Whisky Glass; Short Glass; Straight Glass)

주로 위스키를 스트레이트로 마시는 데 사용된다. 싱글(Single)과 더블(Double)이 있으며 싱글은 30ml, 더블은 60ml 용량이다. 그러나 120ml 정도의 크기인 글라스에 30ml를 따르고 글라스를 조금 흔들어 마실 수 있게 하는 것이 위스키의 향을잘 발산시키므로 바람직하다.

(2) 하이볼 글라스(Highball Glass)

하이볼(Highball), 피즈(Fizz) 등 롱 드링크(Long Drinks)와 청량음료 등을 제공하는 글라스로서, 180ml(6oz)~300ml(10oz) 용량의 글라스들이 있다.

(3) 올드 패션 글라스(Old Fashioned Glass; On the Rocks Glass)

올드 패션 칵테일(Old Fashioned Cocktail)을 비롯한 각종 온 더 락스 유형(On the Rocks Style)의 칵테일과 위스키 등 각종 양주를 온 더 락스(On the Rocks)로 마실 때사용된다. 짧은 스템(Short Stem)이 달린 것도 사용되며 용량은 180~300ml이다.

(4) 콜린스 글라스(Collins Glass; Tom Collins Glass; Zombie Glass; Tall Glass; Chimney Glass)

톰 클린스(Tom Collins)를 비롯한 각종 롱 드링크(Long Drinks)를 마시는 데 사용되며 용량은 360ml(12oz)가 표준이고 소프트 드링크(Soft Drinks)를 마실 때도 사용한다.

(5) 필스너 글라스(Pilsner Glass)

맥주 서브용 글라스로서 여러 가지 형태가 있다. 가장 널리 사용되는 형태는 필스너 글라스이다.

(6) 리큐르 글라스(Liqueur Glass; Cordial Glass)

주로 색깔이 있는 리큐르를 스트레이트로 서브할 때 사용되며 플레임용(Flame : 불을 붙임)과 플로트용(Float : 술을 쌓음)이 있다. 용량은 주로 30ml(1oz)이다. 푸스카페(Pousse Cafe), 엔젤스 키스(Angel's Kiss), 엔젤스 팁(Angel's Tip) 등의 칵테일을 제공하는 푸스카페 글라스(Pousse Cafe Glass)보다는 볼(Bowl)이 짧고 손잡이가 조금 긴 것으로 대별된다.

(7) 셰리 글라스(Sherry Glass)

스페인산으로 세계적인 백포도주인 셰리 포도주(Sherry Wine) 등을 서브할 때 사용되는 것으로 용량은 60~90ml이다.

(8) 칵테일 글라스(Cocktail Glass)

쇼트 드링크(Short Drinks)로 역삼각형으로 되어 있는 것이 표준이나 여러 가지 형태로 변형된 것이 많이 있다. 용량은 60~120ml(2~4oz)이다. 대표 칵테일로 맨해튼(Manhattan), 마티니(Martini) 등을 마실 때 사용한다.

(9) 사우어 글라스(Sour Glass)

위스키 사우어(Whisky Sour), 럼 사우어(Rum Sour) 등의 칵테일을 제공할 때 사용되며 용량은 120~150ml이다.

(10) 와인 글라스(Wine Glass)

와인 제공시 사용되는 글라스이며 용량은 120~240ml(4~8oz)이다. 적포도주 글라스(Red Wine Glass)가 백포도주 글라스(White Wine Glass)에 비해 용량이 크며 손잡이(Stem)도 길고 볼(Bowl)은 짧으나 너비가 넓으며 볼의 끝이 안쪽으로 더 오므라져 있다. 이는 적포도주(Red Wine)의 방순한 향기를 글라스 안에 좀 더 머물러 있게 하기 위해서이다. 와인을 따를 때는 글라스의 2/3쯤 따르는 것이 상례이다. 최근에는 대형의 튤립형 글라스(Tulip Shaped Glass)로 많이 사용한다.

(11) 샴페인 글라스(Champagne Glass)

축제용 술인 샴페인과 일반 스파클링 와인을 마실 때 사용하는 샴페인 글라스는 소서(Saucer)형과 튤립(Tulip)형의 두 종류가 있다. 입구가 넓어 소서형은 축하주로서 건배용으로 사용되며, 영국의 어느 백작부인의 아름다운 가슴을 연상하며 만들었다고 한다. 튤립형은 식사용으로 천천히 마시며, 향기가 나가지 못하도록 글라스의 입구가 약간 오므라져 있다. 샴페인, 핑크레이디, 밀리언달러 같이 달걀이나 크림을 사용하여 거품이 많이 나는 칵테일을 담을 때 사용한다. 3~6온스까지 있으며, 주로 4온스짜리를 사용한다.

(12) 고블렛(Goblet)

손잡이(Stem)가 달린 텀블러(Tumbler)라고 생각하면 된다. 용량은 다양하며 240~360ml(8~12oz)이다. 물, 맥주, 소프트 드링크(Soft Drinks)나 얼음 분쇄기로 으깬 얼음조각(Crushed Ice)을 듬뿍 사용하는 칵테일 등에 사용된다. 최근에는 튤립(Tulip)형 등 대형의 것도 출현하고 있다.

(13) 브랜디 글라스(Brandy Glass; Brandy Snifter Glass 혹은 Inhaler Glass; Cognac Glass)

브랜디의 우아한 향기를 즐기기 위한 튤립형(Tulip Shaped)의 짧은 손잡이(Short Stem)가 있는 글라스로 표준 용량은 240ml(8oz)이나 대형의 것도 있다. 글라스의 가장자리(Rim)가 안으로 오므라든 특수한 형을 하고 있는 것은 브랜디의 향기가 도망가지 못하게 하기 위함이고 얇게 만들어져 있는 것은 손바닥의 온기가 자연히 글라스 안의 브랜디로 전해져 비등점이 낮은 술의 섬세한 향기를 즐기기 위해서이다.

식후의 한때 스니프터(Snifter)에 약 1oz 정도를 따라서 두 손으로 감싸듯이 하여 손의 온기로 데우면서 잔아한 향기와 호사스런 맛을 즐기는 것이다. 불을 붙여서 데우는 사람도 있으나 강한 열을 받으면 향기가 한순간에 날아가 버리고 방향성분이 없어지므로 불을 붙이는 일은 하지 않는 편이 바람직하다.

2) 칵테일용 기물류

(1) 셰이커(Shaker)

칵테일을 만드는 데 쓰이는 대표적인 기구로 캡(Cap; Top), 스트레이너(Strainer), 보디(Body) 세 부분으로 나뉘어져 있다. 만들고자 하는 칵테일에 사용되는 각종 알코올류와 기타 부재료를 보디(Body)에 얼음과 함께 넣고 스트레이너(Strainer)를 끼우고 캡(Cap)을 덮고 흔들어 안의 재료가 고루 섞이게 하는 기구이다. 주로 스테인리스 제품이 많이 쓰인다.

셰이커(Shaker)를 흔드는 방법은 여러 가지 형태가 있으나 오른손잡이의 사람을 기준으로 기술해 본다. 오른손 엄지로 캡(Cap)을 누르고 인지와 약지 사이에 보디(Body)를 끼우며 검지와 중지로 보디(Body)를 받친다. 왼손은 엄지로 스트레이너(Strainer) 어깨 부분을 누르고 중지와 약지의 제1관절에서 손가락 끝을 보디(Body) 밑으로 돌리고 인지와 약지로 보디(Body)를 끼는 듯이 하여 잡는다. 이렇게 잡은 셰이커(Shaker)를 오른쪽 어깨높이와 눈높이 사이로 정면에서 우측으로 약 45° 각도로 비껴서 힘차고 리드미컬하게 흔든다. 재료가 잘 섞이는 것은 가볍게 단시간에 흔들어 주고 계란이나 우유 등 잘 섞이지 않는 재료일 경우는 빠르고 힘차게 좀 더 흔들어 주어야 한다. 주의할 점은 스파클링(Sparkling)이 있는 음료를 넣어서 흔들면 캡(Cap)이 튕겨져 나올 염려가 있기 때문에 조심해서 다루어야 한다.

(2) 믹싱 글라스(Mixing Glass; Bar Glass)

칵테일 조제방법 중 스터링(Stiring)할 때 쓰이는 기구로서 약 75ml 용량의 유리제 글라스이며 비커와 같이 술을 따르는 주둥이가 나와 있다. 주로 비중이 가벼운 술과 술을 혼합할 때 사용되며 바 스푼으로 재빠르게 휘저어 혼합해 내는 것이다. 사용방법은 먼저 믹싱 글라스에 얼음과 재료를 넣고 왼손으로 글라스 윗부분을 잡고 우측으로 약간 기울인 상태로 바 스푼으로 재료와 얼음을 동시에 회전시키나 이런 경우 스푼잡는 법이 틀리면 부드럽게 회전시킬 수가 없다.

스푼잡는 법은 오른손의 중지와 약지 사이에 바 스푼의 중앙 나선상 부분을 가볍게 끼우고 엄지와 인지로 끝의 포크 부분을 잡는다. 엄지와 인지의 힘을 빼고 중지 바닥과 약지의 등으로 스푼을 시계방향으로 휘젓는다. 이때 성급하게 저어서 소리를 내지 않게 조심해야 하며 너무 오래 혼합하면 칵테일이 묽어져서 좋지 않다. 다 혼합되었으면 스트레이너(Strainer)를 씌워서 지정된 글라스에 따른다.

(3) 바 스푼(Bar Spoon; Mixing spoon; Long Spoon)

칵테일 조제시 재료를 휘젓기 위해서 사용되는 스테인리스제의 손잡이가 유난히 긴(약 18cm 이상) 스푼으로, 한쪽 끝은 스푼으로 다른 한쪽은 포크 모양과 같이 생겼으며 중간에는 나선형 모양으로 되어 있다.

스푼 부분은 티 스푼(Tea Spoon) 크기로 만들어져 있으므로 레시피(Recipe)에 "tsp"이라고 지정했을 때 이 바 스푼으로 계량하면 되고 포크 부분은 병속의 체리(Cherry)를 꺼낸다거나 레몬 조각(Lemon Slice) 등을 찍어 올릴 때 사용하거나 기타 여러 가지 용도에 사용된다. 또한 중앙의 나선형 부분은 스푼을 부드럽게 회전시키는 데 편리하게 되어 있다.

(4) 계량컵(Measure Cup; Jigger Cup)

칵테일 조주시 술이나 주스의 용량을 재는 기구로 스테인리스제가 많이 쓰인다. 삼각형 30ml와 45ml의 컵이 등을 맞대고 있는 것이 일반적으로 바에서 가장 많이 쓰인다. 이 밖에 15ml와 30ml를 조합한 것, 30ml와 60ml를 조합한 것 등이 있다.

계량컵을 잡는 법도 여러 가지가 있으나 왼손의 엄지와 인지 사이에 끼워 나머지 세 손가락으로 밑의 컵을 가볍게 감싸 쥐는 방법이 가장 널리 사용된다. 계량컵에 술을 따를 때는 최대한 컵 가까이에서 따르고 흘리지 않도록 주의한다.

(5) 스트레이너(Strainer)

믹싱 글라스(Mixing Glass)에서 제조된 칵테일을 서빙 글라스(Serving Glass)에 따를 때 얼음이 흘러나오지 않도록 막아주는 역할을 하는 기구로서 주걱형을 한 평평한 스테인리스판에 나선형의 용수철을 장치한 것이다. 셰이커(Shaker)의 스트레이너(Strainer)와 같은 역할을 하나 단순한 스트레이너일 때는 이것을 가리킨다. 믹싱 글라스(Mixing Glass)에 끼워 사용할 때는 오른손 인지로 스트레이너 중앙부분

의 돌기를 누르고 다른 손가락은 믹싱 글라스(Mixing Glass)를 감싸서 잡고 글라스에 따른다.

(6) 스퀴저(Squeezer)

레몬이나 오렌지의 과즙을 짜낼 때 쓰이는 기구로 유리제품 혹은 플라스틱제, 도기제 등이 있으나 유리제품이 많이 사용된다. 중앙에는 나선형의 돌기가 있어 레몬이나 오렌지를 절반으로 잘라 절단면을 여기에 대고 눌러 돌리면서 과즙을 짜낸다.

(7) 블렌더(Blender)

프로즌 유형(Frozen Style)의 칵테일을 만드는 데 필요 불가결한 도구로써 전동식 믹서(Electric Blender)이다. 바에서 사용하는 블렌더(Blender)는 컵(Cup) 부분이 분리된 것이 재료를 넣기 쉽고 편리하다. 강, 중, 약의 속도장치가 되어 있으므로 칵테일의 성격에 따라서 조절하여 사용한다.

사용방법은 컵에 얼음 분쇄기로 으깬 얼음조각(Crushed Ice)과 함께 술 및 부재료를 넣고 블렌더에 끼워 속도를 조절하며 단시간 내에 섞는다(Blending). 너무 오래 섞으면(Blending) 얼음 분쇄기로 으깬 얼음조각(Crushed Ice)을 사용하기 때문에 묽어질 염려가 있고 글라스에 따를 때 거품이 많이 일어서 좋지 않다.

(8) 아이스 이큅먼트(Ice Equipment)

① **아이스 페일(Ice Pail; Ice Bucket)** 얼음을 넣어주는 통으로 테이블에 서브할 때도 사용한다.

② **아이스 스쿠프(Ice Scoop; Ice Shovel)** 얼음을 떠내는 부삽 같은 기구로써 얼음 분쇄기로 으깬 혹은 각빙(角氷) 얼음조각(Cracked Ice or Cubed Ice)을 떠내기 위한 대형의 것과 얼음 분쇄기로 으깬 얼음조각(Crushed Ice)을 떠내기 위한 소형의 것이 있다.

③ **아이스 통(Ice Tongs)** 얼음 집게로 사용한다.

④ **아이스 픽(Ice Pick)** 얼음을 깰 때 사용하는 송곳이다.

⑤ **아이스 크러셔(Ice Crusher)** 얼음조각(Crushed Ice)을 만들기 위한 수동형 또는 전동형의 얼음 분쇄기이다.

(9) 기 타

3) 비품류

바에서 사용되는 집기 외에 여러 가지의 비품을 바 운영상에 필요한 만큼 구비하지 않으면 안 된다.

(1) 비터즈 보틀(Bitters Bottle)

칵테일 조주시 각종 비터(Bitter)를 소량으로 드로핑(Dropping)할 때 사용하는 것으로 유리제의 용기나 주둥이는 스테인리스제로 가운데 작은 구멍이 있다.

(2) 푸어러(Pourer; Pouring Lip)

술병의 주둥이에 끼워 술을 따르는 데 있어서 커팅(Cutting)을 용이하게 하고 술의 손실(Loss)을 없게 하기 위하여 사용, 가당이 된 리큐르 등에 사용할 때는 설탕의 결정이 응집되어 더러워지기 쉬우므로 더운물에 자주 씻어 사용하는 것이 좋다. 플라스틱제, 스테인리스제 등 모양도 다양하다.

(3) 머들러(Muddler)

롱 드링크(Long Drinks) 종류를 휘젓는 막대로 설탕이나 과일의 과육을 으깨는 데 사용하기도 한다. 재질도 나무, 플라스틱, 유리, 스테인리스제 등 다양하며 모양도 가지각색이다. 차가운 음료에는 아무것이나 사용해도 좋으나 핫 드링크(Hot Drinks)에는 나무나 플라스틱으로 만든 것은 적합하지 않다.

(4) 글라스 홀더(Glass Holder)

하이볼 글라스(Highball Glass) 등에 핫 드링크(Hot Drinks)를 마실 때 글라스 표면이 뜨거워서 잡을 수가 없으므로 이것을 글라스 밑에 끼워서 사용한다. 보통 금속제로서 손잡이가 달려 있다.

(5) 와인 쿨러 및 스탠드(Wine Cooler & Stand)

백포도주나 샴페인 등을 서브할 때 차갑게 칠링(Chilling)시키는 기구로 스테인리스제나 은제가 있다. 테이블 서브시 테이블 옆에 와인 스탠드(Wine Stand)를 놓고 그 위에 와인 쿨러(Wine Cooler)를 올려놓아서 사용한다.

(6) 스트로(Straw)

정식으로는 드링킹 스트로(Dringking Straw)라 한다. 청량음료(Soft Drinks)나 얼음 분쇄기로 으깬 얼음조각 혹은 간 얼음(Crushed Ice or Shaved Ice)이 들어간 칵테일을 마실 때 사용한다. 모양이나 재질, 색깔 등이 너무 다양하다. 그러므로 글라스 종류나 크기, 칵테일의 색과 분위기에 따라서 스트로의 두께, 길이, 색깔, 모양 등을 선택하여 잘 조화시켜 사용하면 훨씬 보기 좋다.

(7) 코스터(Coaster; Glass Mat; Tumbler Mat)

글라스 밑에 깔아서 사용하는 것으로 둥글거나 네모진 두꺼운 종이 제품이 많고 금속제, 섬유제, 가죽제품까지 있으나 되도록 수분을 잘 흡수하는 것이라야 한다. 코스터(Coaster)에 상호나 호텔명이 표시되어 있을 때는 손님이 읽을 수 있도록 바르게 놓아야 한다.

4) 기타 소모품류

소모품은 적정 재고를 유지시켜야 하는데 다음과 같은 것들이 있다.

Cocktail Pick(Pin), Cocktail Napkin(종이재질, 천재질), Decanter, Glass Towel, Portable Bar(Wagon Bar), Spoon Rest, Funnel, Wine Basket, Wine Cradle, Champagne Stopper, Cocktail Umbrella와 Flower(장식용) 등이 있다.

식음료 원가관리

01 구매

분명히 식·음료 구매를 위해 지불되는 금액은 원가 통제에 있어 항상 결정적인 요인은 아니지만 중요한 요인이 될 수 있다. 따라서 호텔의 구매절차는 최대한의 통제를 받도록 설계되어야 한다.

큰 규모와 중간 규모에 속하는 대부분의 호텔들은 구매대리인을 고용하고 있다. 구매부서의 직원 수는 호텔의 규모와 결과적으로 발생하는 구매량과 관련하여 다양하다. 그러나 구매과정의 큰 부분이 구매주문서(purchase order)의 발행과 견적서의 접수(receipt of quotation)에 있기 때문에 구매대리인 외에 최소한 비서가 있어야 한다. 일부 큰 체인은 전부 혹은 많은 품목에 대해 중앙구매방식을 사용하여 개별의 호텔이 구매 부담을 가지지 않도록 해준다.

식품 구매의 어떤 특징들은 사용되는 구매절차를 결정한다. 식품은 정도는 다르지만 부패하기 쉬운 상품이 그러하다. 특히 신선한 과일과 야채, 우유와 빵, 그리고 신선한 육류와 생선은 수명이 제한되어 있다. 따라서 냉동 육류와 야채는 무한정 저장될 수 없다. 저장실도 또한 구매절차를 확립하는 데 있어 결정적인 요인이다. 제한된 저장능력을 갖춘 호텔들은 큰 저장장소를 갖춘 호텔보다 더욱 빈번히 구매하는 것이 필요하다.

큰 연회매출을 기록하는 호텔에 있어서, 연회기능을 수행하는 데 필요한 모든 식품품목을 구입하고 저장하는 것은 거의 불가능하므로 연회를 위한 구매는 필요에 따라 매일 행하여진다.

고려해야 할 마지막 요인은 가격변동이다. 신선한 농산물에 대한 가격은 매일 변한다. 고기와 생선 가격도 역시 변하고, 적어도 일주일에 한 번 이상 변한다. 필요한 식품구매는 전화에 의해 이루어지며 어떤 품목에는 5~6명의 판매상이 있을 수도 있고 다른 품목에 대해서는 단지 2~3명의 판매상이 적절할 수도 있다. 견적서를 제출하는 판매상들 중에서 하나의 판매상 선별은 일반적으로 이 산업에서 공급자로서 확립된 그의 경력과 신뢰성, 가격 그리고 제품 품질에 관련해서 호텔이 판매상에 대해 겪었던 과거 경험에 좌우된다.

제품 품질은 미리 정해진 명세서를 기준으로, 접수된 식품과 구매대리인에 의해 정해진 표준을 비교함으로써 측정될 수 있다. 미국의 경우에는 모든 제품과 매일의 제품에 대해 발행되는 미국 농산부(the U.S Department of Agriculture) 표준이나 명세서가 이러한 품목에 대해 공통적으로 사용된다. 육류에 대한 표준은 전국 육류공급자협회(National Association of Meat Purveyors)가 발행한 Meat Buyers Guide to Standardized Meat Chuts를 참조함으로써 설정된다.

농산물견적서는 매일 제출되고 육류와 생선견적서는 일주일에 두 번 정도 제출되나 판매상들은 호텔이 일상적으로 구매하는 품목의 가격변화를 즉시 알려주도록 요청받는다. 냉동 및 캔류 재화에 대한 견적서는 가격의 변동이 심하지 않기 때문에 덜 빈번하게 받을 수 있다.

시세는 하나의 예로, [그림 12 – 1]에서 보여지는 매일의 견적서(daily quotation sheet)에 공급자가 기입한다. 이 그림은 미리 준비된 가격의 비교를 나타내고 있다. 이 서식은 호텔이 가장 낮은 가격으로 구매했다는 것을 입증하기 위하여 오디터와 기타 사람들에 의하여 최소한 일 년 동안 서류철에 보관되어야 한다. 주문사실이 견적서에 표시되고 그 다음 판매상의 전화번호가 기입된다. 만약에 주문이 가장 낮은 가격을 제시한 판매상으로부터 이루어지지 않았을 때는 구매대리인은 이러한 이유를 정당화시켜야 하는데 주로 품질 차이에서 기인한다. 견적서 사본은 양과 가격을 확인하기 위하여 리시빙 클럭(receiving clerk)에게 송부되어야 한다.

비록 음료구매에 있어서는 저장장소가 고려사항이지만 부패성은 고려사항이 아니며(비록 어떤 포도주는 상하지만) 가격 또한 급격히 변동하지 않는다. 결과적으로 음료에 대해 서면견적서를 받아 구매주문서를 발행할 충분한 시간이 있다. 특별한 상표의 재고수준이 어떤 수준 이하로 떨어지면 스토어키퍼(storekeeper)는 경영자의 허가를 취득한 뒤 구매대리인에게 그 품목을 구매하는 권한을 주는 요청서를 발행한다.

STEWARDS MARKET LIST

HOTEL _____ ORDER DATE _____ DELIVERY DATE _____

BEEF
- Bones, Marrow, lb. – Cut
- Bottom/Round Bless/Gr. 28-30 lbs. gr/chd 170
- Bottom Round, Corned, 32-36 lbs.
- Rib Prime, Rump on, 2lbs off 20/25 lbs. #160
- Brisket Corned, Deckle off, 12/14 lbs. #601
- Brisket, Fresh, Deckle off, 12-14 lbs. #120
- Chopped Beef, 3/4 lb. Pkgs. #619
- Top Butts, B'less, 14-16 lbs. pr/ch #184
- Chuck, Arm, B'less, Choice, 83-100 lbs. #126
- Filets, Stripd., Wedge Fat Out, 5-6 lbs. #190
- Filets, Long, 8-9 lbs., 4 open #189
- Hamburger Meat, 85% Lean – Fresh - Bulk
- Hamburger Patties, 4 oz. Fresh 83/15
- Liver Steer, Fresh – Frozen 1½, 2 lbs.
- Ox Tails, Fresh – Frozen 1¼, 2 lbs.
- Ribs, Choice, 36-38 lbs., 10'' 7 Cut #103
- Ribs, Prime, 36-42 lbs., 10'' 7 Cut #103
- Ribs, Choice Oven Prep/Cut 3x4 22-24lbs #109
- Flank Steak – Peeled 2½, 3½ lbs. #193
- Stew Meat, lb., 2'' Cubed Trimmed
- Shin Meat – Boneless
- Corner Pieces - 3 Bone - Lean 1 lb. ea.
- Strip Loins, Ch. (10 x 10), 22-24 lbs., #175
- Strip Loins, Pr., (10 x 10), 22-24 lbs., #175
- Strip Loin, Ch. 7'' B/N.LS, 13-15 lbs., #180
- Top Round, B'less 20-24 lbs. gr/ch #168
- Top Sir. B'less 15-16lbs N/Vein-F Lg gr/chd 167
- Deli Top Rd, Pr Bnls, 16-20 #1 HD Tied
- Skirt Steaks

VEAL
- Breast, lb.
- Bones – Cut
- Legs, 35-45 lbs. Nature'l Ch #334 Bnls
- Liver, Fr., 3½, 3½ lbs. Kosher Style
- Loin Saddles, 14-16 lbs. gr/ch #331
- Racks, (4 x 4) 12-16 lbs. gr/ch #306
- Shoulder, 10-14 lbs. gr/ch
- Stew Veal, lb. 2'' Cubed Trimmed
- Sweetbreads, 16-18 oz. Fresh Trimd.
- Patties, Breaded 4 oz. – Frozen
- Leg Cutlets, Unbreaded 4 oz. - Fresh
- Veal Kidneys 4-5 oz.
- Veal Shanks
- Veal Chds B 12 #

LAMB
- Chucks, 16-18 lbs. pr/ch #206
- B'kfst. Chuck of Lamb, 1¼'' Cubes – lean
- Legs, 8-10 lbs., pr/ch #233
- Legs, Boned and Tied 6-8 lbs., #234
- Kidneys, Fresh No Fat
- Racks, (4 x 4), 6-9 lbs., pr/ch #204
- Loin, 8-12 lbs. pr/ch #231
- Breast of Lamb
- Slaughter House Lamb Liver, Fresh Kosher
- Lamb Kidneys
- Lamb Shanks
- New Zealand Racks of Lamb 44-46 #

PROVISIONS
- Bacon, Canadian, S/I Domestic
- Bacon, Sliced, 18/20 Cut/Layout
- Knockwurst, 4/1, 3/1
- Liverwurst, Thin, 6-7 lbs.
- Bologna, Thin, 6-8 lbs.
- Butts, Smoked, 2, 2½ lbs.
- Fresh Pork Butts 2½, 3¼ lbs.
- Frankfurters, Cocktail, 7'' (40 to lb.) – Beef
- Frankfurters, 8 to lb., S.C. For Staff
- Fr.kfts., Kosher, 8 to lb J Griddlers All Beef
- Bratwurst 3/1 lb.
- Cocktail Bratwurst 25-30 to lb.
- Italian Style Hot or Sweet Sausage
- Hams-Serve.Ready#/10 lbs., 10/12 lbs., B'less
- Hams, Canned, Pear St., 8/10 lbs., 10/12 lbs.
- Hams, Canned Pullman, 8/10 lbs., 10/12 lbs.
- Hams, Prosciutto, 7/9 lbs., Bnls.
- Hams, Prosciutto, 12/14 lbs. – Domestic
- Hams, R.T.E., 10/14 lbs., 14/17 lbs., Bone in
- Hams, Va. 12/14 lbs., 6 mo. Cure, Bone in
- Hams, V.sking, R.T.E., 10/12 lbs., Bnls
- Pastrami 2-3 lbs.
- Pigs Knuckles, Fresh/Corned ¾ lb. ea.
- Pork, Salt, Fresh, Lean Bellies, 12/14 lbs.
- Pork, Lrding Fat Back, Salt, Fresh 12/14 lbs.
- Bnls Pork Loins 6-8 lbs.
- Pork Loins, Fresh/Frozen 10-12 lbs., #410
- Pork Loins, Smoked, 9-11 lbs.
- Pork Chops, C.C. E to E
- Pork Shoulders, Fresh 10/12 lbs., Bnls
- Pork Spareribs, 3 lb. down 7/lb. down Fresh
- Salami, Hard, B.C., 5-7 lbs.
- Salami, Kosher Style, All Beef, 5-7 lbs.
- Salami, Genoa Style, B.C., 5-7 lbs.
- Sausage, Cocktail 35 to lb., S.C.
- Sausage Breakfast 8, 12, 15, I.S.C.
- Tongues, Smoked Beef ½-4½, #1.5, Cut #514
- Tripe, Honeycomb, White, 1½ lb.

POULTRY
- Chicken Bst., 18, 20 or 20-22 oz. with Wings
- Chicken Legs, 8 oz. or 10 oz.
- Chicken Roasters, 3½-4 lbs. Evis
- Chickens Broilers, 2¼-2½ lbs. Evis
- L.I.Ducklings, 4-4½, 5 lbs. Evis w Giblets
- Fowl, 4½-5 lbs., 5-6 lbs. Evis.
- Livers Chicken lb. Fresh
- Chicken Fat, Rendered
- Poussions 1-1¼ lbs. Evis
- Rock Cornish Game Hens, 1 lb. Evis.
- Cornish Hen – Part Boned, Stuffed, 12 oz.
- Royal Squab 1½ lb. N.Y.D.
- Turkeys Evis. Hen, 14-16 lbs.
- Turkeys Evis, Y 726-727 lbs., 24-26 lbs., Gr A
- Turkey Bst Obl-No Wing 10-12 lbs.
- All White Cooked Bst. Turkey Obl-Single
- Chicken, Wings, Gizzards, Bones
- Pheasants, Dom 1-1½ lbs., Evis.
- Qual. Dom 7 oz. Evis, Oven Ready

그림 12-1 공급업자의 매일의 견적서

263

식품 구매는 두 가지 출처로부터 발행된 요청서에 의거한다. 음료의 경우, 많은 품목이 최소한의 저장실 재고수준에 대해 설정되고 식음료 지배인에 의하여 승인된 구매요청서는 구매대리인에게 발행된다. 그러나 정상적으로 직접 주방으로 가는 모든 농산물과 기타 품목에 대한 요청서는 요리사에 의해 발행된다. 이러한 절차는 연회나 특별한 메뉴품목에 대한 구매에 있어서도 마찬가지이다.

02 검 수

통제과정에서 검수는 구매 후에 발행하며 다음과 같은 점에서 구매와 다르다. 첫째, 구매는 경영기능이고 구매대리인은 레지던트 매니저(resident manager)에게 보고함에 반하여 검수는 통제기능이고 리시빙 클럭은 컨트롤러에게 보고해야 한다. 물론 여전히 리시빙 클럭이 구매대리인에게 상의해야만 하는 많은 경우, 특히 보통 식품의 경우는 리시빙 클럭이 구매대리인에게 검수되는 명세서 또는 상품의 품질에 관하여 질문할 때가 있다.

모든 식품과 음료 판매상들은 배달시 송장을 첨부하여야 하며 그렇지 않을 경우 모든 식음료의 배달은 거절될 것이다. 이러한 사실은 식품배달의 경우 배달되는 상품을 점검하기 위한 구매지시서가 없고 단지 견적서만 있는 관계로 특히 중요하다. 시간을 절약하기 위해 무게를 측정하거나 수를 확인하여 송장상의 수량에 관한 즉각적인 점검과 견적서와 비교하여 송장상의 가격에 관한 즉각적인 점검이 필요하다. 모든 육류는 다른 품목들과 마찬가지로 검수시 완벽하게 무게가 측정되어야 한다. 검수장에서의 측정기는 정확성을 위하여 정기적으로 검사되어져야 한다.

[그림 12-2]에서 보여지는 바와 같이 고무 스탬프의 날인(imprint of a rubber stamp)은 각각의 송장 뒤에 이루어진다. 수량, 품질, 가격 등의 승인을 표시하는 란은 필요한 검증이 완전히 끝난 뒤에 리시빙 클럭에 의해 머리글자로 서명되어져야 한다. 추가사항과 지불에 대한 마지막 승인을 포함하는 기타란은 추가적으로 완성된다.

그 다음 각각의 송장은 [그림 12-3]에서 나타난 바와 같은 매일의 검수보고서(receiving sheet)에 기입된다. 검수보고서는 공급자의 이름을 적는 한 개의 난과 "Food-Direct", "Food-Stores", "Beverage Stores" 그리고 "General Stores"에 들어오는 물품을 기입하는 네 개의 난을 제공한다.

Record of Receipt of Goods			
Quantities		Entered on	
checked		receiving sheet	
Quality		Extensions and	
checked		additions checked	
Prices		Approved for	
verified		payment	

그림 12-2 송장에서의 고무 스탬프(Rubber Stamp for Inovice)

RECEIVING CLERK'S DAILY REPORT

Sheet No. _____
of _____ Sheets
Date May 2 19 7

	Quan.	Unit	Description	✓	Unit Price	Amount	Beverage Stores	Food Direct	Stores	General Stores
GENERAL BAKERIES	—	—	Bread		—	38 62				
157710	—	—	Discount		—	‹2 31›		38 62		
2/5/78								‹2 31›		
Quebec Lait	6	1 LIT	Milk		50	3 00				
299 2298	3	20 LIT	Milk		1035	31 05				
2/5/78	6	BOX	Mini-pots		225	13 50				
	3	10 LIT	Cream 15%		1200	36 00				
	12	1 LIT	Cream 35%		225	27 00				
								110 55		
Primo	3	c/s	Linguine		585	17 55				
0096624	3	c/s	Linguine Di Pass.		585	17 55				
2/5/78	3	c/s	Rigatoni		585	17 55				
	3	c/s	Pennine		585	17 55				70 20
Canada Packers	150	LB.S	Butter		136	204 00				
228740	2	c/s	Lactentia		3480	69 60				
2/5/78								273 60		
Anco	14.98	LBS	Cheddar fort		181	27 11				
140181	15.68	LBS	Gouda fume		235	36 85				
2/5/78	15.80	LBS	Cheddar Doux		154	24 33				
								88 29		
Trieste	6	PAIL	Oil		1875	112 50				112 50
2178										
2/5/78	54.37	LBS	Parmesan		490	266 41		266 41		

그림 12-3 검수보고서

각 난에는 배달량에 대한 화폐금액이 판매상의 이름 반대편에 기입된다. "Food-Direct"는 주방까지 직접적으로 배달되고, 요리사의 통제 아래 놓여지는 식품구매를 나타내며, 그와 반대로 "Food-Stores"는 저장실에 보관되는 식품을 나타낸다. 모든 음료구매는 저장실로 배달되어져야 하기 때문에 단지 한 개의 난이 필요하며,

"General Stores"는 식음료를 제외한 구매를 나타낸다. 저장실로 배달되는 것에서 주방까지 직접적으로 배달되는 식품 금액의 분리는 저장실에 대한 적절한 통제를 수립하는 데 중요하다. "Beverage Store"와 "Food-Stores"란의 총계는 저장실로 들어오는 재화의 화폐가치를 나타낸다. 즉, 완전한 통제를 위해 필요한 것은 저장실에 저장된 재화의 출고통제이다.

매일의 검수보고서는 각 란의 합계를 낸 뒤에 완성되고, 모든 송장들을 첨부하여, 매일 외상매입 담당부서로 송부된다. 세 개의 식음료 난의 합계들은 식음료 컨트롤러에 의해 해당 달의 식음료 활동성(activity)의 최종 조정에 사용되는 정산표에 기입된다. 또한 한 달 동안의 매일의 검수보고서는 해당 월의 식음료 구매합계를 조정하는 기초를 제공한다.

구매와 검수에 관한 적절한 통제가 핵심적인 일이지만 저장실에서의 통제 역시 중요하다.

03 저장실 통제

1. 식 품

식품에 관한 재고통제는 실질적인 이유로 인하여 화폐적인 근거보다 수량적 측면에 더욱 쉽게 관계된다. 식품가격이 거의 매일 변화하므로 화폐적인 근거로써 식품재고를 통제하는 시도들은 개별품목의 평균가격을 계속 갱신해야 한다는 것을 의미한다.

결과적으로 식품저장실에서 대부분 품목에 관한 통제는 빈 카드(bin card)를 이용함으로써 행하여진다. 빈 카드([그림 12 – 4])는 수치 또는 무게에 의해 검수된 수량(구매), 나가는 수량(주방에의 출고), 그 결과로서 지금 가지고 있는 잔액 수량을 나타낸다. 빈 카드는 음식이 저장되는 곳에 매달아 놓거나 선반에 핀으로 꽂아놓아야 한다. 매주 또는 15일마다 정기적으로 현장 계산이 이루어져야 하고, 빈 카드와 비교된 결과가 차이점을 나타내면 즉시 조사되어야 한다.

냉동 육류와 생선은 저장실 내의 냉동상자에 저장되기 때문에 수량을 통제하기 위한 빈 카드의 사용은 매우 실질적이지 못하다. 대신에 미트 태그(meat tag)에 의한 통제가 수행된다([그림 12 – 5] 참조).

```
                          BIN CARD

    No. _____              Size. _____

                        Commodity_____
```

Date	Supplier	Quantity Received	Quantity Issued	Balance On Hand

그림 12-4 Bin Card

```
              No. 3459                    │  No. 3459

                Date Rec'd _____        │  Date Rec'd _____
    Item _____  Grade _____    │  Item _____
    Weight _____  Lbs.@ _____    │  Wt. _____ Lbs@ _____
    Dealer_____  Extension _____   │  Ext. _____
                Date Issued _____  │  Dealer _____
    WHITNEY DUPLICATING CHECK CO., NEW YORK I.N.Y  │  Date Issued _____
```

그림 12-5 미트 태그(meat tag)

미트 태그는 두 부분으로 나누어지며 줄구멍이 있는 줄을 따라 찢어서 분리할 수 있다. 육류 또는 생선이 냉동상자에 무게를 재어 보관될 때 태그의 양부분이 기입되며, 하나의 잘라낸 부분은 육류와 생선에 붙어 있고, 다른 부분은 보관 목적을 위하여 저장실에 놓여 있는 보드(board)에 걸려진다. 육류 또는 생선이 주방에 출고될 때 태그는 보드에서 제거되고, 요청서에 부착되어진다. 그러므로 보드 위에 걸려 있는 태그는 냉동상자에서의 육류 또는 생선의 양을 나타내게 된다.

식품 저장실에서 최소한의 수량이, 계속적으로 재고에 투입되는 품목을 위하여 설정되어야 한다. 이러한 품목이 최소한의 수준 이하로 수량이 떨어질 때, 스토어키퍼(storekeeper)는 구입요청서를 준비해야만 한다.

2. 음 료

식품에 대한 통제가 정규적으로 수량에 기초하여 수행되는 것에 반하여 음료 저

장에 대해서는 화폐에 기초하여 계속기록재고법이 사용되고, 이것을 위해 일반적으로 스토어키퍼는 카드나 카덱스(Kardex)를 사용한다. 음료의 품목이 검수되어질 때 구매의 수량, 가격 그리고 총금액이 카드에 기입된다. 저장실로부터 품목이 출고될 때 수량에다 평균구매비용을 곱함으로써 수량뿐만 아니라 총금액이 카드에 기입된다. 그러므로 각각의 카드는 주어진 시점에서 현재 가지고 있는 품목의 실제 잔고뿐만 아니라 그것에 대한 화폐가치를 반영한다. 월말에 식음료 컨트롤러와 회계부서의 대표자는 카드상의 잔고에 대해 실제잔고를 점검해야 하고 재고목록표를 만들어야 한다. 모든 차이점은 즉시 조사되어야 한다.

많은 호텔들은 지금 판매시점("point-of-sale") 재고 변화의 방법에 의해 재고를 통제할 컴퓨터 시설을 가지고 있다. 바 또는 라운지를 위한 완전한 재고통제방법이 컴퓨터에 설치되어 있다. 음료가 제공됨에 따라, 직접적으로 컴퓨터와 연결되어 있는 금전등록기에 그것을 기록한다. 재고목록은 그때 제공된 수량에 의해 자동적으로 감소된다. 이같은 시설은 또한 주요 식품 항목에 대하여 포션통제(portion control)를 하기 위하여 사용된다.

04 식음료 원가 분석

식품과 음료의 저장실 출고를 위한 모든 요청은 매일 가격이 매겨져서 평가되고, 그 다음 식음료 컨트롤러의 사무실에서 식품과 음료가 별도로 합계가 되어지며 매일 리캡 시트(recap sheet)에 기입된다. 이것은 수작업으로 하거나 가격이 미리 기입되어 있는 컴퓨터 프로그램에 수량을 제공함으로써 행해질 수 있다. 이 경우 출고에 관한 컴퓨터화된 출력결과가 얻어진다. 그 다음 총식품출고액은 주방에 배달되는 총 "직접" 구매량에 첨가된다. 이 수치는 종사자에 의해 소비된 음식을 공제한 뒤에, 획득된 음식매출 수치와 매일의 음식비용과 비교될 수 있다. 비록 매일의 그러한 비교가 주방에서의 변하는 재고수준 때문에 변이가 많지만, 그럼에도 불구하고 이삼일에서 한 달 후까지의 매출에 대한 누적출고액의 비교는 해당 기간 동안에 매출의 구성비로서 출고되었던 음식비용 구성비를 매우 정확하게 나타낼 것이다.

유사하게, 음료매출에 대한 음료출고액이 비교될 수 있다. 모든 음료가 저장실에서 통제되고 요청서에 따라 출고되기 때문에 직접 출고는 없으며 재고 변동의 효과는 주로 바가 평균재고로 운영되기 때문에 제거될 수 있다. 그러한 절차하에서 저장실은 단지 빈 술병이 저장실로 회수될 때 술 한 병을, 그리고 빈 용기가 회수될 때 완전한 용기에 담긴 맥주와 음료를 출고한다(물론, 술병은 다른 병으로 대체되는 것을 방지하기 위하여 확인표시가 찍혀 있어야 한다). 따라서 바에서의 재고변동은 단지 부분적으로 채워져 있는 병의 내용물에서의 약간의 측정 차이에 의하여 발생할 수 있고 정확한 매일의 음료 원가는 매출과 출고를 비교함으로써 얻어질 수 있다.

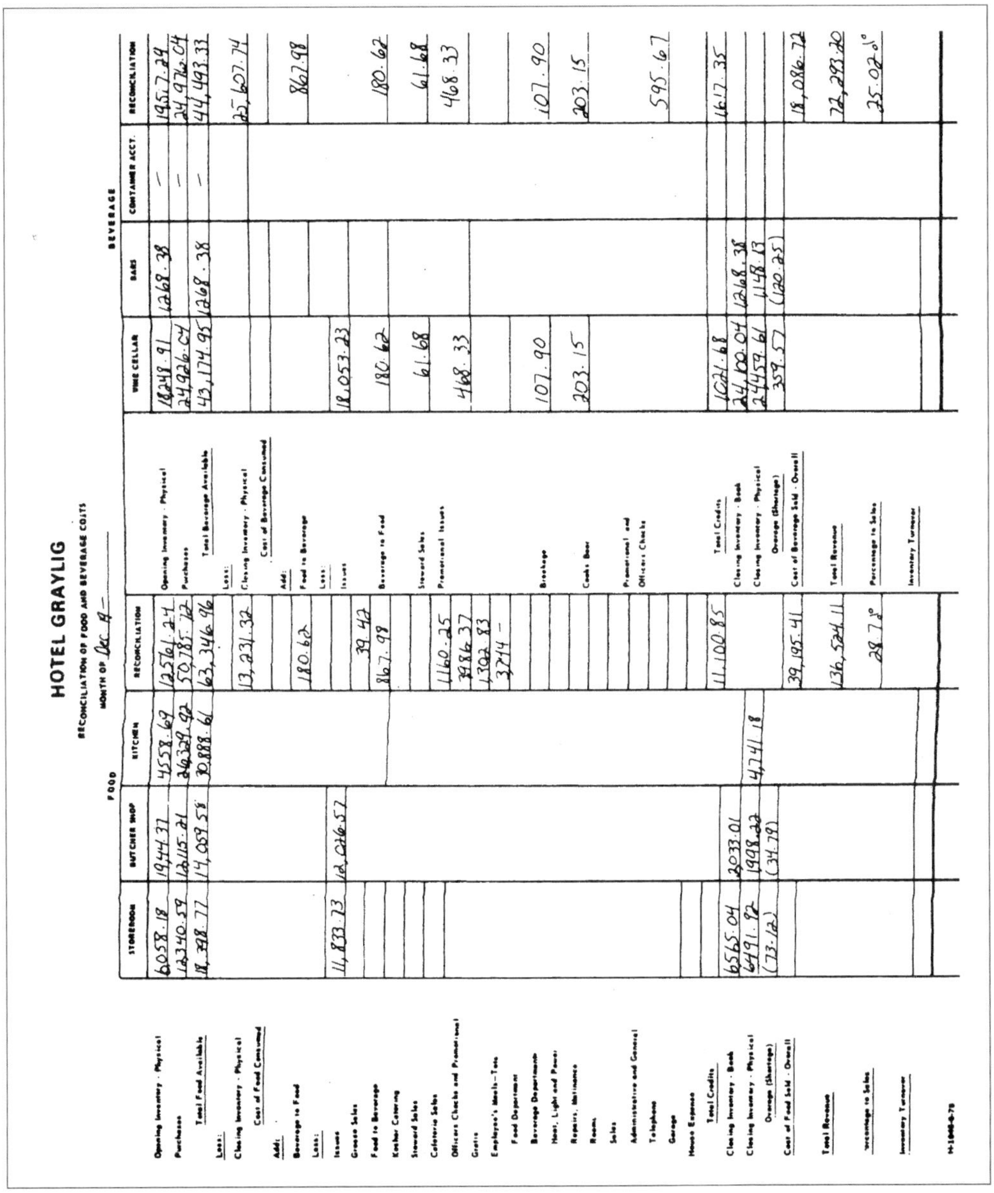

그림 12-6 식음료 원가의 리캡(Recap of F&B Costs)

매일의 식음료원가를 더욱 정확하게 나타내기 위해서 다양한 수정사항이 매일 출고에 대해 이루어져야 한다. 특별히 크림(cream), 우유, 딸기, 올리브 등과 같이 바에 출고되는 식품과, 조리용으로 사용되는 포도주와 브랜디 같은 주방에 출고되는 음료에 대해서 수정이 이루어져야 한다. 카나페(canapes), 소금 묻힌 비스킷(pretzels), 땅콩 및 기타 무료로 고객에게 제공하기 위해 바에 출고되는 품목에 대한 수정이 역시 필요하다. 또한 직원의 식사 및 접대전표의 비용을 위한 수정사항을 기록하는 것도 역시 필요하다. 그러나 이러한 전표가 정상적인 매출로써 간주되고 매달 말에 리베이트(rebate)된다면, 그러한 수정사항은 필요하지 않다.

매월 말에 완전한 식음료 원가 리캡(recap)이 출고, 재고 차이 및 특별 수정사항을 반영하면서 준비되어야 한다. 그러한 리캡의 예는 [그림 12 – 6]에 나타나 있다.

05 식음료 예상비용

음식과 음료의 예상비용에 대한 접근방법은 원리상 다르다. 음식예상비용의 계산은 매출의 분석을 통하여 예상비용을 결정하는 반면에, 음료에서의 예상비용은 예상매출을 결정하기 위해서 분석되어지는 출고에 의해서 이루어진다.

1. 음 료

음료예상비용 계산은 음식예상비용 계산보다 더 정확하다. 각 음료업장에서 평균재고가 유지되고 있다고 가정하면 매일 아침 이루어지는 저장실 출고는 전날의 소비를 반영하게 된다. 그리고 판매가격이 술, 맥주 및 포도주의 병단위로 설정되기 때문에 출고량은 판매가격으로 곱하여져서 해당일 각 바에의 출고에 대한 총예상매출액을 얻게 된다. 그 다음 이러한 예상매출수치는 소비로부터 실현되는 실제 매출액과 비교될 수 있다. 비록 엎지르거나 너무 많이 담아줌으로써 손실을 볼 수 있지만 어떤 칵테일에 더 높은 가격을 부과함으로써 생기게 되는 추가수익에 의하여 상계될 수 있다.

원래의 푸어링 시스템(pouring system)은 부어지는 음료의 수를 기록하는 것으로 구성되어 있었다. 붓는 장치(pourer)는 주장 뒤의 랙(rack)에 설치되어 있었고 마실 술이 붓는 장치를 통하여 병으로부터 부어짐에 따라 붓는 장치의 도수계(meter)는 자동적으로 잔의 수를 기록하였다. 따라서 다음날 도수계를 읽어서 각 유형의 술에 대해 부어진 잔의 수를 결정하고 예상 수익을 도출하는 것이 가능하였다.

부적절하게 붓는 것을 방지하고 예상수익에 도달하는 것을 확실시하기 위해서 기계장치들이 개발되어왔다. 지금 사용 중인 시스템은 더 새롭게 개발된 것이다. 붓는 장치는 측정되고 통제될 뿐만 아니라 자동적으로 금전등록기에 연결된다. 붓는 장치가 작동되어 병으로부터 한 잔이 빠져나올 때마다 등록기는 자동적으로 전표를 만든다. 따라서 해당일의 끝에 금전등록기를 읽는 것은 술 소비에서 생기는 예상수익을 완전히 분석하는 것을 의미한다.

이러한 수작업 및 자동화시스템하에서, 측정되지 않는 맥주와 포도주 및 술 상표로 예상매출을 계산하는 것이 아직도 필요하다. 설치와 장비의 비용이 다소 비싸기 때문에 많은 호텔들은 술 상표별로 측정하지 않고 있다.

2. 음 식

음식예상매출액은 판매되는 각 메뉴품목의 수를 앙트레(entree)별로 추출하여 매출의 구성을 분석해 보면 산출된다. 원가는 메뉴의 각 앙트레에 대해서 설정되어 있고, 판매되는 각 앙트레의 수치는 원가에 곱해진다. 따라서 메인코스(main course)의 총음식비용이 설정될 수 있다. 정확한 수치를 얻기 위하여 수프(soup), 샐러드(salad), 전채요리(appetizer), 후식(dessert)에 대하여 같은 절차가 필요하다. 그러나 많은 호텔들은 이러한 품목에 대해 표준원가 수치를 사용한다. 표준원가 역시 커피와 버터 및 빵과 같은 품목에 대해 적용되는 정규적인 과정이다. 이와 같은 방식으로, 레스토랑별로 총예상음식비용을 매일 산출할 수 있다. 이것으로 해당 레스토랑 주방에의 실제출고 비용과 비교될 수 있으며, 만약 차이와 변동이 있다면 조사되어야 한다.

06 포션(portion)통제

여러 가지의 형태로 큰 덩어리의 고기를 구매하는 것은 보통 자르고 다듬는 노동비와 사용할 수 없는 지방, 뼈 혹은 폐기물을 고려하더라도 포션별로 가장 낮은 원

가를 유지한다. 생선을 구매하는데도 같은 원리가 적용된다. 그럼에도 불구하고 많은 호텔들은 통제이유를 들어 소위 "포션으로 통제되는 근거"(portion-controlled basis)로 불리는 것을 구매하는 것이 바람직하다는 것을 발견한다.

공급자는 조리와 고객용으로 준비되는 무게를 가진 개별 포션으로 육류나 생선을 제공한다. 각 메뉴품목의 구체적인 수의 포션은 주방에 출고된다. 각 품목의 구체적인 소비는 총출고로부터 주방재고에서 남은 포션의 수를 공제함으로써 숫자적으로 확인될 수 있다. 이러한 수치는 레스토랑 전표를 분석하고 전표상에 나타난 각 품목의 총수를 더함으로써 계산되는 매출수치와 일치해야 한다.

그러나 호텔에서 비교될 수 있는 포션의 원가에 대한 정기적인 계산이 이루어져야 한다. 이 원가와 포션으로 통제되는 품목의 구매원가를 비교함에 의하여, 두 가지 대안에 대한 평가가 이루어질 수 있다.

07   급여통제와 생산성

실제 식음료의 통제 외에 급여에 대한 적절한 통제는 수익성 있는 식음료 경영에 필수적이기 때문에 획득되는 생산성을 정규적으로 결정하기 위하여 분석이 이루어져야 한다.

급여생산성에 대해 매일 적절한 계산이 이루어져야 될 뿐만 아니라 각 업장에서 당번근무(shift)별로 제공되는 식음료에 대해 매일 이루어져야 한다. 각 직무분류(job classification)당 제공되는 식사의 숫자를 알아보기 위하여 제공되는 총식사수가 각각의 당번근무(shift)에서의 웨이터와 버스보이(bus boy)의 수로 나누어야 한다. 이것이 소위 "생산성 수준(productivity level)"이다.

만약에 웨이터 한 명당 생산성수준이 수요일 날 60인데 토요일 날 15라면 이것은 토요일 날 레스토랑의 직원이 많다는 것을 나타내며. 수주 동안 연구된 후에 생산성 조정 결정을 내릴 수 있다. 최고의 생산성을 얻기 위하여 작업스케줄을 재정렬할 수 있고 감원 결정도 내릴 수 있다. 당번근무당 제공되는 총식사수를 조리사의 수로 나눔으로써 조리사의 생산성을 측정하여 주방에서의 유사한 급여통제에 효과를 얻을 수 있다. 칵테일 라운지에서 웨이터 혹은 웨이트리스 혹은 바텐더당 제공되는 음료수의 비교는 또한 급여계획에 사용될 수 있는 생산성 지침을 제공한다.

08 식음료 원가계산방법

식음료의 원가계산방법을 설명하기 위해서는 식음료부서의 원가요소를 이해할 필요가 있다. 〈표 13 - 1〉은 식음료부서의 원가요소와 각 요소에 대한 설명을 나타내고 있다.

표 12-1 식음료부서의 원가요소

원가요소	설 명
재료비	식음료 제품 생산에 소요되는 모든 재료에 대한 비용
노무비	식음료 제품 생산에 종사하는 모든 사람들의 노동력의 대가로 지불되는 비용
감가상각비	식음료 제품 생산 설비의 가치 감소 및 소멸 비용
수도광열비	식음료 제품 생산에 소요되는 전기료, 수도료, 연료비 등
전화사용료	업무수행상 사용한 전화료
소모품비	식음료 제품 생산에 소요되는 각종 소모품비

① 재료비의 계산

음식 재료비는 음식조리에 필요한 모든 식품원가를 포함한다.

음식재료비	₩4,000	100%

② 부대비용과 예정이익의 계산

부대비용은 인건비, 사회보장기금, 수도광열비, 청소비, 광고선전비, 관리비, 부대비용, 보수유지비, 이자와 저당비용 등을 포함한다.

부대비용과 이익	₩8,000	200%

③ 산정된 판매가격

판매가격 결정의 기준은 음식재료에 대한 운영비용에 의해 결정지어지는데, 재료비의 백분율로 표시한다.

산정된 판매가격	₩12,000	300%

④ 판매가의 계산

재료비 + 운영비 및 이익	= 판매가	
100% + 200%	= 300%	
₩4,000 + ₩8,000	= ₩12,000	

단순계산법에서는 운영비용을 계속해서 더해 주어야 하는 복잡성을 가지지 않는다. 판매가격은 재료비에 일정계수(상수)를 곱해 주기만 하면 얻어진다. 이 계수는 재료비의 백분율로 표시되는 판매가를 100으로 나눈 값과 동일하다.

$$300 \div 100 = 3(상수) \quad ₩4,000 \times 3 = ₩12,000$$

판매가격을 알고 있을 때 재료비를 계산하기 위하여 동일한 계수를 사용한다.

$$₩12,000 \div 3 = ₩4,000$$

⑤ 총이익의 최종계산

1인당 ₩12,000의 가격으로 100명의 고객을 치렀다고 한다면 같은 계산법을 사용했을 때 다음과 같은 결과가 나온다.

총 액	항 목	계산내용	백분율(100%)
₩400,000	재료비	100×400,000÷1,200,000	33.33%
₩800,000	부대비용 외	100×800,000÷1,200,000	66.67%

Part
4

일반 경영관리

13 Chapter 호텔의 충원화:인사부서

현대의 호텔에서 인사부서의 창설과 그것의 중요한 위치는 현대적인 현상으로 간주되어질 수 있다. 소유주에 의해 직접 고용된 총지배인이 각 부서장을 선출하고 다시 그들이 자신의 부하직원들을 고용한 것은 과거의 일이다. 초기 경영정책들은 느슨하게 적용되었고 거의 문서로 기록되지 않았으며 오늘날의 복잡한 기술에서 적용되지 않는, 간단하고 직접적인 접근방법을 취했다.

부재자 관리(absentee management), 정부의 노동법과 규정, 노조, 복리후생의 성장, 임금과 관계된 경비의 나선형 상승 및 자동화 등 이러한 모든 것들에 의해 발생되는 서류작업을 수반하는 사무량의 폭증은 인사부서의 성장에 기여했다. 대부분의 호텔에서 인사부서는 직원 채용을 전적으로 책임지지 않으며, 노동정책을 세우지 않고 호텔 종사자의 의무를 지정하지 않는다. 최고경영진이 정책을 세우고, 경영진(총지배인과 주요 부서장)은 직원이 속한 부서에 따라 의무를 지정한다. 경영진의 매우 중요한 한 사람으로서 인사 부서장은 이러한 의무들을 추천하고 최종적으로 공식화함으로써 경영진을 돕는다. 이러한 의무들을 관리하고 해석하며 수행하는 것은 인사부서가 담당한다.

[그림 13 − 1]은 전형적인 인사부서의 조직도를 보여주고 있다. 기본적으로 이 부서의 의무는 다음과 같이 요약될 수 있다.

그림 13-1
인사부서의 조직도

1. 신입사원 모집

2. 응시자 면접과 선별

3. 추천인 검증과 조사

4. 최종선발을 위해 관련 부서장에게 통보

5. 합격한 응시자의 처리와 그들에게 근무규칙, 후생, 휴가 등에 관한 기업정책을 설명

6. 교육 · 훈련 프로그램 실시

7. 안전 프로그램 설정

8. 후생 프로그램 관리

9. 노조간부들과의 협상과 그들과 관계된 협상에서 호텔을 대표하며 노조계약의 해석

10. 노동법을 해석하고, 관련된 정부기관의 규정을 준수함

01 충원화 단계

위에서 열거한 10가지 인사부서의 기본적 의무의 세부적인 검토 이전에 인사부서가 제 기능을 발휘할 수 있기 위해 정해야 할 경영정책을 논의하는 것이 바람직한 듯 하다. 일단 호텔이 완전히 운영되면 이러한 정책들은 분명히 정의되어야 한다. 많은 경우에 이러한 정책들은 신입 종사자들에게 분배되는 팸플릿에 포함되어 있다.

호텔 충원화에서는 아래에 있는 두 가지의 개별적이고 분명한 단계가 있다.

- 신입 선발
- 종사자의 정상적인 이직에 따른 보충

1. 신입 선발

호텔 노동정책에 대한 지침이 최고경영진에 의해 규정되어야 하는 것이 첫번째 단계이다. 다단위 또는 체인 경영체(multiple or chain operation)에서는 광범위한 정책이 본사에 의해 결정되어지고 각각의 호텔에 적용되어진다. 그러나 이러한 정

책은 지역적인 조건에 적용할 수 있도록 충분한 유연성이 있어야 하며 임금도 타 호텔에 비하여 낮지 않아야 한다.

최저임금제도나 초과 노동에 대한 제도도 고려되어야 한다. 만약에 노동조합이 관계되거나 될 것이라면 노조에 가입한 종사자들에 대한 근무시간, 근무조건, 그리고 복리후생이 현행 노조계약하에서 정해질 수 있다. 마지막으로 각각의 직무분류표에서 정해진 자격은 상당한 정도로 노동의 이용가능성에 달려 있다.

호텔의 규모와 유형에 따라서 각각의 직위와 의무를 정의하는 것은 아주 일상적이며 산업 전반의 절차를 따른다. 그러나 이러한 정의에 있어서도 지역적인 관습과 노조의 규정이 반드시 고려되어져야 한다. 심지어 큰 체인에 의해서도 항상 고려되지 않는 하나의 요인은 호텔 내에서의 사무실, 근로공간 및 저장시설의 물리적 배치이다. 효율성이 없는 배치를 하고 있거나 레스토랑과 연회시설로부터 너무 멀리 떨어져 있는 주방은 고객에게 봉사하기 위하여 더욱 많은 도움이 필요할 수도 있다. 저장공간의 부족은 안전의 미비를 유도하며 도난으로부터 많은 손실을 초래시킨다. 빈약하거나 혹은 혼잡한 근무조건은 종사자의 효율성을 감소시키며 사고가능성을 증가시키는데, 이 두 가지 경우 모두 비용을 증가시킨다. 좋은 노동정책은 호텔의 초기계획에서 시작된다. 다단위 및 체인 경영체에서는 경험이 있는 직원이 건물의 배치계획 과정에서 건축가에게 조언할 수 있다. 많은 경험이 없다면 개인 소유주들은 이러한 작업의 중요한 단계에서 컨설턴트를 고용하는 것이 나을 것이다. 일단 건물이 완성되면 경영진이 이용가능한 가장 중요하고 아마도 유일한 도구는 경제적 타당성 조사일 것이다. 이 장에서는 경제적 타당성 조사와 관련하여 주변지역에서 이용가능한 노동공급, 지불되는 급료와 노조 등이 언급될 것이다. 타당성 조사는 또한 각 부서의 직원 수를 결정하는 아주 중요한 하나의 지침인 수익과 점유율의 추정치를 조사한다.

이러한 연구와 적용가능한 법규와 규정을 가지고 최고경영진은 호텔의 광범위한 노동정책을 발표하여야 하고 주요 부서장의 급료와 자격을 정한다. 일반 직원의 봉급과 수와 의무는 대개 경영진에 의해 정해진다. 사실상 이것이 의미하는 것은 인사 부서장은 고용되어질 첫째 부서장이어야 하며, 이후에 그는 다른 부서장들을 채용해야 한다는 것이다.

이러한 선발계획표와 부서장과 휘하 직원의 근무시작 일자가 역시 경영진에 의해 결정되어져야 한다. 이러한 목표일자는 노동 상황(더욱 경험 있는 도움이 이용가능할수록 더욱 적은 개관 전 교육·훈련기간이 필요하다)과 소유주나 경영자의 재무상태에 어느 정도 좌우된다. 잘 계획되고 효율적인 경영을 위해 다음과 같은 계획표가 제시되어진다(기록된 기간은 개관일 전에 필요한 기간을 지칭한다).

- 총지배인 – 적어도 1년 전
- 인사 부서장과 회계 부서장 – 1년 전
- 판매와 연회 부서장 – 6개월에서 3년 전
- 각부서장 – 4~6개월
- 인사부서 직원 – 부서장을 뽑은 후 즉시
- 일반 직원 – 필요한 개관 전 교육훈련의 양에 따라 2~8주

여기에서 판매와 연회 부서장에 대한 기간이 이상하게 보일지 모른다. 즉, 6개월에서 3년까지는 시간적으로 많이 차이가 난다. 그러나 호텔의 시설과 규모, 그리고 어느 정도 소유형태(개인 소유주 혹은 체인)에 따라 한 부서장(판매 혹은 연회 부서장) 혹은 두 부서장(판매 및 연회 부서장)이 필요하다면 그 기간은 정확한 것이 된다. 작은 규모의 호텔에서 800개까지의 객실을 가지는 중규모 호텔은 두 직위를 결합시키거나 또는 아마 두 직위를 제거할 수도 있겠으나 상당한 규모의 연회시설을 가지고 있는 대규모 호텔은 각각의 부서를 이끌 각각의 부서장을 필요로 한다.

규모가 큰 호텔들은 컨벤션과 단체판매에 의해 파생되는 부가적인 점유, 연회, 그리고 식음료의 수입 없이는 이익이 생기게 운영을 할 수 없다. 지역 또는 지방 사업가 혹은 단체들에 의한 국가적인 컨벤션이나 큰 연회에 대한 준비는 그 행사에 훨씬 앞서, 종종 2~3년 전에 필요하다. 큰 도시들은 호텔에 의해 활발히 협조를 받고 따라서 그 도시로 국가적인 컨벤션을 유치하기 위하여 큰 호텔의 컨벤션 및 판매부서와 공동으로 일하는 방문객 및 컨벤션 뷰로(Visitor's and Convention Bureau)를 가지고 있다.

따라서 개개의 소유주들은 공식적인 호텔의 개관 전에 판매와 촉진 노력을 시작하여야 하며, 즉시 필요한 직원을 고용하여야 한다. 체인은 본사에 판매 및 촉진부서를 가지고 있는데, 이 부서는 아마도 총지배인의 임명과 함께 혹은 바로 직후인, 새로운 호텔에 누군가가 전보되거나 고용될 때까지 판매와 촉진의무를 수행한다.

호텔은 바로 종사자라고 말해져 왔다. 호텔은 판매를 위해 서비스를 제공하기 때문에 모든 현대 호텔은 완전하게 설비가 갖추어져 있고 안락하게 가구가 배치된 객실을 공급하며 항상 제공가능한 최고 질의 음식 재료를 구입하고 이용가능한 최고의 요리사에 의하여 음식이 준비되며 고객에게 음식을 식욕이 나게 제시한다. 그

러나 어떤 호텔은 같은 지역 내에 있는 경쟁사보다 더욱 많은 성공을 누린다. 왜 그럴까? 광고 때문에? 처음에는 광고가 효과를 볼지 몰라도, 반복사업은 다르다. 광고 혼자서 성공을 보장할 수 없다. 팀으로서 근무하는 경영진, 부서장 및 직원으로 이루어지는 사람만이 광고가 제공하는 만족스러운 약속을 지킬 수 있다. 인사부서의 유일한 책임은 사람이기 때문에 인사부서의 중요성이 존재한다. 따라서 호텔개관 이전의 계획에 대한 주의 깊은 고려가 필요하다.

유능한 인사부서장은 교육·훈련기간에 교육·훈련을 시작하고 지휘하며, 그리고 가능하다면 수행하여야 한다. 그는 적극적으로 부서장 회의와 집단토의를 통하여 부서 간의 팀워크를 촉진시켜야 한다. 그는 조직화하여 각 부서장을 통해 가공의 고객(imaginary guest)을 등록하고 객실로 안내하며 식음료를 제공하고 퇴숙시키는 완전한 규모의 전(全) 과정에 대한 예행연습을 실시하여야 한다. 마지막으로, 만족하고 행복한 종사자는 좋은 서비스의 제공을 위해 가장 중요한 구성요소이기 때문에, 호텔산업에서 아주 중요한 '종사자와의 좋은 관계'에 대해서 각 부서장에게 지시할 필요가 있을지도 모른다.

2. 배치 계획

앞에서는 신규 호텔의 신입직원 선발을 위해 이용가능한 도구와 절차를 설명했다. 두 번째 단계인 이직에 따른 보충 역시 최고경영진의 의사결정을 요구한다. 어떤 조직은 새로운 호텔을 개관할 때 아래와 같은 두 가지 주요 이유에 의해서 적정선보다 넘는 직원을 채용하는 것이 필요하다고 느낀다. 첫째로 아주 중요한 이유는 처음 몇달 동안의 운영에서 비숙련 종사자들로 하여금 호텔에서 고객에게 서비스를 제공하게 하고, 둘째, 각 부서장들로 하여금 직원과 근무할 시간과 유연성을 제공함으로써 바람직하지 못하고 비효율적이며 비협동적인 직원은 해고시키고 효율적이고 성공적인 호텔운영에 필요한 팀워크를 강화시킨다. 따라서 고용될 종사자의 수에 관해 개관시 필요한 직원의 수와 상근직원 수라는 두 가지 별개의 경영의사결정이 존재한다. 명백하게도 후자는 주로 매출액에 의존하여 항상 변할 수 있다. 이러한 결정들이 내려지고 정책적으로 공식화되면 인사부서는 그것의 임무를 시작할 수 있다.

02 인사부서의 기능

직원 선발과 응시자를 각 부서장에게 통보해 주어 평가를 하도록 하는 단계 외의 다른 단계에서 인사부서장의 의무와 기능은 신입직원 선발과 정상적인 이직에 따른 보충에서 거의 비슷하다. 개관 전 기간 동안에 선발은 대량으로 행하여진다. 즉, 모든 직무분류에서 경영진에 의하여 정해진 할당량이 채워질 때까지 가능한 한 많은 응시자가 각 부서장에게 통보된다. 둘째로 보충단계에서 인사부서는 부서장으로부터 통보가 온 후에야 행동할 수 있다. 이러한 목적 때문에 대부분의 호텔에서는 다음과 같은 정보를 보유하고 있는 직원요청 양식을 사용한다.

- 직무분류표
- 바람직스러운 특별한 기술 또는 자격
- 보충이 필요한 날짜
- 대체되는 사람의 이름, 직원번호, 봉급
- 사직이유
- 경영진의 허가

충원화의 두 가지 면에서의 이러한 차이점을 염두에 두고 이 장의 서두에 열거되어 있는 인사부서의 의무를 자세히 점검해 보자.

1. 선 발

선발은 경영진에 의해 정해진 예산에 좌우되면서 많은 형태를 취할 수 있다. 그런데 이 형태는 적격자의 이용가능성을 고려하여야 한다. 가장 공통적인 형태는 신문과 업계잡지, 정부와 사설 고용대행사, 노조, 선발자(recruiter) 혹은 기타 인사부서 직원의 개인적 접촉, 종사자 포상계획(employee incentive plan) 등이다. 종사자 포상계획은 선발할 직위에 채용되는 자격을 갖춘 친구를 추천하는 현 직원에 대해 현금 혹은 기타 대가들을 제공하는 방안을 포함한다.

2. 응시자의 면접과 선별

이것은 이 부서의 가장 중요한 기능이다. 능력 있는 면접관은 채용하고자 하는 직무에 필요한 특별한 기술이나 자격을 알아야 할 뿐만 아니라 응시자의 개성과 부서장의 개성을 결합시킬 수 있어야 한다. 해당되는 직위가 영원히 그리고 만족스럽게 채워지기 위해서 이 두 사람의 개성이 함께 결합될 수 있어야 한다. 빈번한 이직과 불만족한 종사자는 직원들의 사기를 저하시킬 뿐만 아니라 새로운 종사자를 고용하여 훈련시키는 데 쓰여진 시간과 비용 측면에서 낭비가 된다.

3. 신원증명

이 의무가 비록 세 번째이기는 하나 부서장에의 통보인 네 번째 의무와 보통 동시에 수행된다. 만약에 시간이 없다면 전화에 의한 신원증명이 시도되나 서류에 의한 신원증명을 얻도록 해야 한다. 서류에 의한 신원증명은 신원증명을 하는 직원의 해석에 좌우되지 말아야 하며 특정 종사자 서류철에서 영원히 기록이 남게 되고 마지막으로 신원이 조사되었다는 증명으로서 남게 된다.

4. 부서장에의 통보

면접관에 의해 자격이 있다고 판단되어진 응시자는 마지막 단계로 부서장에게 보내진다. 면접관은 응시원서, 신원증명서, 중요한 것으로 고려되는 경험, 기술 또는 특별한 자격에 관해 개인적인 언급을 한 서류도 송부한다. 부서장은 마지막 면접을 행하며 합격과 불합격을 결정한다.

합격되든 불합격되든 간에 모든 신청서류들이 인사부서에 되돌려져야 한다. 대부분의 응시원서에는 합격 및 불합격이 기록될 수 있는 난이 있다. 그리고 합격자에 대해 근무시작 날짜와 서류상에 기록되지 않는 기타 정보가 기록되어야 한다. 불합격된 사람에 대해서는 이유가 명시되어야 한다. 이러한 기록은 면접관에게 부서장이 바라는 종사자의 유형을 나타내기 때문에 중요하다.

5. 합격자의 처리

여기서 현대적으로 컴퓨터화된 급여시스템과 적절한 통제에 필요한 서류작업의 흐름이 시작된다. 일반적으로 사용되는 서류형태로는 내과의사 진단서 등 여러 가지가 있다.

6. 교육 · 훈련 프로그램

앞에서 언급된 개관 전 훈련은 시행되는 첫 번째 교육 · 훈련 프로그램이고 아마도 가장 단순한 것이다. 서비스는 호텔의 가장 중요한 제품이고 좋은 서비스는 쉽게 생기지 않는다. 그것은 끊임없는 주의, 훈련 및 감독을 요구하는 팀의 노력이다. 인사담당 부서장은 각 부서장이 서로 협력해서 일하고 종사자들의 현장 훈련교육에 충분한 시간과 노력을 투자하는 것을 확실시하는 조정자이고 그러한 팀의 팀장이다. 전(全) 시간의 훈련기간이 필요한 곳에서 인사부서는 교육 · 훈련을 인수하여 시킬 수 있다.

고객이 도어맨과 처음 접촉을 하는 순간부터 캐셔 데스크에서 퇴숙할 때까지 고객의 편안함, 행복 그리고 안녕은 고객이 접촉하는 모든 종사자의 손에 달려 있다.

도어맨의 유쾌한 인사, 프런트 오피스의 클럭(Clerk)에 의한 빠르고 예의바른 서비스, 벨맨의 유쾌하고 친절한 인사는 호텔의 적절한 이미지를 창출하는 데 매우 중요하다. 벨맨은 고객의 가방을 운반하여야 할 뿐만 아니라, 객실이 적절히 꾸며졌는가를 확실히 하고 욕실에 필요한 린넨과 용품이 비치되어 있는지를 살펴보며 텔레비전이나 전등과 같은 시설의 작동 상태가 좋은지를 점검하여야 하고, 마지막으로 주문을 받고 질문에 답해야 한다. 메이드(maid), 하우스맨(houseman) 그리고 기술부서 직원들도 고객을 만날 것이고 그때 고객에게 정중하게 인사해야 한다. 요리사는 주방의 종사자가 접대를 위해 적절한 음식을 요리하고 준비를 하는 것을 확실시함으로써 손님의 복지에 공헌할 수 있다. 식당과 바 지배인은 효율적이고 유쾌하며 예의바르고 적절한 서비스를 제공할 책임이 있으며 종사자들로 하여금 고객에게 그러한 서비스를 제공하도록 그들을 교육시켜야 한다. 고객이 퇴숙할 때, 프런트 오피스 캐셔는 고객과 접촉하는 마지막 종사자이다. 비록 많은 좋은 식사들이 질 나쁜 한 잔의 커피와 초라한 후식(dessert) 때문에 망쳐질 수가 있는 것처럼 고객은 체재기간에 무례하고 예절바르지 않으며 무성의한 캐셔로 인해서 망쳐질 수도 있다.

따라서 교육 · 훈련은 종사자에게 무엇을 하고 그리고 어떻게 해야 하는지에 관한 것 외에 무엇을 말하고 그것을 어떻게 해야 하는지를 보여주는 계속적이고 끝이 없는 기능이다.

7. 안전 프로그램

안전 역시 부서장들에 의한 팀워크, 호텔의 모든 종사자의 협동 및 총지배인의 적극적인 관심과 지지를 요구하는 교육 프로그램을 수반한다.

훌륭한 안전 프로그램은 인도주의와 재무상의 두 가지 이유에서 중요하다. 상해는 매우 고통스럽고 종사자를 영원한 불구로 만들며 심지어는 죽음이라는 결과를 초래할 수도 있다. 만약에 사고가 심각한 상해와 시간의 손실을 야기한다면 종사자와 가족은 재무상의 어려움을 겪을 수 있다. 최종적으로 사고보험의 보험료(종사자에 대한 보상, 고객에 대한 공적인 책임)는 매우 비싸고, 사고율(accident rate)에 의해 직접 영향을 받는다.

이 프로그램은 모든 종사자들을 포함하고 부서별로 나누어 교육시킬 수가 없기 때문에 대개 인사 부서장 혹은 대리자에 의하여 관리된다. 중개인이나 혹은 보험회사는 안전 프로그램을 개설하고 침대 꾸미기(making bed), 쓰레기통 비우기(emptying waste basket), 무거운 물건 옮기기 등과 같은 다양한 과업을 수행하는 정확한 방법을 보여주는 연설자, 포스터, 필름 등을 제공하는 데 도움을 준다. 포스터는 그러한 과업을 수행하는 종사자가 볼 수 있는 호텔 주위에 눈에 띄도록 전시되어야 하며 필름은 연설자의 설명과 더불어 종사자들에게 보여져야 한다.

그러나 성공적인 안전 프로그램을 위한 촉진제는 오로지 적극적이고 잘 훈련된 안전위원회에서 나올 수 있다. 이 위원회는 각 부서로부터 적어도 한 명씩의 종사자로 구성된다. 의장은 인사부서장이 임명한 대표자가 될 수 있다. 그리고 이 프로그램의 지속적인 성공을 위해서 최고경영진의 관심과 협조를 요구하기 때문에 이 프로그램의 대표자(아마 다른 부서의 장)는 매번 회의마다 참석해야 될지도 모른다.

경영진은 위원회의 회의에 참석해야 될 뿐만 아니라 위원회의 추천사항을 따라야만 한다. 무시되는 만큼 사람을 실망시키는 것은 없을 것이므로 만일 종사자가 추천을 할 정도로 안전에 충분한 열정과 흥미를 가지고 있다면 그러한 경우에 경영진이 최소한 할 수 있는 것은 추천사항에 대해 행동을 취하는 것이고 혹은 그럴 수 없다면 이 위원회에게 왜 추천사항이 실행될 수 없는가에 대해 설명을 해 주어야 한다.

8. 복리후생 프로그램

이 분야에 대해서, 인사부서는 회계부서와의 협조와 밀접한 공동작업을 필요로 한다. 입원, 주요 의료혜택, 단체보험, 그리고 저축 또는 연금계획을 위해 필요한 지원 자료와 함께 종사자 목록이 제출되어야 하고 매달마다 갱신되어야 한다. 만약에 종사자의 부담금이 요구된다면 이러한 금액에 대한 스케줄 역시 필요하다. 새로운 종사자들을 고용하거나 혹은 기존의 직원이 이직하게 되면 보험회사, 재무 대리인 또는 이 프로그램을 관리하는 은행에 통보해 주어야 한다. 또한 종사자 상태의 변동스케줄, 즉 지위, 급여, 주소, 직계비속의 수 및 기타 등이 요구된다. 이 프로그램에 의한 어느 것이나 복리후생비 또는 비용에 영향을 줄 수가 있다.

퇴직하는 종사자는 해당된다면 그들의 선택안(option)과 권리에 대해 통보를 받아야 하며 많은 경우 그것에 관해 의사결정을 할 때 회사는 도움을 주어야 한다. 또한 퇴직자는 미리 지급한 생명보험, 주요 의료혜택 같은 연금 외의 복리후생이 주어질 수 있다. 이러한 것은 고용자와의 접촉과 퇴직한 종사자의 서류철을 계속적으로 갱신하는 것을 필요로 한다.

따라서 복리후생 담당관의 의무는 프로그램을 수립하고 그것을 꾸준히 관리하기 위해 요구되는 정보를 최신화하는 것이다.

9. 노조관계

대부분 노조계약은 그들 지부의 업계협회를 통하여 호텔과 협상되어진다. 비회원 호텔은 대개 타결을 기다려서 유사한 조건에서 동의한다. 계약이 결정된 후에 노조원의 문제에 적용되는 조건의 해석은 인사담당 부서장이 맡는 기능 중의 하나가 된다. 제기된 문제들의 많은 것들이 단순한 의사결정 이상을 요구하지 않는다. 그러나 다른 것들은 종사자(항상 노조 대표자를 동반하고) 그리고 부서의 장과의 회합을 요구할지도 모른다. 만약 인사부서 대표자에 의해 권장할 만하다거나 혹은 필요하다고 생각되어진다면 마지막으로 이러한 비공식적인 회합에서 해결될 수 없는 중요한 분쟁 또는 문제에 대해서 호텔과 노조는 조정안이나 혹은 계약에 있는 다른 공식적인 결정과정에 의존해야 한다. 이러한 공식적인 청문회에서는 인사담당 부서장 혹은 이 부서 대표자는 호텔의 입장을 나타낼 것이고 극단적인 경우에 법적 조언을 포함하는 어떠한 해결책을 제시하는 권한을 가져야 한다.

10. 노동법과 규정

정부의 모든 수준에서의 노동법 그리고 많은 정부 부처가 관련되는 규칙과 규정은 현행 사회적 및 정치적 요구에 대응하기 위해서 끊임없이 개선되고 변한다. 단지 노동전문가인 인사담당 부서장만이 고용과 근무규칙의 이러한 변화하는 조건에 호흡을 맞출 수 있다. 그러므로 호텔이 노동법과 정부 각 부처 규칙과 규정을 위반하지 않도록 감시하는 것은 인사부서의 책임이다.

14 Chapter 호텔 마케팅

01 호텔 마케팅의 특징

호텔 마케팅은 전통적인 제품 마케팅과는 다소 성격을 달리하는데, 이러한 사실은 호텔제품이 주로 서비스로 구성되고 결과적으로 무형의 경험이 중심이 되기 때문에 발생한다. 따라서 호텔 마케팅과 제품 마케팅과의 차이점을 우선 서비스 마케팅과 제품 마케팅의 차이점에서 추출하는 것이 옳은 듯하다. 다음은 그것들을 나타내고 있다.

(1) 무형성(≒비가시성)

무형성이란 서비스를 구매하기 전에 보거나, 맛보거나, 만져서 느껴보거나, 소리를 들어보거나, 냄새를 맡아 볼 수 없다는 것을 의미한다.

(2) 생산과 소비의 동시성(≒비분리성)

서비스는 그 서비스 제공자가 사람이든 기계이든 간에 제공자와 분리될 수 없다는 것을 의미한다. 즉, 사람이 서비스를 제공한다면, 그 사람은 서비스의 한 부분이 된다. 서비스는 우선 판매되고, 그 후 동시에 생산되고 소비되는 관계로, 고객은 서비스가 생산되는 현장에 있어야 하며, 제공자와 고객 간의 상호작용이 서비스 마케팅의 중요한 특징이 된다. 제공자와 고객은 서비스의 성과에 대해 영향을 미치는 것이다.

(3) 이질성

서비스 이질성이란, 서비스의 품질은 서비스를 제공하는 사람뿐 아니라, 언제,

어디에서, 그리고 어떻게 제공하는가에 따라 달라진다는 것을 의미한다. 또한 서비스는 받아들이는 입장인 고객들이 다양한 경험과 지식을 가지는 관계로, 서비스 공급자가 똑같은 서비스를 제공한다 하더라도 고객들은 다르게 인식할 수 있다.

(4) 소멸가능성(≒비저장성)

서비스의 소멸가능성이란, 서비스는 판매나 사용 후에 저장이 불가능한 것을 의미한다. 즉, 제품은 미래에의 판매를 위해 저장될 수는 있으나, 서비스는 저장될 수 없다. 예를 들어, 그 날에 판매되지 않은 객실은 미래에 판매되기 위해 저장될 수 없다. 따라서 그 날 객실이 판매되지 않는다면 그 날 객실의 판매는 영원히 기회를 상실하게 된다.

지금까지는 호텔산업이 속하여 있는 서비스 산업의 마케팅이 일반제품 마케팅과 다른점을 설명하였다. 그러나 호텔산업은 다른 서비스 산업과는 다른 독특한 특징을 가지고 있다. 그것들은 다음과 같다.[1]

① 서비스에의 노출시간이 더욱 짧다.
② 구매시 감정적인 요소가 더 작용한다.
③ 공급자 측면에서 증거를 제시하는 데 더욱 중요성을 둔다.
④ 공급자 측면에서 이미지와 상징성이 더욱 강조된다.
⑤ 유통경로가 더욱 다양하다.
⑥ 보완조직에 더욱 의존한다.
⑦ 서비스를 복사하기가 더욱 쉽다.
⑧ 비수기 촉진이 더욱 강조된다.

02 호텔 마케팅의 정의

마케팅의 정의는 여러 학자들에 의해 규정된 바 있으며 호텔서비스를 강조하는 호텔 마케팅에 관한 정의를 최대의 혜택을 추구하는 호텔조직 목적에 부합되게끔 호텔수요 측면에서 시장을 조사하고 예측하며 입지선정을 통해 자사의 호텔 제품과 서비스가 호텔시장에서 가장 좋은 위치에 자리 잡도록 하게 만드는 경영철학으로 서술될 수 있는데, 이 정의는 다음 사항을 포함하고 있다.

---

1) Alastair M. Morrison(2002). Hospitality and Travel Marketing, Delmar, pp.39~44.

첫째는 이 호텔 마케팅은 호텔이용객의 욕구(호텔수요)와 호텔 간의 욕구를 균형 있게 만족시키려는 사고방식이고, 둘째로 이 정의는 최적 표적시장의 선택을 가능하게 만드는 호텔 마케팅 조사를 강조하고 있다는 점으로서, 여기서는 시장세분화의 개념이 유용하다. 그리고 셋째로, 제품수명주기 및 포지셔닝의 개념은 호텔시장에서 자사의 호텔서비스가 보다 유리한 위치에 자리하는 데 유용할 뿐만 아니라 그러한 위치선정을 위해 필요한 마케팅계획의 수립과 마케팅전략의 제시에 유용하다는 점이다.

또 다른 마케팅의 정의는 시스템 어프로치의 필요성을 강조함과 동시에 그 단계적인 절차를 설명하고 있다.[2]

즉, "호텔 마케팅은 호텔기업 경영자들이 기업목표의 달성과 소비자 욕구와 필요를 만족시키기 위해 계획의 수립, 조사, 실행, 통제, 그리고 계획된 활동을 평가하는 일이다."라는 것이다. 이 정의는 호텔기업이 한시적이 아닌 지속적인 마케팅활동의 전개가 필요함을 지적하고 있으며 동시에 마케팅은 마케팅부서에 한정되지 않고 기업조직에 의해 전사적으로 수행되어야 함을 암시하고 있다.

마케팅의 다섯 가지 핵심적인 기능은 계획, 조사, 실행, 통제 및 평가이며, 호텔기업에서는 상호 의존성 또한 중시된다.

한편, Lewis, Richard & Harsha(1995)은 마케팅을 "표적시장 고객들에게 그들이 기꺼이 지불하려는 가격으로 그들이 원하는 것을, 원할 때, 원하는 장소에서 의사전달하여 제공하는 것"으로 서술하고 있으며, "이것을 행하는 기업은 고객 창조 및 유지할 수 있으며 따라서 수익을 창조한다."고 하였다.[3] 이 정의는 호텔이 고객을 첫 번째로 방문하게 하는 것으로 충분하지 않으며 재방문하게 하는 것이 이에 못지 않게 중요하다는 것을 강조하고 있다.

03 호텔 마케팅지향성(hotel marketing orientation)

마케팅지향성은 고객욕구가 최우선 고려사항인 마케팅 개념의 채택을 의미한

---

2) Morrison, ibid., p.4.
3) Robert C. Lewis, Richard E. Chambers and Harsha E. Chacko(1995). Marketing Leadership in Hospitality, Van Nostrand Reinhold, p.3.

다. 마케팅지향적인 조직은 항상 장기적인 관점을 가지고 있다. 따라서 호텔 마케팅지향성은 호텔이용객 욕구가 최우선 고려사항인 호텔 마케팅 개념의 채택을 의미한다.

일부 호텔은 생산 혹은 제품지향성(production or product orientation)의 성격을 가지고 있는데, 제품지향성은 제공하는 제품에 강조점을 둔다. 예를 들면, 어떤 호텔의 레스토랑의 요리사가 값비싼 재료를 사용한 맛있는 메뉴를 제공할 수 있는데, 이 특정의 호텔이 경쟁관계에 있는 호텔보다 비교우위가 있는 자원(값비싼 재료를 사용한 맛있는 메뉴)을 가지고 있을 때, 보다 많은 호텔이용객의 유입이 있을 수 있다고 생각하는 경우이다.

앞의 사례에서 암시된 바와 같이 메뉴의 품질이 중요하다는 것이 부정되지는 않지만, 그것이 치중하다 보면 잠재 호텔이용객의 욕구를 생각하지 않게 된다. 이 제품지향성은 수요가 공급을 초과할 때만 성공하지 반대의 경우는 그렇지 않는다. 따라서 호텔 간에 이용객을 유치하기 위한 경쟁이 격화된 오늘날 이 제품지향성은 더이상 수용될 수 없다.

이러한 추세를 파악하고 어떤 호텔은 제품이나 생산을 강조하지 않고 판매를 강화시키는 데 역점을 두고 있다. 이러한 것을 판매지향성(selling orientation)이라고 하는데, 이것은 호텔이용객의 욕구에 강조점이 주어지지 않고 판매 그 자체에 역점을 둔다. 따라서 이 지향성은 단기간에는 호텔이용객에게 소구될 수 있으나, 장기적인 관점에서는 결국 경쟁에서 탈락된다.

이 판매지향성 다음에 생겨난 것이 마케팅지향성인데, 앞에서도 언급된 바와 같이, 이 지향성은 관광객의 욕구와 필요를 우선 확인하고 이것들을 만족시키는 서비스를 제공한다. 예를 들어, 호텔이용객이 원하는 시설을 세워주고, 호텔이용객이 원하는 아침식사를 제공하며, 호텔이용객이 원하는 종류의 경험을 제공한다.

그러나 마케팅지향성도 개선점을 가지고 있는바, 고객의 욕구와 필요에 너무 맞추다 보면 고객이나 사회에 단기적 혹은 장기적으로 피해를 줄 수 있다. 다음의 사례는 이러한 사회적 책임을 가지는 경우이다.

사례 14-1

패스트푸드(fast-food) 기업에서는 메뉴의 영양분을 개선하고(혹은 최소한 영양분에 대한 정보를 제공하고), 포장에서 재생가능한 물질을 사용하는 사회적 책임을 부담하기 시작했으며, 호텔 주장에서 음주운전의 결과를 강조하는 고지를 함으로써 음주운전 방지운동에 참가해왔다.

앞에서 패스트푸드 기업과 호텔 주장의 예를 들어 마케팅지향성의 문제점을 지적했는데, 호텔 레스토랑의 경우도 똑같이 적용될 수 있다. 어떤 호텔 레스토랑이 너무나 이용객의 욕구와 필요 충족을 강조하다 보면 예를 들어, 호텔 레스토랑에서 흡연을 허용하게 되면 비흡연자의 건강을 해칠 수 있다. 이렇게 될 경우, 비흡연자는 건강상의 이유로 해서 장기적으로 이 호텔 레스토랑을 이용할 수 있는 기회를 잃어버리는 경우가 발생하며, 더군다나 이 호텔 레스토랑을 선호하지 않을 수도 있다.

앞에서 언급한 비흡연자의 건강 파괴의 문제를 해결하는 유일한 방법은 비흡연자의 장기적 이익과 흡연자의 욕구 및 필요의 충족 간의 관계를 동시에 고려하면서 마케팅 접근방법을 개발하는 것인데, 예를 들어, 흡연석과 비흡연석을 따로 만드는 것으로 이것을 사회지향적 마케팅 접근방법(societal marketing approach)이라고 한다.

04 시장세분화, 표적시장 선정 및 포지셔닝

호텔 마케팅활동을 수행하기 위해서는 호텔이 목표로 삼는 수요를 선별하여 그 세분시장에서 타 호텔과 차별적인 제품과 서비스를 제공해야 하는데, 그 첫 번째 과정이 호텔 시장세분화이다.

1. 시장세분화

호텔 시장세분화는 제공 제품과 서비스에 대한 전체 호텔시장(수요)을 공통적인 특징을 가진 집단으로 나누는 것을 의미한다. 세분시장(예 서울에 살고 있는 사업 관광객)은 그것의 구성원이 공통적으로 무엇인가를 가지고 있는 전체시장에서의 확인되는 구성집단이다. 표적시장(target market)이라는 용어가 사용될 때 마케팅 활동을 위해 호텔이 선별한 세분시장을 의미한다. 시장세분화를 위해 다음과 같은 두 가지의 순서적인 과정이 필요하다.

첫째, 전체시장을 세분화 근거를 사용하여 공통의 특징을 가진 집단으로 나눈다.

둘째, 해당 호텔이 세분화 기준을 사용하여 최고로 활동할 수 있는 세분시장(표적시장)을 선정한다.

이러한 과정을 시장세분화라고 한다. 이러한 시장세분화를 사용하면 다음과 같은 혜택을 누릴 수 있다.

첫째, 더욱 효과적으로 예산을 사용할 수 있다.

둘째, 선정된 고객집단의 욕구와 욕망을 더욱 분명하게 이해할 수 있다.

셋째, 더욱 효과적인 포지셔닝을 할 수 있다.

넷째, 촉진 도구를 선정하는 데 있어 더욱 정확성을 기할 수 있다.

그러나 시장세분화는 또한 단점을 가지고 있다. 이러한 것들은 다음과 같다.

첫째, 시장세분화를 하는 데 부가적인 비용이 든다.

둘째, 최상의 세분화 근거를 선정하는 것이 어렵다.

셋째, 적절한 크기로 시장을 세분화하였는지를 알기가 어렵다.

넷째, 세분화 뒤의 세분시장을 공략하기가 적절하지 않을 수 있다. 즉, 그 세분시장이 경제성이 없거나 혹은 경쟁호텔이 너무나 강력하여 적절한 마케팅 믹스를 제공하기가 어렵다.

적절한 세분시장을 확인하는 과정에서 특정 세분시장이 생존력을 갖추고 있는가를 결정하기 위해서 이 세분시장이 갖추어야 할 다음과 같은 기준을 점검하는 것이 필요하다.

① 측정가능

이 세분시장 내의 잠재 호텔이용객 수가 합리적인 방법에 의해 믿을 만한 정도의 정확성을 가지고 추정되어야 한다.

② 수익성의 가능

이 세분시장 안에서의 마케팅 활동을 보상할 충분한 잠재 호텔이용객들이 있어야 한다.

③ 접근가능

이러한 호텔이용객들에게 구체적인 촉진기법이나 매체를 사용하여 도달될 수 있어야 한다. 즉, 그들은 현재 또는 잠재적인 유통경로에 의해 도달되고 영향을 받을 수 있어야 한다.

④ 방어가능

이 세분시장의 특징이 개별적인 마케팅 활동과 경비를 정당화할 정도로 다른 세분시장과 충분히 달라야 한다.

⑤ 지속가능

시장이 발전됨에 따라 세분시장이 독특성을 유지하여야 한다.

⑥ 경쟁가능

이 세분시장에 활동하기 위하여 다른 세분시장에서 활동을 하는 것에 비해 경쟁우위를 가지고 있어야 한다.

⑦ 동질적

해당 세분시장은 그 자체에서는 동질적이어야 하며 다른 세분시장과는 이질적이어야 한다.

⑧ 양립가능

어떤 호텔이 세분시장을 선정할 때 그것들이 이미 활동하고 있는 다른 세분시장과 갈등을 일으키지 말아야 한다.

1) 시장세분화 방법

호텔시장을 세분화할 때 사용되는 방법을 크게 두 가지로 나눌 수 있는데, 첫 번째는 선험적 방법(prior method 혹은 forward segmentation)이고, 두 번째는 혜택세분화(benefit segmentation or backward segmentation) 방법이다. 다른 시장과 마찬가지로 호텔시장도 자료를 획득하기가 쉬운 이유로 선험적 방법이 사용되어 왔다. 예를 들어, 호텔에서는 표적시장으로 이용객의 나이를 세분화 기준으로 보통 사용하고 있다. 이외에 대부분의 호텔실무자들은 표적시장을 둘로 나눌 때 사업 및 관광여행자로 구분하는데 이것도 선험적 방법에 속한다. 그러나 이 방식은 호텔시장을 정확히 파악하기가 어렵기 때문에, 두 번째의 혜택세분화 방법이 등장하였다.

 사례 14-2

Hsieh 등(1990)의 연구에 의하면 홍콩지역주민이 선호하는 휴가활동을 기준으로 하여 5개의 여행세분시장으로 확인되었는데 그것들은 다음과 같다.
① 친구와 친척방문(visiting friends and relatives)
② 옥외 스포츠활동(outdoor sports activity)
③ 관광(sightseeing)
④ 유흥(entertainment)
⑤ 주로 집에서 머뭄(full-house activity)
이 연구는 군집들 간의 이질성과 각 군집 내의 동질성을 최대화하기 위하여 요인분석을 사용하였다.[4]

---

4) Robert Christie Mill(1992). The Tourism System, Prentice-Hall International, Inc., p.425.

혜택세분화 방법은 호텔이용객들이 추구하는 혜택에 따라 시장을 세분화하는 방법인데, 대체적으로 요인 및 군집분석이라는 통계분석기법을 적용함으로써 추출되는 군집이나 세분시장을 이용한다. 앞의 사례는 혜택세분화 방법을 사용하여 세분시장을 결정한 경우이다.

2) 시장세분화 근거

관광시장을 세분하는데 많은 시장세분화 기준들이 사용되어 왔는데, 그러한 것들 중 가장 많이 사용되는 것들은 다음과 같다.

① 인구통계학적 혹은 사회경제적(demographic or socioeconomic) 기준

② 제품관련(product-relative) 기준

③ 심리적(psychographic) 기준

④ 지리적(geographic) 기준

⑤ 여행목적(purpose-of-trip) 기준

⑥ 행동(behavioral) 기준

⑦ 유통경로(channel of distribution) 기준

(1) 인구통계학적 및 사회경제적 세분화

호텔에서의 초기 세분화연구는 세분시장을 형성하는 근거로써 인구통계학적 및 사회경제적 통계수치를 사용했다. 이러한 통계수치로 나이, 교육수준, 성별, 소득, 가족규모, 가족수명주기, 사회계층, 주택소유 여부, 별장소유 여부, 인종 및 직업 등이 있다. 이러한 사실은 오늘날에도 통용되고 있는데 그러한 이유로는 첫째, 통계자료를 비교적 쉽게 얻을 수 있고, 둘째, 인구통계조사 및 매체들이 만든 자료를 통한 정보와의 비교가능성이 크고, 셋째, 자료를 이해·적용하기 쉽다는 것이다. 사실 나이와 소득은 호텔 이용에 아주 성공적인 예측 기준이 될 수 있다. 그러나 시장을 세분화하는데 단지 인구통계학적 자료만을 사용하는 것은 비판받기 쉽다. 오늘날과 같이 급변하는 사회의 성격은 마케팅 전략을 개발하는 수단으로 단지 이 자료에 의존하는 것을 불가능하게 만든다. 왜냐하면 단지 어떤 연령이나 소득집단 내의 세분시장 안에 소속되어 있는 구성원들이 유사한 호텔 선호도를 가지고 있다고는 말하기 어렵기 때문이다. 또한, 사회경제적 정보도 특정 호텔을 시장에 적절하게 포지션하기 위해 사용되는 선호 및 비선호에 관한 충분한 정보로 마케터에게 제공되지 않는다.

그러나 다수의 인구통계학적 세분화 기준을 사용하면 시장을 적절히 세분화할 수 있다. 예를 들어, 신분 상태는 소득, 학력 및 직업의 차원들을 포함하고 가족수 명주기는 결혼상태, 나이 및 자녀들의 수와 나이의 복합체이다. 따라서 수명주기세 분화(Life-cycle segmentation)는 호텔시장을 세분화하는 효과적인 방법으로 판명되 었다.

아마도 인구통계를 기준으로 한 세분화는 계속 사용될 것이다. 비록 다른 세분화 근거가 호텔서비스 측면에서 무엇을 제공할 것인가에 대한 전략적 의사결정을 위 한 유용한 정보를 제공하지만, 이것의 단점에도 불구하고 인구통계학적 세분화는 구체적인 세분시장에 접근하는데 최선의 방법을 제공할 수 있다.

(2) 제품/서비스 관련 세분화

제품/서비스 관련 변수로 세분화를 하는 데 있어 주요한 장점은 획득된 정보가 고려 중인 호텔서비스와 직접 관련된다는 것이다. 제품/서비스 관련 변수로는 설 비유형, 매출액, 상표충성도, 기대혜택, 체재일수, 교통수단, 선호경험 및 참가패턴 등이 있다. 이 접근방법에서의 단점은 정보가 일반적인 혜택에 관심이 있는 잠재이 용객으로부터 혹은 심리적 세분화에서는 정보가 구체적인 제품과 서비스의 경우 보다 어떤 유형의 제품 혹은 서비스에 관한 일반적 태도로부터 얻어지기 때문에 자 료의 획득이 쉽지 않다는 것이다.

(3) 심리적 세분화(psychographic segmentation)

이 방법에 대해서는 많은 연구가 이루어졌는데, 이 방법에 대한 변수로 개성특 성, 라이프스타일, 태도, 관심, 선택속성 및 동기 등이다. 비록 이 방법은 시행하기 에 어렵고 사용하기에 비용이 많이 들지만 세분시장을 설명하는 데 유용하다. 이 방식은 고도로 전문화되고 광범위하게 개발된 시장에서 더욱 단순한 분석으로부 터 얻어진 정보를 보완하기 위해 사용될 수 있다. 인구통계학적 자료는 골격에서 뼈에 해당되고 심리적 자료는 살에 해당된다. 뼈는 구조의 기초를 형성하나 외모 가 인식되기 위해서는 살로써 기초를 덮어야 한다. 개인의 태도, 관심 및 의견(AIO ; Attitudes, Interests, and Opinions)에 관한 정보는 세분시장에 대해 더 나은 이해를 제공한다.

 사례 14-3

VALS(Vaues and Life Styles) 프로그램이 심리적 세분화를 가장 잘 나타내는 것으로 서술되고 있다. Shih(1986)의 펜실베니아 주에의 여행자들에 대한 1984년의 연구는 그들의 여행선정기준이 9개의 VALS 집단별로 다르다는 것을 나타내고 있다. 이밖에 Prizm Cluster System 등의 다양한 심리적 혹은 라이프스타일 세분화 방법이 존재하는데 Prizm은 40개의 라이프스타일 군집을 확인하고 있다. 그 중 하나인 'Gray Power' 군집은 유람선 휴가여행을 선호하는 것으로 나타났으며 'Blue Blood Estates'는 레크리에이션 차량에 의한 여행을 좋아하지 않는 것으로 나타났다.[5]

(4) 지리적 세분화

지리적 고려는 호텔에 아주 중요하다. 이러한 변수로는 지역, 시장영역, 도시, 교외 혹은 시골, 도시규모 및 인구밀도 등이 있다. 예를 들어, 호텔의 많은 부분의 매력성은 문화, 기후 혹은 경관에 의거하고 있다. 또한 호텔에의 잠재이용객의 접근가능성은 호텔에서 중요한 역할을 하는데, 예를 들어, 서울에 거주하고 있는 사람은 특별한 사유가 없는 한 같은 조건이면 경주 지역의 호텔보다는 서울 지역의 호텔을 이용할 것이다.

지리적 세분화의 다른 중요한 측면은 인구통계학적 변수와 마찬가지로 표적시장에 접근방식을 제공한다는 것이며, 마케팅에서는 잠재고객과 의사소통하기 위해서는 그들이 살고 있거나 일하는 장소를 아는 것이 필수적이다.

(5) 여행목적 세분화

일반적으로 호텔에서는 여행목적을 크게 사업과 순수관광의 두 가지로 나눈다.

 사례 14-4

여행목적 세분화에 대한 하나의 변형이 싱가포르에 위치한 한 호텔의 세분화 연구에 사용되었다. 이 연구에서는 두 가지의 넓은 세분시장이 정의되었는데 그것들은 단체세분시장과 개인세분시장이었다. 단체세분시장은 단체투어(group tour), 컨벤션, 기업회의 및 항공사 승무원으로 나눌 수 있고, 개인세분시장은 기업, 공표요금을 지불하는 개인과 기타, 빈번한 여행자 및 GITs(Group Inclusive Tours)로 나눌 수 있다. 이 연구의 결과는 여행목적이 국적이나 소득보다 시장을 세분화하는 더 나은 기준이라는 것을 제시하고 있다.[6]

---

5) Robert Christie Mill, op. cit., p.427.
6) Ibid., pp.428~429.

(6) 행동세분화

행동세분화는 고객을 사용률(usage rate), 추구되는 혜택(benefits sought), 사용경우(use occasion), 사용 상태와 잠재성(usage status and potential) 및 상표충성도로 나눈다. 이 방법은 특히 여행 빈도가 잦은 관광객들에게 관심이 주어졌을 때인 1970년대와 1980년대 관광산업에서 많이 사용되었다.

주요구매 세분화(heavy-half segmentation)는 사용률 혹은 사용빈도 세분화의 하나의 예인데, 호텔 분야에서 이 세분화 근거를 사용하고 있다. 주요구매 세분화는 시장을 구매 혹은 소비량을 근거로 세분화하는 방식을 나타내는데, 어떤 제품/서비스의 유형에서는 주요구매 세분화 방식이 적절하지 않은 것으로 나타나고 있다. 이 세분화 방법이 가지고 있는 주요 문제로는 많은 경우에 주요구매의 특징이 보통구매(light half)의 특징과 유사한 것으로 나타났다는 것이다. 예를 들어, 특정 호텔을 많이 이용하는 사람과 적게 이용하는 사람 간에 모든 속성들에서 두 집단 사이에 비슷한 것으로 나타날 수 있다. 상표충성도에 근거한 세분화에서도 이와 유사한 점이 발견되었다.

혜택 혹은 속성 세분화 방식은 호텔 분야에 자주 쓰이는 세분화 기준이다. 이 방식은 소비자가 제품/서비스를 구매한 후 실현되기를 기대하는 혜택에 할당된 상대적 중요성에 따라 시장을 세분한다. 이 세분화 방법은 통계적 분석방법으로 군집분석을 사용하는데, 비록 이 방법의 결과가 신제품 개발과 광고메시지의 결정에 중요한 시사점을 가지지만 세분시장에 접근하기 위해서는 군집에서 확인된 사람들의 인구통계학적 프로파일(profile)을 개발하는 것이 필요하다.

사용경우 세분화 역시 호텔 분야에서 상당한 인기를 누리고 있다. 아마도 이 방법에 대한 최고의 예로 신혼부부를 유치하려고 하는 휴양지의 호텔들을 들 수 있다. 이 경우 사용경우는 신혼여행이 될 수 있다.

사례 14-5

> 한국의 경주와 제주도는 한때 특별한 관광목적으로 관광객들이 많이 방문했다. 즉, 경주와 제주도 같은 관광목적지는 한때 봄과 가을에 신혼부부들을 유치하는 데 아주 성공하였다. 따라서 한때 경주와 제주도에 위치한 호텔은 봄과 가을에 대부분의 객실을 신혼여행객에 배정하였다.

(7) 유통경로 세분화

유통경로상에 존재하는 중개기관(intermediaries)은 사업상 그것에 의존하는 호텔에 의하여 세분화 근거로 사용되고 있다. 중개기관은 주요기능(소매 및 도매여행 서비스), 여행서비스별 전문분야, 세분시장 혹은 관광목적지(예 유람선 담당 여행사, 기업 및 고유민족문화 담당여행사), 규모 및 구조(규모가 큰 프랜차이즈 가맹여행사 및 규모가 작은 독립 소매여행사) 및 지리적 위치에 따라 다르다.

유통경로의 세분화는 호텔 분야 연구자들로부터 많은 관심을 끌지 못했지만 호텔에서 중개기관의 중요성은 증가하고 있다. 마케팅에서 여행중개기관을 표적시장으로 하는 대부분의 호텔은 다음과 같은 두 가지 과정을 사용하고 있다.

① 여행자의 표적시장 확인
② 이러한 표적시장에 서비스를 제공하는 중개기관 선정

일단 세분시장이 확인되고 분석된 다음에 호텔은 소구하고 서비스를 제공할 표적시장을 선정하는 것이 필요하다. 표적시장 선정 의사결정은 어떤 세분시장이 가장 큰 혜택을 제공할 것인가에 대한 분석에 기인해야 한다. 이러한 분석은 다음과 같은 네 가지 고려사항을 포함한다.

① 수익잠재성

첫 번째 고려사항은 수익잠재성인데, 이것은 '세분시장으로부터 얻을 수 있는 현행 및 미래 수익잠재성'이다. 여기서 수익은 현행 및 잠재 호텔이용객수×1인당 현행 및 잠재 소비금액으로부터 계산될 수 있다.

② 경 쟁

두 번째 고려사항은 경쟁인데, 이것은 진출하고자 하는 '세분시장에 경쟁이 얼마나 존재하는가' 및 '경쟁자들과 비교하여 볼 때 우리의 경쟁우위는 얼마나 강한가'에 관한 사항이다.

③ 비 용

세 번째 사항은 비용인데, 이것은 '얼마나 많은 투자가 이 세분시장을 유치하고 이것의 구성원과 의사소통하기 위한 서비스를 개발하기 위하여 필요한가'에 관한 사항이다.

④ 서비스 제공가능성

네 번째 사항은 '적절한 서비스를 설계하고 촉진하며 배분하여 이러한 서비스에 의하여 유치되는 세분시장에서 만족스럽게 서비스를 제공하는 재무 및 경영능력을 자사 호텔이 가지고 있는가'이며 선택되는 세분시장은 조직체의 표적시장이 된다. 이러한 표적시장의 욕구를 부합시킬 마케팅 프로그램을 개발하는 것은 포지셔닝(positioning) 기법으로 시작하여야 한다.

2. 표적시장의 선정

호텔 시장세분화는 호텔이 직면하고 있는 세분시장에서 사업기회를 발견할 수 있게 한다. 여기서 호텔은 여러 세분시장을 평가하고, 얼마나 많은 세분시장과 어떤 세분시장을 목표로 할 것인가를 결정해야 한다. 다음은 호텔이 세분시장을 평가하고, 또한 표적세분시장을 선정하는 방법을 살펴보기로 한다.

1) 세분시장의 평가

여러 상이한 세분시장을 평가할 때에 호텔은 다음 세 가지 요인, 즉 세분시장의 규모와 성장, 세분시장의 구조적 매력성 및 해당 호텔의 목표와 재원을 고래해야 한다.

2) 세분시장의 선정

상이한 여러 세분시장을 평가한 다음에 호텔은 어떤 세분시장에, 그리고 얼마나 많은 세분시장에 활동할 것인가를 결정해야 한다. 이것이 바로 표적시장 선정이다. 표적시장이란 기업이 활동하기로 결정한 시장으로 공통적인 욕구나 특징을 공유하고 있는 구매자 집단이다. 호텔이 선택할 수 있는 세 가지 시장범위전략, 즉 비차별적 마케팅, 차별적 마케팅, 집중적 마케팅이 다음에 서술된다.

(1) 비차별적 마케팅

호텔은 세분시장의 시장특성의 차이를 무시하여 한 가지 제품이나 서비스를 가지고 전체 시장에서 활동을 하기로 결정할 수도 있는데, 이러한 접근방법을 비차별적 마케팅(undifferentiated marketing) 전략이라고 한다. [그림 15 − 1]은 비차별적 마케팅을 나타내고 있다.

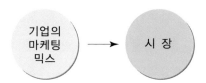

그림 14-1
비차별적 마케팅

기업의 마케팅 믹스 → 시 장

(2) 차별적 마케팅

호텔은 여러 세분시장을 표적시장으로 삼고, 이들 각각의 세분시장에 맞는 독특한 제품과 서비스를 설계하

그림 14-2
차별적 마케팅

기도 하는데, 이러한 접근방법을 차별적 마케팅(differentiated marketing)이라고 한다. [그림 15 – 2]는 차별적 마케팅을 나타내고 있다.

(3) 집중적 마케팅

세번째 시장범위 전략인 집중적 마케팅(concentrated marketing)은 큰 시장에서 낮은 점유율을 추구하기보다는

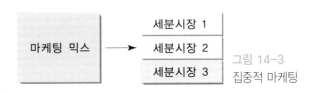

그림 14-3
집중적 마케팅

하나 혹은 몇 개의 하위 세분시장에서 높은 점유율을 추구·확보하려는 것이다. [그림 15 – 3]은 집중적 마케팅을 나타내고 있다.

3. 포지셔닝

일단 호텔이 어떤 세분시장에 들어갈 것인가를 확정하면 그 세분시장에서 어떤 위치(position)를 확보할 것인가를 결정해야만 한다.

포지셔닝의 기원은 1972년경으로 돌아가는데 광고회사 중진격인 Al Reis와 Jack Trout가 서술한 일련의 논문에서 출발한다. 이 저자들의 정의에 의하면 포지셔닝은 '고객들의 마음에 당신이 행하는 것'[7]으로 서술되고 있다. 이 정의를 더욱 정교화한 Lewis 등(1995)은 포지셔닝을 '어떤 제품에 대한 소비자의 정신적 지각인데, 어떤 제품이나 상표의 실제적인 특징과 같을 수도 혹은 다를 수도 있다.'[8]고 설명하고 있다. 결론적으로 포지셔닝의 목적은 표적시장이 된 고객의 마음에 지각이나 이미지를 창조(위치를 정립)하는 것이다. 포지셔닝의 목적이 특정 호텔에 관해 호텔 이용객의 지각을 형성시키는 데 있기 때문에 지각이라는 심리적 차원과 연결된다.

---

7) Al Ries and Jack Trout(1986). Positioning: The Battle for Your Mind, Warner Books, New York.

8) Robert C. Lewis 등, op.cit., p.82.

효과적인 포지셔닝은 경쟁하는 호텔의 수가 증가함에 따라 중요성이 증가하고 있다.

포지셔닝을 사용하는 데 있어 제일 먼저 잠재이용객 마음에 '자사가 위치를 가지고 있는가'라는 질문으로부터 시작하며 만약 가지고 있다면 '그 위치는 무엇인가'와 같은 이러한 질문들에 답하기 위해서는 마케팅 조사가 필요하다.

포지셔닝에서의 두 번째 단계는 잠재 및 현재 호텔이용객의 지각이나 이미지가 정립되거나 변화되며 혹은 강화될 필요가 있다는 것을 결정하는 것이다. 여기에서 두 가지 형태의 포지셔닝이 사용될 수 있는데 그것들은 첫째, 객관적 포지셔닝(objective positioning), 둘째, 주관적 포지셔닝(subjective positioning)이다. 객관적 포지셔닝에서는 호텔은 선정된 표적시장의 욕구와 욕망을 그것들이 제공하는 서비스와 제품과 구체적으로 부합시키는 시도를 하여야 한다. 이것을 다른 말로 제품-시장일치(product-market matching)라고 한다. 객관적 포지셔닝에서는 제공되는 서비스나 시설의 여러 객관적인 특징을 첨가하거나 수정하는·데 강조점이 주어진다. 예를 들어, 스쿠버 다이빙(scuba diving) 시장을 추구하기로 결정한 호텔은 다이브숍(dive shop), 다이브 보트(dive boat), 다이브 지도(dive map), 다이빙 지도 및 강사(diving guide-instructor) 및 이 특별한 표적시장이 요구하는 기타 서비스를 첨가할 필요가 있다. 일단 객관적인 속성들이 표적시장에 맞추어 변경되면 이러한 변경된 요소들이 다이버 관련 소비자 및 여행중개기관 촉진을 통하여 잠재 호텔이용객들에게 전달된다.

주관적 포지셔닝은 호텔이 제공하는 서비스나 제품의 물리적 특징을 변경시키지 않고 잠재방문객의 이미지를 형성하고 강화하며 혹은 변화시키려는 시도를 의미한다. 주관적 포지셔닝은 정상적으로 객관적 포지셔닝 뒤에 발생한다. 주관적 포지셔닝은 호텔에 관한 오해가 있다고 연구결과가 나타내든가 부정적인 홍보 혹은 기타 이유 등으로 부정적인 이미지가 발생했을 때 자주 사용되며, 이것이 재포지셔닝(repositioning)으로 될 수 있다.

일단 객관적 혹은 주관적 또는 두 가지 포지셔닝을 다 사용하려는 의사결정이 이루어지면 다음 단계는 어떻게 이 포지셔닝이 잠재적 호텔이용객 및 여행중개기관에 커뮤니케이션하는가를 결정하여야 한다. 최소한 6개의 넓은 의미의 포지셔닝 접근 방식이 있는데 다음과 같다.

① 구체적인 제품/서비스 특성에 관한 포지셔닝

② 혜택(benefits), 문제해결 혹은 욕구에 관한 포지셔닝

③ 구체적인 사용경우(usage occasion)의 포지셔닝

④ 사용자 범주를 위한 포지셔닝

⑤ 다른 제품/서비스에 대항하기 위한 포지셔닝

⑥ 제품/서비스 계층 분리를 위한 포지셔닝

05 호텔 마케팅 계획수립 과정(hotel marketing planning process)

　　호텔은 가장 적절한 방법과 근거를 사용하여 시장을 세분해야 하고 표적시장을 선별해야 하며 해당 산업과 그것들의 제공물을 고려하여 표적 잠재고객의 마음 내에 해당 제공물을 효과적으로 포지셔닝하여야 한다. 이러한 의사결정을 한 뒤 가격 결정, 서비스와 제품 개발, 촉진 및 유통경로를 사용한 구체적인 마케팅 프로그램이 설계될 수 있다. 마케팅 믹스를 개발하는 데 사용되는 절차는 체계적이어야 하는데 마케팅 계획수립 과정으로 알려진 단계적 절차를 거쳐야 한다.

　　마케팅 계획수립은 미래지향성을 함축해야 한다. 마케팅 계획은 적절한 마케팅 목표를 확인하고 이러한 목표를 성취하기 위하여 가장 적절한 마케팅 전략을 결정하는 것을 포함한다. 마케팅 계획수립은 미래 3년에서 5년까지 혹은 더 이상 기간을 취급하는 전략마케팅 계획수립(strategic marketing planning)과 내년 혹은 더 짧은 기간의 전술마케팅 계획수립(tactical marketing planning)의 두 가지 수준에서 이루어진다. 이 두 가지 계획수립은 서로 통합되어야 한다.

자료 : Robert Christie Mill, The Tourism System: An Introductory Text, Prentice-Hall, p.433.

그림 14-4
마케팅 계획수립 과정

계획수립 과정의 모델은 [그림 14 − 4]에 제시되어 있다. 이 모델이 나타내는 바와 같이 마케팅 목표는 외부환경요인, 개발목표, 서비스나 제품, 시장 및 경쟁이라는 다섯 요인의 상호작용에 대해 분석이 이루어진 이후에 설정되어야 한다. 다음은 마케팅 계획수립 과정을 서술하고 있다.[9]

1. 외부환경요인

계획은 계속 변하나 마케팅 경영자가 거의 통제력이 없는 외부환경의 토대 내에 완성되어야 하는데, 외부환경요인의 영향을 확인하고 분석하는 기법은 환경탐색 (environmental scanning)이라고 부른다. 환경탐색을 하는 기본적 이유는 어떤 사건이 발생하기 전에 변화를 예상하는 것이 경영관리상 더 낫기 때문이다. 다음과 같은 중요한 문제들에 대해 응답함으로써 계획이 완성될 수 있다.

① 주요 추세로 어떠한 것들이 있는가?
② 주요 추세가 자사에게 영향을 미치는지의 여부와 어떻게 영향을 미칠 것인가?
③ 주요 추세가 자사에게 얼마나 영향을 미칠 것인가?
④ 주요 추세가 자사의 가장 가까운 경쟁자에게 영향을 미칠 것인가?
⑤ 주요 추세와 이것의 영향에 대응하기 위하여 자사는 미래에 어떻게 경쟁자와 다르게 대응해야 하나?

한편, 탐색될 환경요인은 다음과 같은 것을 포함해야 한다.

① 법 및 규칙
② 정치적 상황
③ 사회문화적 특징
④ 경제적 상황
⑤ 기술
⑥ 교통
⑦ 거시 수준에서의 경쟁

외국에서 호텔이용객을 유치하는 호텔은 각각의 개인적인 호텔이용객 송출국에 대한 환경탐색이 필요하다. 우선 첫 번째 고려될 환경요인은 법 및 규칙 환경이다.

---

9) Robert Christie Mill, op. cit., pp.432~443.

과거의 어떤 국가에서는 자국민의 해외여행을 억제하는 법을 시행했었다. 이 환경 하에서는 자국민이 마음대로 해외여행을 할 수 없거나 혹은 해외로 일정 금액 이상 의 돈을 가지고 나갈 수 없다. 정치적인 요인 또한 고려되어야 하는데, 송출국과 목 적국 사이의 긴장과 적대감은 호텔 마케팅상의 성공에 영향을 미친다. 사회문화적 특징에서는 관광목적을 가진 국제관광객의 학력수준을 고려하는 것이 중요하다. 더욱 높은 학력수준을 가진 나라와 더욱 문화적이라고 간주되는 사회 및 더욱 높은 산업화를 이룩한 나라로부터 더욱 많은 국제관광이 발생한다.

일반적으로 호텔 및 사회 내의 기술변화의 속도는 매우 빠르다. 호텔산업계는 새 로운 기술의 직접 및 간접 영향의 결과로 급격한 변화를 맞이하고 있다. 예를 들어, 호텔산업의 입장에서, 주요 항공회사에 의해 지배되고 있는 사업인 컴퓨터 예약시 스템의 중요성이 급격하게 성장하고 있다. 현대의 호텔산업은 서류에 의거한 정보 로부터 전자정보에 더욱 의존하는 형태로 움직이고 있다. 현대의 호텔산업에 중요 한 영향을 미치는 기술들로 영상회의 및 위성기술(video conferencing and satellite technology), 인터넷 발전 등을 들 수 있다.

다른 중요한 요인들은 교통과 서류작업과 같은 접근성 측면의 기술적 고려이다. 관광목적지는 관광객의 관점에서 관광객의 송출국에서 접근이 쉬워야 한다. 또한 관광객 송출국의 현행 및 미래의 경제상황은 관광현상에서 크게 중요시되는 요인 이며, 어떤 나라가 여행을 할 수 있는 충분한 국민이 있어야 한다는 것도 중요하다. 예를 들어, 일본의 경제적 풍요성은 태평양 연안 및 기타 국가로부터 더욱 많은 관 심을 증가시켜 왔다. 방문국과 송출국 사이의 환율의 차이는 중요한 경제적 고려 사항인데, 과거부터 주요 외환율의 변동이 해당 국가 사이의 관광량에 직접적인 영 향을 끼쳐왔다.

일반적으로 간과되는 현상이지만 호텔의 거시경쟁(macro-competition) 측면이 분석되어야 한다. 거시경쟁은 직접 경쟁하는 경쟁자를 취급하지는 않지만 동일 한 가처분 소득에 대해 경쟁하고 있는 다양한 제품과 서비스를 취급한다. 예를 들 어, 사람들은 휴가 해외여행 대신에 값비싼 홈-엔터테인먼트(home-entertainment system)를 구매할 지도 모른다. 새로운 승용차의 구입은 더욱 적고 짧은 휴가 여행 이라는 결과물을 산출할 지도 모른다. 여행에 대해 잠재적 대체재가 존재한다는 사 실이 마케팅 계획에서 고려되어야 한다.

2. 개발목표

호텔 마케팅 계획은 호텔의 전반적인 전략계획의 한 부분이 되어야 하며, 호텔의 종합적인 마케팅 계획은 해당 호텔의 전반적인 계획수립, 목적 및 전략과 일치되어야 한다.

3. 경쟁, 시장 및 제품(혹은 서비스) 분석

많은 마케팅 전문가들은 이 단계를 상황분석이라고 한다. 그러한 분석의 주요 목표 중의 하나가 가장 가까운 경쟁자들과 비교하여 자사 호텔의 강점과 약점을 결정하는 것이다. 경쟁자는 자사 호텔이 서비스를 제공하는 표적시장에 서비스를 제공하거나 제공하려고 노력하는 다른 관광서비스기업으로 정의된다. 상황분석은 해당 호텔의 서비스와 제품, 표적시장 및 경쟁을 고려한다.

상황분석이 끝나면 해당 호텔은 가장 가까운 경쟁자들의 믹스와 자사의 믹스를 비교하여야 한다. 이 비교 과정은 다음의 다섯 가지 호텔 믹스를 평가하여야 한다.

① 매력물

해당 호텔이 위치하고 있는 지역의 자연자원, 기후, 문화 및 역사자원, 민속 매력물, 접근성, 인공 매력물

② 시 설

숙박시설, 식음료시설, 지원 산업

③ 하부구조

신선한 물 공급, 하수 시스템, 커뮤니케이션 시스템, 도로 시스템, 건강시설, 에너지 시스템, 안전 시스템

④ 교 통

해당 호텔까지 접근하는 공항, 철도 시스템, 크루즈 선 터미널, 버스 교통

⑤ 환 대

환대 교육 · 훈련 프로그램, 지역주민의 친절도, 전반적인 서비스 수준

해당 호텔은 마케팅 프로그램, 포지셔닝 및 전반적인 경영을 분석하고 이 결과를 경쟁호텔의 그것들과 다음과 같이 비교하는 것이 중요하다. 즉, 우리들의 잠재고객은 경쟁자들을 어떻게 생각하고 있을까? 그들의 마케팅 프로그램들은 어떻게 성

공적이었는가? 그들의 가장 성공적인 마케팅 노력들은 어떠한 것이었는가? 그들은 핵심역량이 있고 경험적이며 마케팅 지향적 경영팀을 가지고 있는가?

해당 호텔과 가장 가까운 경쟁호텔 사이의 이러한 비교를 확대하여 비교 강점과 약점을 확인하여야 한다. 해당호텔은 경쟁 호텔보다 어떠한 점이 나은가? 이 정보는 자체로써 중요하나 앞에서 언급된 마케팅지향성 관점을 가지고 이러한 지식을 현행 및 잠재 표적시장의 관점에서 적용시키는 것이 필요하다.

비록 마케팅은 자연과학이 아니며 마케팅상의 행동을 이끌 자연과학적인 법칙을 가지고 있지 않지만 이것의 행동을 이끄는 서너 개의 유용한 원리를 가지고 있다. 처음으로 마케팅 계획을 개발하는 호텔이 명심하여야 할 하나의 원리는 이미 서비스를 제공하고 있는 고객과 유사한 사람들을 유치하는 것이다. 이러한 과정은 현행 표적시장을 정의하고 이러한 표적시장으로부터 유치한 방문객과 비슷한 특성을 가진 사람을 유인하는 것을 포함한다. 표적시장의 정의와 분석은 다음과 같은 질문을 포함한다.

① 그들은 누구인가?
② 그들의 숫자는 몇 명인가?
③ 그들의 사회경제적, 심리학적 및 행동적 특징은 무엇인가?
④ 그들은 어디로부터 오며 어디로 여행하는가?
⑤ 그들은 목적지에 그리고 목적지 내에서 어떻게 계획을 세우며 여행을 하는가?
⑥ 그들은 언제 그리고 얼마 동안 휴가여행을 하는가?
⑦ 그들은 언제 의사결정을 하는가?
⑧ 그들은 왜 휴가여행을 하는가?
⑨ 그들의 여행에서의 주요 동기는 무엇인가?

가장 중요한 과업은 현 호텔이용객의 상황을 파악하고, 출발국이나 출발지에서의 추세를 고려함으로써 현 상황을 미래에 투시하는 것이다. 두 번째 과업은 현 호텔이용객의 상황을 분석하여 그 상황에 맞는 다른 시장을 발견하려고 함으로써 잠재시장을 발견하는 것이다. 예를 들어, 현 시장의 대부분 고객이 500마일 반경에서 온다면 잠재시장은 500마일 반경에서 아직 방문하지 않는 사람들로 구성되는 것이다.

4. 마케팅 목표의 확인

앞에서 언급한 분석이 끝났을 때 호텔은 일련의 광의의 마케팅 목표를 준비하는

것이 권유된다. 이것은 미래 마케팅 프로그램의 전반적 목표와 소망의 결과를 서술하여야 한다. 이것은 다음과 같은 유형의 관점에서 언급될 수 있다.

① **창조될 이미지**　소수계층 혹은 대중시장
② **호텔이용객 프로파일**　많이 혹은 적게 소비, 반복 혹은 새로운 고객 및 기타
③ **소득원천**　국제관광객 혹은 국내관광객
④ **소망된 개발**　고급 호텔 혹은 소규모 지역에 위치한 호텔 혹은 외국자본 유입 호텔

기록 작성시 이러한 표적들은 목표시장의 선정, 더욱 구체적 마케팅 목표의 확인, 마케팅 믹스의 개발에 대한 전반적인 지침을 제공하여야 한다.

1) 표적시장 선정

표적시장 선정 절차는 이 장의 전반부인 시장세분화 부분에서 언급되었다. 일단 표적시장이 선정되면 그 다음으로 포지셔닝, 그리고 이러한 표적시장의 욕구를 만족시킬 마케팅 믹스를 개발하여야 한다. 마케팅 믹스는 해당 호텔이 유치하기 원하는 계층이 누구이며, 유치하기 원하지 않는 계층이 누구인가를 알려준다. 예를 들어, 고소득 및 높은 사회적 지위의 표적시장이 선정된다면 시설과 서비스가 고소득 및 높은 사회적 지위의 호텔이용객들을 위해 개발될 것이다. 이러한 경우 가격은 높게 설정될 것이며 촉진메시지는 사교댄스모임에 자주 나가는 나이가 지긋한 부부나 저녁 정찬에서 정장을 입고 있는 호텔이용객을 보여줄 지도 모른다. 따라서 마케팅 믹스 요소의 선정은 고소득 및 높은 사회적 지위의 호텔이용객들이 방문할 수 있다는 기대감을 형성하게 한다.

세분시장은 앞에서 언급된 인구통계학적, 제품관련 요인, 심리, 지리, 여행목적, 행동 및 유통경로의 7개의 세분화 근거 중 하나 이상을 사용하여 정의되어야 한다. 표적시장이 측정가능성(measurable), 접근가능성(accessible), 충분한 규모(substantial), 방어성(defensible) 및 지구성(durable) 등의 기준에 적합하게 되면 세분시장은 선정된다. 시장의 규모는 호텔이용객 수, 호텔이용객 체재일수, 호텔이용객 지출경비의 관점에서 측정될 수 있다. 비교적 큰 규모의 세분시장은 규모가 작은 세분시장보다 위험이 덜하다. 이밖에 고려되어야 할 사항으로 잠재표적시장과 관련된 잠재소득, 경쟁, 비용 및 서비스 제공가능성이다. 예를 들어, 해당 호텔은 표적시장에 서비스를 제공하기 위해서 경쟁자에 대해 장점을 가지고 있어야 한다.

2) 포지셔닝

다음으로 선정된 표적시장에 대해서 해당 호텔의 포지셔닝이 개발되어야 한다. 포지셔닝은 다음의 사항을 해결하여야 한다.

① 우리들은 잠재 호텔이용객의 마음에 포지션을 가지고 있는가?

② 그렇다면 그 포지션(혹은 이미지)은 무엇인가?

③ 우리들은 포지셔닝(이미지)을 창조하고 변화시키며 강화할 필요가 있는가?

④ 우리들이 바라는 포지셔닝을 만들기 위해 객관적 및 (혹은) 주관적 포지셔닝 을 어떻게 사용하여야 하는가?

⑤ 우리들은 어떤 포지셔닝 접근방법을 사용해야 하는가?

3) 세부적 마케팅 목표 확인

외부환경요인, 개발목표, 서비스 및 제품, 경쟁 및 표적시장의 분석은 일련의 주요 강점, 약점, 기회 및 위협 혹은 문제점을 산출해 내어야 한다. 이러한 정보는 미래의 마케팅 목표를 정하는 기초를 제공한다. 환경탐색과 상황분석은 '우리들이 현재 어디에 있는가?'라는 질문을 던져준다. 마케팅 목표를 정하는 데 있어서 '우리들이 어디에 있기 원하는가?'라는 질문이 생긴다.

마케팅 목표는 다음의 네 가지 시험단계를 거쳐야 한다.

① 마케팅 목표는 측정가능해야 한다.

② 마케팅 목표는 구체적인 표적시장을 전달해야 한다.

③ 마케팅 목표는 환경탐색, 상황분석 혹은 개발목표에 직접적으로 연결될 수 있는 소망된 결과의 관점에서 언급되어야 한다.

④ 성과에 대한 구체적 마감일자가 언급되어야 한다. 실제적 결과에 대한 책임이 목표가 성취될 수 있는 정도에 비교하여 측정되어야 한다.

4) 마케팅 믹스 개발

포지셔닝과 마케팅 목표가 선정된 표적시장에 대해 개발되면 마케팅 믹스가 설계될 수 있다. 마케팅에의 전통적인 접근방법은 마케팅 믹스가 제품(product), 가격(price), 촉진(promotion) 및 유통경로(place or distribution)의 네 가지 요소로 구성되어 있다고 제시하고 있다. 이것들은 마케팅의 4P로 불려진다. 호텔경영 분야에서는 다양한 학자들이 4P 외에 추가적인 요소를 제시하고 있다. 호텔 마케팅의 독특한 성격 때문에 4P 이외에 패키징(packaging), 프로그래밍(programming), 사람(people) 및 파트너십(partnership)의 추가요소가 마케팅 믹스 요인으로 언급된다. 따라서 전통적인 4P이론이 8P이론으로 확대된다. 어떤 요소가 포함되든 간에 이 요소들이 선정된 표적시장의 특별한 욕구와 기타 구체적 특성에 맞게 선정되는 것이 중요하다.

(1) 제품/서비스

호텔 제품/서비스는 객실, 식음료 및 기타의 다양한 것으로 구성되며, 호텔은 매력적이고 만족스러운 전반적인 휴가여행 경험을 호텔이용객에게 제공하기 위해 다른 관광조직체에 의존한다. 마케팅지향 철학은 서비스와 제품이 고객의 욕구와 필요를 부합시키기 위해 설계되어야 된다고 제시하고 있다. 이외에, 시장세분화 개념은 호텔기업이 시장 모두를 만족시키는 서비스와 제품을 제공할 수 없다는 가정에 의거하고 있다. 호텔은 표적시장을 선정해야 하고 표적고객의 욕구를 만족시킬 다양한 서비스와 제품을 제공해야 한다. 하나의 특별한 표적시장에 소구하기 위해 개인화된 서비스와 하나 이상의 표적시장에 매력적인 서비스를 제공하는 사이의 적절한 균형을 취하는 것은 호텔 마케팅 경영자에게 어려운 의사결정이다. 수요수준과 고객유형에서의 계절적 비균형성에, 제공되는 비교적 고정된 관광시설과 서비스의 공급은 호텔 마케팅 경영자의 과업을 더욱 어렵게 만든다.

Crissy 등[10]은 서비스 혹은 제품을 제공하려고 의사결정할 때 당면해야 할 서너 가지의 중요한 기준을 제시했다. 그것들은 첫째, 다른 세분시장으로부터 추가 사업의 가능성을 가지고 최소한 하나의 중요한 세분시장으로부터 서비스나 제품에 대한 수요가 비교적 많아야 한다. 즉, 제품은 세분시장으로부터의 사업에서 손익분기점을 최소한 상회해야 하며 다른 세분시장으로부터의 사업에서 이익을 만들어야 한다. 물론 새로운 매력물이나 서비스의 판매가 손익분기점에 도달하기까지는 일정 기간이 필요할지 모른다.

두 번째, 제공되는 신제품 및 서비스는 해당 호텔의 포지셔닝 혹은 이미지와 일치해야 하며, 또한 신제품 및 서비스는 현행 제품 및 서비스를 보완하여야 한다. 그러나 이러한 사실은 해당 호텔이 단지 하나의 세분시장의 욕구에 소구해야 하며 해당 호텔의 모든 서비스와 제품이 해당 세분시장의 욕구에 부합되어야 한다는 의미

10) W. J. E. Crissy, Robert J. Boewadt, and Dante M. Laudadio, Marketing of Hospitality Services: Food, Lodging, Travel(E. Lansing, MI, Educational Institute of the American Hotel and Motel Association, 1975), pp.69~90.

는 아니다. 즉, 해당 호텔의 각 제품과 서비스가 어느 세분시장에 소구하는가는 그 호텔의 규모에 따라 달라질 수 있다. 따라서 해당 호텔의 한 제품과 서비스는 젊은 독신 및 부부에게 매력이 있을지 모르고 반면에 다른 제품과 서비스는 노인층에 매력이 있을지 모른다. 그러나 호텔은 하나 이상의 선정된 표적시장에 부합하기 위해서 서비스, 제품 및 포지셔닝을 개발하는 것이 필요하다.

세 번째, 새로운 서비스와 제품은 인력, 자본, 경영전문기술 및 자연자원의 가용한 공급과 부합해야 한다. 비록 새로운 서비스와 제품이 확인된 경쟁우위에 의거해야 하지만 그것들은 인적 혹은 재무자원의 부족 때문에 사라질 경우도 있다. 예를 들어, 어떤 호텔은 특정 세분시장에 소구할 제품과 서비스를 개발할 능력을 가졌을지도 모르지만 이것을 행할 충분한 재무능력이 없을지도 모른다. 이러한 경우 해당 제품과 서비스를 개발해서 운영하느냐의 문제는 고도의 의사결정을 요한다.

마지막으로 어떠한 새로운 서비스나 제품이 호텔의 이익이나 성장에 공헌하는 것이 필요하다. 어떠한 경우에 제공 서비스나 제품이 이익을 창출시키지 않을지도 모르나 성장에는 공헌할 수 있다. 예를 들어, 호텔 수영장은 직접 수익을 창출시키지 않은 채로 비용만 부담시킬지도 모른다. 그러나 수영장의 건설은 호텔에게 객실수익을 증대시킬지도 모른다. 반면에 수영장을 폐쇄한다면 고객들이 다른 휴양지나 호텔을 이용할지 모른다. 이와 유사하게 해당 목적지는 수익을 창출시키는 사업이 아닌, 더욱 많은 방문객을 유치하는 전략의 한 부분으로 비행노선을 취항시킬지도 모른다.

(2) 가 격

많은 요인들이 가격정책에 영향을 준다. 어떤 상황에서 부과되는 가격은 여러 가지 요인의 결합에 의하여 영향을 받는다. 그럼에도 불구하고 어떤 지침이 가격의사결정을 돕는 데 사용될 수 있다.

순수경제용어로 가격은 공급과 수요의 결과에 의해서 발생한다. 공급이 수요를 초과할 때 가격은 하락하며, 그 반대의 경우는 가격이 상승한다. 더욱 중요한 것으로 수요가 변함에 따라(구매량으로 측정) 가격이 변하는 정도인 수요의 탄력성이 있다. 예를 들어, 가격에서의 5% 하락은 구매자수에서의 10% 증가를 가져오며 총매출액에서의 증가를 가져올 수 있다. 이 경우에 있어서의 수요는 탄력적이다. 일반적으로 사치품은 가격변화에 민감하지 않고, 따라서 비가격탄력적이 된다. 일 년의 제한된 기간 동안에 운영을 하는 호텔은 모든 것이 같은 조건이라면 공급제한으로 말미암아 일 년 내내 운영을 하는 목적지보다 가격이 높다. 또한 수요가 일 년 내내 일정하지 않기 때

문에 비수기 때보다 성수기 때 높은 가격을 받는 것은 당연한 현상이다.

호텔의 제품수명주기의 예상수명과 위치 역시 가격의사결정에 영향을 미친다. 예상 수명주기가 짧은 유행제품은 비교적 짧은 기간 동안에 투자금액을 회수하기 위하여 높은 가격을 부과해야 한다. 예상 수명주기가 긴 제품은 가격을 더 낮출 수도 있다.

부과가격은 경쟁에 의하여 영향을 받는다. 어떤 호텔의 제품과 서비스가 경쟁자의 그것과 유사하다면, 그것의 가격이 경쟁자의 가격과 유사해야 한다. 또한 해당 호텔이 경쟁자보다 독특하다면 경쟁자보다 요금을 많이 부과할 수 있는지에 영향을 미친다. 경쟁에 영향을 미치는 것으로 또한 시장점유율에 관한 경영정책이 있다. 만약에 시장점유율을 증가시키기로 의사결정을 하였다면 서너 개의 세분시장으로부터 작은 수의 관광객들을 유치하기로 결정한 것보다 가격이 더 낮아질 것이다.

또한 가격정책은 선별된 표적시장의 욕구에 의하여 영향을 받는다. 만약 호텔이 시장의 욕구와 필요를 만족시키고 이러한 욕구와 필요가 세분시장의 구성원에게 중요한 것으로 지각된다면 구성원들은 더욱 높은 가격을 지불하고자 할 것이다. 또한 부과가격은 소비자의 입장에서 지각되는 가치보다 적게 지각이 되어야 한다.

어떤 상황에서는 시장의 영향이 경제원칙과 방향을 달리하는 것 같다. 어떤 사치품의 경우는 가격이 인상함에 따라 수요가 증가한다. 이러한 현상은 시장의 입장에서 속물근성을 나타낸다. 즉, 가격이 인상되면 지각가치가 높아지고, 수요가 커진다는 느낌을 받는다.

이러한 변수들의 가격에의 효과는 계량적으로 결정될 수는 없으며, 이 변수들의 상호작용 결과는 더욱 결정하기 어렵다. 그러나 앞에서 서술된 일반 지침들은 호텔을 위한 가격의사결정에 도움을 줄 수 있다.

(3) 촉 진

세 번째 마케팅 믹스 구성요인은 촉진(promotion)인데, 촉진은 서비스나 제품 자체를 제외하고는, 마케팅 믹스에서 가장 가시적인 부분이다. 많은 사람들이 마케팅과 촉진을 같은 것으로 간주하는 실수를 저지르고 있다. 즉, 마케팅은 촉진보다 훨씬 넓은 개념이다. 촉진 믹스는 광고, 판매촉진, 머천다이징, 인적 판매, 대중관계 및 홍보를 포함하고, 가격 믹스, 제품/서비스 믹스, 유통 믹스 등을 포함하는 마케팅 믹스의 구성요인이다. 모든 촉진 믹스 요소는 잠재고객과 의사소통하는 수단을 포함한다.

(4) 유통 경로(place and distribution)

호텔 유통은 독특하다. 호텔 시스템에서는 물적 유통시스템이 존재하지 않고 독특한 일련의 유통경로와 여행중개상이 개발되었다. 이러한 유통기관은 호텔에 관한 고객의 선택에 영향을 주고 호텔마케팅 관리자는 이것에 개별적인 주의를 요한다. 구체적인 유통경로와 중개상의 선택은 표적시장, 호텔서비스 혹은 호텔 유형, 고객의 거주지와 관련된 서비스제공 위치를 포함하는 여러 요인에 의하여 영향을 받는다.

(5) 패키징과 프로그래밍(packaging and programming)

패키징과 프로그래밍은 호텔 및 관광산업만의 독특한 마케팅 믹스 구성요인이다. 이것들은 호텔 및 관광서비스의 특성인 소멸성과 수요와 공급을 일치시키는 문제를 극복하도록 돕는 데 사용될 수 있기 때문에 특히 중요하다. 패키징 및 프로그래밍의 다른 주요 특징은 서비스와 제품을 해당 표적시장의 욕구와 일치시키는 수단을 제공한다. 예를 들어, 관광산업은 특별관심단체(special-interest group)를 위한 다양한 패키지 상품을 제공한다.

패키징은 호텔 믹스의 많은 요소들을 묶고 여러 개의 호텔 서비스와 제품을 결합한다는 측면에서 또한 중요하다. 패키지는 하나의 가격으로 여러 개의 서비스와 제품을 포함하는 관계로 고객에게 편리하다. 프로그래밍은 고객 소비를 증가시키거나 특정 패키지나 호텔 서비스에 매력성을 첨가시키기 위해서 특별활동, 이벤트 혹은 기타 종류의 프로그램을 제공하는 것을 의미한다. 많은 호텔 휴가패키지는 에스코트 지상투어(escorted ground tour), 스포츠 관련, 유흥 이벤트 등과 같은 일련의 프로그래밍을 포함한다.

(6) 종사자(people)

호텔은 인적 사업이다. 어떠한 훌륭한 시설이나 수많은 시설도 종사자에 의한 나쁜 서비스를 보충할 수 없다. 호텔 마케터는 직원들이 구체적 기능에 대하여 적절하게 훈련을 받고, 이 산업의 종사자와 지역주민이 호텔이용객에 대하여 호의적인 태도를 가지도록 확실시 하여야 한다.

(7) 파트너십-협조 마케팅(partnership-cooperative marketing)

파트너십은 두 가지 이상의 관광목적지 혹은 조직체를 포함하는 협조 마케팅 프로그램(cooperative marketing program)을 의미한다. 경쟁이 격화되고 있는 호텔 및 관광산업에서 다른 조직체와 함께 자원을 공유하는 것은 성공에 도움을 준다. 패키징은 두 개 이상의 조직체를 포함할 때 파트너십 개념의 적용을 나타내며, 협조광고(cooperative advertising) 또한 파트너십 개념의 적용을 나타낸다. 예를 들어, 한때 미국의 모텔들은 호텔에 대항하기 위해 협조광고의 형태인 공동광고를 시행한 적이 있다.

카지노 부문

15 Chapter

01 카지노의 개요

1. 카지노의 개념

카지노는 카사(casa)라는 용어에서 유래되었는데, 카사는 도박, 음악, 쇼, 댄스 등 여러 가지의 오락시설을 갖춘 연회장이라는 의미에서, 귀족이 소유하고 있었던 사교, 오락용의 별장을 뜻하였으나, 지금은 해변, 온천, 휴양지 등에 있는 일반 실내 도박장을 의미하게 되었다.[1]

『웹스터 사전』에 의하면, 카지노란 회의(meeting), 춤(dancing), 특히 전문 갬블링(professional Gambling)을 위해 사용되는 건물이나 넓은 장소, 또는 도박시설이 있는 오락장으로 정의되고 있다. 『브리태니커 세계대백과사전』에는 댄스, 음악 등의 설비가 있는 오락장 또는 도박장으로서 처음에는 음악과 댄스를 위한 대중적인 사교장으로 19세기 초반부터 설립되기 시작하였으나, 19세기 중반 이후부터는 도박시설이 밀집되어 있는 전문적인 도박장을 지칭하는 말로 통용되었다고 기록되어 있다.

우리나라 카지노업은 1994년에 관광진흥법이 개정됨으로써 관광사업의 한 종류가 되었다. 관광진흥법에서는 카지노업을 "전용영업장을 갖추고 주사위, 트럼프, 슬롯머신 등 특정한 기구 등을 이용하여 우연의 결과에 따라 특정인에게 재산상의 이익을 주고 다른 참가자에게 손실을 주는 행위 등을 하는 업"으로 규정하고 있으며, 여기에 입장하는 자는 외국인(해외이주법 제2조의 규정에 의한 해외이주자를

---

1) 원갑연 · 한진수 · 임정우(2001). 『카지노 산업론』, 기문사, p.13.

포함)에 한하도록 규정되어 있다. 그러나 "폐광지역개발지원에 관한 특별법"에 의해 태백 · 정선지역에 설립된 강원랜드 카지노(추후 하이원리조트로 사명 변경)는 내국인의 출입이 가능하다.

관광학의 한 연구대상으로서 카지노는 관광산업의 한 영역을 차지하는 산업으로 또는 관광객이 관광과정에서 즐기는 여가활동으로 인식할 때, 이것을 단순한 도박만으로 해석하는 것은 잘못된 것이다. 카지노는 하나의 여가선용을 위한 건전한 위락형 게이밍(gaming)산업으로 인식되어져야 한다.

따라서 카지노의 개념은 여러 가지 시설을 갖추어 놓고 사교나 여가선용을 위해 게임(game)을 하는 공간이라고 볼 수 있다. 게이밍이라는 용어는 과거 카지노 도박이 가진 퇴폐적이고 불법적인 개념으로부터 합법적인 위락활동으로 구별지으려는 시도인 것이다. 또한 게이밍이라는 단어는 스포츠의 한 영역으로 인식되어지며, 도박이 가지고 있는 커다란 위험의 부정적인 관념을 최소화시키는 것이다. 그러나 중요한 것은 게이밍의 세계적인 산업화 추세에 따라 게이밍에 대한 일반대중의 시각이 단순한 도박행위에서 삶의 기회적 요소를 개발하는 행위로 바뀌어가고 있다는 것이다.

카지노 사업은 관광객의 수요를 창출하는 기능을 가지고 있으며, 관광사업 중에서도 매출액 규모가 매우 큰 관광사업이다. 호텔내에 위치하고 있어 호텔의 부대사업으로 분류가 가능하지만 영업이 활성화되어 있는 카지노는 당해 호텔의 매출액 규모의 4~5배 정도가 되는 것으로 추정하고 있다. 이러하듯이 카지노 영업의 부가가치는 매우 높게 평가되고 있다.

2. 카지노의 역사

카지노는 인류의 문화와 함께 발전하였으며, 고대 이집트 문화유물에서 발견된 것을 토대로 기원 전 2000년경부터 오락이나 스포츠로 도박을 즐겨왔음을 추측하고 있다. 처음에는 대중적 사교행위로 발전하였으나, 점차 해변가, 온천지, 휴양지 등에 있는 일반 옥내 도박장으로 변화해 가게 되었다.

'작은 집'을 뜻하는 카사(casa)에서 유래하여 르네상스 시대에는 귀족이 소유하였던 사교용. 오락용 별장을 의미하였고, 그 이후 음악, 무도 등 오락시설을 갖춘 공공집회소가 되었다.[2]

---

2) 이봉석 외(1998). 『관광사업경영론』, 대왕사.

근대 카지노의 발달은 17~18세기 중세유럽의 귀족사회에서 놀이의 수단으로 소규모 카지노가 개설되었던 것이 유럽 각지로 확대되어 보급되었다. 유럽지역에서는 왕국의 재원을 충당하기 위해 18~19세기에 각지에 개설을 권장하였는데, 그 후 나라에 따라서 과세, 관광시설, 외화획득 등의 목적으로 개설을 권장하는 곳도 있었다. 특히 독일과 오스트리아에서 매우 활성화되었다.

18~19세기에는 프랑스와 독일에서 전성기를 맞이하였으나, 대부분의 나라에서는 도박의 문제로 인하여 금지하였다. 그러나 19세기에는 회원제 카지노가 유럽 각국에서 번창하면서 전 세계에 확산되기 시작했으며, 제2차 세계대전 후에는 공공자금 조달을 목적으로 해변·온천관광지 등을 중심으로 공인하는 나라가 점차 늘어나게 되었다. 20세기 초까지는 중부유럽지역에서 성행하였으나, 미국 네바다주에서 경제대공황을 극복하기 위하여 카지노사업을 상업적 사업으로 발전시킨 결과 미국이 카지노사업의 중심지가 되었다.

미국의 경우 서부개척기 이래 도박이 활발했으나 본격적인 카지노를 선보인 것은 19세기 중엽부터 남북전쟁 때까지 미시시피강변에 있는 200여척의 호화 도박선이 이 사업을 주도하였다. 19세기 말에는 뉴올리언스에서 과세목적으로 카지노 설치를 공식적으로 허용하였다. 현재 미국에서 카지노개설을 허용하고 있는 주는 네바다, 뉴저지, 노스다코타이며, 네바다 의 라스베이거스 리노에는 20여개의 카지노가 성업 중이다.

중남미에는 우루과이의 몬테비데오, 푸에르토리코의 샌환 카지노가 널리 알려져 있다. 쿠바에는 아바나 카지노가 있었으나 혁명 후 문을 닫았다가 2000년대에 들면서 국가의 개방정책에 힘입어 다시 관광객을 맞이하고 있다. 아시아에는 홍콩, 마카오 등이 카지노 사업을 관광상품으로 개발하여 관광객을 맞이하고 있다. 특히 마카오는 아시아 제일의 카지노관광지로 발전해 가고 있다.

또한, 카지노사업의 세계적인 확산추세가 가속화된 것은 1980년대 이후부터이다. 따라서 오늘날 대부분의 주요 국가들은 카지노사업을 합법화하여 첨단관광사업으로 장려함으로써 외화유출 방지, 세수확보, 경제활성화를 주목적으로 하고 있다.

우리나라 카지노는 서울지역에 3개, 부산지역에 2개, 제주지역에 8개, 그 외 인천, 강원, 경북에 각각 1개씩 개설되어 있으며, 특히 강원랜드에 설치된 카지노에는 내국인 출입이 가능하여 영업이 매우 활성화되어 있다.

이제 카지노는 과거 도박이라는 의미는 점점 희석되어 가고, 관광사업 중 주요전

략산업인 고부가가치사업으로 자리잡아 가고 있다.

3. 카지노사업의 기능과 효과

1) 카지노사업의 기능

카지노의 기능은 소비자 행동론 측면에서 보면 다음과 같다.[3]
① 새로운 것에 대한 경험과 레크리에이션 오락을 즐길 수 있다.
② 사교의 장소로 다양한 사람들을 만날 수 있다.
③ 경제적 이익을 얻을 수 있다.
④ 호기심과 명소로서의 가치가 있다.
⑤ 다양한 부대시설을 제공받을 수 있다.

2) 카지노사업의 긍정적 효과

① 높은 고용효과가 있다.
② 외래관광객으로 하여금 1인당 소비액을 증가시키고 체재기간을 연장시킨다.
③ 중앙 및 지방자치단체에게 재정수입을 창출시킨다.
④ 호텔사업이 카지노사업을 경영할 때는 영업에 대한 높은 시너지 효과를 가진다.
⑤ 자연관광자원이 없거나 빈약한 지역이 이용할 수 있다.

3) 카지노사업의 부정적 효과

카지노사업은 앞에서 언급된 바와 같이 긍정적 측면을 가지고 있지만, 다음과 같은 부정적 측면도 가지고 있다.
① 도박에 대한 중독증에 걸리게 한다.
② 도박에 의해 재산을 탕진하여 도산이 발생하고, 궁극적으로는 가정파탄으로 연결된다.
③ 사회가 '한탕주의'에 빠질 수 있다.

---

3) 원갑연 · 한진수 · 임정우, 전게서, pp.171~174.

국제 카지노사업 현황

1. 카지노사업의 발전과정

국내 카지노사업은 1960년대부터 시작했다고 할 수 있으며, 연대별로 살펴보면 다음과 같다.

1) 1960년대

- 1961년 11월에 '복표발행현상 기타 사행행위 단속법' 제정으로 카지노 설립의 법적 근거를 마련함.
- 1962년 9월 동법의 개정된 사항에 외국인을 상대로 하는 오락시설로서 외화획득에 기여할 수 있다고 인정될 때에는 이를 허가할 수 있게 함으로써 설립근거를 마련함.
- 1967년 인천 올림포스호텔 카지노를 최초로 개설함.
- 1968년 주한외국인과 외래관광객전용 레크리에이션시설로서 서울에 워커힐 호텔 카지노를 개장함.
- 1969년 6월 동법의 개정으로 카지노의 내국인 출입을 허용하였던 것을 외국인 만을 대상으로 영업을 하게 함.

2) 1970년대

- 1970년대에 카지노사업을 주요 관광지에 확산함.
- 1971년 속리산 관광호텔 카지노를 개장함.
- 1975년 제주 칼호텔 카지노를 개장함.
- 1978년 파라다이스비치호텔 카지노를 개장함
- 1979년 코오롱관광호텔 카지노를 개장함.

3) 1980년대

- 1980년 설악 파크호텔 카지노를 개장함.
- 1985년 제주 하얏트호텔 카지노를 개장함.

4) 1990년대

- 1990년, 1991년에 제주 그랜드호텔 카지노를 개장함.
- 제주 남서울호텔 카지노, 제주 서귀포 칼호텔 카지노, 제주 오리엔탈호텔 카지노, 제주 신라호텔 카지노 순으로 개장함.
- 1991년 3월 동법이 '사행행위 등 규제법'으로 개정됨.
- 1994년 8월 관광진흥법에 의한 관광사업의 한 종류로 됨.
- 1991년 5월 경찰법(법률 제4369호) 제정으로 카지노의 허가 등 관련업무는 시·도지사에서 지방 경찰청장으로, 2개 이상의 시·도에 걸친 영업 등에 대해서는 내무부장관에서 경찰청장으로 이관됨.
- 1994년 말 행정개편으로 관광주무부서가 건설교통부에서 문화체육부(현 문화체육관광부)로 이관됨에 따라, 카지노업은 문화체육부 관광국에서 허가·운영·지도·감독 등을 맡게 됨[4]
- 1998년 3월 행정개편으로 문화체육부에서 문화관광부로 이관됨.
- 1999년 외국인에게 영업허가권이 부여될 수 있었고, 국제회의업시설의 부대시설 안에서 카지노업을 하고자 할 경우 허용되었으며, 카지노영업 준칙에서 카지노영업세칙으로 변경됨[5]

5) 2000년대[6]

- 관광진흥법에 따라 카지노업은 내국인 출입을 허용하지 않는 것을 기본으로 하고 있으며 예외적으로 「폐광지역개발지원에 관한 특별법」에 의거 폐광지역의 경제 활성화를 위해 강원랜드 카지노는 내국인 출입이 가능한 카지노로 허가되어 2000년 10월 개장되었고 2025년까지 한시적으로 운영될 예정이다.
- 현재 카지노업을 규율하고 있는 규정은 관광진흥법령, 카지노업영업준칙, 카지노전산시설기준, 카지노검사업무규정, 카지노전산시설검사업무규정 등이 있다.
- 2007년 9월 카지노 등 사행산업을 통합 관리하는 사행산업통합 감독위원회가 출범하였다.
- 현재 카지노업을 규율하고 있는 규정은 관광진흥법령, 카지노업영업준칙, 카지노전산시설기준, 카지도검사업무규정, 카지노전산시설검사업무규정 등이 있다.

---

4) 한국카지노업관광협회, 내부자료, 1995, 2000, 2003.
5) 원갑연 등, 전게서, p.22.
6) 문화체육관광부(2011). 2010 관광동향에 관한 연차 보고서

- 제주특별자치도 설치 및 국제자유도시 조성을 위한 특별법(법률 제7849호, 2006년 7월 1일 시행) 제172조 : 외국인투자를 촉진하기 위하여 제주도 내 관광사업에 5억 달러 이상 투자하는 등 일정요건을 갖춘 경우에 외국인전용 카지노 업 허가
- 기업도시개발특별법(법률 제7310호, 2005년 5월 1일 시행) 제30조 : 관광레저형 기업도시의 실시계획에 반영되어 있고 관광사업에 5천억 원 이상을 투자하는 경우에 외국인전용 카지노업 허가
- 경제자유구역 지정 및 운영에 관한 법(법률 제8667호, 2008년 6월 8일 시행) 제23조의 3 : 경제자유구역 내에 외국인 투자자가 관광호텔 또는 국제회의시설을 포함한 관광사업 3종류에 5억 달러를 투자하는 경우에 외국인전용 카지노업 허가

- 2014년 3월 LOCZ 코리아 경제자유구역내 카지노업 사전심사 적합 통보(문화체육관광부, 2015).
- 2016년 3월 Imspire-IR, 인천 경제자유규역 내 카지노업 사전심사 적합 통보

2. 카지노사업의 현황

1) 한국 카지노업

(1) 한국 카지노업체의 현황

세계적인 카지노 추세는 리조트 형태의 카지노로 가고 있으나 우리나라는 호텔에 부속된 단순한 영업형태로 영세성을 벗어나지 못하고 있는 실정이었고 그동안 외국인 투자자들은 제주특별자치도 등 대규모 지역개발에 대한 투자조건으로 카지노업의 허가를 요구함에 따라 문화체육관광부는 외국인 투자 유치 촉진을 통해 해당지역의 대규모 개발을 유도하고 카지노 리조트를 조성하는 등의 관광인프라 구축을 목적으로 관련법의 제·개정을 통하여 카지노업 허가특례규정을 마련하여 시행하고 있다.

외국인전용 카지노는 1967년 인천 올림포스 카지노 개설을 시작으로 2005년 신규 허가 3개소를 포함하여 2018년 말 기준으로 전국에 17개 업체가 운영 중에 있으며, 지역별로는 서울 3개소, 부산 2개소, 인천 1개소, 강원 1개소, 대구 1개소, 제주 8개소이다. 내국인 출입 카지노는 강원랜드 카지노 1개소가 운영 중이다. 카지노업 종사자 수는 5,325명(외국인전용 카지노 6,020명, 강원랜드 카지노 1,905명) 등이다.

문화체육관광부는 2005년 1월 28일자로 적극적인 외국인 관광객 유치와 외화 획득을 통한 관광수지 개선, 일자리 창출 및 카지노산업의 경쟁력 제고를 위하여 한국관광공사에 서울 2개소, 부산 1개소의 카지노를 신규 허가하였으며 동 카지노는 2010년 현재 1년여의 준비기간을 거쳐 2006년 상반기 3개소가 모두 개장하였다.

(2) 한국 카지노 이용객 및 매출액 현황

2014년 카지노업체 총 매출액은 2조 7,992억 원(외국인전용 카지노 1조 3,772억 원, 강원랜드 카지노 1조 4,220억 원)이고 입장객은 596만 명(외국인전용 카지노 296만 명, 강원랜드 카지노 300만 명)이며, 2014년 말 기준 16개 외국인전용 카지노의 외국인 관광객 대비 카지노 이용객 점유율은 20.8%이다.

〈표 15-1〉은 시도별 카지노 업체 현황을 나타낸 것이다.

표 15-1 시 · 도별 카지노업체 현황 　　　　　　　　　　　　　　　　　(단위 : 명, 백만 원, m²)

시 · 도	업 체 명 (법 인 명)	허가일	운영형태 (등급)	종사원수	2019 매출액	2019 입장객	허가증 면적(m²)
서울	파라다이스카지노 워커힐점 [(주)파라다이스]	'68.03.05	임대 (5성)	1,106	291,233	515,441	2,685.86
	세븐럭카지노 강남코엑스점 [그랜드코리아레저(주)]	'05.01.28	임대 (컨벤션)	919	188,005	549,176	2,158.32
	세븐럭카지노 강북힐튼점 [그랜드코리아레저(주)]	'05.01.28	임대 (5성)	556	221,460	901,723	1,728.42
부산	세븐럭카지노 부산롯데점 [그랜드코리아레저(주)]	'05.01.28	임대 (5성)	366	83,638	269,695	1,583.73
	파라다이스카지노 부산지점 [(주)파라다이스]	'78.10.29	임대 (5성)	423	76,332	154,087	1,483.66
인천	파라다이스카지노(파라다이스시티) [(주)파라다이스세가사미]	'67.08.10	직영 (5성)	872	376,924	382,666	8,726.80
강원	알펜시아카지노 [(주)지바스]	'80.12.09	임대 (5성)	19	244	3,462	632.69
대구	호텔인터불고대구카지노 [(주)골든크라운]	'79.04.11	임대 (5성)	184	20,723	88,102	1,485.24

	공즈카지노 [길상창휘(유)]	'75.10.15	임대 (5성)	206	32,187	33,811	1,604.84
제주	파라다이스카지노 제주지점 [(주)파라다이스]	'90.09.01	임대 (5성)	243	40,433	165,650	1,232.72
	아람만카지노 [(주)청해]	'91.07.31	임대 (5성)	111	7,651	6,040	1,366.30
	로얄팔레스카지노 [(주)건하]	'90.11.06	임대 (5성)	133	16,795	20,588	865.25
	엘티카지노 [(주)엘티엔터테인먼트]	'85.04.11	임대 (5성)	109	4,659	14,459	1,175.85
	제주썬카지노 [(주)지앤엘]	'90.09.01	직영 (5성)	150	8,234	31,245	1,543.62
	랜딩카지노(제주신화월드) [람정엔터테인먼트코리아(주)]	'90.09.01	임대 (5성)	510	62,453	85,884	5,646.10
	메가럭카지노 [(주)메가럭]	'95.12.28	임대 (5성)	113	17,897	11,732	800.41
16개 업체(외국인 전용)			직영:2 임대:14	6,020	1,448,868	3,233,761	34,719.81
강원	강원랜드카지노 [(주)강원랜드]	'00.10.12	직영 (5성)	1,905	1,481,555	2,895,191	14,052.72
17개 업체(내 · 외국인 대상)			직영:3 임대:14	7,925	2,930,423	6,128,952	48,772.53

* 자료원 : 문화체육관광부(2019). 2018년 기준. 관광동향에 관한 연차 보고서, pp.316.

(3) 태백 폐광지역의 카지노 리조트

　　1989년부터 시작된 정부의 석탄산업합리화 정책으로 강원도 태백시 정선군과 영월군 일대의 탄광들은 폐광되거나 석탄 채굴량을 줄이기 시작했고, 지역경제가 급속도로 피폐해지면서 지역주민의 수도 급감했다.

　　강원도 남부지역에서는 탄광지역 진흥사업의 추진과 별도로 지역경제를 회생시키기 위한 지역주민의 다양한 노력이 전개되었지만 큰 성과를 거두지 못했다. 특히 1994년 12월 강원도 정선군 고한 · 사북지역은 타 지역에서 유치를 거부하는 핵폐기물 처리시설을 유치하겠다고 나설 정도로 벼랑 끝의 지역경제 회생을 위해 자구노력을 기울였다. 그러나 여전히 가시적인 성과가 없자, 1995년 2월 이 지역주민 수천 명이 지역경제 회생에 관한 정부의 근본적인 대책을 요구하는 시위에 돌입하게 되었다.

1995년 3월 초 지역주민의 시위와 관련, 통상산업부는 감산지원 위주였던 탄광 지역 정책에서 탈피하여 개발을 통한 지역경제의 활성화 방향으로 전환하겠다는 종합대책을 발표했다. 또한 실효성 있는 대책이 될 수 있도록 특별법을 제정하고, 교통 접근성이 열악한 폐광지역을 고원관광지역으로 개발할 수 있도록 내국인 출입을 허용하는 카지노를 유치하겠다는 대책안을 제시했다.

1995년 12월 29일, '폐광지역개발지원에 관한 특별법'이 2005년까지 한시 적용되는 법으로 국회에서 통과되었다. 이 법 제11조(관광진흥법 적용의 특례)에서 문화관광부장관은 폐광지역 중 경제사정이 특히 열악한 지역 중 한 곳에 한해 카지노업을 허가할 수 있도록 했다. 또한 카지노업의 허가를 받을 수 있는 자는 공공성 및 효율성이 확보될 수 있도록 요건에 적합해야 하고, 문화관광부장관은 과도한 사행행위 등의 예방을 위해 출입을 제한하는 등 영업에 관한 제한을 할 수 있도록 명시하고 있다.

당초 문화관광부는 내국인 출입을 허용하는 카지노는 각종 부작용으로 득보다 실이 많다는 점에서 강력히 반대했다. 그러나 폐광지역에 카지노산업이라는 유인이 없이는 여타 관광시설에 대한 투자유치가 곤란하고 석탄산업을 계속하거나 대체산업을 개발해야 하지만, 이것이 한계에 달한 점을 감안하여, 카지노업체의 공익성을 확보하고 지역경제에 기여한다는 것을 조건으로 오직 한 곳에 한해 카지노를 허가하기로 결정했다. 폐광지역 내에서 운영되는 카지노는 카지노장을 둘러싼 범죄 및 범죄조직의 증가, 카지노로 인한 과소비, 카지노장 주변 지역주민의 카지노 중독 및 재산탕진, 현금거래에 의한 자금유출 및 탈세, 범죄조직의 불법자금 유입 및 불법고리대금업, 카지노를 통한 돈세탁 등 각종 폐해에 대한 우려가 있으므로, 문화관광부는 폐광지역 카지노 관련 각종 제도개선방안을 마련하였다.[7]

(주)강원랜드는 석탄산업의 사양화로 폐광지역 경제 기반이 붕괴됨에 따라 관광산업을 대체 산업으로 하여 폐광지역의 경제 활성화를 위한 목적으로 〈폐광지역개발지원에 관한 특별법〉에 따른 개발사업 시행자로서 1998년 6월 29일 설립되었다. 강원랜드는 설립 이후 2000년 10월 28일 스몰카지노를 개장하였고, 2003년 3월 28일 메인 카지노를 개장하여 현재에 이르고 있다. 또한 강원랜드는 리조트 개발사업을 지속적으로 추진하여 스키장, 골프장, 관광호텔 등의 시설을 갖추는 한편, 지역연계사업을 추진하여 2009년 (주) 하이원엔터테인먼트와 (주) 하이원 모터리조트를 설립하였다.

---

7) 문화체육관광부(2011). 2010 관광동향에 관한 연차보고서.

강원랜드는 한국광해관리공단이 전체 지분의 36%를 보유한 대주주의 위치를 확보하고 있고 나머지 강원도개발공사, 인근 4개시, 군과 강원도가 참여한 공공부문과 민간부문 등에서 공동출자형식을 택하여 개발되었다.

현재, 강원랜드는 2014년 기준 강원도 정선군 사북읍 사북리, 고한읍 고한리 일원에 총 5,324, 423m² 규모의 카지노 리조트를 조성하고 있다. 주요 시설물로는 강원랜드 호텔, 카지노, 하이원 호텔, 골프장, 하이원 스키장 및 콘도 등이 있다. 이러한 강원랜드의 시설은 강원랜드 호텔 내 12,792.05m² 공간에 테이블 게임 200대, 머신 게인 1,360대 등으로 이루어져 있다(사행산업통합감독위원회, 2014, 22~24).

강원도 정선에 스몰카지노에서, 많은 시간이 지난 현재 카지노 전문가들이 지적한 부작용들이 발생하고 있다. 이러한 부작용들 중 가장 심각한 것이 게임(도박)중독증이다. 카지노의 속성상 이용객들의 대다수는 돈을 딸 수가 없다. 극히 일부분만이 돈을 딸 수 있는데도 불구하고 계속 카지노게임에 몰두함으로써, 재산손실은 물론 이로 인한 가정파탄 및 사회적으로 고립되는 문제점을 던져주고 있다. 스몰카지노의 경영업체인 (주)강원랜드와 관계 지역사회는 이러한 문제점을 해결하도록 최대의 노력을 하여야 할 것이다. 이용객 또한 카지노게임을 하나의 즐기는 여가게임으로 인식하여 이용하여야 할 것이다.

2) 외국의 카지노업

(1) 세계 카지노의 동향[8]

카지노의 역사는 중세 유럽사회에서 찾아볼 수 있으며, 주로 귀족들의 사교수단으로 발전하였다. 유럽식 카지노는 소규모 클럽 형태로 회원에 가입해야 이용할 수 있으며, 엄격한 규정에 의해 통제되고 있으나 현재는 경영난으로 어려움을 겪고 있다. 미국 Las Vegas 카지노의 경영진들은 유럽 카지노에서 위탁경영방식으로 진출하고 있다.

1930년대 미국 Las Vegas에서 카지노를 도입하게 된 이유는 재원 확보 및 경제공황을 극복하기 위한 경제개발 목적으로 육성되면서 전형적인 상업적 카지노로 발전되었다. 특히 Las Vegas의 카지노산업은 객실이나 게임시설 면에서 대형화되고, 주제 공연을 포함하고 있어 다양한 오락과 연예, 쇼 등을 제공하고 있어 Las Vegas는 도박의 메카와 환락의 도시로 불리고 있다. 하지만 현재의 Las Vegas는 카지노 사업과 비즈니스 사업의 전혀 다른 2개의 얼굴을 가진 도시이다.

---

8) 강만호·육풍림(2010). 『카지노경영론』. 백산출판사, pp.67~72.

지난 1993년 통계를 보면 한 해 동안 각종 회의와 전시회가 2,433건, 참가인원 244만명, 이와 관련된 수입은 22억 5,400만 달러로 집계되었다. 이들이 Las Vegas에 뿌린 유흥비 등 기타 경비를 감안하면 총수입은 훨씬 더 늘어난다.

이러한 카지노산업이 재원 확보 및 지역경제의 활성화에 기여함은 물론 관광산업의 일부이며, 또한 합법적인 여가활동의 일부분으로 인식됨에 따라 미국 전역으로 확산되고 있는 추세이다.

카지노 산업의 세계적 추세에 힘입어 카지노를 금지하는 공산주의 국가에서도 가속화되어가고 있다. 미국의 대형 카지노사인 MGM Grand사는 중국 해남(海南)에 2개의 카지노 리조트를 건설할 계획이라고 선언하였으며, 내국인은 물론 홍콩, 대만, 일본 등의 동북아시아 카지노 고객을 유치할 것으로 알려졌다. 또한 미국 Reno에 기반을 둔 슬롯머신 제조업체인 International Gaming Technology사는 중국 하남(河南)시와 공동으로 대규모 슬롯머신 엔터테인먼트 센터를 추진 중에 있어 이 슬롯머신센터가 완공되면 중국에서 가장 큰 규모가 될 것으로 예상된다.

또한 동유럽 및 독립국가공화국에서도 자유시장경제 시스템을 수용하는 움직임에 따라 외화 획득을 목적으로 카지노를 도입하여 운영 중에 있다. 아시아 국가는 유교문화의 영향을 강하게 이어가고 있으나, 관광상품의 다양화, 외화 획득 및 외화 유출방지의 목적으로 카지노사업을 주요 관광산업으로 육성하고 있다.

마카오에서는 20세기 초 매춘과 마약을 일소하면서 도박장을 마카오의 주요 관광지로 대체시켰고, 소위 '동양의 Las Vegas'라 불릴 정도로 카지노가 활성화되어 있다. 필리핀도 1997년 카지노산업을 합법화하여 정부에서 운영 중에 있으며, 말레이시아는 대규모 카지노 센터 위락단지를 조성하여 연간 50만명의 관광객을 유치하고 있다. 호주는 1997년 5월 멜버른에 세계 최대의 도박센터인 크라운 카지노가 개장되어 아시아의 카지노 고객들을 노리고 있으며, 시설면으로 포커게임기 2,500대, 테이블 게임 350개, 식당, 바 35개, 영화관 14개, 객실 500실 규모로 영업하고 있다. 카지노의 세계 동향은 먼저 내륙형 카지노에서 선상 카지노로 확대되어 가고 있으며, 최근 정보산업의 발달과 컴퓨터의 급속한 성장 및 정보망의 구축으로 인해 다시 인터넷 카지노로 확산되어 가고 있다.

최근에는 인터넷 통신을 이용한 '온라인 카지노(On-Line Casino)'가 급속히 확산되면서 집에서 편히 도박을 즐길 수 있게 되었다.

캐나다 토론토에서는 컴퓨터로 블랙잭게임을 즐길 수 있는 '카라비안 카지노'가 개설되었으며, 게임을 원하는 사람은 인터넷상으로 금전거래를 취급하는 네덜란드

E 캐시사에 등록하면 된다. 이러한 카지노는 실제 카지노(Virtual Casion)에 비해 운영경비가 거의 들지 않는다는 장점이 있다. 영국의 British 항공사는 항공기 좌석에 스크린을 부착하여 비디오 게임과 블랙잭, 룰렛을 즐길 수 있는 시스템을 올 연말쯤 가동할 계획이어서 이제 인터넷 카지노는 육지와 바다뿐만 아니라 하늘에서도 도박을 가능하게 하고 있다.

(2) 세계 카지노 시설 현황

2012년 카지노 매출액 국가 순위를 살펴보면, 미국이 61,077백만 달러로 1위를 차지하고 있고, 마카오 38,007백만 달러, 캐나다 7,656백만 달러, 싱가포르 4,253,백만 달러, 호주 4,226백만 달러의 순으로 나타났다. 전년대비 가장 큰 폭의 증가를 보인 국가는 마카오(13.8%)이고, 싱가포르(10.9%), 호수(5.9%) 손으로 나타났다.

표 15-2 2011~2012 카지노 매출액 상위 5개국   (단위:백만 US$)

순위	카지노	2011년	2012년	증감율(%)
1	미국	59,304	61,077	3.0
2	마카오	33,405	38,007	13.8
3	캐나다	7,861	7,656	-2.6
4	싱가포르	4,445	4,253	-4.3
5	호주	3,810	4,226	10.9
계		108,825	115,218	5.9
카지노 시장 점유율(%)		76.8	78.2	

자료 : Global Betting and Gaming Consultants(2014). 「GBGC Global Gambling Appendices」.

03   카지노사업 관련법규

1. 카지노업의 허가관련 법규

카지노업의 허가기준은 관광진흥법 제21조의 제1항에 의거하면 다음과 같다.

이러한 카지노사업의 허가기준은 특급관광호텔 카지노, 선상 카지노에 따라 기준이 다르게 적용되고 있는데 관광진흥법 시행령 제28조의 제2항과 3항에 의거한 허가요건은 〈표 15 – 3〉과 같다.

표 15–3 카지노업 허가요건에 관한 법령

관광진흥법	관광진흥법 시행령	관광진흥법 시행규칙
제21조(허가 요건 등) ① 문화체육관광부장관은 제5조제1항에 따른 카지노업(이하 "카지노업"이라 한다)의 허가신청을 받으면 다음 각 호의 어느 하나에 해당하는 경우에만 허가할 수 있다. 〈개정 2008. 2. 29., 2008. 6. 5., 2018. 6. 12.〉 1. 국제공항이나 국제여객선터미널이 있는 특별시·광역시·특별자치시·도·특별자치도(이하 "시·도"라 한다)에 있거나 관광특구에 있는 관광숙박업 중 호텔업 시설(관광숙박업의 등급 중 최상 등급을 받은 시설만 해당하며, 시·도에 최상 등급의 시설이 없는 경우에는 그 다음 등급의 시설만 해당한다) 또는 대통령령으로 정하는 국제회의업 시설의 부대시설에서 카지노업을 하려는 경우로서 대통령령으로 정하는 요건에 맞는 경우 2. 우리나라와 외국을 왕래하는 여객선에서 카지노업을 하려는 경우로서 대통령령으로 정하는 요건에 맞는 경우 ② 문화체육관광부장관이 공공의 안녕, 질서유지 또는 카지노업의 건전한 발전을 위하여 필요하다고 인정하면 대통령령으로 정하는 바에 따라 제1항에 따른 허가를 제한할 수 있다.〈개정 2008. 2. 29.〉	제27조(카지노업의 허가요건 등) ① 법 제21조제1항제1호에서 "대통령령으로 정하는 국제회의업 시설"이란 제2조제1항제4호가목의 국제회의시설업의 시설을 말한다. ② 법 제21조제1항에 따른 카지노업의 허가요건은 다음 각 호와 같다. 〈개정 2008. 2. 29., 2012. 11. 20., 2015. 8. 4.〉 1. 관광호텔업이나 국제회의시설업의 부대시설에서 카지노업을 하려는 경우 가. 삭제 〈2015. 8. 4.〉 나. 외래관광객 유치계획 및 장기수지전망 등을 포함한 사업계획서가 적정할 것 다. 나목에 규정된 사업계획의 수행에 필요한 재정능력이 있을 것 라. 현금 및 칩의 관리 등 영업거래에 관한 내부통제방안이 수립되어 있을 것 마. 그 밖에 카지노업의 건전한 운영과 관광산업의 진흥을 위하여 문화체육관광부장관이 공고하는 기준에 맞을 것 2. 우리나라와 외국 간을 왕래하는 여객선에서 카지노업을 하려는 경우 가. 여객선이 2만톤급 이상으로 문화체육관광부장관이 공고하는 총톤수 이상일 것 나. 삭제 〈2012. 11. 20.〉 다. 제1호나목부터 마목까지의 규정에 적합할 것	제29조(카지노업의 시설기준 등) ① 법 제23조제1항에 따라 카지노업의 허가를 받으려는 자가 갖추어야 할 시설 및 기구의 기준은 다음 각 호와 같다. 〈개정 2008. 3. 6.〉 1. 330제곱미터 이상의 전용 영업장 2. 1개 이상의 외국환 환전소 3. 제35조제1항에 따른 카지노업의 영업종류 중 네 종류 이상의 영업을 할 수 있는 게임기구 및 시설 4. 문화체육관광부장관이 정하여 고시하는 기준에 적합한 카지노 전산시설 ② 제1항제4호에 따른 기준에는 다음 각 호의 사항이 포함되어야 한다. 〈개정 2019. 10. 7.〉 1. 하드웨어의 성능 및 설치방법에 관한 사항 2. 네트워크의 구성에 관한 사항 3. 시스템의 가동 및 장애방지에 관한 사항 4. 시스템의 보안관리에 관한 사항 5. 환전관리 및 현금과 칩의 출납관리를 위한 소프트웨어에 관한 사항

	③ 문화체육관광부장관은 법 제21조제2항에 따라 최근 신규허가를 한 날 이후에 전국 단위의 외래관광객이 60만 명 이상 증가한 경우에만 신규허가를 할 수 있되, 다음 각 호의 사항을 고려하여 그 증가인원 60만 명당 2개 사업 이하의 범위에서 할 수 있다. 〈개정 2008. 2. 29., 2015. 8. 4.〉 1. 전국 단위의 외래관광객 증가 추세 및 지역의 외래관광객 증가 추세 2. 카지노이용객의 증가 추세 3. 기존 카지노사업자의 총 수용능력 4. 기존 카지노사업자의 총 외화획득실적 5. 그 밖에 카지노업의 건전한 운영과 관광산업의 진흥을 위하여 필요한 사항 ④ 삭제 〈2016. 8. 2.〉	

2. 카지노사업시설, 게임 및 영업제도

1) 시설기준

관광진흥법 시행규칙 제29조의 제1항 규정에 의한 시설기준은 〈표 16 – 5〉와 같다.

표 15-4 카지노업 시설기준

법조항	세부조항 내용
관광진흥법 시행규칙 제29조 (카지노업의 시설기준 등)	제29조(카지노업의 시설기준 등) ① 법 제23조제1항에 따라 카지노업의 허가를 받으려는 자가 갖추어야 할 시설 및 기구의 기준은 다음 각 호와 같다. 〈개정 2008. 3. 6.〉 1. 330제곱미터 이상의 전용 영업장 2. 1개 이상의 외국환 환전소 3. 제35조제1항에 따른 카지노업의 영업종류 중 네 종류 이상의 영업을 할 수 있는 게임기구 및 시설

<table>
<tr>
<td></td>
<td>

4. 문화체육관광부장관이 정하여 고시하는 기준에 적합한 카지노 전산시설

② 제1항제4호에 따른 기준에는 다음 각 호의 사항이 포함되어야 한다.〈개정 2019. 10. 7.〉

1. 하드웨어의 성능 및 설치방법에 관한 사항
2. 네트워크의 구성에 관한 사항
3. 시스템의 가동 및 장애방지에 관한 사항
4. 시스템의 보안관리에 관한 사항
5. 환전관리 및 현금과 칩의 출납관리를 위한 소프트웨어에 관한 사항

</td>
</tr>
</table>

2) 카지노업의 게임

카지노영업장 게임기구는 관광진흥법상에 룰렛(Roulette), 블랙잭(Blackjack), 다이스(Dice, Craps), 포커(Poker), 바카라(Baccarat), 다이사이(Tai-Sai), 키노(Keno), 빅휠(Bigwheel), 빠이까우(Paicow), 판탄(Fantan), 조커 세븐(Joker Seven), 라운드 크랩스(Round Craps), 트란타 콰란타(Trent Et Quarante), 프렌치 볼(French Bowl), 차카락(Chuk-A-Luck), 슬롯머신(Slot Machine), 비디오 게임(Video Game), 빙고(Bingo), 마작(Majang) 및 카지노 워(Casino War)의 20종류가 규정되어 있다.

(1) 블랙잭(Blackjack, twenty-one game. motion game)

블랙잭은 도박성이 가장 강한 게임이며, 카지노에서 가장 성행하고 있다. 블랙잭은 딜러(dealer)와 플레이어(player)가 함께 카드의 숫자를 겨루는 것으로, 이 게임의 목적은 2장 이상의 카드를 꺼내어 그 합계를 21점에 가깝도록 만들어 딜러의 점수와 승부하는 카드게임을 말한다. 플레이어의 처음 두 장만으로 21을 만들면 블랙잭이 되어 붙여진 이름으로 이때 플레이어는 건 돈의 1.5배(150%)를 받으며, 그 밖에는 승패에 따라 서로 베팅(bets)한 금액만큼 주고받는다.

(2) 바카라(Baccarat)

바카라는 카지노 게임의 왕이라 불리며, 손님은 뱅커(banker)와 플레이어의 어느 한쪽을 택하여 9 이하의 높은 점수로 승부하는 카드게임이다. 에이스(ace)는 1로 계산하며, 10, J, Q, K는 '0'으로 계산한다(경우에 따라 손님과 손님, 손님과 딜러가 승부하는 경우).

(3) 룰렛(Roulette)

룰렛은 카지노 게임의 여왕이라 불리우며, 휠(wheel) 안에 볼(ball)이 회전하다 포켓(pocket) 안에 들어간 번호가 위닝 넘버(winning number)이다. 그 넘버(number)라든가 하이(high), 로우(low), 홀수, 짝수 등에 베팅(bets)하며 승부하는 게임이다.

(4) 빅휠(Bigwheel, big six)

빅휠은 손으로 큰 바퀴모양 기구를 돌려 가죽막대기에 걸려 멈추는 번호, 또는 같은 그림에 돈을 건 사람이 당첨금을 받는 게임이다.

(5) 포커(Poker)

딜러가 고객(player)에게 일정한 방식으로 카드를 분배한 후 미리 정해진 카드 순으로(포커랭 순위) 기준에 따라 참가자 중 가장 높은 순위의 카드를 가진 참가자가 우승자가 되는 방식의 게임이다. 매우 많은 방법이 있으나, 기본적인 방법은 각자가 카드를 5장씩 가지고 그것이 이루는 약(約)을 겨루는 것으로, 작전에 따라서는 낮은 약을 가진 사람이 이길 수도 있다는 점에 포커의 진미가 있다. 포커에는 크게 나누어 두 가지 방법이 있다. 하나는 드로포커(draw poker)라고 하여 자기가 받은 카드를 바꿀 수 있는 방법과 또 하나는 스터드포커(stud poker)라고 하여 한번 받은 카드를 바꿀 수 없는 방법이다. 오늘날 포커의 게임 종류는 약 120종 이상이 되고 있다.

(6) 크랩스(Craps, dice)

탁자에 여러 가지 숫자와 마크가 그려져 있어 어려운 게임처럼 보이지만, 카지노게임 중에서 속도가 빨라 가장 재미있는 게임 중의 하나이다. 고객은 주사위 5개 중에서 2개를 선택하여 던진 눈의 합계에 따라 승부가 결정되며, 거는 장소와 종류가 다양한 것도 이 게임의 매력 중의 하나다.

(7) 다이사이(Tai-Sai)

다이사이는 주사위 3개를 이용하는 것으로 고대부터 유명한 중국의 게임으로서, 유리용기에 있는 주사위를 딜러가 3회 또는 4회를 진동시킨 후 뚜껑을 벗겨 3개의 주사위가 표시한 각각의 숫자 또는 구성되어 있는 여러 종류의 거는 장소에 칩(chip)을 올려놓고 맞히는 게임이다. 딜러는 유리용기 속의 전기 진동판으로 3개의 주사위를 흔들어 멈춘 다음 나타난 숫자를 부르고 나온 숫자의 스위치를 누르면, 레이아웃(Layout) 위에 나온 숫자 또는 구성되어 있는 여러 종류의 맞은 장소에 전기가 켜지기 때문에 손님은 건 장소의 이기고 진 것을 쉽게 알 수 있다.

(8) 라운드 크랩스(Round Craps)

라운드 크랩스는 주사위 3개를 갖고 플레이어 중에서 한 사람을 슈터로 정하는데, 플레이어들의 동의하에 슈터는 누구나 될 수 있으며, 다음 슈터는 시계방향으로 돌아간다. 슈터와 플레이어들은 원하는 곳에 베팅을 하며, 딜러는 슈터가 던져서 나온 주사위의 합 또는 조합에 따라 당첨자에게 지급하고, 당첨되지 않은 플레이어의 베팅 금액을 회수한다. 라운드 크랩스는 3개의 주사위가 모두 특정한 숫자를 나타낼 경우에 대한 베팅으로, 당첨시 베팅 금액의 150배를 받는다.

(9) 차카락(Chuck-A-Luck)

차카락 게임은 딜러가 주사위 3개를 주사위 흔들개 속에 넣어서 3번 이상 흔들어서 주사위 3개가 가리키는 번호를 갖고 당첨번호를 알려주는 게임이다. 라운드 크랩스는 플레이어 중에서 슈터를 정하고 다음 슈터는 시계방향으로 돌아가며, 슈터가 주사위 3개를 던지는 데 비해, 차카락 게임은 딜러가 주사위 흔들개 속에 주사위 3개를 넣어 3번 이상 흔들어서 게임을 하는 차이가 있다.

현재 카지노 영업 중에 있는 업체에서는 라운드 크랩스와 차카락은 영업준칙에만 있을 뿐, 카지노를 찾는 고객들은 이 게임을 대부분 선호하지 않기 때문에 실제로 카지노업체에는 게임기 설치를 하지 않고 있는 실정이다.

(10) 키노(Keno)

고객(player)이 선정한 수개의 번호가 딜러 자신이 특정한 기구에서 추첨한 수개의 번호와 일치하는 정도에 따라 소정의 당첨금을 지급하는 방식의 게임이다.

(11) 빠이까우(Paicow)

딜러가 고객(player) 중에서 선정된 특정인(뱅커)과 다른 고객(player)들에게 일정한 방식으로 도미노를 분배하여, 뱅커와 다른 고객(player)들 간에 높은 도미노패를 가진 쪽을 승자로 결정하는 방식의 게임이다.

(12) 판탄(Fantan)

딜러가 버튼(단추모양의 기구)의 무리에서 불특정량을 분리하여 그 수를 4로 나누어 남는 나머지의 수를 알아 맞추는 고객을 승자로 결정하는 방식의 게임이다.

(13) 조커 세븐(Joker Seven)

딜러가 고객(player)에게 카드를 순차로 분배하여 그 카드의 조합이 미리 정해놓은 조합과 일치하는지의 여부에 따라 승패를 결정하는 방식의 게임이다.

(14) 트란타 콰란타(Trent Et Quarante)

딜러가 양편으로 구분되는 고객(player)에게 각각 카드를 분배한 후, 양측 중 카드 숫자의 합이 30에 가까운 측을 승자로 결정하는 방식의 게임이다.

(15) 프렌치 볼(French Bowl)

딜러가 일정한 숫자가 표시된 홈이 파인 고정판에 공을 굴린 후, 그 공이 정지되는 홈의 숫자를 알아 맞추는 고객(player)에게 소정의 당첨금을 지급하는 방식의 게임이다.

(16) 슬롯머신(Slot Machine)

최근 몇 년 사이에 카지노에 최고의 수익을 올려주고 있는 카지노에서는 가장 중요시되고 있는 게임이다. 별다른 게임의 룰이나 기술의 습득이 필요 없어서 여성과 초보자들이 가장 선호하는 게임이다. 일반인들이 흔히 알고 있는 빠찡고와 유사하다. 나날이 새로운 게임기가 선보이기 때문에 종류가 많다. 카지노의 어드밴티지는 각 호텔 기기마다 다르지만 법적으로 네바다는 25% 이하, 아틀랜틱 시(H)는 17% 이하이다.

(17) 비디오 게임(Video Game)

우리나라의 성인 오락실에 설치되어 잇는 포커 오락기와 유사하다. 5장의 카드를 사용하는 포커로서, 자기가 가진 5장의 카드 중 필요 없는 것은 버리고 새로운 카드를 받아서 작패의 조합에 따라 상금을 받는 것이다. 크게 7/5 스케줄과 8/5 스케줄(슬롯머신에 대한 글에서 자세히 설명된다), 그리고 Jack or Better 게임과 Deuces Draws 게임으로 나눌 수 있다. 비디오 포커 게임은 카지노가 위치한 지역주민들이 많이 이용한다.

(18) 빙고(Bingo)

참가자는 번호가 이미 기입되어 있는 빙고티켓을 구입하고, 딜러는 임의의 숫자를 추첨하여 추첨된 번호를 빙고보드에 표시한다. 빙고티켓의 번호와 전광판의 번호가 수평, 수직 또는 대각으로 가장 먼저 일치한 참가자가 빙고라고 외치면 우승자가 되는 방식의 게임이다.

(19) 마작(Majang)

104개의 패를 3인에서 4인이 13개씩(방장은 14개) 나누어 가진 후, 2개씩 미리 한 개조를 만들고, 3개씩 1개조를 맞추어 먼저 4개조를 만들면 이기는 게임이다.

(20) 카지노 워(Casino War)

플레이어가 딜러보다 높은 가치의 카드를 가지면 이기는 게임이다.

04 카지노업의 경영

카지노기업의 경영활동도 기업의 경영활동인 만큼 다음과 같은 경영조직구성의 원칙인 ① 명령일원화의 원칙, ② 권한위양의 원칙, ③ 기능화의 원칙, ④ 적정감독범위의 원칙, ⑤ 조정의 원칙, ⑥ 전문화의 원칙이 적용되어야 할 것이다. 이러한 원칙하에서 카지노업의 특성을 고려하여 최적의 조직을 편성하여야 한다.

1. 카지노의 경영조직표

1) 우리나라 카지노의 경영조직표

[그림 15 – 1]에 의하면 P카지노호텔은 대표이사 밑에 총지배인이 있고, 총지배인은 관리담당임원, 영업담당임원, 판촉담당임원과 안전관리부를 통솔하고 있다.

영업담당임원은 영업1부, 영업2부, 영업3부를 통솔하고 있으며, 영업3부는 영업과, 머신게임과 접객과, 칩스관리과로 나누어진다. P카지노호텔은 [그림 15 – 2]에서 나타난 바와 같이 W호텔의 카지노 조직도와 약간 다른 측면이 있다. W호텔의 카지노 조직도는 대표이사 밑에 부사장·전무가 있고, 총지배인은 부사장·전무의 통솔을 받는다.

따라서 P카지노호텔은 총지배인이 관리·영업업무를 총괄하고 있으나, W호텔은 총지배인이 영업(판촉포함)만 총괄하고 관리부문은 관리이사가 총괄하고 있다.

자료 : 이충기·고택운(1999). 스몰카지노 운영방안 및 사회적 부작용 최소화 방안, 강원랜드(주), p.53.

그림 15-1　W호텔 카지노 조직도

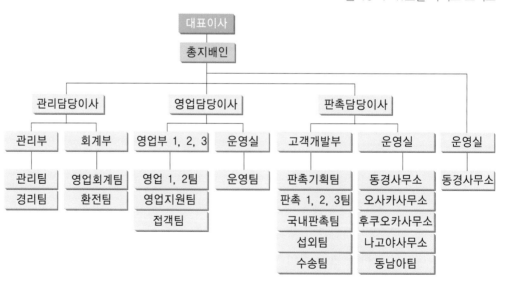

자료 : 이충기·고택운(1999). 스몰카지노 운영방안 및 사회적 부작용 최소화 방안, 강원랜드(주), p.54.; 채용식
(1999). 『한국카지노산업도』, p.78.

그림 15-2　P호텔 카지노 조직도

2) 미국 카지노의 경영조직

카지노 경영은 가끔 매우 실질적이고 물질적인 계획에 의해 특징지어지는데, 그 계획은 갖가지 보조·편의시설뿐만 아니라 500개에서 3,000개에 이르는 호텔객실에 공급되어진다. 그러한 겉모습을 가지고는 있지만 호텔 카지노에서의 주요한 소득원은 게임에서 얻어지는 소득인데, 호텔 수입의 전체 60%를 차지한다. 카지노 경영조직을 검토할 때, 모든 경영 중에서 카지노 수행 역할의 중요성은 확실히 지적할 수 있다.

[그림 15 – 3]은 네바다 주의 카지노에서 이용되는 전형적인 카지노 조직표를 보여주고 있다.

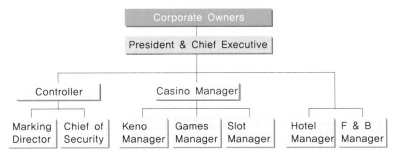

자료 : 이충기·고택운(1999). 스몰카지노 운영방안 및 사회적 부작용 최소화 방안, 강원랜드(주), p.55.

그림 15-3 네바다 카지노 조직도

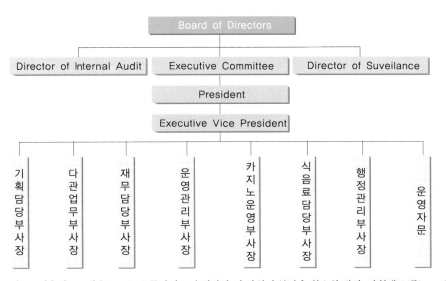

자료 : 이충기·고택운(1999). 스몰카지노 운영방안 및 사회적 부작용 최소화 방안, 강원랜드(주), p.56.

그림 15-4 뉴저지 카지노 조직도

[그림 15-4]는 뉴저지 주에서 운영되는 카지노 조직표를 보여주고 있다.

네바다 주의 조직표에서 가장 중요한 점은 카지노 소유권자가 모든 운영에 관계한다는 것과 상대적으로 중요한 위치에 있다는 것이다. 뉴저지 주 카지노 조직표를 살펴보면, 직무의 지배력은 매우 중요하고(또한, 주에 의해 특별히 법률로 제정되어진다), 규칙 또한 조정되어지는 것도 뚜렷하게 볼 수 있다(중요한 직무 중에 재정적 직무·기능 또한 전형적이라고 볼 수 있다). 이런 책임은 부사장 직위 위치로 되어 있다.

2. 카지노의 조직구조

카지노영업 세칙고시에 의하면 카지노의 부문화 조직구조는 다음과 같이 갖추어야 한다.

① 이사회   ② 카지노 총지배인
③ 영업부서   ④ 안전관리부서
⑤ 출납부서   ⑥ 환전영업소
⑦ 전산전문요원

1) 이사회

이사회는 카지노업의 건전한 발전을 위하여 다음 각 호의 1에 해당하는 자격을 갖춘 이사를 1인 이상 포함하여야 한다.
① 카지노업 근무경력이 10년 이상인 자
② 공무원 경력 15년 이상인 자로서 카지노 정책을 2년 이상 담당한 자
　이사회는 카지노 영업활동과 내부통제에 대한 최종적인 권한과 책임을 진다.

2) 카지노 총지배인

① 카지노사업자는 카지노업 근무경력이 10년 이상에 해당하는 경력이 있는 자를 카지노 총지배인으로 임명하여야 한다.
② 카지노 총지배인은 다음 각 호의 업무를 수행한다.
　가. 영업장 내의 게임운영 총괄
　나. 카지노영업장 내의 시설 및 기구 관리·감독

다. 영업세칙 준수 지도·감독

라. 콤프, 크레디트, 알선수수료 및 계약게임의 기준설정

마. 카지노고객 유치 및 관리

3) 영업부서

① 카지노사업자는 원활한 영업활동을 위하여 딜러, 플로어퍼슨, 피트보스, 시프트매니저 등의 종사자를 갖추어야 하며, 그들의 업무는 다음과 같다.

가. 딜러(dealer) : 딜러는 게임 테이블에 배치되어 직접 고객을 대상으로 게임을 진행하며, 1테이블당 1명 이상 게임을 진행할 수 있다.

나. 플로어퍼슨(floorperson) : 각 게임 테이블에서 발생하는 행위를 1차 감독할 책임이 있으며, 6테이블당 1명 이상을 배치하도록 되어 있다.

다. 피트보스(pit boss) : 각 게임 테이블에서 발생하는 행위를 2차 감독할 책임이 있으며, 영업준칙에 의해 24테이블당 1명 이상을 배치하도록 되어 있다.

라. 시프트매니저(shift manager) : 카지노영업장 운영은 하루(24시간)를 8시간3교대로 영업운영을 하고 있다. 따라서 담당근무시간에 카지노영업장에서 발생하는 모든 영업행위를 감독하며, 3명 이상을 배치하도록 되어 있다.

② 카지노사업자는 영업부서 직원에 대한 영업장 내에서의 근무기록을 유지하여야 한다.

③ 카지노사업자는 딜러 근무수칙을 정하여 이에 따라 근무시켜야 한다.

4) 안전관리부서

안전관리부서는 카지노영업장의 질서 및 안전과 관련된 업무를 수행하며, 중요한 업무는 다음과 같다.

① 내국인 출입통제

② 영업장의 질서유지

③ 고객 및 종사자의 안전

④ 폐쇄회로시설 운영 및 관리

5) 출납부서

출납부서는 영업 및 회계와 관련된 다음 각 호의 업무를 수행한다.

① 카운트룸 운영 및 관리

② 영업과 관련된 현금, 수표, 유가증권의 거래 및 보관

③ 기타 출납운영과 관련된 업무

6) 환전영업소

환전영업소는 카지노게임과 관련된 편의를 제공하기 위하여 다음 각 호의 업무를 수행한다.

① 고객이 제시하는 외화를 원화로 환전

② 고객이 게임종료 후 남아 있는 원화 또는 게임의 결과로 획득한 원화를 외화로 재환전

③ 기타 외국환거래법령에서 인정되는 제반업무

7) 전산전문요원

전산전문요원은 카지노 전산시설을 관리 · 운영한다.

한편, 카지노 업무에 따른 종사자 명칭은 다음과 같다.[9]

(1) 딜러(dealer)

카지노업장 내에서 이루어지는 각종 게임을 수행(conduct)하는 직원으로 게임의 종류 및 행위에 따라 호칭을 달리한다.

① **룰렛** Croupier, Mucker

② **블랙잭** Twenry-one Dealer

③ **바카라** Callman, Payman, Scooper

④ **크랩스** Stickman, Boxman, Payman, Laddor-Man

⑤ **키노** Rummer, Writer

(2) 플로어맨(floorman; pit boss)

주임부터 계장, 대리, 과장급까지 게임 테이블을 운영할 책임이 있는 간부로서, 딜러의 관리, 근무배치, 교육 등을 담당하고, 고객접대, 담당 테이블의 상황을 윗상사에게 보고한다.

---

9) 오수철, 전게서, pp.134~136.

(3) 시프트보스(shift boss; shift manager)

과장급부터 차장, 부장급까지 교대근무의 책임자로서, 해당 근무시간에 대한 인력관리, 카지노시설 및 8시간 동안의 모든 Pit을 운영, 감독한다.

(4) 총지배인 및 부총지배인(general manager & assist manager)

차장, 부장급에서 이사급까지 카지노 운영에 있어 전반에 걸쳐 최고의 책임자이다. 해당 부서의 인력관리, 카지노시설 관리, 일일운영에 대한 책임을 진다.

(5) 케이지(cage)

업장 내의 현금 출납을 관장하는 곳으로 종사자의 호칭을 캐셔라고 하며, 직급별로 호칭을 달리하며, 케이지는 회계부서 또는 관리부서에 속한다. 케이지에서는 손님의 귀중품(현금, 귀금속 등)을 보관한다.

(6) 뱅크(bank)

업장 내의 칩스, 카드 출납을 관장하는 곳으로, 게임 테이블에 칩스를 필(fill) 또는 크레디트(credit)하는 업무를 담당한다. 뱅크는 영업부에 속하며, 뱅크부서가 없는 경우는 케이프(cape)에서 업무를 수행한다.

(7) 보안(security)

보안 또는 섭외라는 명칭으로 불리며, 업장 내의 안전유지 및 외부인(업장 출입을 할 수 없는 자)의 통제 및 카지노 재산보호에 그 임무가 있다.

(8) 서베일런스 룸(Surveillance room)

모니터 룸(monitor room)이라고 불리며, 전 업장을 감시 보호·녹화하여 어떤 분쟁이 발생하였을 때 자료를 제공하고, 종사자(employee), 고객(customer), 게임 테이블(gametable) 등의 상황을 심사·분석할 수 있는 기능의 역할을 한다.

(9) 그리터(greeter)

카지노 호스트(host), 주로 판촉부 소속으로, 고객의 접대 일체를 담당하는 직원이다. 판촉직원의 경우가 많다.

(10) 카지노 바(casino bar)

카지노에 입장한 고객에게는 주류, 음료, 식사 등을 무료로 제공하며, 이 곳에 종사하는 직원도 카지노조직에 소속되며 바텐더, 요리사, 웨이트리스 등이 있다.

카. 인포메이션 데스크(information desk; check room)

카지노에 입장하는 고객에게 입장권 발권 및 카지노 안내게임 설명 및 물품(카메

라, 옷 등) 보관 등의 업무를 대행한다.

　그 밖의 명칭으로 해외 카지노에는 러거(lugger), 퍼거(pugger), 콜렉터(collector)로 불리는 직원들도 있다. 이외에 직원으로는 일반사무직과 같은 관리부 직원으로 총무, 경리, 기획, 비서, 전산, 사무직 등이 있으며, 영선, 기사(driver), 미화 등의 직원도 있다. 위의 직원은 소속된 부서 및 조직 속에서 근무수칙에 의거하여 업무가 대행된다.

 사례 15-1

뉴질랜드 도박인구 최근 급속히 증가해

정부는 세금을 많이 챙기는 관계로 방관하고 있지만, 가정불화·파산·범죄가 늘어나 최근 뉴질랜드 사회에 도박이 성행하게 된 이후 도박인구의 증가로 인해 사회에 미치는 파장이 크게 우려되고 있다.

도박의 연간 총매출이 매년 10억 달러씩 증가하여 현재는 연간 70억 달러에 이르러 정부가 보건에 쓰는 비용보다 더 많다. 도박의 증가는 뉴질랜드인들의 생활방식에 영향을 줄 뿐 아니라 사회적·경제적 손실도 어마어마하다. 1985년까지만 해도 뉴질랜드인들은 경마와 제한된 복권 등이 고작이었으나 갑작스럽게 늘어난 것이다.

도박은 분명히 위험요소가 있기 때문에 정부는 도박의 피해를 줄이기 위해서 노력하고 있음에도 불구하고 호텔이나 클럽 등에 전자게임기계 등의 새로운 설비의 등장으로 해가 갈수록 점점 더 늘어나는 추세이다.

새로운 도박용 기계들은 최근 10년간 꾸준히 증가하여 현재 1만3천대가 넘으며 도박을 해본 경험이 있는 사람도 1985년 85%에서 1995년에는 91%로 늘어나 나이, 사회적·경제적 부류, 인종에 무관하게 늘어나고 있는 실정이다. 도박이 이렇게 보편화되어 감에도 불구하고 그 파급효과에 대한 대책은 거의 무시되고 있다.

도박의 부정적인 파급효과라면 도박에 탐닉, 가정불화, 빚에 의한 파산, 사기와 도둑질 등을 들 수 있다. 1995년 내무부에서 대중에게 피해를 줄이기 위해 도박에 대한 실태를 조사한 바 있었으나 그 결과를 발표하지 않았다.

그런데 이상하게도 도박은 그 이후 줄어들지 않고 더 빠른 속도로 자유화되었다. 즉, 키노, 텔레빙고, 오클랜드 카지노, 스포츠도박, 호텔·클럽·바 등에 설치되는 슬롯머신 등이 새롭게 소개되고 설치되었다.

그렇다면 누가 도박의 확산을 통해 이득을 얻고 있는가? 도박산업은 어마어마한 이득을 얻고 있으며 정부 또한 도박세, 이익에 대한 세금, GST, 투자에 대한 세금 등 여러 형태로 이득을 취하고 있다. 결국 정부도 도박시장에서 복권위원회, 경마 등을 통해 게임을 하고 있는 것이다.

정부의 소득이 얼마나 되는지에 대해 알려진 바는 없으나, 업계에 의하면 매출의 8~10%를 취하여 대략 연간 6~8억 달러로 추산될 뿐이다. 이런 차원에서 보면 영구적이고 정부와는 독립적인 도박위원회를 구성하는 것이 오히려 바람직한 일이다.

문제는 현재 도박이 확산일로에 있다는 것이다. 국회는 한 달 전에 카지노 일시중단 개정 법안을 투표에 부쳐 도박산업을 활성화할 것을 결정한 바 있다. 거의 대부분 의원들이 3년의 임시중단기간이 지나면 4개의 새로운 카지노에 대해 허가해 줄 것을 지지했다.

그러나 여론조사에 의하면 대부분 사람들이 카지노에 대해 반대하는 것으로 나타났다. 그럼에도 불구하고 도박이 뉴질랜드에 점차 확산되고 있다는 증거는 어디에서나 찾아볼 수 있다.

〈피터 아담스=오클랜드 메디컬스쿨 행동과학교수·도박협회 회장〉
자료출처: http://www.nzkoreatimes.co.nz/9801/8012203a.html

16 Chapter

기타 부서

01 안전부서

1. 안전의 욕구에 대한 이유

안전부서는 호텔부문 구조에 비교적 최근에 첨가된 부서이다. 미국에서는 1960년대까지도 큰 컨벤션 호텔을 제외하고는 안전부서를 가지고 있지 않았다. 경영진은 대부분의 종사자들이 근무 중인 주간 동안에는 특별한 안전조치가 전혀 필요 없다고 느꼈으며, 야간 동안에는 객실복도를 순찰시키기 위해 야간 경비원(night watchman)을 고용하였다.

그러나 그 후 서서히 그리고 심지어 비자발적으로, 경영진은 태도를 바꾸어 아주 필요한 운영경비로 안전비용을 고려하기 시작했다. 1970년대 중반까지, 대부분의 중규모 호텔들과 대형 호텔들은 24시간 안전을 제공하기 위하여 직원을 고용하거나 아니면 외부기관과 계약을 했다.

이러한 정책의 변화가 왜 발생했는가? 범죄의 급증만으로는 완전히 설명할 수 없다. 성서 시대 이후로 고객들은 희생이 되어 왔다. 경영자들의 태도 변화는 과거에는 이러한 범죄들이 거의 공표되지 않았다는 점에서 존재한다. 지난 수십 년 동안 그러한 뉴스를 공표하지 못하게 하는 것이 불가능하지는 않았지만 점점 어려워졌다. 범죄 사실은 뉴스의 가치가 있으며, 따라서 언론과 라디오 및 텔레비전에서 전국적으로 발표되고 있다. 이러한 비(非)선호적인 홍보는 대도시 지역에 위치하고 있는 호텔에 특히 불리하다. 호텔이 집중적으로 위치해 있는 곳이 바로 대도시이며, 따라서 더 큰 노출과 함께 더욱 많은 범죄들이 행해지고 있다. 강도를 당하는

확률을 인용하는 통계자료, 일인당 범죄율 및 기타 등은 호텔경영자에게 조금도 이익이 되지 않는다. 여행객들은 단지 범죄수라는 통계치에만 관심이 있다.

경영진의 의사결정에 영향을 미치는 다른 요인은 폭력범죄의 증가이다. 체포되지 않기 위해서 오직 재치와 속도에 의존했던 무장하지 않은 좀도둑(sneak thief)은 급속히 사라지고 있는 반면에, 현대의 범죄자들은 칼과 총 같은 무기를 소지하고 있으며 필요할 때 그것들을 사용하는 데 주저하지 않는다.

따라서 많은 고객들이 해당 지역을 방문하는 것을 주저하고 있고 또한 방문하고 있는 고객들이 두려워하고 있으므로 호텔경영진은 고객을 보호하기 위해 필요한 조치를 취할 수밖에 없었다. 대부분의 호텔들이 안전부서를 만들고 은퇴한 경찰관으로 충원을 하였다. 고객을 보호하기 위해서 세련된 전자장비 혹은 시스템의 유지에 상당한 금액이 투자되고 있다. 대부분의 호텔들은 열쇠꼬리(key tag)에 호텔이름을 새기지 않고 있으며 일부 호텔들은 열쇠 없는 자물쇠(keyless lock)로 전환하였다. 일부 호텔들은 각 층에 한 대 이상의 감시용 T.V.카메라를 항시 작동시켜 복도에서의 어떠한 움직임도 관찰할 수 있도록, 하루 24시간 동안 훈련된 감시자에 의해 조종되는 안전부서 내의 감시기구(monitoring device)를 가지고 있다. 일부 호텔은 고객이 객실에 들어간 후 일분 내에 T.V.의 박스(box)에 특별한 카드를 삽입하지 않으면 컴퓨터화된 경고시스템(computer ized warning system)이 발동하게끔 만들었다. 만약 고객이 카드를 삽입하지 않는다면 안전부서에 불이 반짝이며 안전요원들이 소집된다.

그러나 안전요원을 충원하고 전자시스템을 설치하는 것만으로 충분하지 않다. 이용가능한 홍보, 포스터 혹은 기타 수단을 통하여, 경영진은 고객들이 스스로를 보호하도록 교육시켜야 한다. 고객의 부주의나 생각 없는 행동은 위험가능성이 있다.

고객들은 자신들이 관찰한 의심스러운 행동에 대해 보고하는 것을 주저한다. 그들이 관여하기를 원하지 않거나 잘못 신고하는 것을 두려워하기 때문이다. 그러나 만약 안전부서에서 그 사실을 알았더라면 범죄를 예방할 수 있었고 범죄자를 체포할 수 있었던 경우가 종종 있었다.

고객들은 가끔 부재 중에 옷장 안이나 위에 현금, 보석, 카메라 혹은 기타 귀중품을 넣어둔다. 그러한 품목들은 몸에 걸치거나 가지고 다니지 않을 때는 안전금고(safe deposit box)에 보관되어야 한다. 고객은 가끔 문을 열어둔 채로 있고, 부주의하게 닫고는 잠겨져 있는지를 확인하지 않는 경우가 있다.

고객들은 객실에 모르는 외부인을 끌어들이지 말아야 하며 전달할 상품을 가지고 있다고 주장하는, 모르는 사람에게 문을 열어주지 말아야 한다. 대부분의 호텔들은 외부 배달자들을 고객이 있는 객실의 층에 입장시키지 않으며, 대부분의 호텔 종사자들은 대개 배달을 하기 전에 전화를 하거나 혹은 패스키(passkey)를 사용한다. 만약에 전화가 오지 않았거나 배달이 바람직한 경우가 아니면 종사자가 안내를 하여 객실을 열도록 해야 한다. 조금이라도 의심되는 점이 있다면 안전부서 직원이 동행되어야 한다. 고객들은 지갑을 레스토랑이나 혹은 기타 공공장소의 의자 뒤 혹은 화장실 칸막이 안쪽의 걸고리에 걸어 두지 말아야 한다.

이러한 것들은 단순한 예방조치이며 대부분의 사람들은 그들이 집에 있을 때는 이러한 예방조치들을 조심스럽게 준수한다. 그러나 휴가나 사업목적으로 집을 떠나 있을 때 종종 간과하거나 잊어버리는 수가 많다.

2. 안전부서 직원

이 부서를 적절하게 충원하기 위해 필요한 상시 종사자의 수는 경영진이 대개 호텔의 규모와 유형에 의거하여 의사결정을 한다. 추가적인 안전을 요구하는 특별 기능이나 컨벤션을 위한 임시직원은 대개 외부기관으로부터 충원된다. 미국에서는 대부분의 대규모 컨벤션 호텔에서의 안전부서의 장은 전직 FBI 요원이나 범죄조사나 심문에 전문적인 경험이 있는 은퇴한 경찰고위간부가 맡는다. 그러한 자격은 부서의 의무를 적절히 달성하기 위해 필수적인 것이다.

안전부서 직원의 주요 기능은 고객과 고객의 자산을 보호하는 것이다. 이것은 건물 뒷부분 계단과 옆 출구뿐만 아니라 로비, 복도, 기타 공공장소를 순찰함으로써 이루어진다. 안전부서 직원은 도움을 요청하는 고객의 모든 요구에 응하고, 보고된 의심스러운 행동을 조사하며, 고객의 재산 분실의 경우 경찰에 신고하고 조사에 협조한다.

동시에 중요한 것은 건물, 개인재산, 그리고 호텔의 명성을 보호하고, 그렇게 하는 과정에서 자기 자신과 호텔의 경영자와 소유주에게 법적 의무가 발생하지 않도록 책임을 수반해야 하는데 극도의 조심과 지식 그리고 기민함을 요구하는 어려운 과업이다. 이러한 사실은 안전요원들이 객실, 레스토랑, 바 혹은 기타 공공장소에서 소란을 피우는 사람들을 잡음 없이 조용하게 하거나 쫓아내고 그리고 가끔 구속을 시킬 경우에서 분명히 나타난다. 사람들을 다루는 안전요원들의 전문성은 또한 악성채권(doubtful account)을 회수하기 위하여 신용부서 직원들에게 협조하는 과정에서 나타나기도 한다.

3. 다른 부서와의 협조

경영진은 신용부서 직원들이 고객 계정을 검토하고 지불을 요구하며 추가 신용의 확대를 보장하기 위한 추가적인 확인을 요구하기 위하여 객실을 출입할 때, 그러한 출입은 안전부서 직원과 함께 동행을 해야 한다는 확실한 규칙을 세워야 한다. 만약에 고객이 계정을 미지급하였기 때문에 고객을 추방하는 것이 필요하다면 안전부서 직원은 객실문을 이중으로 잠가 둬야 한다. 그러한 고객들이 외부에 나갔다가 돌아오면, 그들은 대개 신용부서로 방문할 것을 통보받고 거기서 그들 계정의 지급에 관해 질문을 받는다. 안전부서 직원은 항상 참석해서 고객에게 질문하는 신용부서 지배인을 도와야 한다. 일부 호텔에서는 돈도 없이 상당한 금액을 호텔에 빚지고 있는 사람들을 구속시키는 관행을 실시하고 있다. 신용부서 혹은 안전부서가 고발을 하는 문제는 경영진의 의사결정에 좌우된다. 어떠한 경우이든 간에, 안전부서 직원들은 구속에 필요한 정리절차를 하여야 하며, 경찰이 요구하는 도움을 제공해야 한다.

안전부서의 마지막 주요 책임은 호텔 재산의 도난을 최소화하는 것이다. 이것은 컨트롤러(controllers)와 휘하 부하직원들, 특히 타임키퍼(timekeeper), 리시빙 클럭(receiving clerk), 로딩 플랫폼 종사자(loading-platform employee)와 아주 밀접한 관계를 요구하고 있다. 타임키퍼는 호텔종사자에 의하여 출입되는 모든 짐을 점검하는 책임을 지고 있다. 리시빙 클럭은 호텔에서 주문한 모든 재화의 배달을 접수한다. 큰 규모의 호텔, 특히 거리 주차가 제한되어 있는 대도시 지역은 한꺼번에 서너 대의 배달트럭이 접근가능한, 길거리를 벗어난 로딩 플랫폼을 가지고 있다. 이외에 세탁물, 판매상에게 반환되는 품목, 쓰레기, 폐품처리용의 판매된 가구나 설비 그리고 기타는 그것에 배치를 받은 종사자의 감독 아래서 이 플랫폼을 경유하여 호텔에서 나간다. 언급할 필요도 없지만, 이러한 출구는 또한 도난당한 호텔재산이 호텔을 벗어나는 것을 방지하기 위해 사용될 수 있다.

종사자의 짐과 호텔을 경유하여 들어오거나 나가는 모든 다른 재화를 점검하는 절차를 수립하는 데 안전부서장의 전문성이 충분히 발휘될 수 있다. 만약 종사자가 그들 의무를 수행하는 데 어떠한 문제에 당면하거나 혹은 다른 종사자들이나 배달 담당자가 이상한 행동을 하는 것이 관찰된다면 즉시 안전직원을 부르도록 경영진은 지시를 하여야 한다.

회계부서와 안전부서 사이의 협조가 종사자에 의한 도난을 조사하는 데 아주 중요하다. 회계담당 부서장은 의심의 여지가 있는 영역과 관련될 수 있는 종사자들을 색출하여야 한다. 안전부서는 감시를 하여야 하며, 도난범을 체포하는 데 필요한 행동을 취하여야 한다.

체포된 피의자는 목격자, 가능하면 회계담당 부서장 앞에서 안전부서장 혹은 기타 임명된 안전부서 직원에 의하여 즉각 심문되어야 한다. 즉각적인 심문은 완전한 자백으로 이끄는 경우가 많으며 이것은 도난사건이 보증회사에 보고되어 배상을 위한 청구가 이루어질 때 매우 귀중하다. 만약 해당되는 종사자가 호텔노조의 구성원이었는데 해고되면, 서명한 자백내용은 재진술하거나 휴가 혹은 퇴직수당을 위해 노조에게 호소하는 것을 방지할 것이다. 목격자는 이러한 사건에서 피의자에 대한 폭력이나 괴롭힘이 없었다는 사실을 증언하기 위해서 뿐만 아니라 동시에 그러한 것이 발생할 수 없도록 하기 위해서 항상 현장에 있어야 한다. 마지막으로 호텔 정책이 부정직한 종사자를 기소하는 것이라면 구속과 경찰과의 접촉에 대한 모든 관계는 안전부서 직원에 의해 취급되어야 한다.

02 기술부서

호텔에서 기술부서의 책임은 항상 중요시되어 왔다. 최근에는 에너지 보존의 계속적인 강조 때문에 기술부서의 중요성이 몇 배 증가되었고, 특히 호텔 경영의 전반적인 수익성에 이 부서가 갖는 영향력의 관점에서 그러하다.

기술부서는 두 가지 분명한 책임영역을 가지고 있다.

첫째, 적절한 운영에 필요한 전기, 온수, 스팀, 냉방 및 기타 서비스를 매일 호텔에 제공하는 것이다. 이러한 비용은 포괄손익계산서에 총체적으로 수도광열비(Heat, Light, and Power)라는 계정에 기록된다.[1]

기술부서 직원의 일부 구성원은 이러한 서비스의 제공을 운영하고 통제한다.

둘째, 기술부서는 호텔 내의 시설, 가구 및 부착물의 수리와 유지에 책임을 진

---

1) 이러한 것은 경우에 따라 에너지 비용(Energy Cost)이라는 계정에 기록되기도 한다. 계정명은 호텔 자체에서 결정하며 일반적으로 인정된 회계원칙(GAAP ; Generally Accepted Accounting Principles)에 의거한다. 제8차 개정 통일 호텔 회계제도(Uniform System of Accounts for Hotels)는 이러한 항목에 대해서 에너지 비용이라는 계정명을 쓰고 있다.

다. 이러한 비용은 총체적으로 포괄손익계산서에서 "수선 및 유지비(Repairs and Maintenance)"라는 계정에 기록된다.[2] 이 부서 직원 중에는 배관공, 목수, 페인트공, 전기공 그리고 기타 어려운 작업을 하는 기술자들이 있다. 그러나 일부 호텔에서는 유지와 수선이 비록 기술부서 직원들에 의해 수행되어지고 있지만, 다른 호텔에서는 경제적 측면에서 그 작업을 외부 용역회사와 계약하여 행하기도 한다. 이러한 경우는 특히, 작업이 계속 이루어지는 경우보다 정기적으로 행해지는 분야에서 중요하다. 예를 들어, 소규모 호텔에서는 페인트공을 고용할 만큼 작업이 많지 않아 페인트 작업이 필요할 때 외부에서 고용한다. 마찬가지로 엘리베이터 수선, 정밀한 설비품의 유지와 같은 전문 분야도 종종 이러한 방식으로 운영된다.

호텔 서비스의 적절한 유지와 제공은 호텔에 대한 고객의 태도에 중대한 영향을 미친다. 적절히 유지되지 않거나, 초라하거나, 수선을 요구하는 품목을 포함하고 있는 로비, 엘리베이터 및 객실은 고객들에게 좋지 않은 인상을 남긴다. 그리고 부적절한 냉방, 미지근한 난방, 부적절한 배관은 즉각적인 불만을 유발시킬 것이다. 고객은 숙박에 대해 상당한 금액을 지불하고 시설이 적어도 집만큼 작동되기를 기대한다. 따라서 기술부서장과 기술진들은 고객들의 요구를 만족시키고 호텔의 이익수준을 유지하는 데 도움을 주는 중요한 역할을 수행한다. 동시에 기술부서의 비용은 적절히 조정되고 통제되어야 한다.

---

2) 이것도 수도광열비 같이 계정명이 다르게 쓰여질 수 있다. 통일 호텔 회계제도(제8차 개정판)에서는 시설운영 및 유지비(Property Operation and Maintenance)라는 계정명을 쓰고 있다.

호텔경영정보시스템

01 경영정보시스템

1. 정보의 의의

정보(information)란 정보이용자에게 상당한 영향을 가지고 있는 자료로서 이 정보는 불확실성을 감소시켜야 하며, 원가보다 더 큰 가치를 지니고 잠재적으로 의사결정자에게 반응을 줄 수 있는 메시지(message)를 의사결정자에게 전달하여야 한다. 이 정의에서는 의사결정자에 대한 정보의 유용성을 강조하고 있다. 정보란 어원적으로는 in-form-action의 합성어로서 형상(form)을 내면화(in, internalization)하는 행위(action, act of making)로서 어떤 사상이 일정한 형태의 에너지(energy)의 흐름을 통하여 인간의 감각기관에 전달되어 그 형상을 인간이 인식하게 되는 것을 지칭한다고 하였다. 정보란 처리에 의하여 의미 있게 되고, 더욱 가치를 지니는 자료(data)이다.

2. 시스템의 정의

한편, 시스템의 정의를 살펴보면 첫째, 시스템이란 부분 또는 개체가 군(群)이 되어 하나로 조직화된 복합적인 통일체이다. 둘째, 시스템이란 미리 선정된 공동목표를 달성하기 위해서 기능적으로 상호 관련을 갖고 있는 구성요소들의 조직화된 집합체라고 한다. 셋째, 시스템은 하나의 구역 또는 기능단위로 이루어진 여러 개의 독립된 구성인자 또는 개체가 전체목표를 달성하기 위해 유기적으로 결합되어 있는 하나의 집합체 또는 하나의 실체를 말한다. 첫째 정의는 자연현상에 있어서 시스템 개념을 설명하는 데 적절하나, 비자연적 사회현상을 설명하기 위해서 둘째 및 셋째 정의가 필요하게 되는바, 즉 이들의 정의에서는 공동의 목표달성이라는 측면을 강조하고 있다.

시스템의 요소는 [그림 17 – 1]과 같이 입력, 처리, 출력으로 이뤄지면 입력의 자료처리는 여과과정(filtering process), 출력은 정보를 의미한다.

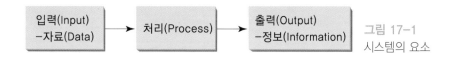

입력(Input) –자료(Data) → 처리(Process) → 출력(Output) –정보(Information)

그림 17-1
시스템의 요소

3. 경영정보시스템

기업용어에서 경영정보시스템(MIS ; Management Information System)은 정보시스템(information system), 통합시스템(total system), 시스템접근(the system approach) 혹은 종합시스템(integrated system)과 관계가 있으며 종종 동일하게 쓰여지기도 한다. 이러한 경영정보시스템에 대한 전문가들의 정의를 살펴보면 경영정보시스템은 하나의 정보시스템으로서 기업의 조직에 대하여 전반적으로 필요한 거래절차를 제공함과 더불어 경영진의 의사결정 기능을 보조하는 정보와 진행절차를 제공하는 것이다. MIS는 경영계획의 집행 및 통제를 위한 경영의 결정을 가능하게 하는 자료의 기록 및 수정을 행하는 하나의 의사소통이며, 따라서 MIS는 자료를 축적하고 저장하고 조직 간의 모든 관계자에게 전달하는 역할을 지닌다. 또한 경영계획, 집행 및 통제를 위한 의사결정을 단행하는 하나의 커뮤니케이션(communication) 과정이다.

경영정보시스템은 조직의 활동들을 계획하고 통제하는 데 있어서 모든 경영층에 유익한 정보를 제공하기 위하여 자료의 수집과 처리를 책임지고 있는 조직 내의 인적, 자본적 자원(resource)의 집합이다.

본래 경영정보시스템은 컴퓨터를 기반으로 하여 전개된 개념이 아니다. 과거 기업에서 적용한 시스템은 경영활동을 위한 의사결정, 경영전략 및 계획을 수립하는데 경영정보를 처리하기 위한 하나의 전통적 정보시스템의 형태로 존재해 왔으나, 현대기업에 있어서는 기업환경 내 · 외에서 발생하는 경영정보를 분류, 저장하고, 기술적으로 분배하는 과학적 경영시스템(scientific management system)

으로 발전해왔다고 할 수 있다. 이것을 여러 학문분야에서 MIS에 관한 구상의 원조를 살펴보면 역사적으로 첫째, 관리회계(managerial accounting), 둘째, 경영과학(management science), 셋째, 경영이론(management theory), 넷째, 컴퓨터 처리(computer processing)로 열거할 수 있다.

02 호텔산업의 경영정보시스템

1. 호텔정보시스템

호텔정보시스템의 개념은 호텔에서 가장 중요한 경영자원 중의 하나인 정보의 적절한 취급 및 소통을 통하여 경영관리의 효과를 제고하는 것이다. 호텔사업은 고객의 거래에서 발생하는 여러 수작업과 여기에 관련된 많은 문서가 취급된다. 호텔정보시스템의 개발은 비용의 절감과 신속도 및 정확도로서 호텔이 자료처리를 간단명료하게 하는 시도이다. 이와 같이 경영관리의 효과를 제고하는 호텔정보시스템의 중요한 목적은 분리된 자료로부터 적시적이며 정확하고 포괄적인 정보를 경영진에게 제공해 주는 것이다. 이것은 사무절차의 경감과 자료의 재취급의 극소화를 통하여 효과적으로 업무를 수행하게 하는 것이다. 효과적인 경영보고서를 작성하기 위한 자동시스템은 자료의 투입과 데이터베이스 저장에 의존한다. 데이터베이스 개발은 법률에 의해 요구되는 자료를 제외한 원천적 서류의 배제 및 경감을 통하여 단순화된다.

그리고 관리통제는 다음과 같은 영역에서 실시된다. 즉 현금관리, 전표관리, 재고관리, 하우스키핑(housekeeping), 고객정산, 야간감사업무이다. 예를 들면, 즉석에서의 고객원장 작성 및 현금수납 분개 등은 호텔정보시스템으로부터 혜택을 받는 바람직하고 필요한 절차이다. 더욱이 신속하고 정확한 호텔정보시스템은 전형적인 전기(傳記)와 수리적 문제, 그리고 고객사이클의 전통적 흐름을 통하여 행해지는 불합리한 분류 및 오기나 착오 등을 배제한다. 또 하나의 혜택인 종사자의 사기진작과 더불어 고객서비스의 향상을 가져오게 된다.

2. 호텔경영정보시스템의 기능

1) 전산화한 호텔회계정보시스템의 업무기능

컴퓨터의 도움을 받는 호텔회계정보시스템의 기능을 업무분야별로 구분하면 아래와 같다.

(1) 프런트 오피스 업무

예약, 등록, 수납, 고객원장에의 전기, 하우스키핑, 잔돈교환, 안전경비, 야간감사 등의 재무정보

(2) 백 오피스 업무

급여, 재고관리, 재무제표 작성 등의 일반회계와 에너지관리 등의 재무정보

(3) 객실관리업무

객실상태(room status), 기상전화(wake up), 전언, 출입통제, 객실 바(bar), 화재연기탐지, 절전, 전화도수계산, TV 등의 재무정보 이상의 각종 업무를 컴퓨터에 의해서 유기적으로 처리하게 된다.

대형 호텔에서의 호텔정보시스템의 구성은 [그림 17 - 2]와 같이 보다 더 복잡하게 이루어진다.

2) 호텔경영정보시스템의 업무내용

컴퓨터의 도움을 받는 호텔경영정보시스템을 그 내용에 따라서 분류하면 크게 고객회계(guest accounting), 예약관리(reservation management), 객실관리(room management) 및 일반관리(general management)로 나누어진다. 다음은 그것들을 각각 설명하고 있다.

(1) 고객회계

고객회계시스템을 대별해 보면 프런트 캐셔(front cashier) 업무, 판매시점 캐셔 업무로 나누어진다. 즉, 호텔은 회계정보를 컴퓨터에 적용함으로써 위의 2가지 업무를 처리할 수 있는바, 구체적인 업무의 내용은 다음과 같다.

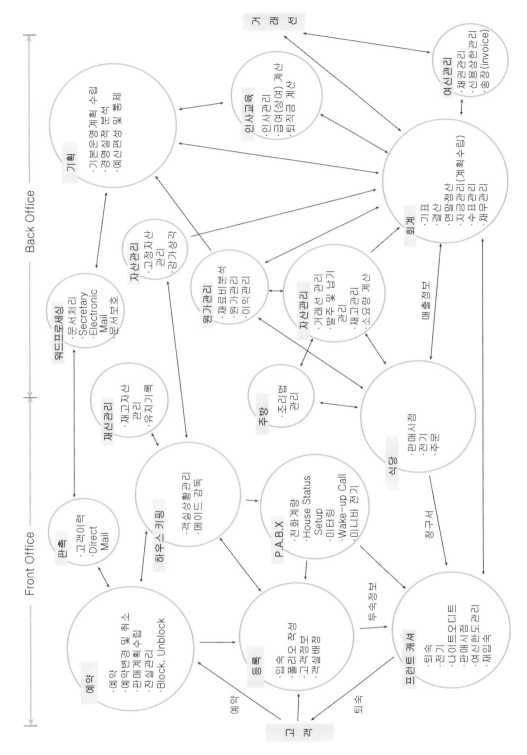

자료 : 조소윤(1985). 회계정보시스템 평가에 관한 실증적 연구, 동국대학교 대학원, 박사학위 논문, p.29

그림 17-2 호텔시스템 기능 간 관련도

가. 프런트 캐셔 업무

① 퇴숙과 퇴숙 계산

② 고객원장 검색 및 변경

③ 단체숙박객의 장부관리

④ 캐셔의 매출명세표 및 합계

⑤ 재숙박과 재숙박 기록

⑥ 매출집계보고

프런트 캐셔 업무를 전산화하면 퇴숙시에 요구되는 제반사항, 고객이 지급해야 할 금액과 지급할 방법에 따라 프런트 캐셔는 정확한 매출집계를 위하여 지급금액, 미지급금액 및 지급방법 등을 재입력하기만 하면 나머지는 자동적으로 처리된다. 이러한 경우에 기장이 잘못되어도 정정이 가능하며 또한 계산의 정확성 여부, 환율 계산, 캐셔의 교대에 따른 매출집계를 항상 작성할 수 있도록 설계할 수가 있다.

나. 판매시점 캐셔

판매시점 캐셔 업무는 레스토랑, 칵테일라운지, 커피숍, 오락실 등에서 컴퓨터를 적용함으로써, 고객의 요금이 판매가 이루어지는 순간 요금이 컴퓨터에 등록되어 고객이 퇴숙할 때 고속인쇄에 의해 나오는 고객원장에 기록이 되어진다. 즉, 판매 시점에 기록이 되어 프런트 캐셔에 의해 퇴숙시에 계산된다. 이때 고객인지 비숙박 객인지의 검색이 가능하여야 하며, 업장에서 발생된 고객의 금액을 입력할 때 퇴숙 시 설정한 신용한도액의 초과 여부를 검색할 수 있어야 한다. 다음은 컴퓨터를 이 용하여 처리할 수 있는 업장업무를 구분한 것이다.

① 고객에 대한 기장

② 비숙박객에 대한 기장

③ 고객/비숙박객의 명단 색인

④ 원장의 부분적 정정 및 조정

⑤ 매출명세표 점검

⑥ 각종 요금의 종류 및 지불방법 선택

⑦ 캐셔의 제반 업무보고서 작성

⑧ 매출집계기능

(2) 예약관리

호텔업에서의 예약은 단체, 개인의 여행, 컨벤션 등을 위하여 객실이나 회의장 등의 사용가능, 가격조건 등을 사전에 약정하는 절차이다.

따라서 예약문의의 응답, 이용객실 및 회의장 등의 배정, 거래자료의 기록, 예약 내용의 확인, 예약기록의 보존, 유지 등의 과정을 신속 정확하게 수행하여야 한다.

호텔컴퓨터의 종합시스템(total hotel computer system)은 온라인(on-line) 처리를 동시에 수행하는 종합시스템이나, 호텔업계에서는 그 업무의 성격상 예약에서 정산까지의 정보가 고객의 행동에 따라 유동적이며 불규칙적으로 발생하여 사무 처리의 단계가 지연되기 쉽다.

금후 예약방법을 현재와는 달리 개개인이 TV나 전화로 또는 비행기, 호텔, 자동차 등의 스크린 영상을 보면서 육성을 통하여 예약하는 방법이 개발되어져 실용화할 것으로 본다면 컴퓨터에 의한 예약절차의 발전은 더 큰 혜택을 낳게 할 것이다.

(3) 객실관리

객실관리모듈은 객실상태보고서의 유지, 하우스키핑 기능의 조정이 중요하다. 판매가능 객실상태로 유지될 경우는 별 문제가 없으나 객실은 보수, 퇴숙 후의 청소 등으로 즉시 판매가능 상태로 있지 못한 경우가 많다.

따라서 프런트와 하우스키핑 간에 긴밀한 연락이 요청된다. 그러므로 컴퓨터에 단말장치나 CPU를 통하여 신속하게 입력시킨 후 각 장소에서 접객에 임해야 한다.

객실관리모듈은 다섯 개 단계별 과정으로 나눌 수 있다.

① 객실상태의 확정
② 객실배정
③ 고객정보
④ 자동 실내서비스
⑤ 하우스키핑

객실관리시스템의 기능은 다음과 같이 열거할 수 있다.

① 요약된 고객정보의 목록화
② 객실상태보고서의 작성
③ 판매예측 및 마케팅

④ 형별 점유상태 보고

⑤ 일반 하우스키핑 보고

⑥ 하우스키퍼들의 생산성 평가

⑦ 모든 정비상태 보고

⑧ 기술부문에의 보고

⑨ 자동화된 보조적인 고객서비스 등

객실관리시스템의 절차는 안전상태보고서에 의하여 객실상태를 결정하고 객실을 배정하며 고객정보를 얻고 자동화된 보조서비스를 행하며 하우스키핑을 실행한다.

객실 내에서는 잠을 깨우는 전화시스템, 전언문시스템, 소요금지표시(騷擾禁止表示)시스템 등의 작은 서비스를 컴퓨터화하여 고객의 편의와 만족도에 공헌하는 것이다.

앞으로 객실관리의 관심도는 에너지 조정에 의한 에너지 비용의 절감책이 호텔 운영개선에 크게 기여하느냐 하는 것이다. 호텔의 안전을 해치지 않는 한 건물 자체를 최소화해야 할 것이며 열관리, 조명관리, 환기, 냉방장치 등은 에너지시스템의 개선과 긴밀하게 관련된다.

(4) 일반관리

호텔회계정보시스템에서 일반관리부문은 전(全) 호텔의 경영정보의 결정과 보급 전달에서 중요한 역할을 한다.

거시적인 경영관리는 재무분석, 경영통계, 각종 보고서 등에 기반을 둔 의사결정 과정이며 단기적으로는 고객 순환과정 중 일어나는 회계상의 내부통제, 각 현장업무 간의 의사전달, 수익성을 향상시키기 위한 조정기능 등이다. 이는 고객회계, 예약 및 객실관리시스템과 더불어 상호 연결된 기능을 수행한다. 즉 수익분석, 영업통계, 재무분석, 후방 공통영역(원장정리, 외상매출관리, 급여관리 등), 의사결정과정 등을 거치는 시스템이다. 일반관리기능은 다음과 같다.

① 분석보고서 산출(점유율, 객실상태, 예산서 등)

② 비용센터 보고(노무비, 급료 등)

③ 판매보고서의 해석(객실, 식 · 음료 등)

④ 통제보고(재고, 하우스키핑 등)

⑤ 재무제표 보고

⑥ 안전시스템 설비 등의 모든 최상의 보고서들로서 각종 자료를 정리하며 궁극
적인 목표와 비교하는 시스템

3) 전산화한 호텔경영정보시스템의 혜택

컴퓨터의 도움을 받는 호텔회계정보시스템이 수작업에 의한 호텔회계정보시스
템보다 어떠한 혜택이 있는가를 검토해 보는 것은 호텔이 컴퓨터를 도입해야 하는
필요성 및 타당성의 근거를 제시해 준다.

호텔회계정보시스템의 컴퓨터화는 호텔경영에 자동화를 가져왔다. 이러한 자동
화는 등록과 숙박절차를 신속히 하고 정확한 정보를 고객에게 제공함으로써 고객
관계를 개선시켰다. 그리고 경영진에게 최근의 보고서와 분석상태의 정보를 제공
하며 유지와 운영비를 감소시킨다. 이러한 비용의 절감은 전기기계설비의 제거와
급여관계 비용의 감소를 통해서 실현된다.

프런트 오피스의 서류작성은 자동화로 인하여 약 80% 정도 줄일 수 있으며[1] 각
종사자의 생산성도 상당히 향상될 수 있다. 또한 컴퓨터 판매업자들에 의하면 자동
화된 주류시스템(beverage system)을 도입함으로써 20~40%의 노무비를 절감할 수
있고 수익에서는 15~18%의 상승을 가져와서 시스템을 도입한 후 2년 이내에 투자
액을 회수할 수 있다[2]고 하였다. 또 다른 연구는 식음료부문에 소형 마이크로 컴퓨
터를 £10,000(약 1,200만원)에 설치하여 일 년 이내에 투자비용을 회수할 수 있다
고 사전 평가할 수 있으며 실제로 한 식음료부문에서 원자재 구입예산의 20%를 절
감할 수 있었고 음식매출에 대한 이익에 12%를 기여하였다. 또한 적정재고유지와
음식의 질 개선, 조리법의 표준화로 노동력 감소, 종사자 상·하 간의 의사소통 개
선으로 이직률 감소, 보고서의 적시성으로 계획과 통제의 효율화 등 직무의 질을
개선하는 등 무형적 혜택이 많았다는 실무적인 평가결과가 있었다.[3] 그리고 에너
지 통제제도에 의하여 에너지 비용을 약 30% 정도 절약할 수가 있으며 200실 규모
의 호텔에서는 3년 정도면 시설 투자비가 회수될 수 있다고 한다.

---

1) W. S. Gray and S. C. Liquori(1990). Hotel & Model Management and Operatons, Prentice Hall, Inc., p.108.

2) Michael L. Kasavana(1984). "Automated Beverage Control Systems: New Pathway to Profits", Hotel & Restaurant International, Oct. p.131.

3) P. R. Gramble And M. Kipps(1983). "The Conception and Development of a Microcomputer based Catering Information System", Hospitality Management, Vol. 2-3, pp.146~147.

자동화는 룸랙(room rack), 랙슬립(rack slip), 스톡카드, 고객영수증, 그리고 전화와 인포메이션 랙의 필요성을 감소시켰다. 컴퓨터는 항시 필요에 따라 모든 객실의 상태를 점검할 수 있으며, 숙박형태와 객실번호에 따라 점유되지 않은 객실을 열거할 수 있다. 따라서 자동화는 호텔의 모든 면에 있어서 신속하고 정확한 자료를 제시하여 준다.

컴퓨터가 가지고 있는 전자원장은 고객들이 퇴숙할 때까지 컴퓨터에 남아 있다. 캐셔들은 모든 요금에 대하여 이전의 잔액을 알 필요 없이 전기하면 컴퓨터는 언제든지 요구에 따라 각 항목을 인쇄할 수 있고 고객들이 퇴숙할 때 호텔에 지급하지 않은 요금은 항목별 고객원장을 작성한다. 또한 퇴숙 사실을 하우스키핑 터미널에 전달해 주며 부서가 객실을 완전히 청소하여 고객들을 투숙시킬 수 있다고 프런트 오피스에 알려 올 때까지 객실을 통제한다.

자동화시스템은 실질적으로 나이트 오디터들의 모든 업무를 제거해 준다. 일단 모든 부서의 총합계가 나온 뒤에 컴퓨터는 "D"카드와 고객외상매출금의 시산표를 작성하게 된다.

최근에 가장 진보된 컴퓨터 처리방식인 온라인방식을 활용할 때 얻는 혜택은 다음과 같다.

(1) 고객회계

① 전달과정이나 등록시의 착오를 줄인다.
② 내부거래나 인정되지 않는 외상매출회계의 부정을 줄인다.
③ 객실료와 세금이 자동적으로 전기된다.
④ 고객이 퇴숙시 요금 청구를 즉시 할 수 있다.
⑤ 추가요금 청구를 배제한다.
⑥ 내부명세표에 의해 고객과의 불일치에 의한 마찰을 피하고 계산내용을 정확하게 서류화한다.
⑦ 내부에서 신용상태나 다른 계정을 한눈에 파악할 수 있다.
⑧ 고객 순환과정 중 내부에서 회계상태를 관리할 수 있다.

호텔회계정보시스템을 전산화함으로써 얻을 수 있는 이상과 같은 혜택 외에 예약, 객실관리 및 일반관리 부문에 온라인 컴퓨터를 적용하였을 때의 혜택은 다음과 같다.

(2) 예약관리

① 고객에게 보다 신속하고 정확한 응답을 제공한다.

② 지정한 날의 영업형태와 미래의 수익과 점유율에 대하여 신뢰할 만한 예측이 가능하다.

③ 예약담당자의 사무처리 절차를 감소시키고 판매와 홍보에 보다 많은 시간을 집중시킬 수 있다.

④ 서류작업과 물리적인 문서 분류작업을 배제한다.

⑤ 예약기록이 작성되므로 취소 및 변경이 편리하다.

⑥ 등록 전에서 등록카드까지 자료전환에 의하여 등록시간을 빠르게 한다.

⑦ 등록기록에서 등록카드까지 자료전환에 의하여 등록시간을 빠르게 한다.

⑧ 투숙객의 고객회계계정의 현금지급 등의 기록을 정확하게 전기하거나 이월시킬 수 있다.

⑨ 고객의 제 거래에 대한 강력한 관리통제로 고객 사이클 기간 중 고객의 첫 기록을 설정하게 된다.

(3) 고객관리

① 최근의 객실상태 파악

② 룸랙과 고객정보명세표의 배제

③ 자동적인 객실배정

④ 프런트와 하우스키핑 간의 의사소통 개선으로 점유율 극대화

⑤ 자동적인 기상전화서비스 제공

⑥ 자동적인 전언대기서비스

⑦ 자동적인 하우스키핑 계획과 분석

(4) 경영관리

① 양질의 재무정보로 자금운용의 개선

② 수익, 외상매출금, 외상매입금 등의 관리 배증(倍增)

③ 시기적절하고 정확한 보고서 작성

④ 전 호텔의 전문용어 및 기술 분석의 표준화

⑤ 완전한 보고기능을 수행하도록 프런트와 백 오피스 부문의 정보를 통합조정

호텔의 경영정보시스템화는 호텔경영의 미래의 방향이다. 호텔 경영자는 이 점을 명심하고 계속적인 정보시스템의 발전에 신경을 써야 할 것이다.

Part

5

재무제표와 손익분기점

18 Chapter

재무제표 : 구조와 분석

호텔 경영의 성과를 측정하고, 이것을 유사한 다른 호텔, 산업표준이나 혹은 만들어진 예산 및 예측치와 비교하기 위하여, 재무제표상의 통계치와 어떤 주요 비율을 이용하는 것이 필요하다. 비록 재무제표상의 모든 숫자가 점검되고 비교되어질 수 있으며, 총 객실 매출액과 객실당 매출액이 의미가 있지만, 분석에서 중요한 것은 이러한 것의 비율 혹은 백분율이다.

01 점유율

호텔산업에서 가장 일반적으로 사용되는 통계치는 점유율이다. 이것은 호텔의 객실 영업수준의 측정이다. 점유율을 계산하기 위해서 점유된 객실수가 이용가능한 객실수와 비교된다(유럽에서는 가끔 점유율이 이용가능한 침대수에 대해 점유된 침대수를 비교함으로써 측정된다).

다음은 점유율을 계산하기 위한 수학적 공식이다.

$$\text{점유 객실수} \div \text{이용가능한 객실수} \times 100$$

예를 들어, 어느 호텔이 200개의 객실을 가지고 있고 그 중에서 그날 밤 120개의 객실이 점유되었다고 가정하자.

$$\frac{120}{200} \times 100 = 60\% \text{ 이다.}$$

그러나 점유율은 단지 하루의 야간을 근거로 추정되는 것이 아니다. 만약 위의 예에서 첫째 날은 120개, 그 다음날 밤 점유 객실수가 130개에 달한다고 가정한다면 이틀 밤 동안의 결합된 점유율은

$$\frac{250}{400} \times 100 = 62.5\% \text{ 이다.}$$

따라서 점유율은 하룻밤 또는 그 이상의 밤, 한 달, 혹은 일 년 단위로 계산될 수 있다.

02 평균 객실료

평균 객실료는 점유된 객실당 창출되는 수익금액을 나타내기 때문에 점유율만큼 중요하다. 이 공식은 총객실 판매금액÷점유 객실수이다.

예를 들어, 120개의 점유 객실수에 대한 총객실 판매금액이 다음과 같다고 가정하자.

	총판매 객실수	객실당 요금	객실수익
	56	₩28,000	₩1,568,000
	27	30,000	810,000
	21	32,000	672,000
	16	34,000	544,000
총 계	120		₩3,594,000

그러면 평균 객실요금은 3,594,000/120=₩29,950이다.

점유율의 경우와 마찬가지로 평균 객실요금은 어떤 기간 동안에도 계산될 수 있다.

03 단체 및 개인고객(F.I.T) 통계치

호텔에서는 호텔의 점유율과 평균 객실요금을 단체와 개인고객으로 분류하는 것이 바람직하다. 이러한 사실은 단체가 전반적인 점유율에서 주요한 요소로 등장할

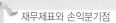
때 더욱 그러하다. 만약 의미가 있다면, 단체 통계치가 기업, 협회, 관광과 같은 세 분시장으로 분류될 수 있다.

04 포괄손익계산서 분석

포괄손익계산서로부터 주요 비율을 도출하는데, 예를 들기 위해 〈표 19 – 1〉을 준비하였다. 이 표는 400개 객실을 갖춘 가상의 호텔에 대해 만들어진 12개월 동안의 포괄손익계산서이다.

총영업이익은 호텔 경영의 효율성이 가장 잘 측정될 수 있는 지표이다. 총영업이익 줄 아래의 재산세, 보험료, 이자, 감가상각비 등은 영업 통제범위를 넘어선 비용들이다. 이러한 비용들은 건설비용과 저당의 개념과 같이 매일의 영업과 전혀 관계없는 여러 가지 요인에 좌우된다.

따라서 총수익에 대한 총영업이익의 비율은 경영능력의 측정이 되는 셈이다. (주)웰빙호텔의 경우 이 비율은

$$\frac{총수익}{총영업이익} = \frac{1,920}{6,850} \times 100 = 28.03(\%)가 된다.$$

이 비율은 어느 정도 객실 판매와 식음료 판매의 상대적인 비중에 좌우되며, 이 비율의 수치는 이러한 관점에서 판단되어져야 한다. 그러나 일반적으로 30% 이상의 비율은 좋은 것으로 간주된다.

객실과 식음료부문은 일반적으로 호텔 수익에의 주요 공헌부문이기 때문에 이러한 부문들의 수익성 정도는 호텔 성공에의 확실한 관건이다. 포괄손익계산서 외에 재무제표에는 보통 각 부문의 세부적인 성과가 포함된다. 객실과 식음료부문에 대해서 이러한 분석은 특히 중요하며, 〈표 18 – 1〉에 같은 기간 내에서 (주)웰빙호텔의 성과가 나타나 있다. 이러한 성과에 의해서 제공되는 주요한 비율을 조사해 보자.

양부문의 부문별 이익률은 아주 중요한데 객실부문의 이익률은 2,575/3,400× 100 = 75.74%이고, 식음료부문의 이익률은 580/2,850×100 = 20.35%이다.

후자의 경우에서 음식 대 음료, 그리고 연회음식 매출 대 정규적인 레스토랑 매출의 실제적인 구성비율은 부문 이익에 큰 영향을 준다. 음식영업보다 총비용이 더적게 드는 음료영업이 상대적으로 많아지면 더욱 높은 이익률이 발생한다. 그리고

미리 정해지는 고객수와 고정메뉴를 가지는 연회 판매는 정규적인 레스토랑 판매보다 일반적으로 수익성이 높다. 따라서 인기 있는 주장(bar)과 높은 매출액을 올리는 연회부문을 가지는 호텔은 높은 부문이익을 가져야 한다.

급여 및 관계비용은 가장 큰 부문 비용의 범주일 뿐만 아니라 잘 통제할 수 있기 때문에 부문별 매출에 대한 이것의 비율은 매우 의미가 있다.

표 18-1 (주) 호텔 웰빙의 포괄손익계산서

포 괄 손 익 계 산 서

(주) 호텔 웰빙 　20××.11~20××.12.31　(단위: 백만원)

부문	수익	매출원가	급여 및 관계비용	기타 비용	부문이익 (손실)
영업부문					
객실	3,400	–	575	250	2,575
식음료	2,900	870	1,130	320	580
전화	200	180	50	20	(50)
세탁 및 발렛	150	–	60	45	45
업장 임대 및 기타 수익	200	–	–	–	200
	6,850	1,050	1,815	635	3,350
간접비 발생부문					
일반관리비	–	–	190	400	(590)
판매 및 대중관계	–	–	105	95	(200)
시설운영, 유지 및 에너지비용	–	–	240	400	(640)
			535	895	(1,430)
총영업이익	6,850	1,050	2,350	1,530	1,920
재산세					(200)
보험료					(25)
이자 및 감가상각비 공제 전 이익					1,695

(주)웰빙호텔의 객실부문에서는 급여 및 관계비용 비율이 575/3,400×100=16.91%이고, 식음료 부문에서는 1,130/2,850[1]×100=39.65%이다. 그러나 식음료부문에서의 급여비용의 10% 삭감은 부문매출액 이익율(부문이익÷부문매출액)을 24.32%까지 끌어올리는 이익의 증가를 가져온다. 이것은 급여비용 비율을 조심스럽게 감시하고 불리한 변이(variance)에 대해 조치하는 중요성을 설명하고 있다.

다른 부문 비용은 총금액과 개별금액 측면에서 수익에 대응하여 측정될 수 있다. 미리 정해진 예산이나 정상 비율로부터의 중요한 변이는 자세한 분석과 설명을 요구한다. 그러나 이러한 비용이 총액에서 비교적으로 중요하지 않는 한, 연초부터 현재까지의 비율(the year-to-date ratio)은 대체적으로 정상적인 반면에 월별 조사는 왜곡된 현상을 보여줄 수도 있다.

---

1) 〈표 18-1〉 식음료 수익 2,900에서 기타 수익 50을 공제

표 18-2 (주) 호텔 웰빙의 부문 스케줄

(주) 호텔 웰빙 (단위: 백만원)

객실부문 스케줄		
수익:		
객실매출		3,400
부문비용		
급여 및 관계비용	575	
계약청소비	21	
세탁 및 드라이크리닝비	75	
린넨비	17	
유니폼비	7	
여행사 수수료	30	
고객용품비	25	
청소용품비	25	
인쇄비 및 문방구비	25	
기타 비용	25	(825)
부문이익		2,575
식음료 부문 스케줄		
수익:		
음식매출		1,900
음료매출		950
총계		2,850
매출원가		
음식		650
음료		220
총계		(870)
총이익		1,980
기타 수익		50
		2,030
부문비용		
급여 및 관계비용	1,130	
자기 및 유리그릇비	30	
은기류비	20	
린넨비	10	
세탁 및 드라이크리닝비	26	
주방연료비	14	
계약연료비	18	
음악 및 유흥비	35	
유니폼비	12	
종이용품	30	
고객용품	30	
청소용품	30	
기타 비용	65	(1,450)
부문이익		(2030 - 1,450 = 580)

식음료부문에서는 음식비용과 음료비용에 관해 매우 중요한 것이 존재한다(음식매출원가는 음식매출 비용에서 종사자가 무료로 소비한 식사비용을 공제한 금액이다). 각각의 경우 매출원가는 수익에 대응하여 측정된다.

따라서 (주)웰빙호텔의 경우는 음식비율이 $650/1,900 \times 100 = 34.2\%$이고, 음료비율은 $220/950 \times 100 = 23.16\%$이다. 높은 음식비율 혹은 음료비율은 다음에서 제시한 것 중 하나 이상의 문제점에서 발생한다.

1. 너무 낮은 판매가격
2. 빈약한 구매성과에 기인하는, 원료에 지나치게 높은 가격 지불
3. 준비과정에서의 지나친 낭비
4. 음식의 경우 메뉴의 부적절한 구조화 즉, 즉 비용은 높으나 이익은 낮은 품목이 너무 많음
5. 판매의 매상금을 종사자들이 훔치거나 무료로 음료 혹은 식사를 주는 것을 허용하는 부적절한 통제
6. 저장실, 주방 혹은 바에서의 물리적인 도난

포괄손익계산서로 돌아와서 총매출액에 대한 부문간접비 비율은 일반적으로 사용되는 측정치이다.

(주)웰빙호텔의 경우 이러한 비율은 다음과 같다.

- 일반관리비   8.61%
- 판매 및 대중관계비   2.92%
- 시설운영, 유지 및 에너지비   9.35%

이러한 비율은 예산과 산업표준에 대해서 측정되어야 한다. 변이가 큰 곳의 부문비용은 원인들을 확인하기 위하여 상세히 분석되어야 한다.

05 재무상태표(대차대조표) 분석

앞에서 제시된 포괄손익계산서 외에, (주)웰빙호텔의 가상적인 대차대조표(재무상태표)가 나타나 있다. 〈표 18 – 3〉의 대차대조표(재무상태표)는 객실수가 500개인 호텔에서 기대할 수 있는 숫자들을 나타내고 있다.

표 18-3 (주) 호텔 웰빙의 대차대조표(재무상태표)

(주) 호텔 웰빙 (단위: 천원)

자 산			
유동자산			
현금 및 예금		100,000	
외상매출금:			
고객원장	4,000		
비숙박객원장	345,000		
기타	15,000		
	400,000		
대손충당금	45,000	355,000	
재고자산			
음식	70,000		
음료	55,000		
기타	60,000	185,000	
선급비용		35,000	675,000
고정자산			
토지		200,000	
빌딩		12,000,000	
가구 및 설비		1,500,000	
영업설비		440,000	
		14,140,000	
감가상각충당금		3,100,000	11,040,000
			11,715,000
부 채			
유동부채			
외상매입금		170,000	
미지급세금		55,000	
미지급비용		105,000	330,000
장기차입금(저당설정)			7,200,000
			7,530,000
자본 및 이익잉여금			
자본금		1,500,000	
이익잉여금(년도초)	2,365,000		
당기순이익	320,000	2,685,000	4,185,000
			11,715,000

　　　대차대조표(재무상태표)에서 찾아낼 수 있는 비율들을 조사하기 전에 간단하게
나마 대차대조표(재무상태표)의 일부분을 설명하면 다음과 같다.

현금과 예금은 매일의 영업을 수행하는 데 필요한 운영자금 외에 프런트 오피스 캐셔, 레스토랑 캐셔, 제너럴 캐셔가 필요로 하는 일상적인 자금을 포함한다.

기타 재고자산(기타 저장품)은 고객용품, 청소용품, 인쇄 및 문구류, 기술용품, 그리고 호텔운영에 필요한 기타 재고자산(저장품)으로 구성된다.

선급비용은 대차대조표(재무상태표)상의 기일을 넘어서 먼저 지급된 비용을 포함한다. 호텔운영에서 가장 흔한 그러한 항목은 보험 및 유지계약이다.

영업설비는 사용 중인 린넨, 자기, 유리그릇, 은기류와 저장실에 저장 중인 앞에 언급된 것들의 예비저장품들을 지칭한다.

누적 감가상각비는 건물, 가구, 설비의 감가상각으로 창출된 전(全) 수익에 대응하는 누적비용이다.

미지급비용은 선급비용에 반대되는 개념이다. 이것은 발생한 비용에 대한 부채이나 비용지급이 다음 해로 연장되었기 때문에 외상매입금에는 포함되지 않는다. 호텔회계 계정에서 가장 흔히 발견되는 것은 수도광열비, 급여, 전화비 등이며, 법률 및 감사수수료와 유사한 항목이 역시 포함된다.

대차대조표(재무상태표)는 주어진 시점에서의 호텔의 재무구조를 나타내는 반면에, 포괄손익계산서는 해당 기간 동안의 영업성과를 반영해 준다. 포괄손익계산서와 부속명세서가 대부분 필요한 분석의 원천이지만 대차대조표(재무상태표) 자료를 영업성과에 관련시킴으로써 어떠한 결론을 이끌어낼 수가 있다.

특히 중요한 것은 식음료 재고자산 회전율, 즉 회계기간 내에 평균 재고자산이 소비된 수이다. 재고자산 회전율은 매출원가(소비)를 평균재고자산으로 나눔으로써 추출된다. 높은 재고자산 회전율이 바람직한데, 왜냐하면 낮은 숫자는 재고에 너무 많은 현금이 묶여 있다는 것을 나타내며 또한 재고자산이 쓸모없는 재고를 포함하고 있을 수도 있기 때문이다. 매월 음식 재고자산 회전율이 3.0, 음료 회전율이 1.0이면 합리적인 비율이다.

외상매출금 회전율은 회계부서가 고객에게 청구서를 송부하여 신용부서가 돈을 회수하는 효율성을 나타내는 측정치이다. 이 회전율은 평균 비숙박객원장 외상매출금(average city-ledger accounts receivable)으로 계산된다.

만약 (주)웰빙호텔의 평균 비숙박객원장 외상매출금 잔액이 ₩345,000,000이라고 가정하면 〈표 18-1〉 참조 총매출액이 ₩6,850,000,000이기 때문에 외상매출금 회전율은 19.86이다. 이 비율은 365일에다 이것을 나눔으로써 1일 매출이 실현되는 일회전 날짜수(혹은 기간) (number of day's sales outstanding)로 변경될 수 있다.

즉, 365÷19.86 = 18.37일이 매출이 실현되는 일회전 기간이다. 대차대조표(재무상태표)는 또한 재무 분석에서 사용되는 보다 전통적인 비율을 반영하고 있다. 이러한 것들 중, 가장 일반적으로 유동부채에 대한 유동자산의 비율인 유동비율이 있다. (주)웰빙호텔 경우는 2.05 : 1 이다. 이 비율은 호텔운영의 유동성 측정을 나타낸다.

19 Chapter

손익분기점 분석

01 매출액과 비용의 유형

  기업에서 발생하는 모든 비용이 제품의 매출량에 비례하는 변동비라면 손익분기점의 문제가 일어날 수 없다. 제품의 판매가격이 단위당 변동비보다 크다면 기업은 언제나 이익을 낼 것이며, 판매가격이 단위당 변동비보다 낮다면 기업은 항상 손해를 볼 것이다. 그러나 기업의 활동에 있어서는 고정비용이 발생하기 때문에 매출량이 어느 정도까지 이르지 못하면 손실을 가져오게 된다. 손익분기점 분석은 총비용과 매출액의 관계를 고려하는 이익계획으로서 매출액이 어느 정도 되어야 총비용을 보상하고도 이익이 발생하는가를 알아보는 것이다. 이것을 규명하기 위해서는 먼저 비용을 고정비용과 변동비용으로 나누어 검토하여야 한다.

  고정비용(fixed cost)은 기업의 매출량에 관계없이 일정하게 발생하는 비용이며, 변동비용(variable cost)은 매출량에 비례하여 발생하는 비용이다. 이러한 분류에 따라 기업의 비용을 고정비용과 변동비용으로 나누어 보면 〈표 19 - 1〉과 같다.

표 19-1 고정비용과 변동비용

고정비용	변동비용
건물과 기계의 감가상각비 임차료 경영진의 보수 기타 유지비용	직접노무비 직접재료비 판매수수료

  고정비용, 변동비용, 총비용과 매출액 또는 매출량과의 관계를 그려보면 [그림

19 – 1]과 같다.

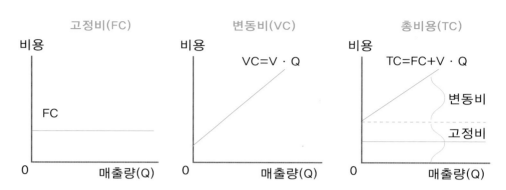

그림 19-1 매출량과 제 비용 간의 관계

그림에서 보는 바와 같이 고정비는 매출량에 관계없이 일정하며, 변동비는 매출량에 정비례한다. 그러므로 제품 한 단위당 소요되는 변동비는 V라고 하면, 변동비용(VC)은 단위당 변동비에 매출량(Q)을 곱하면 된다.

$$VC = V \cdot Q \text{ [변동비용 = (단위당 변동비) × (매출량)]}$$

총비용(TC)은 변동비용과 고정비용(FC)을 합한 것이 된다.

$$TC = FC + VC = FC + V \cdot Q$$

[총비용 = 고정비 + 변동비 = 고정비 + (단위당 변동비) × (매출량)]

반면에 매출액, 즉 총수익(TR)은 단위당 제품가격(P)과 매출량(Q)을 곱한 것으로서 다음과 같은 식으로 표시할 수 있으며, [그림 19 – 2]와 같다.

$$TR = P \cdot Q \text{ [총수익 = (단위당 제품가격) × (매출량)]}$$

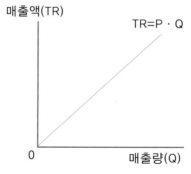

그림 19-2 매출액과 매출량의 관계

02 매출량의 손익분기점

  손익분기점(break-even point)은 총수익(total revenue)과 총비용이 일치하는 점으로서 이때 기업의 이익은 0이 된다. 이 손익분기점은 매출량 또는 매출액의 두 가지로 나타낼 수 있다. 즉, 몇 개를 생산해서 팔아야 이익이 0이 되는가 또는 얼마나 매상을 올려야 이익이 0이 되는가 하는 두 가지로 관찰할 수 있다. 우선 매출량의 손익분기점을 살펴보자.

  매출액과 비용이 일치할 때의 매출량을 앞에서 사용한 기호를 써서 나타내면 다음과 같다.

$$P \cdot Q^* = FC + V \cdot Q^* \qquad\qquad [식\ 19\text{-}1]$$

P : 단위당 판매가격   Q* : 손익분기점의 매출량
FC : 고정비용   V : 단위당 변동비

  [식 20-1]에서 Q*를 구하면 이것이 매출량으로 계산된 손익분기점으로서 [식 20-2]에 나타나 있다.

$$Q^* = \frac{FC}{P-V} \quad \left[Q^* = \frac{고정비용}{단위당\ 제품가격 - 단위당변동비} \right] \ [식\ 19\text{-}2]$$

  단위당 판매가격에서 단위당 변동비를 뺀 (P − V)를 단위당 공헌이익(contribution margin)이라고 하는데, 총공헌이익 Q(P − V)에서 고정비를 차감한 것이 기업의 이익이 된다.

 예제 1

  갤럭시 호텔의 한 레스토랑은 비프 스테이크를 전문적으로 판매하고 있는데 가격은 10,000원이고, 비프 스테이크를 판매하는 데 드는 변동비는 6,000원이다. 이 레스토랑의 연간 고정비는 ₩80,000,000이라고 할 때 일 년에 몇 그릇을 팔아야 손실을 면할 수 있겠는가?

$$Q^* = \frac{FC}{P-V} = \frac{80,000,000}{10,000-6,000} = 20,000 \ (그릇)$$

  이때 단위당 공헌이익(P−V)은 4,000원이고, 손익분기점은 20,000그릇이다. 예제에서 든 이 레스토랑의 문제를 도표로 그려보면 [그림 19 − 3]과 같다.

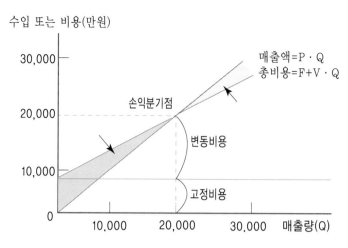

그림 19-3   갤럭시 호텔의 한 레스토랑의 손익분기점

20,000 그릇을 팔면 매출액이 2억 원이므로 손실도 없고, 또한 이익도 없게 된다. [그림 19-3]에서 보는 바와 같이 손익분기점은 20,000그릇이며, 이 이상을 팔 때에는 이익이 발생하게 되며, 매출량이 20,000그릇에 미달할 때는 손실을 보게 된다.

03   매출액의 손익분기점

매출량으로 계산하거나, 매출액으로 계산하거나 손익분기점의 성격상에 차이가 있는 것은 아니다. 단순히 같은 점을 매출량으로도 나타내고 매출액으로도 나타낸다는 것에 지나지 않는다. 손익분기점의 매출량이 결정되면 [매출량×단가]로써 매출액을 구할 수 있다. 그러나 실무에 있어서나 이론적으로나 손익분기점을 구하는 데 있어서 손익분기점의 매출량(Q^*)을 구할 수 없는 경우가 많다. 이때에는 앞에서 설명한 매출량을 중심으로 한 손익분기점으로는 해답을 얻을 수 없다. 따라서 매출액으로 표시된 손익분기점을 구하는 식은 다음과 같다.[1]

앞에서 매출량으로 표시된 손익분기점은 다음과 같다.

$$Q^* = \frac{FC}{P-V}$$

그런데 $TR^* = P \cdot Q^*$ 이므로

---

1) 매출액으로 표시된 손익분기점을 도출하는 방식은 본서의 부록 Ⅲ에 나타나 있다.

TR* : 손익분기점의 매출액 　　　　P : 단위당 판매가격

$$TR^* = P \cdot \frac{FC}{P\text{-}V} = P \cdot \frac{FC}{1 - \dfrac{V}{P}}$$

　여기서 (1 − V/P)를 공헌이익률(contribution margin ratio)이라고 하며, 이는 공헌이익을 단위당 판매가격으로 나눈 것이다. 이것은 일정액을 판매했을 때 그 판매액 중에서 고정비용을 보상하고, 나아가서는 기업의 이익에 공헌하게 되는 부분의 비율을 나타낸다. 즉, 매출액 1원 중에서 기업의 이익으로 귀속되는 부분을 나타내는 것이다. 앞으로의 계획을 수립하는 데는 손익분기점을 구하는 식이 매출량의 손익분기점을 구하는 식보다 훨씬 유용하다. 그 이유는 기업에서 발표하는 포괄손익계산서에는 판매수량이 표시되지 않고 변동비와 매출액만 표시되기 때문이다.

 예제 2

웰빙호텔의 한 레스토랑의 어느 기간 동안의 포괄손익계산서상에 다음과 같이 매출액과 비용이 나타나 있을 때의 손익분기점을 구하라.

매 출 액			1,200,000
비 　용			
	변동비용	900,000	
	고정비용	400,000	1,300,000
손 　실			(100,000)

이 레스토랑은 10만원의 손실을 보고 있는데 이 회사가 손실을 면하기 위하여는 얼마의 매출액을 올려야 하겠는가?

$$TR^* = \frac{FC}{1 - \dfrac{VC}{TR}} = \frac{400,000}{1 - \dfrac{900,000}{1,200,000}} = 1,600,000(원)$$

6만원의 매출액을 달성해야 손실을 면할 수 있다. 이러한 경우의 이 레스토랑의 포괄손익계산서는 다음과 같다.

매 출 액			1,600,000
비 　용			
	변동비용	1,200,000	
	고정비용	400,000	1,600,000
이 　익			0

변동비용 1,200,000원은 1,500,000X(900,000/1,200,000)로 계산된 것으로서, 변동비용이 매출액의 3/4을 차지하고 있다.

04 목표이익과 손익분기점

　　손익분기점은 이익이 0일 때의 매출량 또는 매출액으로 나타낸다. 그러나 기업의 경영진은 이익이 0이 되는 데에 관심이 있기보다 일정한 기대이익 또는 목표이익에 도달할 수 있는 매출량이나 매출액에 관심을 보인다. 앞의 웰빙호텔의 예제에서와 같이 손실을 면한다는 소극적인 계획이 아니라, 보다 적극적으로 투자액의 40%의 이익을 보기 위해서 어느 정도의 생산과 매출이 필요한지, 또는 5만원의 이익을 얻기 위해서 어느 정도의 매출을 올려야 하는지에 기업가들은 관심을 쏟는다. 이러한 경우에도 손익분기점 분석을 이용할 수가 있다. 이러한 목표이익(target profit)을 고려한 손익분기점 공식은 다음과 같다.

$$① \; 목표이익의 \; 매출량(Q^{**}) = \frac{고정비용 + 목표이익}{공헌이익}$$

$$② \; 목표이익의 \; 매출량(TR^{**}) = \frac{고정비용 + 목표이익}{공헌이익}$$

　예제 3

다음은 한 호텔 레스토랑의 판매자료이다.

비프 스테이크 가격	₩10,000
비프 스테이크 변동비	₩6,000
연간 고정비	₩80,000,000
연간 기대이익	₩60,000,000

$$Q^{**} = \frac{80,000,000 + 60,000,000}{10,000 - 6,000} = \frac{140,000,000}{4,000} = 35,000 \; (그릇)$$

$$TR^{**} = \frac{80,000,000 + 60,000,000}{0.4} = ₩350,000,000$$

이와 같이 손익분기점 분석은 단순히 이익이 0인 점만을 분석할 수 있는 것이 아니며, 기업에서 바라는 이익을 실현할 수 있는 매출수준도 분석할 수 있으므로 미래의 이익계획에 유용하게 이용할 수 있다.

05 다품목의 손익분기점

지금까지는 기업이 한 가지 상품만을 제조·판매하는 경우를 설명하였다. 그러나 대부분의 레스토랑 기업은 여러 가지 상품을 제조·판매한다. 이러한 경우에 손익분기점 분석은 어려워진다. 이론적으로는 각 제품마다 고정비, 변동비, 매출가격 등을 규명하고 제품별로 가격 등을 규명하여 제품별로 손익분기점 분석을 하는 것이 바람직하지만, 실제로 각 제품에 따른 고정비나 변동비를 일일이 추적하여 배분한다는 것은 매우 어려운 일이다. 예를 들어, 고정비인 사장의 월급을 제품별로 어떻게 배분하며, 변동비인 전력비 등을 제품별로 어떻게 객관적으로 배정하는가 하는 것은 매우 어려운 문제이다.

그러나 각 제품의 매출액 구성 비율이 언제나 일정하다는 가정과 변동비의 배분을 정확히 할 수 있다는 가정하에서는 여러 제품을 생산·판매할 때도 손익분기점을 구할 수 있는데, 이는 다음과 같다.

$$TR^{**} = \frac{FC}{WC}$$

[식 20-3]

TR* : 손익분기점의 매출액   FC : 총고정비용   WC : 가중공헌이익률

예를 들어서 어느 호텔 레스토랑이 A, B, C의 세 가지 메뉴를 제조·판매하고 있는데, 각 메뉴의 판매단가, 단위당 변동비, 각 제품이 총매출액에서 차지하는 비율이 다음과 같다고 하자.

메뉴	판매단가(원)	단위당 변동비(원)	매출액/총매출액(%)
A	4,000	3,000	20
B	10,000	7,750	40
C	20,000	12,000	40

이 레스토랑의 총고정비용은 300,000,000원이며 총매출액에서 차지하는 각 제품의 매출액 비율이 변하지 않는다고 가정할 때, 다음과 같이 순서로 손익분기점을 계산할 수 있다.

① 각 제품의 공헌이익률을 계산한다.

$$A : \frac{4,000-3,000}{4,000} = 0.25$$

$$B : \frac{10,000-7,750}{10,000} = 0.225$$

$$C : \frac{20,000-12,000}{20,000} = 0.4$$

② 각 매출액의 비율을 이용하여 가중공헌이익률을 계산한다.

	공헌이익률		매출액비율	
A :	0.25	×	0.2	= 0.05
B :	0.225	×	0.4	= 0.09
C :	0.4	×	0.4	= 0.16
가중공헌이익률				= 0.30

③ 손익분기점을 계산한다.

$$TR^* = \frac{FC}{WC} = \frac{300,000,000}{0.3} = 1,000,000,000$$

이 레스토랑에서는 1,000,000,000원이 손익분기점이 되며, 이때의 각 제품의 매출액은 총매출액에서 차지하는 각 제품의 매출액 비율에 의해, A제품이 200,000,000원, B제품이 400,000,000원 그리고 C제품이 400,000,000원이 된다. 이때의 A, B, C 제품의 매출량은 각 제품의 매출액을 판매단가로 나누어 각각 50,000그릇, 40,000그릇, 20,000그릇으로 계산된다.

06 손익분기점 분석의 가정과 문제점

손익분기점 분석은 그 개념이 명료하고 이용이 간편하지만 여러 가지 문제점을 내포하고 있다. 어떤 분석방법을 이용하기 위해서는 그 방법의 문제점이나 한계점을 인식하여야 하는데, 손익분기점 분석의 문제점들을 요약하면 다음과 같다.[2]

첫째, 손익분기점 분석의 중요한 가정은, 매출량이나 매출액에 관계없이 단위당 판매가격이 일정하며 단위당 변동비도 일정하다는 점이다. 그러나 실제 기업의 생

---

2) 박정식(1994). 『현대재무관리』, 다산출판사, pp.689~691.

산 및 매출활동을 보면 매출량은 매출가격에 영향을 주며, 매출량의 증가에 따라 단위당 변동비도 변하게 된다. 어느 정도의 매출량까지는 변동비가 일정할지 모르나, 그 수준 이상이 되면 원자재와 노동력 등의 수요증가와 공급부족 현상 등으로 인하여 단위당 변동비가 높아지게 되는 것이다. 이러한 손익분기점 분석의 가정을 현실화하기 위하여 판매가격과 매출량, 비용과 매출량의 관계를 곡선

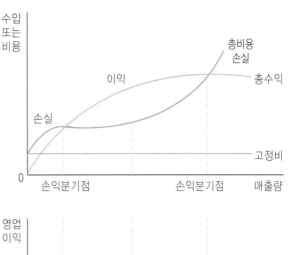

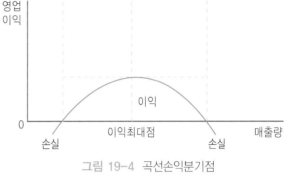

그림 19-4 곡선손익분기점

식으로 나타내는 곡선손익분기점 분석 또는 비곡선손익분기점 분석(curvilinear or nonlinear break-even point analysis)을 사용하는데, 이를 도표로 나타내면 [그림 20-4]와 같다.

[그림 19-4]에서 보는 바와 같이 곡선손익분기점 분석에서는 손익분기점이 두 개가 나타나며, 이익이 최대가 되는 매출량은 총수익선과 총비용선 사이의 거리가 최대인 곳이다.

둘째, 손익분기점 분석에서는 비용을 고정비용과 변동비용으로 구분하여야 하는데, 실제로는 명확한 구분이 어렵다. 어떤 비용은 부분적으로 고정적이고, 부분적으로는 변동적이기 때문에 이것을 고정비 또는 변동비라고 단정하기는 불가능하다. 기본급이 따르는 판매원의 보수가 그 예인데, 이러한 비용은 준변동비(semivariable cost)라고 할 수 있다. 또한 고정비가 매출량에 관계없이 일정하다는 가정은 장기적으로 볼 때 수긍할 수 없다. 기업의 기존시설능력에는 한계가 있는 것이므로 어느 정도 이상을 생산하려면 새로이 시설을 확장하여야 하는 것이다. 그러므로 손익분기점 분석은 기존시설의 변경 없이 생산할 수 있는 어떤 한계까지만 적용될 수 있다. 이와 같이 손익분기점 분석이 적용될 수 있는 매출량 또는 매출액

에는 적정범위(relevant range)가 있다.

셋째, 한 기업에서 여러 가지 상품을 생산하는 경우에 문제점이 발생한다. 여러 가지 품목을 생산하여 판매하는 경우에 각 상품마다 별도로 손익분기점을 찾아야 하는데, 여러 제품생산에 공동으로 쓰이는 모든 비용을 어떻게 각 상품별로 배분하느냐 하는 점이 문제가 된다. 그러므로 손익분기점 분석은 원칙적으로 한 종류의 제품을 생산·판매하는 기업의 손익계획에 적합하다.

넷째, 손익분기점 분석을 하기 위한 비용·매출가격·생산량의 관계는 과거의 기업환경에 근거하여 측정된다. 그러나 시간이 경과함에 따라 생산원가나 매출가격 등이 변화하게 되므로 비용·매출가격·생산량의 관계도 달라진다. 손익분기점 분석을 위하여 재무관리자들이 필요로 하는 것은 과거의 비용·매출량·이익 등이 아니고 이들에 대한 미래의 정보인데, 이러한 요인들은 미래의 불확실성 때문에 정확한 측정이 어렵다.

다섯째, 손익분기점 분석은 정태적 분석이어서, 매출액의 변화에 대한 이익의 변화 정도 등을 측정할 수 없다. 기업의 경영에서 손익분기점을 파악하여 두는 것도 중요하나, 기업환경에 따라 매출액이나 기타 비용이 변동할 때, 이익이 어떤 영향을 받는가를 알아보는 것은 더욱 중요하다. 이러한 분석에 쓰이는 것이 영업레버리지 분석이다.

손익분기점 분석이 비록 이와 같은 문제점과 한계점을 지니고 있지만 재무관리에 있어서 유용한 분석 및 계획기법임에는 틀림없다.

Part
6

호텔산업의 미래

프랜차이징

프랜차이징(Franchising)은 환대산업에서 매우 인기 있고 급속히 확산되고 있다. 세계적인 호텔 프랜차이즈는 숙박산업에서 중요한 하나의 추세로서, 미국뿐만 아니라 세계적인 사업에서 가장 빨리 성장하는 현상 중의 하나이다. 프랜차이즈는 많은 분야를 포함하고 있다. 프랜차이즈의 유형은 레스토랑(맥도날드)에서부터 소득세 준비 서비스(H & R Block), 댄스 스튜디오(Fred Astaire), 그리고 호텔과 모텔분야에까지 걸쳐 있다.

프랜차이징은 프랜차이저(franchisor)에 의하여 입증된 제품을 판매하는 권리를 판매하는 것으로 정의될 수 있다. 따라서 호텔과 모텔산업에서의 주요한 프랜차이저들은 먼저 직영호텔을 경영함으로써 이 분야에서 그들의 제품의 질과 전문성을 확립하여 성공을 증명한 후 프랜차이즈(franchise)를 시장성 있는 패키지 제품으로 만들 수 있었다. 성공적인 제품을 위한 형식(format)의 확립을 통해 프랜차이저들은 영세투자자들에게 합리적인 성공의 확신을 심어주면서 그들을 호텔과 모텔사업으로 끌어들이기 위한 수단을 제공해 왔다. 많은 투자자들은 프랜차이징이 그들의 자본을 투자할 적절한 영역이라는 것을 발견해왔다. 은행과 대출기관들은 더 잘 알려진 프랜차이즈에 대해 더욱 선호하고 있으며, 만약 리퍼럴 조직(referral organization)과 연계하여 설립되지 않으면 호텔산업에의 잠재적인 투자자에게 대부하기를 종종 꺼린다. 그러한 연계를 발전시키기 위한 가장 보편적인 방법은 프랜차이즈의 획득이다.

호텔 및 모텔분야에서 가장 성공적인 프랜차이저는 의심의 여지없이 현재 대략 1,600개의 프랜차이즈를 가지고 있는 Holiday Inns이다. Hilton, Marriot, Howard Johnson, Ramada Inns 그리고 몇 개의 다른 회사들 역시 프랜차이즈 분야에서 상당히 성공적이었다. 홍정화, 이재곤(2009)[1]은 호텔 프랜차이즈 선택에 관한 다국적 호텔 프랜차이지의 인식에 관한 연구에서, 호텔과 숙박산업에서 프랜차이즈 발생과정에 대해 언급하였다. 프랜차이징 시스템은 영국에서 발생하였지만 미국처럼 발전하지 못하였다. 미국은 McDonad, Holiday Inn, 세계적인 호텔 체인 등을 선택하여 프랜차이즈 시스템이 성공적으로 정착되어져 왔다. 그 중 Holiday Inn은 미국에서 최초(1954년)로 프랜차이징 시스템을 적용하였고, 미국 고속도로망을 통해 저렴한 가격에 급속도로 성장하여, 1964년경에는 500개 호텔을 운영하였다(Parker & Teare, 1994)[2]. Hilton, Sheraton & Ramda 등의 호텔들은 대규모 사이즈의 상대적으로 비싼 가격에 프랜차이즈 시스템을 적용하였다. 미국 시장에서 프랜차이즈 시스템은 패스트푸드 레스토랑이나 표준화된 호텔 콘셉트 등과 같이 특히 경영에서 대중적인 유통경로를 사용하여 매우 성공적으로 성장하였다. 숙박산업에서 Holiday Inn이나 세계적인 호텔을 선택함으로써 대규모 호텔 프랜차이즈 시스템이 구축되었다. 유럽에서는 미국처럼 프랜차이즈 시스템이 발전하지 못하였다. 대다수 호텔 소유주들은 ownership 방법을 통해 호텔경영을 해왔다. 영국에서는 1980년대 초반에 프랜차이징의 개념이 나타났고, 계속적으로 확장되고 있다. 유럽에서는 1985년경 대부분 호텔이 ownership 경영방식을 선택하였고, 1990년대에 비로소 영국 등에서 프랜차이즈 사업이 꾸준히 성장하였다. 아시아에서는 프랜차이즈 호텔이 증가하고 있다. 〈표 20-1〉은 현재 우리나라에서 경영되고 있는 프랜차이즈 호텔의 현황을 제시한 것이다. 〈표 20-2〉는 위탁경영 호텔 현황에 대해, 그리고 〈표20-3〉은 본사직영 체인호텔 현황에 대해 제시한 것이다. 이 표들에서 알 수 있듯이 현재 우리나라 대부분 호텔은 세계적인 프랜차이즈 호텔에 의해 경영되어지고 있다.

프랜차이징은 쌍방 간의 상호관계를 나타내준다. 프랜차이저는 프랜차이지(franchisee)에게 확실히 서비스를 제공하고 어떠한 권리를 넘겨준다. 그리고 프랜차이지는 프랜차이저에게 어떠한 의무를 수행해야 한다.

---

1) 홍정화, 이재곤(2009). 호텔 프랜차이즈 선택에 관한 다국적 호텔 프랜차이지의 인식. 관광경영연구, 13(4), pp.251~265.

2) Parker, A., & Teare, R.(1994). A brand expansion strategy for Holiday Inn Worldwide deveopment., In Teare, A., and Olsen, M.(eds.) *International Hospitality Management Corporate Strategy in Practice*, London, Pitman Publishing, pp.110~117.

표 20-1 국내 주요 프랜차이즈 호텔

소유회사	호텔명	프랜차이즈 주식회사
(주)워커힐	쉐라톤 그랜드 워커힐	Starwood hotels & resorts worldwide, Inc.
(주)우영개발	홀리데이인 성북	International Hotels Group
(주)서한사	그랜드 앰배서더 서울	Accor-Ambassador Korea
(주)도시와 사람	시티세븐 풀만 앰배서더	Accor-Ambassador Korea
(주)베스트리드 리미티드(코리아)	경주 힐튼	Hilton Worldwide
(주)뉴서울호텔	베스트 웨스턴 뉴서울호텔	Best Western Interventional Inc.
(주)알파	베스트 웨스턴 프리미어 인천 에어포트 호텔	Best Western Interventional Inc.
(주)신세계개발	베스트 웨스턴 프리미어 강남호텔	Best Western Interventional Inc.
개인소유	베스트 웨스턴 구미호텔	Best Western Interventional Inc.
(주)나이아가라관광	베스트 웨스턴 나이아가라호텔	Best Western Interventional Inc.
(주)국도관광개발	베스트 웨스턴 프미리어 호텔 국도	Best Western Interventional Inc.
(주)서울가든	베스트 웨스턴 프리미어 서울가든호텔	Best Western Interventional Inc.
인천관광공사	베스트 웨스턴 프리미어 송도파크호텔	Best Western Interventional Inc.
한국교직원공제회	라마다 프라자 제주호텔	Wyndham Worldwide
(주)라마다관광	라마다 서울	Wyndham Worldwide
(주)에이티홀딩스	라마다 앙코르 포항	Wyndham Worldwide
(주)중원산업	라마다 플라자 청주	Wyndham Worldwide

자료 : 김수정(2010). 『실제 호텔경영론』, 석학당, p.30.

표 20-2 국내 주요 위탁경영 호텔

소유회사	호텔명	위탁경영회사
(주)조선호텔	웨스틴조선 서울	Starwood hotels & resorts worldwide, Inc.
	웨스틴조선 부산	Starwood hotels & resorts worldwide, Inc.
(주)워커힐	W 서울 워커힐	Starwood hotels & resorts worldwide, Inc
(주)대우송도호텔	쉐라톤 인천호텔	Starwood hotels & resorts worldwide, Inc
(유)서울미라마	그랜드 하야트 서울	Hyatt Hotels Corporation
(주)호텔서교하야트리젠시 제주	하야트 리젠시 제주	Hyatt Hotels Corporation

(주)칼호텔하야트리젠시 인천	하야트 리젠시 인천	Hyatt Hotels Corporation
(주)아이파크	파크 하얏트 서울	Hyatt Hotels Corporation
(주)파르나스호텔	그랜드 인터컨티넨털 서울 코엑스 인터컨티넨털 서울	International Hotels Corporation
(주)남우관광	르네상스 서울호텔	Marriott International, Inc.
(주)전원관광	리츠칼튼 서울	Marriott International, Inc.
(주)센트럴관광개발	JW 메리어트 서울	Marriott International, Inc.
(주)경방	코트야드 메리어트 서울, 타임스퀘어	Marriott International, Inc.
(주)앰버서더즈	노보텔 앰배서더 강남	Accor-Ambassador Korea
(주)앰배텔	노보텔 앰배서더 독산	Accor-Ambassador Korea
(유)진산호텔&리조트	노보텔 앰배서더 부산	Accor-Ambassador Korea
(주)트라이시스코리아원	노보텔 대구 시티 센터	Accor-Ambassador Korea
(주)앰배스텔	이비스 앰배서더 서울, 명동	Accor-Ambassador Korea
(주)엠에스호텔	이비스 앰배서더 수원	Accor-Ambassador Korea
(주)씨디엘호텔코리아	밀레니엄 서울힐튼	Hilton Worldwide
(유)동원Inc	그랜드 힐튼 서울	Hilton Worldwide
인천관광공사	베니키아 프리미어 송도 브리지 호텔	(주)신세계 개발

자료 : 김수정(2010). 『실제 호텔경영론』, 석학당, p.29.

표 20-3 본사직영 체인호텔

소유회사	호텔명	지역
(주)롯데	롯데호텔서울	서울, 소공동
(주)호텔롯데	롯데호텔월드	서울, 잠실동
(주)롯데호텔	롯데호텔울산	울산, 삼산동
(주)호텔롯데	롯데호텔제주	제주, 색달동
(주)부산롯데호텔	롯데호텔부산	부산, 부전동
(주)호텔롯데롯데시티호텔마포	롯데시티호텔마포	서울, 공덕동
(주)롯데루스	롯데호텔모스크바	러시아, 모스크바
(주)현대중공업	호텔현대경포대	강원도, 경포대
(주)현대중공업	호텔현대울산	울산, 전하동
(주)현대중공업	호텔현대경주	경북, 경주
(주)현대중공업	호텔현대블라디보스톡	러시아, 블라디보스톡
(주)현대삼호중공업	호텔현대목포	전남, 영암

(주)호텔신라	신라호텔서울	서울, 장충동
	신라호텔제주	제주, 색달동
(주)파라다이스호텔부산	파라다이스호텔부산	부산, 해운대
(주)파라다이스호텔인천	파라다이스호텔인천	인천, 항동
(주)파라다이스호텔도고	파라다이스호텔도고	충남, 아산
(주)신안관광	호텔리베라서울	서울, 청담동
(주)신안레저호텔리베라유성	호텔리베라유성	대전, 유산
(주)대교개발	서울교육문화회관	서울, 양재동
	경주교육문화회관	경주, 신평동
	설악교육문화회관	강원도, 속초
(주)태승21	임페리얼 팰리스 서울	서울, 언주로
(주)주영21	임페리얼 팰리스 IP 부티크호텔	서울, 이태원
(주)태승21	임페리얼 팰리스 IP 호텔	일본, 후쿠오카
(주)세종투자개발	세종호텔서울	서울, 충무로
(주)세종	세종호텔서울	강원도, 춘천

자료 : 김수정(2010). 「실제 호텔경영론」, 석학당, p.27.

01　프랜차이즈 서비스

프랜차이저에 의해 제공되는 서비스들은 세 가지의 일반적인 범주로 나누어질 수 있는데, 그것들은 방법, 기술적 도움 및 마케팅이다.

1. 방법

평판이 좋은 프랜차이저는 성공적이라고 판명이 된 방식으로 사업을 운영하기 위하여 프랜차이지가 사용할 수 있는 운영절차를 설립해야 한다. 이러한 절차들은 대개 운영의 각 단계를 포함하는 운영 매뉴얼(operating manuals)의 형태로 새로운 프랜차이지에게 제공된다. 이 매뉴얼들은 프랜차이저가 운영절차를 수정하고 개선함에 따라 계속적으로 갱신된다.

새로운 호텔을 개관하기 전에 항상 가장 큰 문제는 자격이 있는 직원의 이용가능성이다. 그래서 개관 전에 먼저 직원의 교육·훈련이 가장 중요하여 많은 프랜차이저들은 이러한 목적에 부합하는 교육·훈련 프로그램을 제공하고 있다. 이러한 프로그램들은 직영호텔에서 교육·훈련기간을 보낼 많은 수의 프랜차이지 직원을 필요로 하는데, 이 기간 동안 프랜차이지 직원들은 체인에 의하여 사용되는 운영절차에 친숙하게 된다.

프랜차이저들은 정기적으로 각각의 프랜차이즈 가입 호텔을 방문하기 위해 대개 지역 경영자 혹은 조사감독관들을 고용하고 있다. 그들의 주요한 책임은 프랜차이저가 정한 기준에 프랜차이지가 따르는지 확인하는 것이며, 운영의 모든 면에서 프랜차이지에게 조언과 도움을 제공한다. 그러한 방문의 기간에 인건비의 절감이 이루어질 수 있는 영역에 관해 제안들이 제시될 수 있다. 또한 식음료, 구매, 운영시설 그리고 설비와 같은 다른 영역에서의 가능한 운영비용의 절감에 관해서 추천이 되어져야 한다. 그리고 식음료의 준비와 제공의 질이 논의되어야 하며 마케팅 기법, 특히 메뉴 표현방식과 배치에 대해서 조언이 주어져야 한다.

2. 기술적 도움

앞에서 서술한 그러한 서비스들은 표준적이며 대개 기본수수료에 포함된다. 그러나 많은 프랜차이저들은, 제공되어지는 기술적인 서비스들의 양에 따라 수수료를 비례해서 지불받는 방식을 사용하여, 선택적인 여러 가지 형태의 기술적인 도움을 프랜차이지들이 이용할 수 있게 한다.

그러한 정책의 논리는 개발과 건축단계 동안의 도움과 관련될 때 아주 명백해진다. 어떤 체인들은 잠재부지의 조사와 최종부지의 선택에 도움을 준다. 그리고 잠재적인 프랜차이지가 자금조달을 하는 데 프랜차이저의 조언과 도움이 주어지는데, 프랜차이저는 때때로 대여자가 행하여야 할 타당성 연구와 비용예산의 준비뿐만 아니라 어떤 경우에는 프랜차이지를 자본제공자에게 소개하거나 혹은 심지어는 대여자와의 담보제공조건 대부협상에서 프랜차이지와 함께 노력을 하기도 한다.

건축 서비스 또한 프랜차이저에 의해 제공될 수 있다. 예를 들면, Holiday Inns은 자체 건축회사를 가지고 있는데 이 회사는 호텔 또는 모텔의 완전한 건축 디자인 서비스를 제공한다. 유사하게 실내장식 서비스, 프로젝트 관리, 그리고 건축 감독이 몇몇의 프랜차이저들로부터 얻어질 수 있다.

구매서비스는 프랜차이저에 의해 아주 흔히 제공되는 또 하나의 기술적 도움의 형태이다. 물론 그러한 서비스들은 가구나 기계설비들을 조달해야 하는 새로운 프랜차이즈에게 가치가 있다. 이러한 서비스의 계속적인 이용가능성도 또한 중요한데, 이러한 서비스들은 식음료의 구매를 위한 것보다 운영설비(린넨, 자기, 유리그릇 그리고 은기류)와 종이용품 및 고객용품과 같은 소비품 영역에서 더 보편적으로 사용된다.

구매서비스에 대한 수수료 지급은 여러 가지 형태를 취할 수 있다. 어떤 체인들은 실제적으로 어떤 품목, 특히 체인들의 이름을 구체적으로 표시하는 주된 품목을 공급하거나 심지어 제조까지도 한다. 그러한 상황 속에서 체인은 이윤요소를 포함하는 가격에서 프랜차이지에게 청구서를 보낸다. 다른 경우에서는 체인은 매입할인을 이용하여 구매를 하나 제조업자가 직접 청구서를 프랜차이지에게 보낸다. 제조업자는 체인에게 청구서를 보내고, 그 체인은 이윤이 첨부된 가격으로 프랜차이지에게 다시 청구서를 보내거나 혹은 프랜차이지가 직접적으로 판매상에게 지불할 수도 있으나 보통 체인에게는 전체적인 가격의 일정비율로써 수수료를 지불할 수도 있다. 어느 경우이든 프랜차이지는 비록 이윤 또는 수수료를 지급해야 하지만, 상당한 매입할인혜택(때때로 50% 이상) 때문에 독립적인 운영자가 지급하는 것보다 전체 비용을 훨씬 줄일 수 있다.

3. 마케팅

프랜차이즈 계약에서 가장 중요한 요소는 마케팅이다. 시험되어지고 증명된 프랜차이즈의 마케팅 기법들은 프랜차이지 호텔을 팔기 위해 이용되어져야 한다.

회사이름 그 자체가 마케팅에서 중요한 요소이다. 그것은 간판, 메뉴, 유리그릇, 냅킨 그리고 많은 다른 부분에서 나타난다. 그러나 그 이름의 계속적인 마케팅은 훨씬 더욱 중요하다.

어떤 호텔·모텔체인의 마케팅 프로그램에서의 핵심은 예약시스템이다. 적절히 운용되는 이 시스템은 프랜차이즈에 가입한 개개의 호텔에 꾸준한 예약의 흐름을 제공하여야 한다. 이러한 예약들 중 많은 것들이 소개를 함으로써 발생한다. 체인의 각 회원 호텔들은 다른 회원 호텔을 위해 예약을 접수하고 그것들을 예약망을 따라 전달한다. 특히 이러한 많은 예약들이 다른 회원 호텔에 현재 머무르고 있는 고객들로부터 발생하기 때문에 프랜차이즈 소속 호텔들이 많으면 많을수록 개개의 프랜차이즈 소속 호텔들을 위한 잠재적인 사업의 원천들이 더 많이 존재하게 된다. 사용 중인 여러 가지 예약시스템들과 그것들의 운영방법은 제6장에서 상세히 논의되었다.

확장적인 통합광고 프로그램은 예약시스템만큼 중요하다. 계속적으로 대중의 눈에 체인이름을 유지하는 것은 광고캠페인이다. 이것은 일반적으로 공동광고 (joint advertising)라고 불리는데, 왜냐하면 어느 하나의 호텔보다 오히려 전체적으로 체인의 광고를 촉진시키기 때문이다. 따라서 이용되는 매체와는 관계없이 대부분의 광고들은 회사이름을 가지는 모든 호텔에서 발생되는 품질의 계속성을 강조하기 위해 설계된다.

그러나 많은 수의 구체적으로 확인된 호텔들은 때때로 체인 후원의 광고(chain-sponsored advertisement)에 소속된다. 이것은 같은 지역 안에 있는 모든 체인호텔들이 같은 광고에 나타나는 것 같이 지역적인 기반 위에서 행해진다. 유사하게, 모든 리조트 호텔들이 구체적으로 휴양지 시장의 목적에 부합하는 광고에서 확인되는 것처럼, 호텔의 유형에 의해 집단화 광고가 행해질 수 있다. 연합광고는 신문이나 잡지에 국한되지 않으며 라디오, 특히 텔레비전은 체인이 사용하는 가장 보편적인 매체이다.

프랜차이즈의 마케팅 패키지의 마지막 요소는 판매망이다. 체인은 전국의 전략요충지에 지역 판매사무소를 설치하는데 사무소의 직원들은 해당 지역에 있는 호텔뿐만 아니라 해당 체인의 모든 호텔들을 판매한다. 그러한 판매는 주로 단체나 컨벤션 시장에 목표를 두지만, 제한된 판매가 또한 법인과 여행사 분야에서도 행하여질 수 있다. 따라서 프랜차이저는 광고, 판매 그리고 예약과 같은 호텔 마케팅의 세 가지 중요 구성요소를 제공한다.

02 프랜차이지의 의무

이 장의 앞에서 프랜차이징은 쌍방 간의 상호관계로써 언급되었다. 프랜차이저에 의해 제공되는 서비스에 대한 답례로서 프랜차이지들은 해당 체인의 기준을 만족시켜야 한다. 그렇게 해야만 프랜차이저의 이름과 평판이 그것보다 낮은 체인에 의해 손상을 받지 않는다. 그러한 기준은 명확성과 운영상의 품질의 두 범주로 나누어질 수 있는데 지역 경영자 및 조사감독관들의 방문 및 보고서에 의해 이 두 가지 사항 모두가 잘 시행되었는지 조사한다.

프랜차이즈 소속 호텔이 명확성 기준을 충족시키는지에 관한 것은, 대개는 의견 보다 오히려 사실의 문제이기 때문에 어떤 조정도 필요하지 않으므로 프랜차이저 와 프랜차이지 사이의 불일치의 영역은 좀처럼 존재하지 않는다. 그러한 기준은 프 랜차이즈 소속 호텔에 필요한 물리적 특징들을 정의한다. 더 보편적으로 명확한 기 준의 일부는 다음과 관련이 있다.

1. 객실규모
2. 가구의 양
3. 침대의 크기
4. 식음료시설의 존재
5. 구내업장 영업시간
6. 주차
7. 텔레비전
8. 수영장

이것들 중에 단지 영업시간만이 쉽게 변경될 수 있으며 대부분은 어느 정도 양 기준의 항목에 들어간다. 운영상의 품질기준들은 정의되기가 조금 더 어렵기 때문 에 이 기준들이 충족되는가에 관한 것은 때때로 프랜차이저와 프랜차이지 사이의 분쟁의 원인이 된다. 이러한 기준들은 대개 아래의 사항들과 관련이 된다.

1. 청결
2. 종사자의 정중함
3. 서비스 질
4. 객실 요금
5. 퇴숙시간
6. 린넨의 교체
7. 체인의 이름을 가진 주체품목의 사용

그러한 기준을 충족시키는 것에 대한 실패는 때때로 피할 수 없는 것으로 인정되 어 용서될 수 있으나, 계속된 위반은 허용되지 않는다. 이것이 의견 차이와 논쟁을 일으키는 것이다.

03 프랜차이즈 비용과 수수료

대부분의 프랜차이저들은 프랜차이지에 의한 위반이나 행동의 결과로서 계약이 종료되면 프랜차이지가 개시수수료(initial fee)를 지급하도록 요구하고 있다. 주로 기준이 유지되도록 프랜차이지를 유도하는 것은 환불이 불가능한 개시수수료이다.

이러한 개시수수료 외에 월 프랜차이즈 수수료가 프랜차이저에게 지급된다. 여러 가지 방법들이 이 수수료를 계산하기 위해 사용된다. 다음 것들은 많이 쓰이는 방식을 나타내고 있다.

1. 고정된 월별 수수료
2. 고정된 월별 수수료에다 예약시스템으로부터 발생하는 예약당 금액
3. 객실판매액에 대한 비율
4. 총매출액에 대한 비율
5. 판매가능한 객실별 고정금액
6. 판매된 객실별 고정금액

수수료 지급에 있어 두 가지 또는 그 이상의 결합이 가능하다. 만약에 고정수수료가 낮다면, 2번 대안이 프랜차이지의 관점으로부터 가장 바람직한 것인데 이러한 이유로는 2번 대안이 체인에서 수수료를 획득하기 위해 예약을 제공해야 하기 때문이다.

04 프랜차이즈의 자금조달

우리가 언급한 것처럼 비록 프랜차이저는 자금조달을 위해 빈번하게 프랜차이지와 함께 일을 하지만 필요한 담보제공조건부 대부를 얻는 것은 프랜차이지의 책임이다. 먼저 담보제공조건부 대여금은 은행, 보험회사, 투자신탁회사 그리고 사설 자금 조달처를 포함하는 서너 개의 자금조달 원천으로부터 얻어진다. 이 잠재적인 자금조달 원천들은 비용과 예상이익에 관한 정보를 요구할 것이며 따라서 경제적 타당성 연구가 이루어져야 한다. 많은 체인들은 이러한 연구의 준비에서 도움을 주고 어떤 체인들은 이 비용의 모두 또는 일부를 지불한다.

몇몇 체인회사들은 프랜차이지와 함께 합작기업을 만든다. 체인에 의해 토지가 획득되어지고 시설이 건설된 다음, 프랜차이지에게 50%의 운영권을 주면서 합작기업이 만들어진다. 프랜차이징 회사에 실제적으로 투자되는 정도는 체인마다 다르다. 어떤 회사는 어떤 투자도 하지 않고 프랜차이즈 수수료, 구매서비스와 다른 형태의 기술적인 도움에서의 이익으로부터 단지 수익을 창출한다. 또 다른 회사는 프랜차이즈 운영에서 프랜차이지와 공평한 위치를 가진다.

05 프랜차이즈의 보호

프랜차이지가 추구해야 하는 가장 중요한 보호는 경쟁 측면이다. 그러한 보호는 새롭게 프랜차이즈에 가입된 호텔과 미래에 발생할 수 있는 또 다른 프랜차이즈 가입 호텔 사이의 거리를 규정해야 한다. 같은 규칙이 지역마다 획일적으로 적용될 수는 없다. 즉, 15개의 도시 구획이 서울에서는 바람직한 보호일 수도 있고 100km의 거리가 경상북도에서 바람직할 수도 있다.

동시에 프랜차이지는 현재 얻어지는 보호가 미래의 언젠가 쓸모없는 제품이 될 수도 있다는 것을 깨달아야 한다. 종종, 프랜차이지들은 그들 영역 일부를 포기함에 따라 상당한 보상을 받아왔다. 이전에는 아주 조용한 지역이 갑자기 사업을 위한 거대한 잠재성을 가졌다는 것이 명백하게 들어날 때, 침범지역에서 어떤 협력이 기존의 프랜차이지와 가능한 새로운 프랜차이지 사이에서 생길 수 있다.

모든 프랜차이지들은 계약에서 몇몇 서비스들이 적절하게 정의되는 것을 명백히 해야 한다. 만약 교육 · 훈련 프로그램이 제공되어진다면 교육 · 훈련되어야 하는 종사자 수와 교육 · 훈련을 받는 기간의 관점이 정의되어야 한다.

구매서비스에 적용될 수 있는 조항들은 프랜차이저가 받을 수 있는 최대한의 이윤이나 이폭을 정의해야 한다. 특히, 프랜차이지들은 프랜차이즈 계약의 조건하에서 사용되어야 하는 소위 주체품목의 비용에 대해 스스로를 보호해야 한다.

몇몇 프랜차이즈 계약은 예약서비스의 제공을 위한 컴퓨터화된 설비의 구매를 요구한다. 체인이 새로운 절차를 설계하는 경우에는 프랜차이지에 의해 구매되어지는 설비는 변화에 호환가능성이 있어야 한다. 만약 그렇지 않으면 프랜차이지는 시스템을 대체하는 추가적인 비용을 부담할 필요가 없다.

호텔산업의 미래와 추세

호텔과 모텔 산업의 미래는 산업 내에서 발생하고 있는 문제와 이런 문제를 풀기 위한 산업의 수용력 문제와 밀접한 관련이 있다. 반드시 중요도에 따라 순서를 배열한 것은 아니지만 다음은 이 산업이 직면하고 풀어야만 하는 문제들이다.

1. 가장 경제적인 에너지 원천에 관한 불확실성이 존재한다. 건축이 끝난 뒤에 에너지 원천의 변경은 일반적으로 가능하지 않다.
2. 이익을 내는 식음료시설 운영의 어려움이 증가하고 있다.
3. 어떤 특정지역에서의 높은 건설비용은 높은 대지가와 결합하여 새로운 호텔 건설 가능성을 없애고 있다.
4. 생산성 향상이 수반됨이 없이 인건비의 지속적인 증가 현상이 발생하고 있다.
5. 짐 운반과 룸 서비스 그리고 대부분 다른 서비스에 있어서의 지연, 등록과 퇴숙과정에 따른 고객의 불만족을 초래하는 객실의 수와 규모의 성장이 있다.

이러한 재무적인 문제들을 직면하고 해결하기 위한 움직임 속에서, 이 산업은 동시에 현재 이 산업 내에 현존하고 있고 이 산업의 발전에 영향을 주는 많은 경제적, 사회적 요소들에 대응해야 한다. 이것들 중 일부가 이 장의 주제이다.

01 환경적응

1. 이코노미 호텔

앞에서 언급된 문제들의 영향을 최소화하기 위해서 많은 호텔경영자들은 약간의 변경과 함께 고객의 기본적인 욕구인, 매력적으로 가격이 책정이 된 숙박시설을 탄생시켰다.

이러한 고객들의 욕구는 이코노미 호텔(economy hotel)을 탄생시켰다. 여기서 호텔이란 용어는 잘못 사용된 듯하다. 차라리 아주 제한된 시설을 갖춘 모텔이라는 말이 적합할 것이다. 그러나 이코노미 호텔은 대부분의 풀서비스 호텔(fullservice hotel)의 객실보다 질적으로 뛰어나고 사업여행자(business traveller)의 욕구에 정확하게 맞춘 객실이라는 새로운 시설을 제공하고 있다.

이코노미 호텔은 사업여행자를 위해 작업장소를 제공하는 질높은 숙박시설, 이러한 작업장을 사용하기 위한 조명, 킹사이즈 침대(king-size bed), 높은 품질의 칼라 TV, 호텔구내 영화, 그리고 높은 수준의 고객용품을 제공하는 욕실 등을 갖추고 있다.

대부분의 이코노미 호텔들은 주스, 과일, 반죽과자 및 커피로 이루어진 아침식사를 제공하며 객실료에 포함된다. 어떤 호텔에서는 초저녁 칵테일 서비스(early evening cocktail service)가 제공될 수 있으나 셀프서비스 형태를 취하고 객실료에 포함된다.

이코노미 호텔의 전반적인 목적은 특히 사업여행자에게 높은 수준의 매력적인 숙박시설을 제공하는 것이지만 극히 제한된 식음료서비스를 제공하기 때문에 결과적으로 낮은 노무비를 가져온다. 추가적으로 에너지 사용은 최소한으로 유지된다.

2. 에너지통제시스템

에너지 비용의 미래방향에 관한 불확실성은 새로운 설비가 에너지 소비를 감시하고 통제하는 능력을 갖출 필요성을 촉진시켰다. 그러한 시스템들은 공공장소와 객실 양쪽 모두에서, 특히 비점유시 어떠한 형태로든지 에너지 사용을 줄이도록 설계되었다.

시간 조절장치는 이미 충분하거나 불필요할 때 공급을 감소시킴으로써 공공장소에서의 조명과 냉·난방 시설에의 에너지 공급을 통제한다. 미리 프로그램된 컴퓨터는 온도를 미리 정해진 한계 내에서 유지하고 비점유된 구역에 냉방시설 혹은 난방시설의 작동을 조절하면서 객실과 기타 장소에 에너지의 흐름을 조정한다. 그러한 통제는 호텔 빌딩 내 공공장소와 복도뿐만 아니라 주차장, 정원, 그리고 기타 호텔 외부지역에서의 전기시설도 통제한다.

관광 연구에서는 호텔산업의 침체를 극복하기 위한 수단으로서 호텔운영비를 줄이기 위하여 호텔에 자동화시설이 증가할 것이며, 인터넷 및 스마트기기 등의 정보기술의 발달로 이러한 변화는 가속화 될 것으로 전망한다. 그 사례로 다음과 같이 쉐라톤 호텔은 터치 스크린을 통해 호텔 주변의 상점과 음식점 관련 정보 및 위치를 안내해주는 등 호텔직원의 업무를 대체하고 있다. 또한 객실 내 자동화시스템으로 객실내의 TV, 조명, 커튼, 온도 등을 자동화하고 불필요한 전기, 수도, 가스 등을 자동으로 차단함으로써 비용을 절감하고 이용객의 편의를 극대화하고 있으며, Montage 호텔의 객실자동화시스템은 고객감지시스템을 통해 고객이 객실에 들어가는 순간 자동으로 불이 켜지고 커튼이 열리도록 하고 있으며, 객실내부의 문서자동화시스템을 통해 하나의 리모콘으로 TV에 나타나는 온도, 조명, 커튼 조절 등을 조절하고 호텔 내의 각종 부대시설을 예약할 수 있다.

3. 부지 선정

대지가격의 상승이 부지 선정에 영향을 주는 유일한 요소는 아니다. 가장 중요한 다른 측면은 수시로 변하는 일반대중의 여행 패턴이다.

근로시간의 감소는 휴양지에로의 여행을 상당히 증가시켰다. 일주일 중 5일 근무하는 제도의 증가는 이러한 추세에 더욱 큰 공헌을 하고 있다. 결과적으로, 새로운 휴양지 호텔의 부지는 수영, 테니스, 골프, 낚시, 요트와 같은 이용시설을 제공하기 위해 충분히 넓은 지역을 확보해야 한다. 그러한 쾌적한 환경의 제공은 도시 내, 특히 문화센터와 가까운 부지의 재개발을 낳았다. 교육과 문화에 대한 대중의 흥미 증가는 대학, 박물관, 극장 및 기타 역사 혹은 문화센터와 가까운 부지의 개발을 제시하고 있다.

동시에 부지 선정은 공단지역을 간과해서는 안 된다. 많은 주요 주식회사가 숙박시설, 레스토랑 그리고 바와 같은 지원시설이 부족한 새로운 지역으로 옮겨가고 있다. 그러한 위치는 새로운 시설을 위한 확고한 시장발판인, 방문하는 판매원, 고객 그리고 지사직원의 계속적인 공급을 제공한다.

4. 노동-이용가능성과 비용

노동은 비용과 이용가능성에서 호텔산업이 직면하고 있는 가장 큰 문제이고 이 문제는 감독과 비감독 직원 모두에게 해당된다.

가장 심각한 문제는 그릇 씻는 사람, 조리사, 웨이터, 버스보이와 같은 가장 많은 수의 비감독 직원을 전통적으로 고용해온 식음료 운영에서 나타나고 있다. 이 분야의 많은 종사자들은 법에 의해 허용되는 최저임금을 받고, 그들의 주요한 수입원천은 고객으로부터 나오는 봉사료이다. 그러나 관계당국은 서비스직원이 받는 봉사료에 세금을 부가하여 왔으며, 따라서 이런 수입의 형태는 과거보다 덜 매력적으로 되었다.

더구나 그러한 직원에 대한 공급시장은 점차적으로 사라지고 있다. 호텔산업은 제조회사, 건축 및 시공회사와 노동공급의 시장 확보를 위해 경쟁해야 한다. 이러한 분야에서 급여수준은 호텔산업이 대응할 수 없는 수준까지 상승했다.

부가적으로 최저임금의 상승과 함께 호텔분야에서 증가된 노동조합활동은 주목할 만한 생산성의 증가 없이 높은 임금지출과 더욱 짧아진 근로시간을 초래했다. 가격은 정해진 한계 내에서 증가될 수 있기 때문에 노동비에서의 증가분을 고객에게 전가하는 것은 불가능하다. 그리고 이것은 호텔 식음료 운영에서 수익성을 위한 장기적인 시야를 흐리게 만든다.

호텔산업은 이러한 문제들, 특히 인사관리에서의 이러한 문제들을 해결하기 위한 조치를 취할 수 있다. 사내에서의 더욱 많은 직무승진의 기회뿐만 아니라 창조성 개발을 위해 더욱 더 많은 일에 대한 도전과 여지가 개발되어야 한다. 교육훈련 프로그램은 직원에게 그들의 시간을 가장 효율적으로 사용하는 것을 가르쳐야 하며, 전 종사자의 시각에서 이 산업의 이미지가 개선되어야 한다.

기계화와 노동절약장치와 같은 기술개발에의 관심의 증가는 필요한 노동력의 규모를 감소시킬 수 있는데 반조리음식(semi-prepared foods)과 처분가능한 제품(disposable products)을 도입하는 것이 그 예이다. 동시에 더욱 더 정교한 설비는 노동력을 감소시키는 반면에, 그것을 작동시키는 추가적인 숙련노동을 필요로 할 것이다.

많은 수의 서비스 직원을 필요로 하는 호화 레스토랑이 점진적으로 감소하는 반면, 셀프서비스 레스토랑이 더욱 더 많이 생길 것이다. 즉, 더욱더 많은 뷔페 레스토랑이 생길 것이고, 프렌치 서비스 레스토랑의 수가 점점 감소할 것이다. 대부분의 룸 서비스의 종료가 역시 예상될 수 있다.

노동조합은, 예를 들어 특히 주방에서 어떤 직무들의 결합에 더욱 효율적인 직원의 사용을 허락함으로써 협력해야 할 것이다. 야채요리사는 야채를 요리하는 것에만 국한되는 것이 아니라, 필요할 때에는 샐러드를 준비하거나 수프를 요리하도록 허용되어야 한다. 노조가 그런 유연성을 허용하지 않으면 더욱더 많은 호텔이 그들의 시설들을 호텔운영자보다는 훨씬 자유롭게 운영하거나 혹은 노동조합에 참가하지 않은 직원을 고용하는 레스토랑 운영자에게 임대할 것이다.

식음료 운영에 관계되는 앞의 대부분의 내용은 하우스키핑에도 적용된다. 메이드와 하우스맨이라는 큰 함대를 가지고 있는 이 부서는 항상 가장 많은 비감독 직원을 고용한다. 그러나 객실부서에서의 이익률이 훨씬 높기 때문에 증가하는 노무비의 문제는 아직도 식음료부서에서의 노무비만큼 강조되지는 않는다.

적절한 감독과 관리직원의 부족은 오랫동안 호텔산업의 문제가 되었는데 그 상황은 당분간 개선되지 않을 것 같다. 봉급은 전통적으로 다른 산업이나 기업보다 더 낮았고 유능한 경영진을 필요로 하는 모텔에서의 수적인 성장은 이용할 수 있는 노동력을 더욱더 고갈시켰다.

호텔산업의 이미지가 개선되어야 한다. 더욱 많은 강조점들이 중간경영진과 감독층을 위한 현장교육에 주어져야 하는데, 이것은 더 높은 책임을 가지는 계층을 위한 바람직한 준비과정이다.

더욱 빠른 승진비율 또한 도움이 될 수 있다. 이 산업은 그들이 현재의 직무를 너무 잘 수행한다는 이유 하나만으로 유능한 사람들을 승진시키지 않는다는 평판을 가지고 있다.

호텔산업은 다른 기업 및 기타 산업과 더욱 효율적으로 경쟁하기 위해서 급여후생 프로그램(salary benefit programs)을 확대시켜야 하는데, 여행, 식사 그리고 때때로 숙박을 포함하는 호텔산업에서의 복리후생이 강조되어야 한다.

고도의 경영기술이 미래 경영진에게 필요하다는 것이 인식되어야 한다. 개발되고 있는 새로운 기술의 많은 것들이 이전에 추구되었던, 고객들을 만족시키는 능력이나 음식 서비스에 대한 지식보다 더 많은 기술적 지식을 필요로 한다.

회계나 재무계획에 대한 지식도 과거보다 훨씬 더 중요하게 될 것이다. 기업군에 의해 소유되는 체인이나 호텔 중 많은 것이 예산과 장기적인 예측을 강조하고 있다. 따라서 이러한 것들을 준비하고 재무성과를 분석하는 능력은 호텔경영자의 의무 중에서 핵심적인 부분이 되고 있다.

5. 기술 발달

이 산업에서 발생하는 많은 기술개발들이 통신부분에서 발생했는데, 과거에는 이용이 불가능했던 빠른 처리속도의 컴퓨터와 더욱 낮아진 하드웨어 비용이 이 분야에서 현재 이용가능하다. 앞장에서 우리는 컴퓨터화된 예약시스템을 통한 예약 과정을 논의했다. 그러한 시스템들은 컴퓨터화된 다른 호텔시스템과 더욱 더 완전히 통합될 것이다.

예약시스템이 하나의 구성부분을 이루고 있는 호텔관리시스템(property management system)이 확대되고 있다. 호텔관리시스템은 프런트 데스크의 입숙 및 퇴숙, 그리고 청구서 발행 절차를 자동화하는 것 이외에 다른 호텔시스템과 인터페이스된다.

전화서비스와 냉·난방 및 조명 같은 유틸리티가 입숙과 퇴숙시 공급되고 차단될 것이다. 유사하게 컴퓨터화된 객실잠금시스템을 프런트 데스크에서 통제할 것이다.

신용카드 요금의 처리가 덜 노동집약적으로 될 것이다. 서명되고 점검이 끝난 신용카드슬립을 송부하는 대신에 요금에 대한 정보가 컴퓨터화된 현금등록터미널에서 은행처리센터에 직접 전화회선을 통하여 보내어진다. 이러한 절차는 호텔로 하여금 은행에 슬립을 송부함이 없이 은행계정과 신용으로 거래를 하게 한다.

호텔에서의 수리의 필요성을 제거하는 새로운 유지·보수 및 기술시스템은 결함이 있거나 파손된 부분의 제거와 즉각적인 대체를 가능하게 할 것이다.

환경통제에 더욱 큰 강조점이 주어질 것이다. 이미 논의된 에너지절약시스템 외에 더 많은 통제가 공기 및 소음공해에 주어질 것이다.

한편, 호텔기업에서도 미래 경영전략의 일환으로 인공지능을 적극적으로 도입하고 있다. 사례를 소개하면, 메리어트 인터내셔널(Marriot International)은 위챗(WeChat)과 구글 어시스턴트(Google Aaaistant)를 채널로 추가하여 페이스 북 메신저와 슬랙(Slack)을 통해 고객경험 향상을 위한 챗봇을 사용하고 있다. 그리고 메리어트 인터내셔널 계열의 알로프트(Aloft) 호텔은 인공지능을 활용하여 다양한 고객 요청을 처리하는 챗봇 'ChatBotlr'을 발표했고, 뉴욕의 모바일 메시징 업체 스냅(Snap)의 툴을 통해 개발된 이 챗봇은 메신저만으로 4,700여개의 메리어트 호텔 회원들 중 약 44%의 고객들에게 숙박 서비스를 제공한다고 하였다.

또한, 워커힐 호텔앤리조트(이하 워커힐)은 서울에 위치한 호텔 최초로 인공지능에 기반한 챗봇 서비스를 론칭하였다. 워커힐 챗봇은 SK주식회사 C&C의 인공지능 서비스 에이브릴(Aibril)을 기반으로 선보이는 워커힐 챗봇 서비스는 사람이 아닌 인공지능에 의해 제공되는 서비스로 편리한 호텔 이용을 위한 위치, 연락처, 교통편 등 기본 정보안내를 비롯해 워커힐의 7개 레스토랑 간편 예약 및 취소뿐만 아니라 진행 중인 식음료 프로모션 추천 기능이 탁월하다고 한다. 그리고 객실예약의 경우에도 워커힐 호텔 예약 웹사이트와 연동되며, 향후 챗봇 플랫폼 상에서 객실예약 및 취소가 가능할 것으로 전망하고 있다.

02 정부규제와 통제

만약 정부의 규제가 직접적으로 또는 간접적으로 호텔산업에 영향을 미치지 않는다면 호텔산업은 독자적일 수 있다. 호텔산업에 더욱더 영향을 줄 수 있는 가능한 미래의 정부 조치를 점검해보면 다음과 같다.

노동 분야에서 우리는 이미 최저임금의 계속적인 증가에 따른 심각한 결과를 언급했다. 정부는 정부가 이 산업을 위해 조치를 취한 최저임금은 근로자의 수입이 봉사료를 받음으로써 크게 증가되는 서비스산업에는 적용될 수 없다는 사실을 인식해야 한다.

오늘날 정부는 계속적인 인플레이션 현상에 직면하고 있다. 동시에, 소비자보호 측면에서 예전보다 더 많은 활동들이 있다. 두 요소들은 미래의 언젠가는 물가통제가 가해질 것이라는 가능성을 제시한다. 물가에 대한 통제가 호텔산업에 가져오는 효과는 임금이 통제되는 정도에 좌우될 것이다. 또한 고객 및 종사자 안전 분야에서 정부가 상당한 법률 제정을 할 수 있다. 그러한 법률은 그러한 법률에 맞추기 위해서 필요한 새로운 시설의 비용에 영향을 미칠 것이다.

그러나 호텔산업의 미래는 정부 조치가 관련되는 한 모두 부정적이지는 않다. 미국을 포함한 많은 나라에서는 수지균형이 주요한 관심사이며, 강하고 건전한 관광산업은 관광자금의 유입을 충분히 도울 수 있다. 따라서 정부가 관광광고와 촉진을 증대할 것으로 기대할 수 있다.

03 호텔 기업의 체인화

현대의 호텔은 개인 소유의 단독 브랜드 호텔뿐만 아니라 시장세분화를 통한 표적시장에 맞는 다양한 호텔 브랜드를 소유하고 있는 거대 호텔 기업으로 이루어져 있고, 체인이라는 경영 방식을 통해 지속적으로 사업을 확장하고 있다. 전 세계적으로, 1위는 Hilton Worldwide, 2위는 Intercontinental Hotels Group, 3위는 Marriott International, Inc. 등이었다. 다음은 객실개수로 세계 10위 안에 드는 체인호텔을 서술하고 있다.[1]

1. 힐튼 그룹(Hilton Worldwide)

- 대표 브랜드 : 콘래드 힐튼 힐튼 가든 인
- 호텔 개수 : 4,610
- 객실 개수 : 758,502
- 전체 브랜드 : Hilton Hotels & Resorts, Waldorf Astoria Hotels & Resorts, Conrad Hotels & Resorts, Canopy by Hilton, Curio -A Collection by Hilton, DoubleTree by Hilton, Embassy Suites Hotels, Hilton Garden Inn, Hampton Hotels, Homewood Suites by Hilton, Home2 Suites by Hilton and Hilton Grand Vacations.

2. 인터콘티낸탈 호텔스 그룹(InterContinental Hotels Group, IHG)

- 대표 브랜드 : 인터콘티낸탈 홀리데이 인
- 호텔 개수 : 5,032
- 객실 개수 : 744,368
- 전체 브랜드 : InterContinental, HUALUXE, Crowne Plaza, Hotel Indigo, Holiday Inn, Holiday Inn Express, Candlewood Suites, Staybridge Suites, EVEN, and Kimpton.

---

1) https://brunch.co.kr/@allstay/117.

3. 메리어트 인터내셔널

- 대표 브랜드 : JW 메리어트 리츠칼튼 르네상스 호텔
- 호텔 개수 : 4,087
- 객실 개수 : 697,000
- 전체 브랜드 : Ritz-Carlton, Bulgari Hotels, Edition Hotels, JW Marriott, Renaissance Hotels, AC Hotels, Residence Inn, Springhill Suites, Fairfield Inn, TownePlace Suites, Protea Hotels

4. 윈드햄 호텔스 그룹

- 대표 브랜드 : 윈드햄 라마다 슈퍼 8
- 호텔 개수 : 7,757
- 객실 개수 : 671,923
- 전체 브랜드 : Wyndham Hotels and Resorts, Ramada, Days Inn, Super 8, Howard Johnson, Wingate by Wyndham, Microtel Inns & Suites, Tryp by Wyndham, RCI, Landal GreenParks, Novasol, Hoseasons, cottages4you, James Villa Holidays, Wyndham Vacation Rentals, Wyndham Vacation Resorts, Shell Vacations Club, and WorldMark by Wyndham.

5. 아코르 호텔 그룹

- 대표 브랜드 : 소피텔 노보텔 이비스 호텔
- 호텔 개수 : 3,900
- 객실 개수 : 510,000
- 전체 브랜드 : Sofitel, Pullman, MGallery, Grand Mercure, The Sebel, Novotel, Suite Novotel, Mercure, Adagio, Adagio Access, ibis, ibis Styles, ibis budget, hotelF1, and Thalassa.

6. 초이스 호텔스 그룹

- 대표 브랜드 : 컴포트 인 컴포트 스위츠
- 호텔 개수 : 6,372
- 객실 개수 : 505,278
- 전체 브랜드 : Comfort Inn, Comfort Suites, Quality, Sleep Inn, Clarion, Cambria hotels & suites, MainStay Suites, Suburban Extended Stay Hotel, Econo Lodge and Rodeway Inn brands.

7. 스타우드 호텔스 앤 리조트 월드와이드

- 대표 브랜드 : W호텔 웨스틴 쉐라톤 포 포인츠
- 호텔 개수 : 1,200
- 객실 개수 : 335,415
- 전체 브랜드 : St. Regis, Luxury Collection, W Hotels, Westin, Le Méridien, Sheraton, Tribute Portfolio, Four Points, Aloft Hotels, Element Hotels

8. 진지앙 인터내셔널

- 대표 브랜드 : 진지앙 인
- 호텔 개수 : 1,767
- 객실 개수 : 258,000

9. 칼슨 레지더 호텔스 그룹

- 대표 브랜드 : 래디슨 호텔 컨트리 인
- 호텔 개수 : 1,439
- 객실 개수 : 166,241
- 전체 브랜드 : Quorvus Collection, Radisson Blu, Radisson, Park Plaza, Radisson Red, Park Inn, Country Inns & Suites

10. 하얏트 호텔 코퍼레이션

- 대표 브랜드 : 파크 하얏트 그랜드 하얏트 하얏트 리젠시
- 호텔 개수 : 560
- 객실 개수 : 152,986
- 전제 브랜드 : Hyatt, Park Hyatt, Andaz, Grand Hyatt, Hyatt Regency, Hyatt Place, Hyatt House, Hyatt Ziva, Hyatt Zilara, Hyatt Residence Club, Hyatt Gold Passport, and Hyatt Resorts.

* 참고기사 1 – Wikipedia, List of chained brand hotels
* 참고기사 2 – SKIFT, Who owns what

국내에서의 세계적인 호텔 그룹

현재 우리나라에서 운영되고 있는 세계적인 체인 호텔 브랜드로는 Accor, Best Western International Inc.(BWI), Starwood Hotels & Resorts Worldwide, Inc., Wyndham Worldwide, Hyatt Hotels Corporation, Intercontinental Hotels Group, Marriot International, Inc 등이 있다.[2]

먼저 Accor 그룹은 Paul Dubrule(폴 뒤브뤨)과 Gérarad Pélisson(제랄드 펠리송)이 1967년 프랑스 Lille Lesquin(릴르 레스퀸) 지역에 처음으로 노보텔을 개관함으로써 시작되었다. 현재 우리나라에 도입된 브랜드로는 Pullman(예) City 7 Pullman Ambassador), Novotel(예) Novoetel Ambassador), ibis(예) IBIS Ambassador) 등이 있다. 둘째, 세계적인 호텔 레저 기업인 Starwood Hotels & Resorts Worldwide사는 현재 전 세계 100여 개국에 약 285,000실의 객실, 924개의 호텔을 직접, 리스, 체인경영방식으로 운영하고 있다. 우리나라에서는 현재 Westin(예) Westin Chosun Seoul & Busan), Sheraton(예) Sheaton Grande Walkerhill), W(예) W Seoul Walkerhill)가 운영되고 있다. 셋째, Best Western International사(BWI)는 Guertin이 1946년 베스트 웨스턴 모텔을 개관하면서 시작되었다. 현재 국내에는 Best Western Premier Incheon Airport Hotel, Best Western Premier Seoul Garden Hotel, Best Western

---

2) 김수정(2010). 『실제호텔경영론』, 석학당.

Premier Songdo Park Hotel, Best Western Premier Hotel Kukdo, Best Western Premier Gang Nam Hotel, Best Western Niagara Hotel, Best Western New Seoul Hotel, Best Western Premier Gumi Hotel 등이 있다. 넷째, Intercontinental Hotels Group은 1977년 William Bass가 양조업으로 시작해, 호텔업으로 전환한 국제적 호텔 기업이다. 현재 우리나라에서는 Park Hyatt(예 Park Hyatt Seoul), Grand Hyatt(예 Grand Hyatt Seoul), Hyatt Regency(예 Hyatt Regency Seoul & Cheju) 등이 운영되고 있다. 다섯째, Hilton Worldwide사는 Conrad Hilton이 1919년 Texas 주, Cisco지역에 있던 The Mobley라는 호텔을 인수하면서 시작되었고, 본사는 미국 Virginia McLean에 위치해 있다. 현재 국내에 도입된 브랜드로는 Full Service 브랜드 중의 하나인 Hilton뿐이고, Millenium Seoul Hilton, Gyeongju Hilton, Grand Hilton Seoul 등이 이에 해당된다. 여섯째, Marriot International사는 1927년 J. Willard와 Alice S. Marriot가 Washington에 root beer 영업장을 개장하면서 시작되었다. 현재 국내에 도입된 브랜드로는 JW Marriot Hotels & Resorts(예 JW Marriot Seoul), Renaissance Hotles & Reosrts(예 Renaissance Seoul Hotel), Courtyard by Marriot(예 Courtyard Marriot Seoul Times Square), The Ritz-Carlton Hotel Company(예 The Ritz-Carlton Seoul)가 있다. 마지막으로 Wyndham Worldwide 사는 세계에서 가장 규모가 큰 숙박기업 중 하나로 본사는 미국 New Jersey의 Parsippany Troy Hills에 위치하고 있다. 현재 국내에 도입된 브랜드로는 Ramada가 있고, Ramada Plaza Jeju Hotel, Ramada Seoul, Ramada Encore Pohang, Ramada Plaza Chongju, Ramada Hotel & Suites Seoul Namdaemon 등이 이에 해당된다.

04 친환경을 추구하는 호텔 기업의 증가

현재 전 세계는 석유 등의 화석자원 고갈, 자연환경의 파괴, 지구온난화 등과 같이 생태계 환경이 심하게 훼손되어지고 있고 이로 인해 인간의 생존까지 위협받고 있다. 이러한 위협에 대해 미국, 서유럽, 캐나다 등 선진국을 중심으로 환경을 보존하기 위해 각종 국제협약 등[예 몬트리올 의정서(1989년 1월 발효), 교토 의정서(1997년 12월)]을 체결하고 환경보전을 위한 여러 가지 방안을 강구하고 있다.

'굴뚝 없는 산업'으로 제조업이나 다른 산업 분야보다 비교적 친환경적 산업으로 인식되어오던 관광산업에서도 환경에 대한 인식이 변화되어지고 있다. 관광객이 이용하는 교통, 숙박시설을 비롯한 대부분의 관광활동은 다량의 에너지를 소비하기 때문에 전 세계 온실가스 배출량의 5%를 차지하는 중요한 배출원이 되고 있다.[3] 세계관광기구(WTO)에서는 2007년 다보스 선언을 통해 기후변화가 관광산업에 미치는 영향과 관광부문의 기후변화에 대한 책임에 대해 합의하였다.

　관광산업의 한 분야인 호텔산업도 마찬가지로 관광이 환경에 미치는 중요성에 대해 잘 인지하고 있고, 친환경호텔 등의 개념을 도입하여 여러 가지 환경보호정책이나 프로그램을 시행하고 있다. 친환경호텔(eco-friendly hotel)에 대한 정의는 학자마다 다양하다. Iwanowski & Rushmore(1994)[4]는 친환경호텔이란 화려하고 고급스런 기존의 호텔이미지과는 다른 개념일 수 있으나 시설이나 서비스의 기본은 변하지 않은 상태의 환경지향적인 경영으로, 기존의 호텔기업의 '단기적 이익지향적 목적 추구에서 벗어나 사회적 책임감을 가지고 환경보전정책 및 실천을 수행하는 적극적 조직'이라고 정의하였다. 이들은 환경경영의 필요성을 지적하면서, 영업비의 절감효과, 법규 제정에 따른 환경 프로그램의 도입 필요성, 경쟁이익의 확보 측면 등이 필요하다고 역설하였다. 방법론으로서 폐기물 관리, 수질보호, 에너지관리, 품질보증제도 등을 도입을 주장하였다. 또한 이들은 정부규제, 소비자들의 인식변화, 환경적으로 소비자 보호에 민감한 제품과 서비스 등의 도래로 호텔산업이 보다 환경친화적 경영으로 진일보하여야만 소비자들에게 외면당하지 않는다고 제시하였다. Enz & Siguaw(1999)[5]는 환경친화적 호텔경영은 경영자의 환경경영에 대한 올바른 인식과 정부의 규제, 그리고 늘어나는 고객의 수요에 의해 결정될 것이라고 하였다. Figaredo(1999)[6]는 국제호텔환경기구(IHEI ; International Hotels Environment Initiative)와 같이 관련단체에서 환경문제에 대한 조직적 활동이 전개되는 등 호텔산업에서 환경문제에 대한 관심을 가지게 됨과 동시에 호텔 기업은 기존의 경영정책을 환경친화적으로 바꾸어 나가야 한다고 주장하였다. 또한 환경보전을 위해 기존의 기계, 설비 등을 점검하고 특히 폐기물을 최소화하며, 자체적으로 처리할 수 있는 체제를 마련해야 한다. 이러한 내부 환경관리를 위해서는 효과

3) 배민기·박창석(2009). 저탄소 생태관광 지표 개발 및 평가. 한국환경정책·평가연구원, p.2.
4) Iwanowski, K., & Rushmore, C.(1994). Introducing the eco-friendly hotel, *The Cornell H.R.A. Quaterly*, pp.34~38.
5) Enz, C. A., & Siguaw, J. A. (1999). Best hotel environmental practices, *The Cornell H.R.A. Quaterly*, pp.72~77.
6) Figaredo, R.(1999). La inciencia del turismo en la economia nacion, *Estudios Turisticos*, 14, pp.3~8.

적인 관리 프로그램을 도입하여 운영해야 하며, 고객의 요구에 부응할 수 있는 기술적 실행과 자발적 행동이 우선되어야 한다. 즉, 단계별로 상호협조적이고 시스템적인 환경보전 프로그램이 필요한 것이다.

이러한 환경친화적 호텔이 지닌 장기적 목표는 자연적 · 문화적 자원의 보전을 중시함으로써 고객 및 종사자들의 환경의식을 고양시키고 지역공동체의 활성화 및 생활수준의 향상을 통해 기업의 최대 목표인 이윤극대화를 꾀하는 것이다[7]. 또한 환경영향과 규제사항이 우선적으로 고려되고, 안정적인 환경상황, 반응적 환경상황, 예측가능한 환경상황, 창조적인 환경상황으로 구분된 세부적인 목표와 목적이 포함되어야 한다[8]. 환경친화적 호텔경영으로 얻을 수 있는 혜택은 환경적, 경제적, 사회적 측면에서 살펴 볼 수 있다. 첫째, 환경적 측면으로는 멸종위기의 동 · 식물의 보호, 수질 향상 및 대기오염 감소, 분수계의 보호 및 부식방지, 자연경관의 보호 등이다(Iwanowski, & Rushmore, 1994). 둘째, 경제적 측면으로서 호텔기업의 투자기회를 제공하고, 관광객 지출로 인한 수익의 발생, 운영비용 절감, 그린(Green) 소비자에 대한 시장세분화를 구축할 수 있다[9]. 셋째, 사회적 측면으로는 환경보호에 대한 교육적, 정신적 경험을 바탕으로 고객의 환경의식을 고양시킬 수 있으며 자연적 · 문화적 유산의 보전, 지역경제 및 생활수준을 향상시킬 수 있다. 또한 지역사회와의 유대강화 및 정부나 사회단체의 규제 및 압력에 대응할 수 있다.

반면 환경친화적 호텔은 에너지 효율을 높이는 공학적 설계 및 설치를 위한 초기 비용 및 시설 개발비가 많이 들고, 프로그램 및 제품개발, 종사자 훈련비 등의 운영 비용이 많이 지출되며 환경적 측면을 너무 강조하여 서비스 질을 떨어뜨려 매출액의 감소를 유발시킬 수 있다는 단점이 있다[10]. 외국의 경우 친환경호텔 정책을 일찍이 시작해왔다. 예를 들어, Intercontinental Hotel은 오물처리, 물품구매, 에너지 보존, 소음공해, 연료저장, 살충제, 제초제, 물 등에 대한 지침서를 만들어 전 세계에 유포하고 있다. Ramada International Hotel & Resort는 환경보전을 위한 회사차원 대책으로 재생 프로그램을 확대, 실시하고 있다. Hayatt & Resort는 재생품

7) 정철진(2002). 환경경영시스템 도입을 위한 호텔 기업의 실천의지 차이에 관한 연구. 레저연구, 13(20), pp.317~334.

8) Azzone, G., & Bertele, U.(1995). Exploiting green strategic for competitive advantage, *Long Range Planning*, p.27(6).

9) Goodman, A.(2000). Implementing substantiality in service operations at Scandic Hotel, *Interfaces*, 30(3), pp.202~216.

10) 정규엽 · 오석윤(1999). 국내 특급호텔 그린마케팅 정책에 대한 이용객들의 지각에 관한 연구, 호텔경영학연구, 8(1), pp.95~112.

을 처분할 시장을 설립하여 재생순환고리를 마무리할 계획을 세우고 있다. Hyatt Regency는 자체 소형물질 재생시설을 운영하고 미국 내 신축할 Hyatt Regency에 모두 재생센터를 갖추도록 할 계획이다.

우리나라에서 호텔산업은 다른 산업에 비해 환경오염물질을 비교적 적게 배출하는 산업으로 인식되어져 왔다. 하지만 1993년 9월부터 환경개선부담금을 납부하게 되었고, 절수기 설치의무와 일회용품 사용제한 그리고 음식물쓰레기 감량의무 사업장으로 지정되면서 환경오염문제를 더 이상 간과할 수만은 없게 되었다. 따라서 호텔 기업은 기업운영에 있어서 환경보전을 위한 최소한의 시설이나 정책, 영업 방식을 변경해 왔다[11]. 예를 들어 신라호텔은 1994년 8월 국내 호텔로는 처음으로 국제호텔환경기구(IHEI)에 가입한 것을 계기로 호텔의 서비스를 환경친화적으로 개선하고 주변경관에 대한 보호운동 차원에서 환경안전팀을 구성하여 운영하고 있다[12]. 특히 프라자 호텔의 경우 1991년에 외부 전문업체의 컨설팅을 통해 환경경영체제를 효과적으로 운영하기 위하여 전담부서인 'Eco-2000'을 구성하여 지속적으로 환경보전운동을 실천하고 있다. 국내 특급호텔에서 실천하고 있는 환경보전 프로그램으로는 2박 이상 투숙하는 고객이 객실 침대 위에 비치된 그린카드에 세탁이 불필요한 부분에 표시하여 문고리에 걸어두면 표시한 물품에 대한 교체를 하지 않는 녹색환경캠페인으로 '그린카드제'를 실시하고 있다. 이 운동은 신라호텔, Westin Chosun Hotel, Renaissance Seoul Hotel, Seoul Plaza Hotel 등에서 실시하고 있는데, 이 중 웨스틴 조선호텔은 1개월 동안 2천1백29객실 투숙객들이 그린카드를 사용하여 9천 3백 84장의 침대시트의 세탁횟수를 줄이는 효과를 거두었다. 글로벌 하야트 체인 차원에서 'Hyatt Earth'라는 환경친화적 경영정책을 펼치고 있는 Grand Hyatt Seoul은 직원들을 대상으로 친환경에 대한 인식에 대한 교육과 쓰레기 및 폐기물 줄이기, 에너지와 물 절약, 친환경 제품 사용, 건물 및 디자인 친환경 시공 등 다섯 가지를 중점으로 캠페인을 진행하고 있다. 그의 일환으로 사용효율을 증대시키기 위한 '건물 에너지 진단'과 컨설팅을 받아 대체효과가 가장 큰 순으로 투자우선순위를 결정하여 설비를 교체하고 있다.

그러나 아직까지 우리나라 호텔 기업들은 이러한 환경친화적 호텔을 마케팅하면서 사업의 기회로 보기보다는 생존을 위해 불가피하게 반응해야 하는 비용부담 활

---

11) 김왕상(2000). 관광호텔의 환경보전 프로그램 실천 방안에 관한 연구, *Journal of Tourism System and Quality Management*, 6(3/4), pp.37~58
12) 연합통신, 1995년 10월 9일자.

동으로 간주하여 소극적으로 전개하고 있다. 이것은 소비자의 입장에서도 친환경 상품을 원하면서도 가격에 대한 부담이나 서비스에 대한 불편함 때문에 소극적인 구매행동을 취하게 한다.

결국 국내 호텔 기업들은 친환경 활동에 대한 중요성을 인식하여, 세부적인 친환경 지침을 작성, 직원들을 교육, 고객들에게도 호텔의 친환경 활동 및 재활용에 대한 회사의 협조 내용을 알려주어야 할 것이다.[13] 즉, 호텔 기업은 환경문제에 대응하기 위해서는 환경에 대한 인식의 전환과, 경쟁우위 확보와 지속적인 성장을 위해서 이에 대한 능동적인 전략 수립을 필요로 하고, 환경을 중시하는 경영을 실천해야 할 것이다.

---

13) 현재천·김성섭·오문향(2011). 친환경호텔 속성 지각 차이에 관한 연구: 미국, 일본, 중국, 한국인 고객을 대상으로, 관광연구, 26(1), pp.513~534.

참 고 문 헌

박대한 · 박봉규 · 이준혁 · 오흥철 · 박진우(2014). 호텔경영론. 백산출판사

조진호 · 우상철 · 박영숙(2020). 최신관광법규론. 백산출판사.

채신석 · 정해용 · 고재용(2016). 호텔경영론. 백산출판사.

이호길 · 박양우 · 복창근 · 김새롬(2018). ICT 융합 호텔경영론. 한올 출판사.

호텔 앤 레스토랑(2019). 월간 호텔&레스토랑. Uncontact편.

Sue baker, Jeremy Huyton and Pam bradly(2001). Principles of Hotel Front Office Operations. Cengage Learning EMEA.

Yvette Reisinger(2009). International Tourism cultures and behaviour. Elsevier Inc. ISBN: 978-0-7506-7897-1.

하동현

- 동국대학교 경영학과(경영학사)
- 미국 Ohio대학교 M.B.A.(경영학석사)
- 세종대학교 경영학박사(마케팅 전공)
- 동국대학교 관광경영학과(부) 주임교수, 학부장(역임)
- 동국대학교 문화관광산업연구소 전 · 현 소장
- 한국호텔관광학회, 한국호텔외식경영학회 부회장 역임
- 한국관광서비스학회, 대한관광경영학회 회장 역임
- 동국대학교 경주캠퍼스 관광대학 학장 역임
- 현재 동국대학교 경영관광대학 교수
- 연구실적
  - 여가와 인간행동(역서), 백산출판사, 2006.
  - 신호텔경영론, 한올출판사, 2006.
  - 관광사업론, 대왕출판사, 2011.
  - 패밀리 레스토랑에서의 관계혜택, 브랜드애착,
    브랜드 충성도 간의 관계, 2011 외 다수.

유강석

- 동국대학교 호텔관광경영학 학생회장
- 동국대학교 호텔관광경영학 박사
- 관광안내원 자격증(성심외국어 전문대학)
- 국내여행 안내원 자격증(성심외국어 전문대학)
- 전) 코엑스 인터컨티넨탈호텔 근무
- 전) 롯데호텔 근무
- 전) 부산여자대학 외래교수
- 전) 동부산대학교 외래교수
- 전) 동국대학교 겸임교수
- 현) 동국대학교 외래교수
- 현) 동국대학교 MICE 관광산업연구소 전문연구원
- 연구실적
  - 서비스접점 호텔 종사원의 감정지능에 관한 연구. 2013 외 다수

황성혜

- 동국대학교 호텔관광경영학 박사
- 조주기능사자격증(한국산업인력공단)
- 소믈리에 전문가 과정 수료(한국와인협회)
- 바리스타 자격증(American Hotel & Lodging Educational Institute)
- 사)한능원 커피지도사, 커피심사위원
- 현) 동국대학교 호텔관광학과 외래강사
- 현) 동국대학교 MICE 관광산업연구소 전문연구원
- 역서
  - 여가와 인간행동, 백산출판사, 2006.
  - 리조트 경영론, 한올출판사, 2012.

김윤형

- 전) 힐튼 호텔 근무
- 전) 대한교원공제회 교육문화회관 근무
- 전) 경주대 외래교수
- 현) 동국대 외래교수
- 현) 서라벌대 외래교수
- 현) 선린대 외래교수
- 저서) 현대 호텔 식음료 경영론

김효경

- 경희대학교 관광학 박사
- TESOL 자격증(한국외국어대학교 교육대학원)
- 전) 하얏트 리젠시 제주 호텔 근무
- 전) 파크 하얏트 서울 호텔 근무
- 전) 백석예술대학교 관광학부 외래교수
- 현) 경희대학교 호텔경영학과 외래교수
- 현) 한국관광대학교 관광경영과 겸임교수
- 저서) – 하스피탈리티 매니저를 위한 와인 · 맥주 · 스피릿 가이드
  - 사례로 배우는 Restaurant English

호텔경영론 4판

2013년 3월 10일 초판1쇄 발행
2021년 2월 10일 4판1쇄 발행

저 자 하동현 · 유강석 · 황성혜 · 김윤형 · 김효경
펴낸이 임순재

(주)한올출판사

등록 제11-403호
주소 서울시 마포구 모래내로 83(성산동 한올빌딩 3층)
전화 (02) 376-4298 (대표)
FAX (02) 302-8073
홈페이지 www.hanol.co.kr
e-mail hanol@hanol.co.kr
ISBN 979-11-6647-029-5